管 理 学 原 理

主　编　杨跃之
副主编　李　悦

东南大学出版社
SOUTHEAST UNIVERSITY PRESS
·南京·

图书在版编目（CIP）数据

管理学原理 / 杨跃之主编 . —南京：东南大学出版社，2023.8（2024.7重印）

ISBN 978-7-5766-0785-7

Ⅰ．①管… Ⅱ．①杨… Ⅲ．①管理学 Ⅳ．①C93

中国国家版本馆 CIP 数据核字（2023）第 109560 号

责任编辑：胡　炼　　　　　责任校对：张万莹
责任印制：周荣虎　　　　　封面设计：顾晓阳

管理学原理

主　　编	杨跃之
副主编	李　悦
出版发行	东南大学出版社
出 版 人	白云飞
社　　址	南京市四牌楼 2 号（邮编：210096　电话：025-83793330）
经　　销	全国各地新华书店
印　　刷	广东虎彩云印刷有限公司
开　　本	700mm × 1000mm　1/16
印　　张	23.5
字　　数	430 千字
版　　次	2023 年 8 月第 1 版
印　　次	2024 年 7 月第 2 次印刷
书　　号	ISBN 978-7-5766-0785-7
定　　价	62.00 元

本社图书若有印装质量问题，请直接与营销部调换。电话（传真）：025-83791830

《管理学原理》编写人员名单

主　编：杨跃之
副主编：李　悦
参　编：唐　娟　于　辉

前　言

"十四五"时期,我国进入高质量发展新阶段,加快构建以国内大循环为主体、国内国际双循环相互促进的新发展格局,开启全面建设社会主义现代化国家新征程。新的发展阶段经济社会面临全面转型,对高层次应用型人才的需要尤为迫切。以需求为导向,培养高层次应用型人才是我国高等教育改革与体系建设的重要环节,应用型人才的培养更加注重理论与实践相结合。

《管理学原理》是各大高等院校经济类、管理类等专业的必修课程,从事管理学课程教学工作多年的我们希望能编写一本立足高层次应用型人才培养目标、注重基础理论与实践应用分析、适应应用型本科学生特点的深入浅出、通俗易懂的管理学教材。

本教材总体设计原则是：以就业岗位能力培养为本位,强调理论知识、实践能力和管理素养协调发展,教学内容、课程体系均围绕实践能力培养进行设计。

本教材的特色是：紧紧围绕应用型本科教育人才培养模式改革,以理论联系实际,注重实用,注重实践能力培养,紧密结合市场和技术更新,提炼教学内容,使知识体系更趋合理,技能训练更加实用。本教材每一章的教学内容包含许多案例,案例源于企业管理中的典型应用；每一章均附有课后习题,反复练习能够巩固所学知识。教材的科学性、实用性更强,并可以将管理素质培养贯穿整个教学过程。

本教材配备电子课件、电子教案、习题答案、模拟试卷等教学资料（部分资料仅限用书教师使用）,索取方式请联系作者或东南大学出版社。

本教材共分十二章,分别是管理导论、管理思想与理论的发展、管理与组织环境、计划、预测与决策、组织、组织职权配置与人员配备、激励、沟通、控制、创新和管理理论应用专题。本教材由杨跃之担任主编,李悦、唐娟、于辉参与编写,编写组成员共同研究商讨教材大纲及内容,具体分工如下：第一章、第二章、第三章、第七章、第八章由杨跃之编写，第四章、第五章、第六章由李悦编写，第九章、第十章、第十一章由唐娟编写，第十二章由于辉编写，杨跃之负责全书统稿。

  这部教材是编写组各位老师长期的教学和科研成果，经过多次修订而成。本书在编写过程中，参考了国内外大量相关资料，有些资料未能在主要参考文献中一一列出，在此向作者致以衷心的感谢。虽然本教材编写组多次对书稿内容和体系进行沟通探讨，但是，由于时间仓促以及编者水平有限，本书疏漏和不足之处在所难免，敬请读者批评指正！最后衷心感谢为本教材写作和出版提供大力支持和帮助的朋友！

编者

2023 年 6 月于南京

目 录

前 言

第一章　管理导论 ... 001
- 第一节　管理概述 ... 001
- 第二节　管理的基本原理 ... 006
- 第三节　管理者概述 ... 013
- 第四节　管理学的研究对象与方法 ... 022
- 本章习题 ... 025

第二章　管理思想与理论的发展 ... 031
- 第一节　中国传统管理思想与实践 ... 031
- 第二节　西方管理思想与早期管理理论 ... 034
- 第三节　古典管理理论 ... 040
- 第四节　现代管理理论 ... 053
- 本章习题 ... 069

第三章　管理与组织环境 ... 077
- 第一节　组织与环境的关系 ... 077
- 第二节　组织外部环境 ... 080
- 第三节　组织内部环境 ... 087
- 本章习题 ... 097

第四章　计划 ... 101
- 第一节　计划概述 ... 101
- 第二节　计划的类型 ... 107

第三节　计划的编制 ······ 111
　　本章习题 ······ 121

第五章　预测与决策 ······ 125
　　第一节　预测 ······ 125
　　第二节　决策 ······ 130
　　第三节　预测与决策的关系 ······ 151
　　本章习题 ······ 155

第六章　组织 ······ 161
　　第一节　组织概述 ······ 161
　　第二节　组织设计 ······ 163
　　第三节　组织结构 ······ 172
　　第四节　组织变革 ······ 185
　　本章习题 ······ 191

第七章　组织职权配置与人员配备 ······ 197
　　第一节　组织职权配置 ······ 198
　　第二节　人员配备概述 ······ 204
　　第三节　管理人员的选聘 ······ 207
　　第四节　管理人员的考评 ······ 214
　　第五节　管理人员的培训 ······ 219
　　本章习题 ······ 225

第八章　激励 ······ 229
　　第一节　激励概述 ······ 229
　　第二节　激励理论的应用 ······ 234
　　第三节　激励的原则与方式 ······ 247
　　本章习题 ······ 255

第九章　沟通 ······ 259
　　第一节　沟通概述 ······ 259
　　第二节　沟通的类型与方法 ······ 262

第三节　沟通的障碍与克服 ………………………………………… 269
　　本章习题 ……………………………………………………………… 275

第十章　控制 ……………………………………………………………… 279
　　第一节　控制概述 ……………………………………………………… 279
　　第二节　控制的类型 …………………………………………………… 285
　　第三节　控制的过程 …………………………………………………… 290
　　第四节　控制的方法与实施 …………………………………………… 292
　　本章习题 ……………………………………………………………… 299

第十一章　创新 …………………………………………………………… 303
　　第一节　创新概述 ……………………………………………………… 303
　　第二节　创新职能的基本内容 ………………………………………… 309
　　第三节　创新活动的组织引导和风险管理 …………………………… 317
　　本章习题 ……………………………………………………………… 321

第十二章　管理理论应用专题 …………………………………………… 325
　　第一节　目标管理 ……………………………………………………… 325
　　第二节　战略管理 ……………………………………………………… 332
　　第三节　标杆管理 ……………………………………………………… 337
　　第四节　危机管理 ……………………………………………………… 341
　　第五节　学习型组织 …………………………………………………… 347
　　第六节　数字化管理 …………………………………………………… 351
　　本章习题 ……………………………………………………………… 357

参考文献 …………………………………………………………………… 363

第一章 管理导论

学习目标 本章主要介绍管理的概念、性质、职能和基本原理,管理者的素质和技能要求,管理学的特点、研究对象和研究方法。通过学习,应掌握管理的基本概念和基本原理,并能有意识地培养自己的管理素质和管理能力,为后续管理学分支理论的学习打下良好的基础。

本章关键词 管理 自然属性 社会属性 系统原理 人本原理 动态原理 效益原理 责任原理 管理者 概念技能 人际技能 技术技能 管理学

人类社会的生存与发展离不开人的共同活动,凡是一个由两人以上组成的、有共同目标的人的集合体就需要管理,管理活动是人类社会发展过程中普遍存在的重要社会实践活动。现代社会中,管理作为有助于实现目标的一种有效手段,可以说无时不在、无处不在。人类社会几千年的实践活动,积累了丰富的管理经验,形成了光辉灿烂的管理智慧和博大精深的管理思想。

管理学是系统研究管理活动的基本规律和一般方法的科学,它是人类近代史上对社会经济发展影响最为重大和深远的一门学科,更是一门具有独立知识体系和极高实用价值的学科,为人们提供了一套比较完整的有关组织管理的理论和方法。

第一节 管理概述

一、管理的概念

长期以来,对管理的定义众说纷纭。在我国古代,"管"指锁钥,如《左传·僖公三十二年》记载有"郑人使我掌其北门之管",后来引申为规范、准则、法规。"理"本意是治玉,如《韩非子·和氏》云:"王乃使玉人理其璞,而得宝焉。"后引申为处理事务。由于"管"与"理"二字意思相近,又分别从不同侧面反映人类的社会活动,于是人们逐渐把"管""理"二字合为一个词使用,其原始词义是管辖或疏导,表示在权力的范围内,对事物的管束、整治、处理过程。

自 20 世纪初美国管理学家弗雷德里克·泰勒和法国管理学家亨利·法约尔等创立古典管理理论以来,学术界关于管理的定义层出不穷。商务印书馆出版的《现代汉语词典》(第 7 版)对"管理"的定义之一就是"照管并约束(人或动物)"。在当代,管理学者们对管理的定义做了大量的研究,并从不同的角度和侧重点提出了许多不同的关于管理的定义,下面我们就援引其中比较有代表性的管理的定义。

(一)外国管理学家对管理概念的界定

1. 赫伯特·西蒙的定义:管理就是决策。赫伯特·西蒙认为决策过程包括四个环节:一是调研分析,二是制定可能的行动方案,三是选择满意方案,四是检查、评价和调整方案。赫伯特·西蒙的定义强调管理的核心环节是决策。

2. 弗雷德里克·泰勒的定义:管理是一门怎样建立目标,然后用最好的方法经过他人的努力来达到的艺术。也就是说,管理就是指挥他人用最好的办法去工作,强调对人的管理。

3. 亨利·法约尔的定义:管理是所有的人类组织都有的一种活动,这种活动由计划、组织、指挥、协调和控制五项要素组成。

4. 彼得·德鲁克的定义:管理就是界定企业的使命,并激励和组织人力资源去实现这个使命。界定使命是企业家的任务,而激励与组织人力资源是领导力的范畴,二者的结合就是管理。彼得·德鲁克从文化的角度理解,认为管理是一种以绩效责任为基础的专业职能。

5. 哈罗德·孔茨的定义:管理涉及在经营组织中创造和保证内部环境,在这个内部环境中,以群体形式组织在一起的个人能有效地工作去达到群体的目标。

6. 斯蒂芬·P. 罗宾斯的定义:管理指的是和其他人一起并且通过其他人来切实有效地完成目标的过程。

上述对管理的定义是从不同的侧面、不同的角度解释管理的某一方面属性,但是总体上对管理本质的认识是相通的,可以为我们学习管理学提供参考与借鉴。

(二) 本教材对管理概念的界定

管理是指在一定的组织中，通过计划、组织、沟通、控制、激励和创新等职能，协调组织成员的思想和行动，利用组织有限的资源，有效地实现组织目标的过程。

这个概念可以从以下几个方面去理解：

1. 管理的"载体"是"组织"。管理总是存在于一定的组织中。由两个或两个以上的人组成，为一定的共同目标形成的人的集合体就是组织。在现实世界普遍存在着各种各样的组织，每个组织都有管理存在。

2. 管理的目的是有效实现组织目标。管理作为一项工作的任务就是设计和维持一种体系，使得在这一体系中共同工作的人们能够用尽可能少的支出（包括人力、物力、财力等）去实现组织既定的目标。

3. 管理的主体是管理者。管理者通过运用计划、组织、沟通、控制、激励和创新等手段，协调组织成员的思想与行动，保证组织目标的实现。

4. 管理的核心是处理组织中的各种人际关系。管理的对象是以人为中心的组织资源与职能活动。组织资源是有限的，管理的本质是协调他人的活动，以完成单个个人无法实现的组织目标。组织中人际关系众多，其中上下级之间的关系是各种人际关系的重中之重。

二、管理的性质

管理，从它最基本的定义来看，一是组织劳动，二是指挥、监督劳动，即具有同生产力、社会化生产相联系的自然属性和同生产关系、社会制度相联系的社会属性，这就是通常所说的管理的二重性。从管理活动过程的要求来看，既要遵循管理过程中客观规律的科学性要求，又要体现灵活协调的艺术性要求，这就是管理所具有的科学性和艺术性。

（一）管理的自然属性与社会属性

二重性是指事物所具有的双重特征，管理二重性理论是马克思最早提出的。管理的二重性是指管理在合理组织社会生产力中所表现出来的自然属性和在一定社会生产关系下所体现的社会属性。管理一方面是由于有许多人进行协作劳动而产生的，是由生产社会化引起的，是有效地组织共同劳动所必需的，因此它具有同生产力、社会化大生产相联系的自然属性。只要是社会化的大生产，只要是集体劳动，就必须要管理。它与组织的生产关系性质无关，不因社会制度的改变而改变。不论在何种社会制度下，各类组织均面临生产力要素的合理组织问题，它是在不同社会制度下，组织共有的职能，具有普遍性和永久性的特征。自然属性也就是管理的第一属性。另一方面，管理又是在一定的生产关系条件下进行的，不同的社会制度、不同的历史阶段、不同的社会文化，必然体现出生产资料所有者指挥劳动、监督劳动的意志，使管理具有特殊性和个性，因此，它具有同生产关系、社会制度相联系的社会属性。管理总是在一定的生产关系下进行的，这就是管理的社会属性，它是由社会制度、生产关系所决定的。

管理的二重性是相互联系、相互制约的。二者统一于组织的生产活动中，如图1-1所示。一方面，管理的自然属性总是在一定的社会形式、社会生产关系条件下发挥作用；同时，管理的社会属性也不可能脱离管理的自然属性而存在，否则，管理的社会属性也就成为没有内容的形式。另一方面，二者又是相互制约的。管理的自然属性要求具有一定社会属性的组织形式和生产关系与其相适应；同样，管理的社会属性也必然对管理的方法和技术等方面产生积极影响或制约作用。

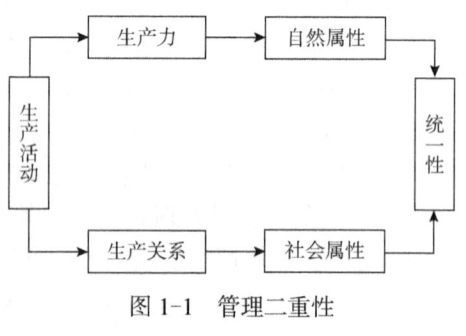

图 1-1　管理二重性

（二）管理的科学性和艺术性

管理既是一门科学，又是一门艺术，是科学与艺术的有机结合体。

管理的科学性是指管理作为一个活动过程，存在着一系列基本的客观规律。人们经过无数次的失败和成功，从实践中收集、归纳、检测数据，提出假设，验证假设，从中总结出一系列反映管理活动过程中客观规律的管理理论和一般方法。管理作为一门学科，是指它以反映管理客观规律的管理理论和方法为指导，有一套分析问题、解决问题的科学的方法论。人们利用这些理论和方法来指导自己的管理实践，又以管理活动的结果来衡量管理过程中所使用的理论和方法是否正确、是否行之有效，从而使管理的科学理论和方法在实践中不断得到验证和丰富。

管理的艺术性是指管理的实践性和创造性，强调管理活动除了要掌握一定的理论和方法外，还要把管理理论灵活运用于实践中。这就是说，仅凭停留在书本上的管理理论，或背诵原理和公式来进行管理活动是不能保证管理的有效性的。管理者必须在管理实践中发挥积极性、主动性和创造性，因地制宜地将管理理论知识与具体管理实践活动相结合，才能进行有效的管理。管理的这一特性，对于学习管理学和从事管理工作的人员来说是十分重要的，它可以促使人们既注重管理基本理论的学习，又重视在实践中因地制宜地灵活运用原理理论。这一点，可以说是管理成功的一项重要保证。

从管理的科学性与艺术性可知，有成效的管理是以对它所依据的管理理论的理解为基础的。因此，二者之间不是互相排斥，而是互相补充的关系。

> **课间案例 1**
>
> **田忌赛马**
>
> 《史记·孙子吴起列传》里记载了"田忌赛马"的故事。齐国的将军田忌经常同齐威王赛马。他们赛马的规矩是：双方各下赌注，比赛共设 3 局，2 胜及以上为赢家。由于齐威王每个等级的马都比田忌相同等级的马强，每次比赛，田忌总是输家。孙膑给田忌出主意：以自己的下等马对战齐威王的上等马，以自己的上等马对战齐威王的中等马，以自己的中等马对战齐威王的下等马。比赛的结果是，田忌的马虽输了第一局，但连赢了后两局。由于田忌按孙膑的吩咐下了很大的赌注，不仅一次就把以前输给齐威王的都赚了回来，还略有盈余。

三、管理的职能

管理职能是管理者实施管理活动的功能或程序，即管理者在实施管理活动中所体现出的具体作用及实施程序或过程。最早系统提出管理各种具体职能的是法国的管理学家亨利·法约尔。在 20 世纪初，亨利·法约尔在其著作《工业管理与一般管理》中论及所有管理者必须实行五种管理职能：计划、组织、指挥、协调、控制。计划职能是指管理者为实现组织目标对工作所进行的筹划活动；组织职能是管理者为实现组织目标而建立与协调组织结构的工作过程；指挥职能是指管理者下达命令激励士气，以有效实现组织目标的行为；协调职能是指管理者处理各种人际关系，以有效实现组织目标的行为；控制职能是指管理者为保证实际工作与目标一致而进行的活动。

1955 年，美国管理学家哈罗德·孔茨和西里尔·奥唐奈出版《管理学》教科书，标志着现代管理学的正式诞生。书中把管理的职能分为计划、组织、人员配备、指导和控制，全书的结构安排基于这种职能划分。

管理的各种职能不是孤立存在的，每一种职能与其他职能相互交叉，创新贯穿于各种管理职能之中。在本书中，我们承袭哈罗德·孔茨和西里尔·奥唐奈等大多数人的做法，按照管理职能编排全书结构。

第二节 管理的基本原理

管理原理是指管理活动的根本依据和准则，是管理学在不同业务领域所应用的概念、理论、准则和方法，反映了管理的基本规律。管理原理体系是现代管理不可缺少的指导思想和管理哲学，是不可违背的管理的基本规律，它们既相互独立，又相互联系、相互渗透，从而构成一个有机的体系。

一、管理的系统原理

系统是由若干相互联系、相互作用的部分结合而成的有机整体。系统必须符合三个条件：有两个以上的要素，诸要素之间存在一定的联系，要素之间的联系必须产生统一的功能。任何管理的对象都是一个特定的系统，管理就是为了达到一定的目的、实现组织目标而设计并运作好这个系统的活动。管理者必须运用系统理论管理组织活动，从整体上把握系统运行规律，对管理的各个方面的问题，作系统的分析、综合，进行系统优化，并在组织行为活动的动态过程中，依照组织的活动状态、效果和社会环境的变化，运用系统方法，调节、控制组织系统的运行，最终引导组织系统实现预定目标，这就是管理的系统原理。

（一）管理系统的特性

1. 管理系统的目的性

管理的本质就是人们为达到组织的目标，对人、财、物等要素实现有效控制的社会实践活动，它的每个过程、每个环节、每种职能以及活动的范围、原则和方法等，都是围绕着组织的目的并为它服务的，这就是管理系统的目的性。

管理系统的目的性对管理实践的要求：一是任何管理系统都应有明确的目的，不同的管理系统有不同的目的；二是保证组织核心目标的唯一性；三是管理者必须通过科学的手段和方法，及时地发现和消除管理系统中与实现目标无关的机构和人员，克服各种不利于实现管理目标的因素。

2. 管理系统的整体性

管理系统的整体性是指任何管理系统都是由若干相互联系和相互作用的要素所构成的、具有一定结构和功能的整体，这个整体已具有各构成要素本身所没有的新的特质。

管理系统的整体性对管理实践的要求：一是部分要有机组合成整体，从而产生了结构上的质变和功能上的放大；二是要保证管理系统中每个组成部分或子系统的功能发挥都是好的，避免某一组成部分的功能发挥受阻，从而影响其他部分功能的发挥；三是部分一定要服从整体，局部利益要服从整体利益。

3. 管理系统的层次性

管理系统的层次性，是指由管理的母系统和子系统之间所形成的一种纵向结构的不同层次。管理系统的三个层次，从高层、中层到基层，自上而下，逐层支撑着组织的价值创造流程。每个层次有各自的功能和职责，不仅纵向要衔接，而且横向要打通，形成三个层面。

管理系统的层次性对管理实践的要求：一是要求管理工作必须建立合理、适度的管理层次和管理幅度；二是在管理系统中，每一个层次都应有各自的功能，而且责、权、利分明，逐级指挥，逐级负责。

（二）系统管理原理

坚持系统原理应遵循的原则是整分合原则和相对封闭原则。

1. 整分合原则

整分合原则是指系统原理要求对管理对象整体把握、科学分解、组织综合。具体地说，就是现代管理活动必须从系统原理出发，把任何管理对象、问题，视为一个复杂的具有目的性的组织系统。首先，从整体上把握系统的环境，分析系统的整体性质、功能，确定出总体目标，然后围绕着总目标，进行多方面的合理分解、分工，以构成系统的结构与体系；其次，在总目标分解之后，要对各要素、环节、部分及其活动进行系统综合，协调管理，以实现系统的总目标。整分合原则中，整体是前提，分工是关键，综合是保证。

2. 相对封闭原则

相对封闭原则是指任何管理系统虽然都与外部环境有输入和输出关系而具有开放性，但就其内部而言，必须构成一个各个环节首尾衔接、互有约束、互相促进的连续封闭的回路，这样才能有效地发挥管理中各个环节的功能和作用，从而形成有效的管理。应用相对封闭原则的必备条件是：管理系统的相对独立性；具有相互制约和相互促进关系的封闭职能机构；具有及时捕捉、传递信息的完善的信息系统。

二、管理的人本原理

人本原理是指组织的各项管理活动都必须坚持以人为核心，以调动和激发人的积极性和创造性为根本，以追求人的全面发展为目的的一项管理原理。人是管理活动的主体，管理活动的目标、组织目标的制定和完成主要取决于人的积极性、主动性和创造性的调动和发挥。没有人在组织中起作用，组织将不能成为组织，各种资本、物质也会因没有人去组织和使用而成为一堆无用之物。因此，管理主要是人的管理和对人的管理，管理工作的中心任务就在于调动人的积极性，发挥人的主动性，激发人的创造性。因此，人本原理研究和解决的核心问题是人的积极性问题。

（一）人本原理对管理实践的要求

1. 组织要树立辩证唯物主义的人本观念

要求每个管理者必须真正从思想上认识到管理工作的根本是做好人的工作，使组织全体人员明确组织目标和自己的责任，积极主动地实现自己的目标。

2. 组织把做好人的工作作为管理工作的核心

对人的管理，最终目的是最大限度地发挥其积极性、主动性和创造性。组织要有效利用、充分挖掘员工的智能，发挥人在管理中的重要作用。各级管理者必须正确地认识人，实事求是地研究人，以科学理论为指导，加强对人的教育和培养。

3. 要处理好组织人际关系，创造和谐的组织氛围

管理的核心就是处理好组织中的人际关系。对组织来说，良好的人际关系是提高组织凝聚力的基础；对管理者来说，管理工作就是要处理好与上级、同级、下级之间的人际关系。

（二）人本管理原理

坚持人本管理原理应遵循的原则是能级原则、动力原则和行为原则。

1. 能级原则

为使管理活动有序、稳定、可靠、高效，必须在组织系统中建立一定的层次及其相应的标准、规范，把所有组织成员，按其自身的能力素质科学地安排在相应级别的工作岗位上，做到人尽其才，各尽所能，这就是管理的能级原则。能，在物理学中表示物体做功的能量，在管理学中表示人的能力；级，即层次，物理学中表示原子的电子层结构，在管理学中表示管理系统内部的结构、秩序和层次。管理的能级是不以人的意志为转移而客观存在的，现代管理就是要产生一个合理的能级，使管理的内容能动地处于相应的能级中。

能级原则对管理实践的要求是：一是管理组织必须具有稳定的能级形态；二是组织中不同的能级有不同的目标；三是用人方面要做到能级对应，职能

相称。

2. 动力原则

组织目标的实现要依赖于由各成员的个人动力所汇聚成的组织整体动力能量的定向、有序、高效的发挥，充分重视并正确地运用动力，使管理活动持续有效地进行，这就是管理的动力原则。动力原则的核心内容有：一是动力源，即管理活动中所有可能导致人们投入组织活动的人的种种需求；二是动力机制，即有一种确定的引发、刺激、导向、制约动力源的条件机制。

动力原则对管理实践的要求是：一是物质动力、精神动力和信息动力三种动力要有重点地、综合协调地运用；二是管理者必须通过管理活动，建立一套有效的动力机制，使得个人动力与集体动力的方向尽可能一致；三是正确处理眼前动力与长远动力的关系；四是动力刺激要适当、适量。

3. 行为原则

对组织成员的行为进行科学分析，采取有效的管理，以求最大限度地调动组织成员的积极性，这就是管理的行为原则。行为原则的核心内容一是对组织成员行为的科学分析，二是对组织成员的行为及其效果进行有效的管理。

行为原则对管理实践的要求是：一是尽力满足组织成员正当、合理的物质和精神方面的客观需要；二是组织成员的行为管理要灵活多样，讲求实效；三是组织成员都有确定的、可以考核的具体责任，并对其完成、履行责任的结果进行认真验收，使之与个人的种种利益挂钩。

三、管理的动态原理

管理的动态原理是指在管理活动中，面对瞬息万变的组织环境，注意把握管理对象运动、变化的情况，及时调节管理的各个环节和各种关系，才能保证管理活动不偏离预定的目标，在动态管理中实现最佳效益。动态原理包含两层含义：一是管理组织系统内部固有的结构、功能运行状态，随着内部各要素及内部其他条件的变化而适时调整、变化的规律；二是管理组织作为更大系统的子系统，随着大系统的运动而运动，随着大系统的变化而变化的动态规律。

坚持动态原理应遵循的原则是弹性原则和反馈原则。

（一）弹性原则

现代管理的各种因素、环节的密切联系和纷繁变化，使管理者不可能对其未来发展的各种细节都做出超前的精确测定。因此，管理必须保留充分的余地和弹性，以应付各种随时都可能出现的新情况、新变化，从而有效地达到管理的目的，这就是管理的弹性原则。正确应用弹性原则应该倡导"积极弹性"思想，着重提高关键环节的局部弹性，从而增强组织的整体弹性。

（二）反馈原则

在动态管理中，必须具备健全、灵敏、准确、高效的信息反馈机制，对管理过程中出现的新情况、新问题及时做出信息反馈。一旦发现原先计划、目标与客观情况发展有较大出入，就应做出适时性调整。若将行动结果与原来的目标要求相比较，发现"偏差"，则及时采取有效的纠正措施，以确保组织目标的实现，这就是管理的反馈原则。

四、管理的效益原理

管理是追求效率和效益的过程。在任何管理活动中，都要围绕着提高经济效益和社会效益这个目标，科学、高效地使用各项资源，创造出最大的经济效益和社会效益，这就是管理的效益原理。

（一）效果、效率、效益的关系

效果、效率、效益既相互联系，又相互区别。效果指个人或组织通过某种行为、力量、手段、方式而产生的结果。这种结果有的是有效益的，有的是无效益的。效率是指特定的系统在单位时间内的投入与所取得的效果之间的比率。这个比率是一个经常用来衡量管理水平的标准。效益是某种活动所要产生的有益效果及其所达到的程度，是效果和利益的总称。它可分为经济效益和社会效益两类，其中经济效益是人们在社会经济活动中所取得的收益性成果；社会效益则是在经济效益之外的对社会生活有益的效果。经济效益和社会效益两者既有联系又有区别。经济效益是社会效益的基础，而追求社会效益又是促进经济效益提高的重要条件。

（二）效益原理对管理实践的要求

组织所有的管理活动都是致力于提高效益，但并不是所有的管理都是有效的。因此，遵循效益原理，就要求管理者把握以下四个方面：

1. 确立可持续发展的效益观

可持续发展与效益原理结合，就是要兼顾需要与可能，在讲究经济效率的同时，保持与生态环境和社会环境的协调发展，既要注重技术的先进性、经济的合理性，又要注重对社会的效用性和天人合一的和谐性。组织要正确处理好经济效益和社会效益、局部效益与全局效益、短期效益和长远效益、间接效益和直接效益等方面的关系，把过程与结果、动机与效果有机地结合起来。

2. 提高管理工作的有效性

管理工作的有效性，应是管理的效率、效果和效益的统一，其实现的重要途径是要确立有效管理的评价体系。一是在评价标准上要注意直接的成果和价值的实现；二是在评价内容上应以工作绩效为主，以贡献为主，并分清主客观条件对工作绩效的影响；三是在评价方法上应综合不同评价主体的评价结果。只有综合不同评价主体的结果，并做到定性评价与定量评价相结合，才能保证评价结果的全面性、客观性和公正性。

3. 处理好局部效益和全局效益的关系

全局效益是一个比局部效益更为重要的问题。局部效益和全局效益是统一的，有时又是矛盾的。局部效益是全局效益的基础，没有局部效益的提高，全局效益的提高也是难以实现的。如果全局效益很差，局部效益提高就难以持久。因此，当局部效益与全局效益发生冲突时，管理必须把全局效益放在首位，做到局部服从整体。

4. 追求组织长期稳定的高效益

管理者要追求组织长期稳定的高效益。一方面，管理不仅要"正确地做事"，更为重要的是要"做正确的事"。因此，管理者在管理工作中，首要的任务是确定正确的目标方向，搞好组织的战略管理，并在此前提下讲究工作的高效率。只有这样，才能获得较高的经济效益和社会效益。另一方面，组织管理者必须具有创新精神。例如，对于企业来说，管理者不能只满足眼前的经济效益水平，而应该居安思危，不断地推行新产品，以高质量、低成本的优势去迎接市场的挑战。只有不断地积极进行企业的技术改造、技术开发、产品开发和人才开发，才能保证企业有长期稳定的高效益。

五、管理的责任原理

古典经济观认为，管理的唯一社会责任就是实现利润最大化；社会经济观认为，管理的责任不仅是使利润最大化，而且要保护和增加社会财富、社会利益，承担社会责任，主要表现在对环境、员工、顾客、竞争对手、投资者以及组织所在社区的责任等。

（一）责任原理的含义

管理的责任原理主要体现在微观和宏观两个方面。微观意义上的责任表现在组织管理过程中，必须在合理分工的基础上明确规定所有部门和个人必须完成的工作任务和必须承担的与此相应的责任；宏观意义上的责任是指管理者在创造利润、对股东承担法律责任的同时，还要承担对员工、消费者、社区和环境的责任，强调要在生产过程中对人的价值的关注，强调对环境、消费者、社会的贡献。

（二）责任原理对管理实践的要求

微观意义上的责任原理对管理实践的要求是：一是明确每个人的职责，做到职责界限明确、职责内容具体、职责落实到人；二是职位设计和权限委授要合理，责任、利益和权力之间的关系要遵守"等边三角形定理"；三是奖惩要分明、公正而及时，明确工作绩效的考核标准，使得奖惩工作尽可能制度化、规范化。

宏观意义上的责任原理对管理实践的要求是：一是充分利用组织资源，提高经济效益；二是提高员工福利待遇，创建良好工作环境，提供员工培训机会；三是生产优质产品，提供优质服务，满足消费者需求；四是生产过程中采取生态生产技术，节约资源，爱护环境。

课间案例 2

管理就是责任

彼得·德鲁克在《管理：责任、任务与实践》一书中明确表示，管理是一项工作，管理的第一层含义就是"责任"，管理者必须承担责任，并协助属下做正确的事，以言行一致、树立典范为要求，做出重大的贡献，才能赢得部下的追随。卓有成效的领导者清楚地知道，自己必须为最终的结果负起责任，无论好的结果或不好的结果，他都必须面对，并且全权负责。彼得·德鲁克强调，管理是一种责任，需要内在责任，即对自己选择的绩效目标做出最大的贡献；还需要外在责任，即对整体的绩效负责。

美国总统杜鲁门的桌子上摆了一个牌子，上面写着"Buckets of stop here"，意思是"问题到此为止"。在营救驻伊朗的美国大使馆人质的作战计划失败后，当时美国总统吉米·卡特立即在电视里郑重声明："一切责任在我。"仅仅因为这一句话，卡特总统的支持率骤然上升了10%以上。美国最著名的陆军军官学校西点军校的座右铭只有三个词：责任、荣誉和国家。这所纪律严明、竞争无处不在的学校，理念就是：一个负责任的军官才是有竞争力的军官，有竞争力的军官才能为荣誉和国家而战。

第三节 管理者概述

管理者是指组织中履行管理职能，通过协调他人的活动，对实现组织目标负有贡献责任的人。传统的观点认为管理者是运用职位、权力，对人进行统驭和指挥的人。彼得·德鲁克认为，在一个现代的组织里，一位知识工作者如果能够由于其职位和知识，对该组织负有贡献的责任，因而能够实质性地影响该组织经营及达成成果，即为管理者。

一、管理者的性质

1. 管理者是具有职位和职权的人

管理者的职权是管理者从事管理活动的资格，管理者的职位越高，其权力越大。组织必须赋予管理者一定的职权。如果一位管理者处在某一职位上，却没有相应的职权，那么他是无法进行管理工作的。但实际上，在管理活动中，管理者仅仅具有法定的职权，是难以做好管理工作的。管理者在工作中应重视"个人权力"，即个人影响力，成为具有一定权威的管理者。所谓"权威"，是指管理者在组织中的威信、威望，是一种非强制性的"影响力"。权威虽然与职位有一定的关系，但权威不是法定的，不能靠别人授权，主要取决于管理者个人的品德、思想、知识、能力和管理水平，取决于同组织人员思想的共鸣、感情的沟通，取决于相互之间的理解、信赖与支持。这种"影响力"一旦形成，各种人才和广大员工都会被吸引到管理者周围，心悦诚服地接受管理者的引导和指挥，从而产生巨大的力量。

2. 管理者是对实现组织目标负有主要责任的人

任何组织的管理者都具有一定的职位，都要运用和行使相应的权力，同时也要承担一定的责任。责任是对管理者的基本要求，管理者被授予权力的同时，应该对组织的发展负有相应的责任，对组织的成员负有相应的义务。权力和责任是一个矛盾的统一体，一定的权力总是和一定的责任相联系的。有权无责或有责无权的人都难以在管理工作中发挥应有的作用，都不能成为真正的管理者。

> **课间案例 3**
>
> **子贱放权**
>
> 孔子的学生子贱有一次奉命担任某地方的官吏。他到任以后，时常弹琴自娱，看似不管政事，可是他所管辖的地方却被治理得井井有条，民兴

> 业旺。这使前任官吏百思不得其解，因为他即使每天起早摸黑，从早忙到晚，也没有把该地方治理好。于是他请教子贱："为什么你能治理得这么好？"子贱回答说："你只靠自己的力量治理，所以十分辛苦；而我却是借助别人的力量来完成任务。"

二、管理者的分类

按管理层次划分，组织中的管理者一般分为三个层次，即高层管理者、中层管理者和基层管理者。管理者的基本职能是相同的，即包括计划、组织、沟通、控制、激励与创新等。但由于管理者在组织中所处的层次不同，他们在执行这些职能时也就各有侧重。

高层管理者处于组织的最高层，主要负责组织的战略决策、重大方针的制定。中层管理者执行组织战略决策，是直接负责或者协助管理基层管理人员及其工作的人。基层管理者亦称第一线管理者，他们处于作业人员之上的组织层次中，主要职责是传达上级计划、指示，直接分配每一位成员的生产任务或工作任务，随时协调下属的活动，控制工作进度，解答下属提出的问题，反映下属的要求。他们工作的好坏，直接关系到组织计划能否落实，目标能否实现。所以，基层管理者在组织中也有着十分重要的作用。

不同类型的管理者既有共性也有个性。从组织地位看，管理者都是组织的领导者，负责协调他人活动以实现组织目标，管理工作比作业工作更重要；从组织规模看，不同的组织规模，管理者的具体工作内容和时间的分布会有所不同；从组织层次看，不同层次的管理者工作重点不同；从组织环境看，不同的组织环境，管理者的管理哲学和管理方式不同。

三、管理者的素质

（一）管理者素质的含义

素质，是指在先天禀赋的生理和心理基础上，经过后天的学习和实践锻炼而形成的在工作中经常起作用的那些基础条件和内在要素的总和。管理者的素质是指管理者拥有的与管理相关的内在基本属性与质量。

管理者的素质主要表现为以下几种：一是政治与文化素质，是指管理者的政治修养水平和文化基础，主要包括政治坚定性、敏感性、事业心、责任感、思想境界与品德情操，人文修养与广博的文化知识等；二是基本业务素质，是指管理者在所从事工作领域内的知识与能力，包括一般业务素质和专门业务素质；三是身心素质，是指管理者本人的身体状况与心理条件，包括健康的身体，坚强的意志，开朗、乐观的性格，广泛而健康的兴趣等。

（二）有效管理者应具备的素质

个人素质与管理能力密切相关，对于一位管理者来说，个人素质很重要，因为它虽然不是管理能力的决定因素，但管理能力的大小是以素质为基础的。管理者的管理水平直接关系到一个组织的竞争力和组织的发展，而管理者的管理水平又取决于管理者的素质。

1. 管理者必须具备准确设定目标的能力

目标体现的是组织想要得到的结果，以及组织的任务。组织的管理人员必须将目标的数量和质量明确下来，因为这两个方面都最终指导决策者选择合适的行动路线。管理者通过这些目标对下级进行领导，并依据目标的实现情况对各部门进行考核，通过这种方式实现组织总体目标。如果管理者无法将目标准确地下达，那么下级部门就无法了解管理者的想法，管理者与员工之间的合作将受到限制，直接影响管理者的执行力，目标无法落到实处，阻碍组织成长。

2. 管理者必须具有控制能力

控制是管理过程不可分割的一部分，是组织各级管理人员的一项重要工作内容。无论计划制订得如何周密，由于各种各样的原因，计划在执行的过程中总是会或多或少地出现与计划不一致的现象，所以管理者必须运用驾驭事件的控制能力，保证行动按计划进行，力求达到组织既定的目标。

3. 管理者必须具有沟通能力

沟通是所有管理职能得以实施和完成的基本条件。信息是决策的依据，信息的数量和质量直接影响组织决策水平，信息沟通在组织管理活动中是相当重要的。首先，管理者应该有组织沟通的重要性意识；其次，管理者应具备建立组织沟通渠道的能力，并能在其中起积极主动作用。

4. 管理者必须具有良好的管理思维

管理态度和管理行为都是由管理思维决定的，有什么样的管理思维就有什么样的管理方法。思维过程一般分为观察、比较、分析、综合、归纳。管理本身受各种因素的影响，要想切实有效地进行管理，要求管理者在明确的目标前提下有一个系统、缜密的整体规划，在正确的思维模式下对组织应该做什么、怎么做能做出正确的判断。正确的决策，无疑很大程度上依赖于管理者思维的广阔性、深刻性、敏捷性、灵活性和创新性。所以说管理者必须具有良好的管理思维。

5. 管理者必须具有创新精神

管理本身就有创新性，管理职能就包括创新职能，从这一点来说，创新精神是管理者必须具备的基本素质。要想让组织发展壮大，要想让组织适应日新月异的外部环境，就要不断地为组织注入生命源泉，在各个方面，不管是产品本身、生产工艺还是物资设备都应有创造性的见解，或者说为组织带来创造性的新元素。可以说，创新是现代管理者素质的核心。

6. 管理者必须具有强大的影响力

作为一位管理者，影响他人的能力是必不可少的。在管理过程中表现为领导、改变、控制他人和群体的能力，简单地说，就是一种人际关系技能。一位具有影响力的管理者，首先是一个被下属信任、喜爱并忠诚追随的人，也可以说一个优秀的组织必定有具有吸引力的领导者，不管是他的组织能力，还是人格魅力都是受到他人肯定的。其次是具有权威的人，受到下级员工和部门的支持和拥护，他的主张应该是员工的自觉行动。

（三）管理者素质的提高

管理者的良好素质可以通过后天培养而形成和提高。要使管理者成为管理人才，实现管理的高效，必须提高管理者的素质。从整体上看，管理者素质的提高可以通过以下基本途径：

1. 管理者的选聘

选聘管理者的途径主要包括内部提升和外部招聘。一个组织选聘管理人员究竟是采用内部提升，还是采用外部招聘，要根据组织的具体情况而定，因时制宜地选择选聘的途径。一般说来，当组织内有能够胜任空缺职位的人选时，应先从内部提升；当空缺的职位不很重要，并且组织已有既定的发展战略时，应当考虑从内部提升。然而，当组织急缺一个关键性的主管人员，而组织内又没有能胜任这一重要职位的人选时，就需从外部招聘。

通常情况下，选拔管理者往往是采用内部提升和外部招聘相结合的途径，将从外部招聘来的人员先放在较低的岗位上，然后根据其表现再行提升。

2. 管理者的培训

管理者培训的具体内容一般包括以下三个方面：政治思想教育，管理业务知识和管理能力。培训方法主要有理论培训和职务轮换。培训中应注意培训工作必须与组织目标相结合。培训工作既有受训者，又有培训者，培训者的来源无非是组织内部或外部两种。一般来说，在对下级管理者进行培训时，主要是依靠组织内各级管理者作为培训者。由于上级管理者和下级管理者同处于一个组织中，因而他们能结合组织的具体问题进行培训，便于下级管理者的理解和接受。同时，他们的经验对下级管理者也有直接的指导作用，便于下级管理者的借鉴和运用。组织内的各级管理者是最好的培训者。但是，在涉及理论方面的培训时，一般多向组织外部聘请一些专家学者作为培训者。

> **课间案例 4**
>
> **管理者素质**
>
> 《孙子兵法》提到将才必须具备五方面的素质："将者，智、信、仁、勇、严也。"《十一家注孙子·王晳》解释："智者，先见而不惑，能谋虑，通权变也；信者，号令一也；仁者，专抚恻隐，得人心也；勇者，徇义不惧，能果毅也；严者，以威严肃众心也。五者相须，缺一不可。"智者，即聪颖而有智慧，遇事能做出准确无误的判断与及时而合理的决定；信者，即信赖下级并能获得部下信任；仁者，即体贴、爱护下级，时刻把下级放在心上；勇者，即有勇气，有魄力，处事果断，雷厉风行；严者，即遵守法纪，赏罚分明。
>
> 三国时期著名的政治家、思想家、军事家诸葛亮，在他所著的《将器》一文中指出："将之器，其用大小不同。若洞察其奸，伺其祸，为之众服，此十夫之将；夙兴夜寐，言辞密察，此百夫之将；直而有虑，勇而能斗，此千夫之将；外貌桓桓，中情烈烈，知人勤劳，悉人饥寒，此万夫之将；迎贤进能，日慎一日，诚信宽大，闲于理乱，此十万夫之将；仁爱洽于天下，信义服邻国，上知天文，中察人事，下识地理，四海之内视为室家，此天下之将。"诸葛亮把不同层次的管理者所应具备的相应素质讲得形象生动，其道理浅显易懂，值得我们深思而借鉴。

四、管理者的角色

（一）彼得·德鲁克关于管理者角色的论述

美国管理学家彼得·德鲁克于1955年提出"管理者角色"的概念。彼得·德鲁克认为，管理是一种无形的力量，这种力量是通过各级管理者体现出来的。所以管理者扮演的角色或者说承担的责任大体上分为以下三类：

1. 管理一个组织

为此管理者必须做到：一是确定该组织是干什么的，应该有什么目标，如何采取积极的措施实现目标；二是谋取组织的最大效益；三是"为社会服务"和"创造顾客"。

2. 管理管理者

组织的上、中、下三个层次中,人人都是管理者,同时人人又都是被管理者,因此管理者必须做到:一是确保下级的设想、意愿、努力能朝着共同的目标前进;二是培养集体合作精神;三是培训下级;四是建立健全的组织结构。

3. 管理人和工作

管理者必须认识到两个假设前提:一是关于工作,其性质是不断急剧变动的,既有体力劳动又有脑力劳动,而且脑力劳动的比例会越来越大;二是关于人,要正确认识到"个体差异、完整的人、行为有因、人的尊严"对于处理各类各级人员相互关系的重要性。

(二)亨利·明茨伯格关于管理者角色的论述

加拿大管理学家亨利·明茨伯格是经理角色学派的创始人之一。经理角色学派是20世纪70年代在西方出现的一个管理学派,它是以对经理所担任的角色分析为中心来考察经理的职务和工作的。亨利·明茨伯格认为,对于管理者而言,从经理的角色出发,才能够找出管理学的基本原理并将其应用于经理的具体实践中去。他在《管理工作的本质》中论述了管理者扮演的十种角色,这十种角色又可进一步归纳为三大类:人际角色、信息角色和决策角色,如表1-1所示。

表1-1 管理者的角色

类型	十种角色	描述
人际角色	代表人角色 领导者角色 联络者角色	履行例行的社会法律义务 激励员工实现组织目标 建立和维护外部关系网络
信息角色	监督者角色 传播者角色 发言人角色	获取组织内外信息 传递组织内外信息 向外发布组织信息
决策角色	企业家角色 干扰对付者角色 资源分配者角色 谈判者角色	寻求机会,进行变革 处理冲突或危机事件 分配组织资源 重要谈判的组织代表

1. 人际角色

人际角色直接产生自管理者的正式权力基础,管理者在处理与组织成员和其他利益相关者的关系时,他们就在扮演人际角色。人际角色包括代表人角色、领导者角色和联络者角色。

(1)代表人角色。作为所在组织的管理者,管理者必须行使一些具有礼仪性质的职责。如管理者有时出现在社区的集会上，参加社会活动，或宴请重要客户等，在这样做的时候，管理者行使着代表人的角色。

（2）领导者角色。由于管理者对所在组织的成败负重要责任，他们必须在工作小组内扮演领导者角色。对这种角色而言，管理者和员工一起工作并通过员工的努力来确保组织目标的实现。

（3）联络者角色。管理者无论是在与组织内的个人或工作小组一起工作时，还是在与外部利益相关者建立良好关系时，都起着联络者的作用。管理者必须对重要的组织问题有敏锐的洞察力，从而能够在组织内外建立良好的关系网络。

2. 信息角色

在信息角色中，管理者负责确保和其一起工作的人员具有足够的信息，从而能够顺利完成工作。由管理责任的性质决定，管理者既是所在组织的信息传递中心，也是组织内其他工作小组的信息传递渠道。整个组织的人依赖于管理结构和管理者以获取或传递必要的信息，以便完成工作。管理者必须扮演的信息角色具体包括监督者、传播者、发言人三种。

（1）监督者角色。管理者持续关注组织内外环境的变化以获取对组织有用的信息。管理者通过接触下属来收集信息，并且从个人关系网络中获取对方主动提供的信息。根据这种信息，管理者可以识别组织的潜在机会和威胁。

（2）传播者角色。管理者把他们作为信息监督者从组织外部人员和下级那里获得的信息传递给组织的其他成员。

（3）发言人角色。管理者必须向外界发布有关组织的计划、政策、行动结果等信息。

3. 决策角色

在决策角色中，管理者处理信息并得出结论。如果信息不用于组织的决策，这种信息就失去其应有的价值。决策角色具体包括企业家、干扰对付者、资源分配者、谈判者四种角色。

（1）企业家角色。企业家角色指的是管理者在其职权范围之内充当本组织变革的发起者和设计者。管理者必须努力组织资源去适应周围环境的变化，要善于寻找和发现新的机会。

（2）干扰对付者角色。管理者必须善于处理冲突或解决问题，如平息客户的怒气，同不合作的供应商进行谈判，或者对员工之间的争端进行调解等。

（3）资源分配者角色。管理者决定组织资源用于哪些项目，也就是说，管理者负责分配组织的各种资源。

（4）谈判者角色。管理者在谈判中作为组织的代表参与工会，进行合同谈判，管理者的谈判对象包括员工、供应商、客户和其他工作小组等。

上述十种角色形成了一个整体，它们是互相联系、密不可分的。没有哪种角色能在不触动其他角色的情况下脱离这个框架。在任何情形下，人际、信息和决策角色都不可分离。这些角色表明，管理者从组织的角度来看是对组织发展负责的人，但事实上却要担任一系列的专业化工作，要求管理者既是通才又是专家。

五、管理者的技能

管理者的技能是指从事管理工作的人必须具备的素质和才能。根据美国管理学家罗伯特·卡茨的研究，管理者在行使管理职能时需要具备概念技能、人际技能和技术技能三大管理技能。

（一）概念技能

概念技能是指管理者统观全局，面对复杂多变的环境，具有的分析、判断、抽象和概括并认清主要矛盾，抓住问题实质，从而做出正确决策的能力。也就是说，概念技能是洞察组织与环境要素间相互影响和作用关系的能力，主要包括：对复杂环境和管理问题的观察、分析能力；对全局性的、战略性的、长远性的重大问题处理与决断的能力；对突发性紧急处境的应变能力等。概念技能的核心是一种观察力和思维力。

（二）人际技能

人际技能是指管理者与组织中上下左右的人打交道的能力。人际技能主要包括联络、处理和协调组织内外人际关系的能力，激励和诱导组织内工作人员的积极性和创造性的能力，正确地指导和指挥组织成员开展工作的能力，善于团结他人，增强向心力、凝聚力的能力等。

（三）技术技能

技术技能是指管理者掌握与运用某一专业领域内的知识、技术和方法的能力，其内容包括运用管理者所监督的专业领域中的过程、惯例、技术和工具的能力。

显然，各个层次的管理人员都需要在一定程度上掌握这三种技能。但是这些技能对于不同管理层次的管理者的相对重要性是不同的。技术技能的重要性依据管理者所处的组织层次从低到高逐渐下降，而概念技能则相反，如图1-2所示。当然，这种管理技能和组织层次的联系并不是绝对的，组织规模等一些因素对此也会产生一定的影响。

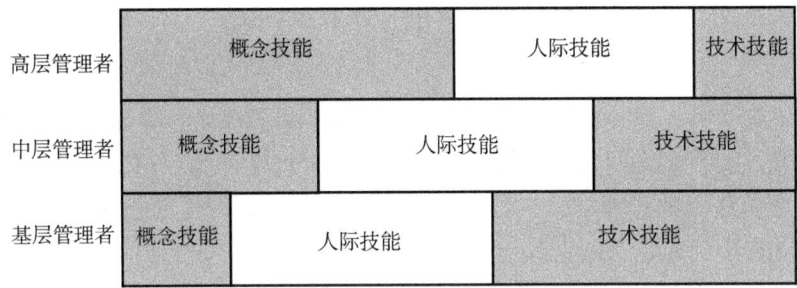

图 1-2　不同管理层次对管理技能需要的比例

> **课间案例 5**
>
> **诸葛亮挥泪斩马谡**
>
> 蜀后主建兴六年（公元 228 年），诸葛亮为实现统一大业，发动了一场北伐曹魏的战争，他命令赵云、邓芝为疑军，占据箕谷，自己亲率 10 万大军，突袭魏军据守的祁山，任命参军马谡为前锋，镇守战略要地街亭。临行前，诸葛亮再三嘱咐马谡："街亭虽小，关系重大。它是通往汉中的咽喉。如果失掉街亭，我军必败。"同时具体指示让他"靠山近水安营扎寨，谨慎小心，不得有误"。
>
> 马谡到达街亭后，不按诸葛亮的指令依山傍水部署兵力，却骄傲轻敌，全然不顾副将王平的多次谏阻，自作主张地将大军部署在远离水源的街亭山上。魏明帝曹叡得知蜀将马谡占领街亭，立即派骁勇善战、曾多次与蜀军交锋的曹魏名将张郃领兵抗击。张郃进军街亭，侦察到马谡舍水上山，心中大喜，立即挥兵切断水源，掐断粮道，将马谡部队围困于山上，然后纵火烧山。蜀军饥渴难忍，军心涣散，不战自乱。张郃命令乘势进攻，蜀军大败。马谡失守街亭，战局骤变，迫使诸葛亮退回汉中。
>
> 马谡大意失街亭，让蜀汉军队丧失了继续进取陕西的最好时机，作为将领，马谡需要负主要责任。为了严肃军纪，诸葛亮下令将马谡革职入狱，斩首示众。临刑前，马谡上书诸葛亮："丞相待我亲如子，我待丞相敬如父。这次我违背节度，招致兵败，军令难容，丞相将我斩首，以诫后人，我罪有应得，死而无怨，只是恳望丞相以后能照顾好我一家妻儿老小，这样我死后也就放心了。"诸葛亮看罢，百感交集，要斩曾被自己十分器重赏识的将领，心若刀绞；但若违背军法，免他一死，又将失去众人之心，无法实现统一天下的宏愿。于是，他强忍悲痛，让马谡放心去，自己将收其儿为义子。而后，全军将士无不为之震惊。

第四节　管理学的研究对象与方法

管理学是人类长期从事管理实践活动的科学总结，是系统地研究管理过程的普遍规律、基本原理和一般方法的学科。管理学作为一门学科，其基本思想和体系由法国的管理学家亨利·法约尔在其代表著作《工业管理和一般管理》中首先提出。

一、管理学的研究对象

从管理的二重性角度分析，管理学的研究对象主要包括以下三个方面：

（一）生产力方面

管理学主要研究生产力诸要素之间的关系，即合理组织生产力的问题。研究如何合理配置组织中的人、财、物，使各要素充分发挥作用的问题。研究如何根据组织目标的要求和社会的需要，合理地使用各种资源，以求得最佳的经济效益和社会效益的问题。

（二）生产关系方面

管理学主要研究如何正确处理组织中人与人之间的相互关系问题；研究如何建立和完善组织机构以及各种管理体制等问题；研究如何激励组织内成员，从而最大限度地调动各方面的积极性和创造性，为实现组织目标而服务等问题。

（三）上层建筑方面

管理学主要研究如何使组织内部环境与其外部环境相适应的问题；研究如何使组织的规章制度与社会的政治、经济、法律、道德等上层建筑保持一致的问题，从而维持正常的生产关系，促进生产力的发展。

二、管理学的研究方法

（一）唯物辩证法

管理学产生于管理的实践活动，是管理实践经验的科学总结和理论概括。学习和研究管理学，必须坚持实事求是的态度，深入管理实践，进行调查研究，总结实践经验并用判断和推理的方法，使管理实践上升为理论。在学习和研究中还要认识到一切现象都是相互联系和相互制约的，一切事物也都是不断发展变化的。因此，还必须运用全面的历史观点去观察和分析问题，重视管理学的历史，考察它的过去、现状及其发展趋势，不能固定不变地看待组织及组织的管理活动。

（二）系统研究方法

要进行有效的管理活动，必须对影响管理过程中的各种因素及其相互之间的关系进行总体的、系统的分析研究，才能形成管理的可行的基本理论和合理的决策活动。总体的、系统的学习和研究方法，就是用系统的观点来分析、学习和研究管理原理和管理活动。

（三）比较研究法

管理学研究不仅要做纵向的历史考察，还要进行横向的比较研究。通过对世界各国的管理思想、管理理论、管理模式、管理方法和技术的全面比较和分析，寻其异同，权衡优劣，取长补短。比较研究法还可鉴别出哪些管理思想和方法是根植于一国文化之中、不可移植的，哪些是具有共性的、可以移植的，可以洋为中用以进行比较研究。

（四）调查研究法

在现实的管理过程中，通过观察、调查、试验、实践，掌握第一手资料，即进行归纳、分析、综合，并从中找出规律性的东西。这种方法既适用于从事实际管理的人，也适用于进行理论研究的人，他们可以以调查者、观察者的身份进行实地参观、访问，也可以用问卷等方式进行调查，其研究结论可靠性大。

（五）理论联系实际

具体说可以是案例的调查和分析，边学习边实践，以及带着问题学习等多种形式。理论联系实际还有一个含义，就是在学习和研究管理学时，要注意管理学的二重性，既要吸收西方国家管理中科学性的东西，又要去其糟粕；既要避免盲目照搬，又要克服全盘否定；要从我国国情出发加以取舍和改造，有分析、有选择地学习和吸收。在学习和研究外国的管理经验时，至少要考虑到四个不同，即社会制度的不同，生产力发展水平的不同，自然条件的不同，民族习惯和传统的不同。我们要从我国实际出发吸取外国的科学成果，通过实践，在不断地总结自己的实践经验的基础上形成和发展具有中国特色的社会主义管理学理论。

阅读小故事

蝴蝶效应

20世纪70年代，美国一位名叫洛伦兹的气象学家在解释空气系统理论时说，亚马孙雨林中一只蝴蝶翅膀偶尔振动，也许两周后就会引起美国得克萨斯州的一场龙卷风。其原因在于：蝴蝶翅膀的运动，导致其身边的空气系统发生变化，并引起微弱气流的产生。而微弱气流的产生又会引起它四周空气或其他系统产生相应的变化，由此引起连锁反应，最终导致其他系统的极大变化。

从科学的角度来看，"蝴蝶效应"反映了混沌运动的一个重要特征：系统的长期行为对初始条件的敏感依赖性。经典动力学的传统观点认为，系统的长期行为对初始条件是不敏感的，即初始条件的微小变化对未来状态所造成的差别也是很微小的。可混沌理论向传统观点提出了挑战，认为在混沌系统中，初始条件的十分微小的变化经过不断放大，对其未来状态会造成极其巨大的差别。我们可以用西方流传的一首民谣对此作形象的说明：

丢失一个钉子，坏了一只蹄铁；

坏了一只蹄铁，折了一匹战马；

折了一匹战马，伤了一位骑士；

伤了一位骑士，输了一场战斗；

输了一场战斗，亡了一个国家。

马蹄铁上一个钉子是否会丢失，本是初始条件的十分微小的变化，但其"长期"效应却是一个国家存与亡的根本差别。这就是军事和政治领域中所谓的"蝴蝶效应"，其同样适用于管理领域。

本章习题

一、单项选择题

1. 提出"管理是一种以绩效责任为基础的专业职能"观点的管理学家是 （ ）

A. 罗伯特·卡茨　　　　　　　B. 彼得·德鲁克
C. 赫伯特·西蒙　　　　　　　D. 马克斯·韦伯

2. 管理的载体是 （ ）

A. 管理者　　B. 技术　　C. 工作　　D. 组织

3. 关于管理的应用范围，下列说法正确的有 （ ）

A. 只适用于营利性工业企业　　B. 普遍适用于各种组织
C. 只适用于营利性组织　　　　D. 只适用于非营利性组织

4. 对组织资源进行计划、组织、激励、控制以有效地实现组织目标的过程称为 （ ）

A. 管理　　B. 组织　　C. 战略　　D. 经营

5. 管理的核心是 （ ）

A. 管理者　　B. 被管理者　　C. 管理环境　　D. 处理人际关系

6. 管理的对象是 （ ）

A. 管理者　　B. 被管理者　　C. 资源　　D. 组织

7. 管理活动的本质是 （ ）

A. 对人的管理　　　　　　B. 对物的管理
C. 对资金的管理　　　　　D. 对技术的管理

8. 管理学家赫伯特·西蒙提出管理就是 （ ）

A. 决策　　B. 领导　　C. 创新　　D. 指挥

9. 管理人员与一般工作人员的根本区别是 （ ）

A. 需要与他人配合完成组织目标
B. 需要从事具体的文件签发审阅工作
C. 需要对自己的工作成果负责
D. 需要协调他人的努力实现组织目标

10. 管理同生产力、社会化大生产相联系而表现出的属性是 （   ）
   A. 政治属性   B. 社会属性   C. 自然属性   D. 文化属性

11. 强调人在管理中的核心地位和作用，把人的因素放在首位的管理原理是 （   ）
   A. 人本原理   B. 系统原理   C. 责任原理   D. 动态原理

12. 强调把所有组织成员，按其自身的能力素质科学地安排在相应级别的工作岗位上，做到人尽其才、各尽所能的管理原则是 （   ）
   A. 能级原则   B. 弹性原则   C. 反馈原则   D. 整分合原则

13. 强调在管理活动中，面对瞬息万变的组织环境，注意把握管理对象运动、变化的情况，及时调节管理的各个环节和各种关系的一项管理原理是 （   ）
   A. 人本原理   B. 系统原理   C. 责任原理   D. 动态原理

14. 高层管理者处于组织的最高层，主要负责组织的 （   ）
   A. 战略管理   B. 现场管理
   C. 沟通协调   D. 决策咨询

15. 管理者素质的核心是 （   ）
   A. 沟通能力   B. 管理能力
   C. 创新能力   D. 控制能力

16. 亨利·明茨伯格认为，管理者扮演的十大角色可以归入三大类，即 （   ）
   A. 领导角色、人际角色与信息角色
   B. 人际角色、信息角色与决策角色
   C. 人际角色、信息角色与技术角色
   D. 领导角色、决策角色与技术角色

17. 管理者技能中，将观点设想出来并加以处理以及将关系抽象化的技能是指 （   ）
   A. 技术技能   B. 人际技能   C. 概念技能   D. 决策技能

18. 随着管理层次的上升而需要增加的技能是 （   ）
   A. 技术技能   B. 沟通技能   C. 概念技能   D. 人际技能

19. 有人说在管理中经常是"外行领导内行",这在一定程度上说明,对管理者来说 （   ）
   A. 授权和技术一样重要　　　B. 人际关系是第一位的
   C. 人际沟通比技术更重要　　D. 技术不是最重要的

20. 管理学作为一门学科的基本思想和体系,最早由谁提出 （   ）
   A. 法约尔　　　B. 泰勒　　　C. 梅奥　　　D. 弗鲁姆

二、多项选择题

1. 管理是一种社会现象或文化现象,它的存在必须同时具备的两个必要条件是 （   ）
   A. 两个人以上的集体活动　　B. 一致认可的、自觉的目标
   C. 目标、机构、资源、信息　D. 目标和管理者
   E. 管理者和被管理者

2. 管理系统原理的特性有 （   ）
   A. 稳定性　　B. 整体性　　C. 目的性
   D. 层次性　　E. 动态性

3. 坚持系统原理应遵循的原则是 （   ）
   A. 能级原则　　B. 相对封闭原则　　C. 反馈原则
   D. 整分合原则　E. 行为原则

4. 强调发挥人的作用为核心的管理原则是 （   ）
   A. 能级原则　　B. 弹性原则　　C. 动力原则
   D. 行为原则　　E. 整分合原则

5. 下列属于人本管理观点的是 （   ）
   A. 职工是企业的主体
   B. 人是"经济人",给职工足够的物质刺激即可
   C. 职工参与是有效管理的关键
   D. 服务于人是管理的根本目的
   E. 对管理对象整体把握、科学分解、组织综合

6. 坚持动态原理应遵循的原则是 （   ）
   A. 能级原则　　B. 弹性原则　　C. 反馈原则
   D. 整分合原则　E. 相对封闭原则

7. 正确应用弹性原则的几点要求是 （   ）
A. 倡导"积极弹性"思想　　　　B. 倡导"局部弹性"思想
C. 增强整体弹性　　　　　　　　D. 着重提高关键环节的局部弹性
E. 组织目标要有弹性

8. 亨利·明茨伯格认为，管理者扮演的十大角色可以归入三大类，即
（   ）
A. 领导角色　　B. 人际角色　　C. 信息角色
D. 决策角色　　E. 企业家角色

9. 亨利·明茨伯格认为管理者扮演的人际角色包括 （   ）
A. 代表人角色　　B. 发言人角色　　C. 领导者角色
D. 联络者角色　　E. 监督者角色

10. 亨利·明茨伯格认为管理者扮演的信息角色包括 （   ）
A. 监督者角色　　B. 发言人角色　　C. 传播者角色
D. 联络者角色　　E. 领导者角色

11. 亨利·明茨伯格认为管理者扮演的决策角色包括 （   ）
A. 企业家角色　　　　　　　B. 干扰对付者角色
C. 资源分配者角色　　　　　D. 谈判者角色　　E. 发言人角色

12. 管理学的研究对象主要有 （   ）
A. 生产力　　B. 生产关系　　C. 经济发展
D. 上层建筑　　E. 企业效益

三、判断正误题

（   ）**1.** 凡是一个由两人以上组成的、有一定目的的集体就都离不开管理。

（   ）**2.** 对于所有的组织，无论组织所处的地理位置，无论组织规模的大小，无论组织的类型，管理是绝对必要的。

（   ）**3.** 管理活动的本质是对资金的管理。

（   ）**4.** 根据泰勒的观点，管理是一种以绩效责任为基础的专业职能。

（   ）**5.** 管理的核心是处理各种人际关系，其中主管人员与下属之间的关系是各种人际关系的主导与核心。

（   ）**6.** 生产力的实现必须借助于管理，科学管理是充分发挥生产力作用的前提。

( ) 7. 管理是随着私有制、阶级和国家的出现而出现的。
( ) 8. 企业以盈利为唯一目标，管理者的管理活动应紧紧围绕盈利这一中心。
( ) 9. 营利性组织比非营利性组织更需要加强管理。
( ) 10. 在马克思的管理二重性理论中，指挥劳动体现了管理的社会属性，监督劳动体现了管理的自然属性。
( ) 11. 管理是任何组织所必需的活动，因此，任何社会中管理的性质都是相同的。
( ) 12. 管理的艺术性是指管理的实践性和创造性，强调管理活动除了要掌握一定的理论和方法外，还要把管理理论灵活运用于实践中。
( ) 13. 管理的有效性在于充分利用各种资源，以最小的消耗实现组织目标。
( ) 14. 管理必须保留充分的余地和弹性，以应付各种随时都可能出现的新情况、新变化，从而有效地达到管理的目的，这就是现代管理的弹性原则。
( ) 15. 一个管理系统要达到体内的动态平衡，必须具有的机制是信息反馈。
( ) 16. 管理弹性一般分为局部弹性和整体弹性，局部弹性是整体弹性的基础，整体弹性是局部弹性的综合。
( ) 17. 坚持效益原理追求局部效益必须与追求全局效益协调一致。
( ) 18. 不同的组织层次管理者的工作重点是相同的。
( ) 19. 技术技能对管理人员非常重要，因为它使管理人员通过分析确定问题的所在，得出解决的办法。
( ) 20. 管理学研究的是管理活动的普遍规律性，是各专业管理的基础理论。

四、名词解释题

1. 管理
2. 系统原理
3. 人本原理
4. 动态原理
5. 效益原理
6. 责任原理

7. 整分合原则
8. 弹性原则
9. 反馈原则
10. 管理者

五、简答题

1. 简述人本原理对管理实践的要求。
2. 简述管理系统的目的性对管理实践的要求。
3. 简述管理系统的整体性对管理实践的要求。
4. 简述动力原则对管理实践的要求。
5. 简述效益原理对管理实践的要求。
6. 简述管理者应具备的素质。

六、论述题

1. 什么是管理的两重性？请阐述它们之间的关系。
2. 管理者应具备哪三种技能？不同管理层次所需要的管理技能比例有何不同？
3. 责任原理对管理实践的要求是什么？

第二章 管理思想与理论的发展

学习目标 本章主要介绍中国传统管理思想与实践和西方管理思想与实践、古典管理理论和现代管理理论。通过学习,应掌握古典管理理论的内容、现代管理理论的主要思想,能够从管理思想的高度认识与分析我国的经济改革,培养应用现代管理理念和理论分析与处理实际管理问题的能力。

本章关键词 "经济人"假设 例外原则 统一指挥 统一领导 跳板原则 正式组织 非正式组织 激励因素 保健因素 X理论 Y理论

管理实践活动自古以来就存在,它是随着人类集体协作、共同劳动而产生的。因此,可以说管理是一种社会现象或文化现象,只要有人类社会存在,就会有管理存在。人类进行有效的管理实践大约已经有7 000年的历史,早在公元前5000年,生活在幼发拉底河流域的闪米特人就开始了最原始的劳作记录,这是有据可考的人类历史上最早的管理活动。公元前17世纪,在中国的商代,国王已经统帅几十万军队作战,管理上百万分工不同的奴隶进行生产劳动。

只要存在管理活动,就会有人对管理活动的实践进行思考,从而有可能在此基础上形成某种管理思想。早期的一些著名的管理实践和管理思想大都散见于中国、埃及、意大利等国家的史籍和许多宗教文献之中。虽然管理思想和人类历史一样悠久深远,但管理学作为一门独立的学科却只有近百年的历史。

第一节 中国传统管理思想与实践

中国是四大文明古国之一,在其发展的各个历史时期,都蕴含着丰富的管理思想。五千年的文化、根深蒂固的儒家思想都是中国的文化背景,在研究现代管理思想的时候,不能不首先研究中国传统的管理思想。有些管理思想是先于西方几千年提出来的,至今还具有借鉴意义。

一、中国传统管理思想

我国古代的管理思想及理论框架基本形成于先秦至汉代这一时期,主要体现在先秦到汉代的诸子百家思想中,如儒家、道家、法家、兵家、墨家等。许多古代经典著作,如《论语》《道德经》《孙子兵法》《九章算术》《三国演义》《红楼梦》等著作中,均有充分反映我国古代成功的管理思想和经验的内容。

从宏观的角度看,我国古代管理思想大致可分为三个部分:治国、治生和治身。治国主要是处理整个社会、国家管理关系的活动,即"治国之道"。它是治理整个国家、社会的基本思路和指导思想,是对行政、军事、人事、生产、市场、田制、货币、财赋、漕运等方面管理的学问。治生是在生产发展和经济运行的基础上通过官、民的实践逐步积累起来的,它包括农副业、手工业、运输、建筑工程、市场经营等方面的管理学问。治身主要是研究谋略、用人、选才、激励、修身、公关、博弈、奖惩等方面的学问。

中国古代出现了许许多多的思想家,也出现了极为丰富的管理思想。其中,孔子的以"仁"为核心、以"礼"为准则、以"和"为目标的以"德"治国思想是其管理思想的精髓,成为中国传统思想的主流;老子的"道法自然""无为而治"等许多思想对中外管理思想的发展产生了深刻影响;孟子的"性善"论的人性观、施"仁政"的管理准则以及"修其身而天下平"等思想,为中国管理思想的完善与发展做出了重要贡献;孙子是中国古代著名的军事家,其军事思想和管理思想主要体现在他的传世之作《孙子兵法》中,"不战而屈人之兵""上兵伐谋""必以全争于天下""出其不意,攻其不备""唯民是保"等思想至今仍为管理者们所运用;管子的"以人为本"的思想、"与时变"的发展理念与创新精神、德能并举、"德"与"能"不可偏废的选贤标准等许多管理思想,无不透射出永恒的智慧之光。

> **课间案例 1**
>
> **儒家管理思想之管理理念——"仁政"**
>
> "仁政"的理念是孟子从孔子的"仁学"思想继承和发展而来的,这是一种轻徭薄赋、宽厚待民、施以恩惠,有利于争取民心的组织管理理念。通过实行"仁政",为国家创造一个安定生产、生活的环境,只有这样国家才能富足,百姓才能安康。

孟子认为战争太残酷，强调和平相处，要用"仁政"实现天下统一。"仁政"提倡"民有恒产"，保护个人财产，减轻赋税，只有老百姓有了基本生活保障，才能实现政治稳定，甚至多次谈到征发徭役要不违农时。"仁政"最终的落脚点是组织成员丰衣足食、安居乐业。孟子在"仁政"基础上又提出"民贵君轻"的思想，这是"仁政"的升华，这一观点使儒家管理思想大放异彩，"亚圣"之名实至名归。

儒家的"仁政"管理体系建立在"礼"的基础上，"礼"与"仁"相辅相成——"克己复礼为仁"，孔子提倡的"礼"其实是在为社会构建一套价值平衡系统。何为"礼"？孔子用了"君君、臣臣、父父、子子"进行说明，要求不同类型的组织成员按照各自的礼制规范去做就行了。儒家把"礼"作为维持社会秩序、调整人与人之间的社会行为和价值关系的基础规范和准则，使整个社会系统能够有效运行。

但是由于儒家的"礼"充分体现了等级差异，导致中央集权不断加强，难免成为维护统治者利益的必要工具。"礼"最终根据统治者的需要演变为束缚人们思想和行为的枷锁，自然也会被后人批为"礼教"。但如能穿越历史就会发现，没有"礼"的话，中华民族恐怕无法摆脱愚昧和野蛮。不得不说，"礼"作为社会的道德与行为规范，最初对中华民族精神素质的塑造发挥了重要作用。

二、中国传统管理实践

综观中国传统管理实践可以看出，管理与行政基本融为一体。由于古代中国是典型的农业经济，行政管理是社会管理最主要的模式，因此，任何一项工程，任何一项管理活动，无不以国家或官府的名义展开，管理实践也只有在和行政融合过程中才有表现的机会。实际上，我们所了解的中国古代管理实践，无一不是行政中的管理实践。古代管理实践的成功与否主要取决于管理者或决策者的素质高低。管理者的个人知识、能力和经验越丰富，越有可能进行卓有成效的管理活动，否则，管理就可能缺乏成效，甚至失败。因此，管理实践是和个人经验分不开的，是一种典型的经验管理。中国在两千多年的封建社会中实行的是中央集权的国家管理制度，财政赋税的管理、官吏的选拔与管理、人口田亩管理、市场与工商业管理、漕运驿递管理、文书与档案管理等方面，历朝历代都有新的发展，出现了许多杰出的管理人才，在军事、政治、财政、文化教育与外交等领域，显示了卓越的管理才能，积累了宝贵的管理经验。战国时期著名的"商鞅变法"是通过变法提高国家管理水平的一个典型范例；"文景之治"使当时出现了政治安定、经济繁荣的局面；万里长城的修建，充分反映了当时在测量、规划设计、建筑和工程管理等方面的高超水平，体现了工程指挥者所具有的高度管理智慧；都江堰等大型水利工程，将防洪、排灌、航运综合规划，显示了我国古代工程建设与组织管理的高超水平；丁谓主持的"一举三得"的皇宫修建工程堪称运用系统管理、统筹规划的典范。还有许多令人赞叹的管理实践都体现了中国古人高超的管理智慧。

> **课间案例 2**
>
> **丁谓的"一箭三雕"**
>
> 中国古代管理实践的典型范例之一是丁谓的"一箭三雕"。宋真宗祥符年间，因皇城失火，宏伟的宫殿被烧毁，大臣丁谓受命全权负责宫殿的修复工作。这是一项浩大的工程，需要解决很多问题，特别是运输问题。丁谓提出了一个巧妙的"一箭三雕"方案：先在宫殿前的街道挖沟，取出的泥土烧砖烧瓦；再把京城附近的汴水引入沟渠中，形成一条运河，用船把各地的木材石料等建筑材料运至宫前；最后沟渠撤水，把清墟的碎砖烂瓦和建筑垃圾就地回填，修复了原来的街道。这个蕴含着运筹学思想的方案合理、高效地同时解决了三个问题。除此之外，还有长城、京杭大运河、都江堰等伟大工程，都是古代管理实践的典范。

第二节　西方管理思想与早期管理理论

西方文化起源于古希腊、古罗马、古埃及、古巴比伦等文明古国，他们在公元前 6 世纪左右即建立了高度发达的奴隶制国家，在文化、艺术、哲学、数学、物理学、天文学、建筑等方面都对人类做出了辉煌的贡献。埃及金字塔、罗马水道、巴比伦"空中花园"等伟大的古代建筑工程与中国的长城并列为世界奇观。这些古国在国家管理、生产管理、军事、法律等方面也都曾有过许多光辉的实践。在奴隶社会，管理思想与实践主要体现在指挥军队作战、治国施政和管理教会等实践活动中，古巴比伦人、古埃及人及古罗马人在这方面有过重要贡献。西方古代管理思想散见于埃及、巴比伦的史籍与宗教文献之中。西方的管理思想与实践也有着悠久的历史，但受人类历史发展程度和社会实践深入程度的限制,这些思想孤立、零散,显得肤浅、简单,缺乏理论的系统性和深刻性。

一、西方古代管理思想与实践

(一)古埃及人的管理思想与实践

古埃及人在国家制度上,建立了以国王法老为首的一整套专制体制的管理机构。国王掌握行政、司法、军事大权。法老拥有许多农庄,全国土地都属于他。国家统一后,开始统一管理灌溉系统,观测、记录尼罗河的水位,以便发展农业生产。法老下面设有各级官吏,最高的是宰相。宰相下设一批大臣,分别管理财政、水利建设和各地的事务。这些机构和人员的设立,说明他们已经有了自上而下的管理者的责任和权力规定,有了较严格的国家管理机构和体制的管理思想。

埃及金字塔的修建,也反映了古埃及时代在管理方面的重大成就。其中最有代表性的是大约建于公元前27世纪的胡夫金字塔。据估计,埃及人在修建这个金字塔上花费了10万人次20年以上的劳动。这表明,他们已经有了分工和协作,较好地把科学技术运用于劳动过程中,体现了较严密的组织制度。

从埃及人的著作中也可以发现许多管理思想。成书于公元前2700年左右,并在公元前1500年时已作为埃及学校教材的《普塔霍特普教谕》,里面就包含着丰富的管理思想。

(二)古巴比伦的管理思想

古巴比伦王国于公元前1894年由阿摩利人建立,它是以两河流域为中心的古代东方的奴隶制国家。在当时建立的乌尔王朝,就以成文法典来管理国家。当时的法典就经商、物价控制、刑事处罚等作了不少规定。其中尤以汉谟拉比王(公元前1792—前1750年在位)颁布的《汉谟拉比法典》,较为集中地体现了古巴比伦王国的管理思想。

从法典的内容来看,已经详细地涉及了工资、控制、债权、债务、财产、商业活动、租金、责任、行为等内容。从多方面反映了当时古巴比伦人的管理思想。

(三)希伯来人的管理思想

公元前15世纪左右,希伯来人居住在巴勒斯坦地区。希伯来人在征服自然、管理国家的过程中,萌发了许多管理思想。他们的管理思想主要反映在

《圣经》中。摩西是希伯来人的领袖,他在立法、人际关系、人员选择和训练方面都很出色。摩西的岳父曾对摩西的管理方法提出了批评,认为摩西处理政务事必躬亲,并不利于管理。他提出三点建议:第一,制定法令,昭告民众;第二,建立等级委任制度;第三,责成各级管理人分级管理,只有最重要的政务才提交摩西。这些建议表明现代管理理论的例外原则、授权原则、管理幅度原则等早在古代已有萌芽。

> **课间案例 3**
>
> **出埃及记**
>
> 　　有关管理思想的最早记载,是《圣经》中的一个例子。希伯来(今以色列)人的领袖摩西(公元前13世纪时犹太人的民族领袖)在率领希伯来人摆脱埃及人的奴役而出走的过程中,他的岳父叶忒罗对他处理政务事必躬亲、东奔西走的做法提出了批评,并向他建议:一要制定法令,昭告民众;二要建立等级委任制度,授权委任管理;三要责成专人专责管理,问题尽量处理在下面,只有最重要的政务才提交摩西处理。叶忒罗可以说是人类最早的管理咨询人员。他建议摩西采用的,就是我们现在常用的授权原则和例外原则,同时也体现了现代管理当中的管理幅度原理。

(四)古希腊的管理思想

古希腊是欧洲古代文化的发源地,到公元前5—前4世纪,随着古希腊经济的强盛,奴隶制度的确立,管理水平不断提高,出现了诸如苏格拉底、色诺芬、柏拉图、亚里士多德等思想家,他们的伟大思想对后人影响很大。色诺芬的《家庭管理》一书,是古希腊流传下来的、专门论述经济的第一部著作。在这本书中,他详细地论述了奴隶主应如何加强对奴隶的管理,从而使自己的财富不断增加的经济思想,书中提出了劳动管理的思想并分析了分工的重要性。

(五)古罗马的管理思想

古罗马在世界史上是最大的奴隶制国家之一,最初形成于意大利半岛的罗马城,后逐步扩张为横跨欧、亚、非三大洲的奴隶制大国。

从罗马奴隶制的建立过程中我们可以看出,他们对于国家的政治体制已经有了集权、分权再到集权的实践,与不同的国家体制相适应,还建立了相应的管理机构。一些奴隶主思想家在其政治、军事、经济、法律等著作中,也体现出了较为丰富的管理思想。这些思想的突出代表作是加图的《农业志》,这本书中的主要管理思想有三点：第一，认为农业是古罗马人最重要的职业，主张奴隶主必须认真经营农业，用心管好自己的农庄；第二，强调对奴隶的严格管理；第三，明确提出管家要经过挑选并规定了管家的职责。

二、西方封建社会国家管理思想与实践

（一）西欧封建社会国家的组织结构

在西欧封建社会国家建立和发展的过程中，其社会组织结构始终是围绕着集权—分权这一核心形成的。随着封建社会的发展，其内部终于形成了一整套等级制度，成为西欧封建社会组织的特点。它主要是通过由上而下的分级授权来体现的，即拥有最高权力的国王，把除自己留用外的土地封给大诸侯，条件是要为国王提供军事和财税等方面的服务。各大诸侯又以同样的方式从自己的封臣那里获得各种服务。这种逐级分封的制度形成了一种连续的等级制，形成公、侯、伯、子、男等爵位和骑士采邑，骑士采邑又有他的从属门户，构成了由上至下的"金字塔"式的制度结构。

（二）威尼斯的工商管理

威尼斯位于亚得里亚北海岸，到10世纪末，已成为一个富庶的商业国家。当时威尼斯的金币"杜卡特"几乎成为全欧的通用货币，从而威尼斯商人也远近闻名。威尼斯的商业管理最突出的两个方面是商业组织类型和会计制度。商业组织类型主要为合伙企业和合资企业，已经与现代企业类型比较接近。15世纪早期，威尼斯商业企业中就开始用复式簿记，设立了日记账和分类账，实行了成本控制和会计控制。威尼斯的工业管理是以兵工厂为代表。主要包括流水线的出现，严格的会计管理制度，对成本的分析与核算，较健全的人事管理制度，存货控制的技术和标准化。

> **课间案例 4**
>
> **威尼斯兵工厂管理**
>
> 威尼斯在1436年建立了政府的造船厂，即兵工厂。威尼斯的兵工厂后来成为当时世界上最大的工厂，占有陆地和水面面积60英亩（约0.243平方千米），雇用一两千个工人。许多由于规模庞大而产生的问题（如会计、材料排列、工人的纪律等）都有效地得到了解决。政府与工厂的关系是控制与授权经营的关系，兵工厂的管理体现了互相制约和平衡的原则。兵工

> 厂虽然由三位正副厂长正式负责，但作为威尼斯元老院同兵工厂之间的联系环节的特派员也有很大的影响，元老院本身也常常直接管理或干预兵工厂的事务。特派员和厂长们主要从事和财务管理、采购类似的职能工作，以致无法指挥实际的造船工作。造船厂中各个巨大的作业部门由工长和技术顾问来领导。政府给工厂下达明确的生产任务。工厂内部的管理已具有相当的水平，兵工厂在成品部件的编号和储存、安装舰只的装配线、人事管理、部件的标准化、会计控制、存货控制、成本控制等方面积累了管理经验。

三、资本主义早期管理思想

产业革命前后到 19 世纪，是西方管理思想发展中的一个重要时期。资本主义社会的初步形成和产业革命的顺利进行，对管理提出了新的要求。这一时期虽然没有形成完整的管理理论，但许多著名的经济学家、思想家、工程学者对管理思想进行了积极的探索。

（一）亚当·斯密的劳动分工理论和"经济人"观点

亚当·斯密是英国古典政治经济学体系的创立者。其管理思想主要是关于劳动组织的分工理论和"经济人"观点。亚当·斯密认为劳动分工和合理组织能够使生产形成专业化、标准化和简单化趋势，从而可以提高劳动生产率。他关于分工理论的系统论述，对以后的管理思想发展产生了深远的影响。

亚当·斯密在研究经济现象时的基本论点是所谓的"经济人"观点，即当一个人在经济活动中面临若干选择机会时，他总是倾向于选择能给自己带来更大经济利益的那种机会，即总是追求自己最大的利益。

亚当·斯密认为，人们在经济活动中，追求的完全是私人利益。但每个人的私人利益又受其他人利益限制，这就迫使每个人必须顾及其他人的利益，由此产生了相互的共同利益，进而产生了社会利益。社会利益正是以个人利益为立足点的。这种"经济人"观点，正是资本主义生产关系的反映，同样对以后资本主义管理思想的发展产生了深远的影响。

（二）大卫·李嘉图的劳动价值论

大卫·李嘉图是英国古典政治经济学的主要代表人物之一，其代表作为 1817 年出版的《政治经济学及赋税原理》。在这部著作中，大卫·李嘉图以劳动价值论为基础,研究工资、利润和地租,论述了资本主义经营管理的中心问题。他认为,劳动者创造的价值是工资、利润、地租的源泉,因此工资越低,利润越高,工资越高,利润就越低,从而揭示了资本主义经营管理的中心和实质就是剥削。

(三)罗伯特·欧文的人事管理

罗伯特·欧文是19世纪初英国卓越的空想社会主义者。从1800年开始,罗伯特·欧文在苏格兰新拉纳克经营的纺织厂里推行了许多改革措施:把长达十几个小时的劳动日缩短为十个半小时;严禁未满9岁的儿童参加劳动;提高工资;免费供应膳食;建设工人住宅区,改善工作和生活条件;开设工厂商店,按成本出售职工所需必需品;设立幼儿园和模范学校;创办互助储金会和医院,发放抚恤金;等等。这些改革的目标是探索既能改善工作生活条件又有利于工厂所有者的方法。其结果确实改善了工人的生活,也使工厂获得了丰厚的利润。罗伯特·欧文这一系列改革的指导思想体现了他对人的因素的重视。罗伯特·欧文认为,人是环境的产物,对人的关心至少应同对无生命的机器关心一样多。

罗伯特·欧文的管理理论和实践突出了人的地位和作用,实际上是人际关系和行为管理理论的思想基础,对以后的管理理论产生相当大的影响。罗伯特·欧文也被后人尊称为"人事管理之父"。

(四)查尔斯·巴贝奇的作业研究和报酬制度

查尔斯·巴贝奇是英国有名的数学家、剑桥大学数学教授,他的好学精神引导他研究了不少手工业工场和工厂的实际问题,从而在经济学和管理思想上做出了让人称赞的贡献。

查尔斯·巴贝奇指出分工可以提高劳动生产率,认为工人与工厂主之间能够存在利益的共同点。由此他竭力提倡一种工资加利润分成的报酬制度,主张工人的收入应该由三个部分组成:按工作性质所确定的固定工资,按对生产率所做出的贡献分得的利润,为增进生产率提出建议而应得的奖金。按生产率高低来确定报酬的制度是巴贝奇的一个重大贡献。

四、西方早期管理理论

中国早期管理思想博大精深,但管理理论最早出现于西方。18世纪到19世纪中期,欧洲逐渐成为世界的中心。随着工业革命以及工厂制度的发展,工厂以及公司的管理越来越规范，也积累了很多的管理经验。许多理论家，特别是经济学家，在其著作中越来越多地涉及有关管理方面的问题。这些著作和总结，为即将出现的管理运动打下了基础，是研究管理思想发展的重要参考文献。这一时期的著作大体上有两类：一类偏重于理论的研究，即管理职能、原则；另一类则偏重于管理技术、方法的研究。有关管理职能、原则方面的经济学家及其著作主要有亚当·斯密及其《国富论》（1776年）、塞缪尔·纽曼及其《政治经济学原理》（1835年）、约翰·斯图亚特·穆勒及其《政治经济学原理》（1848年）、阿尔弗雷德·马歇尔及其《工业经济学原理》（1892年）。大体上，所涉及的管理问题主要有四个方面：一是关于工商关系；二是关于分工的意义及其必然性（劳动的地域分工、劳动的组织分工、劳动的职业分工）；三是关于劳动效率与工资的关系（所谓"劳动效率递减等级论"）；四是关于管理的职能。

五、管理活动、管理思想和管理理论的关系

人类对管理活动中出现的现象和问题加以研究和探索，经过长期的积累和总结，对管理活动有了初步的认识和见解，从而开始形成一些朴素、零散的管理思想。随着社会的发展、科学技术的进步，人们对管理思想加以提炼和概括，找出管理活动中有规律性的东西，并将其作为一种假设，结合科学技术的发展，在管理活动中进行检验，对检验结果加以分析研究，从中找出属于管理活动普遍原理的东西。这些原理经过抽象和综合就形成了管理理论。这些管理理论又被应用于管理活动，指导管理活动，同时对这些管理理论进行实践检验。这就是管理理论的形成过程。

从中我们可以看出管理活动、管理思想和管理理论三者之间的关系：管理活动是管理思想的根基，管理思想来自管理活动中的经验；管理理论是管理思想的提炼、概括和升华，管理理论本身是较成熟、系统化程度较高的管理思想，但不是所有管理思想都是管理理论；管理理论对管理活动有指导意义，同时又要经得住管理活动的检验。

第三节　古典管理理论

19世纪末20世纪初是科学管理的开端，甚至第一次使用了"科学管理"这一术语。随着生产力的高度发展和科学技术的飞快进步，经过管理学者们的不断观察、实践和研究，人们对管理的科学认知不断丰富和具体，从而对其进行概括和抽象，逐渐形成管理理论，管理作为一门学科才真正蓬勃地兴起。随后的几十年，管理这一主题从工业界扩散到大学课堂，管理终于成为一个独立的研究领域。一般来说，古典管理理论是指19世纪末20世纪初以来的西方管理理论的总称，主要由泰勒的科学管理理论、法约尔的一般组织管理理论和韦伯的行政管理组织理论构成。

一、泰勒的科学管理理论

弗雷德里克·泰勒生于美国宾夕法尼亚州的一个富有的律师家庭。中学毕业后考上哈佛大学法律系，但不幸因眼疾而被迫辍学。1875年，泰勒进入一家小机械厂当徒工，1878年转入费城米德瓦尔钢铁厂当机械工人，他在该厂一直干到1897年。在此期间，由于工作努力，表现突出，他很快先后被提升为车间管理员、小组长、工长、技师、制图主任和总工程师，并在业余学习的基础上获得了机械工程学学士学位。为了改进管理，他在米德瓦尔钢铁厂进行各种试验。1898—1901年泰勒受雇于宾夕法尼亚的伯利恒钢铁公司。1901年以后，泰勒把大部分时间用在写作和演讲上，1906年担任美国机械工程师学会主席。泰勒在管理理论方面做了许多重要的开拓性工作，为现代管理理论奠定了基础。由于他的杰出贡献，他被后人尊称为"科学管理之父"，这个称号被铭刻在他的墓碑上。

泰勒一生的著作和文章很多，在管理方面的主要著作和论文有：1895年的《计件工资制》、1903年的《工场管理》、1906年的《大学和工厂中纪律和方法的比较》、1909年的《制造业者为什么不喜欢大学毕业生》、1911年的《效率的福音》《科学管理原理》，泰勒的科学管理理论主要反映在这些通过实践和试验总结出来的著作中。

（一）科学管理的含义

泰勒对科学管理作了这样的定义："诸种要素——不是个别要素的结合，构成了科学管理。它可以概括如下：科学，不是单凭经验的方法；协调，不是不和别人合作，不是个人主义；最高的产量，取代有限的产量；发挥每个人最高的效率，实现最大的富裕。"这个定义，既阐明了科学管理的真正内涵，又综合反映了泰勒的科学管理思想。

泰勒科学管理的中心问题是提高劳动生产率。只有提高劳动生产率，劳资双方才能达到共同繁荣：生产工人获得最高的工资，资方获得最大的利润。只有这样，才能进一步提高劳资双方对扩大再生产的兴趣。为了提高劳动生产率，泰勒主张必须用科学管理代替传统管理，把科学方法应用于一切管理问题，使生产管理活动规范化、制度化，彻底地改变单凭经验的传统管理方式，以适应劳动高度专业化、社会化的客观要求。

根据泰勒的论述，科学管理是一种新的管理思想和管理方法的统一。作为一种管理思想，科学管理号召劳资双方进行一场伟大的思想革命，以和谐的精神合作来代替对抗和斗争。作为一种管理方法，科学管理强调一切管理活动都必须建立在调查、试验、分析和研究的基础上，工人以科学的工作方法从事生产活动，管理人员以科学的管理方法从事管理活动，而不是只凭经验办事。科学管理正是通过管理思想和管理方法的新的转变以保证提高劳动生产率的。

（二）科学管理理论的内容

从泰勒科学管理的主要著作中，我们可以看出泰勒的科学管理有三个基本的出发点：一是谋求最高的工作效率，科学管理的中心问题是提高劳动生产率；二是谋求取得最高工作效率的重要手段；三是要求管理人员和工人双方实行重大精神变革。泰勒根据这三个出发点，在其管理著作中详细地描述了科学管理理论的内容。

1. 制定工作定额

要制定出有科学依据的工人的"合理日工作量"，就必须通过各种试验和测量，进行劳动动作研究和工作研究。其方法是选择合适且技术熟练的工人；研究这些工人在工作中使用的基本操作或动作的精确序列，以及每个人所使用的工具；用秒表记录每一基本动作所需时间，加上必要的休息时间和延误时间，找出做每一步工作的最快方法；消除所有错误动作、缓慢动作和无效动作；将最快最好的动作和最佳工具组合在一起，成为一个序列，从而确定工人"合理的日工作量"，即制定工作定额。

课间案例 5

搬运生铁块试验

1898年，泰勒在伯利恒钢铁公司进行科学管理试验。一个搬运原材料的工作小组，工人每天搬运的铁块重量有12～13吨，当时的标准工资是每天挣1.15美元，对工人的奖励和惩罚的方法就是找工人谈话或者开除他们，有时也可以选拔一些较好的工人到车间里做等级工，并且他们可得到略高的工资。后来泰勒观察研究了75名工人，从中挑出了4名，又对这4个人进行了研究，调查了他们的背景、习惯和抱负，最后挑了一个叫施密特的人。泰勒要求这个人按照他的要求工作，每天给他1.85美元的报酬。转换各种工作因素，来观察它们对生产效率的影响。例如，有时工人弯腰搬运，有时他们又直腰搬运，后来他又观察了行走的速度、持握的位置和其他的变量。通过长时间的观察试验，把工人的劳动时间和休息时间很好地搭配起来，工人每天的工作量可以提高到47吨，同时并不会感到太疲劳。他也采用了计件工资制，工人每天搬运量达到47吨后，工资也升到1.85美元。这样施密特开始工作后，第一天很早就搬完了47.5吨，拿到了1.85美元的工资。

2. 能力与工作相适应

能力与工作相适应是指选择合适的工人安排在合适的岗位上，并培训工人使用标准的操作方法，使之在工作中逐步成长。只有做到这一点，才能充分发挥人的潜能，才能促进劳动生产率的提高。泰勒指出，健全的人事管理的基本原则是使工人的能力同工作相适应，企业管理当局的责任在于为雇员找到最合适的工作，培训他们成为"第一流的工人"，激励他们尽最大的努力来工作。泰勒所说的"第一流的工人"，就是指那些最适合又最愿意干某种工作的人。对于如何使工人成为"第一流的工人"，泰勒不同意传统的由工人挑选工作，并根据各自的可能进行自我培训的方法，而是提出管理人员要主动承担这一责任，科学选择并不断地培训工人。因此对任何一项工作必须要挑选出"第一流的工人"，然后再对"第一流的工人"利用作业原理和时间原理进行动作优化，以使其达到最高效率。

3. 标准化原理

泰勒认为，在科学管理的情况下，要想用科学知识代替个人经验，一个很重要的措施就是实行工具标准化、操作标准化、劳动动作标准化、劳动环境标准化等标准化管理。这是因为，只有实行标准化，才能使工人使用更有效的工具，采用更有效的工作方法，从而达到提高劳动生产率的目的；只有实现标准化，才能使工人在标准设备、标准条件下工作，才能对其工作成绩进行公正合理的衡量。所以，泰勒认为标准化对劳资双方都是有利的，不仅每个工人的产量大大增加，工作质量大为提高，得到更高的工资，而且使工人建立一种科学的工作方法，使公司获得更多的利润。

课间案例 6

铁铲试验

伯利恒钢铁公司有一个铲运小组，工人每天自己带铁铲上班干活，铁铲的大小也就各不相同，而且铲不同的原料时用的都是相同的工具，那么在铲煤砂时重量如果合适的话，在铲铁砂时就过重了。泰勒通过试验研究发现每个工人的平均负荷是 21 磅（约 9.53 千克），根据试验的结果，泰勒针对不同的物料设计不同形状和规格的铁铲。于是泰勒在公司建立了一间大库房，库房配备了一些不同型号的铁铲，每种铁铲只适合铲特定的物料，以后工人上班时都不自带铁铲，而是根据物料情况从公司领取特制的标准铁铲，这不仅使工人的每铲负荷都达到了 21 磅，也是为了让不同的铲子适合不同的情况，因此工作效率大大提高。这一项变革可为工厂每年节约 8 万美元左右。堆料场的工人从 400～600 名降为 140 名，平均每人每天的操作量提高到 59 吨，工人的日工资从 1.15 美元提高到 1.88 美元。这是工具标准化提升工作效率的典型事例。

4. 差别计件工资制

在差别计件工资制提出之前，泰勒详细研究了当时资本主义企业中所推行的工资制度，例如日工资制和一般计件工资制等，其中也包括之前由美国管理学家亨利·汤提出的劳资双方收益共享制度和弗雷德里克·哈尔西提出的工资加超产奖金的制度。经过分析，泰勒认为，现行工资制度所存在的共同缺陷就是不能充分调动职工的积极性，不能满足效率最高的原则。于是，泰勒在 1895 年提出了一种具有很大刺激性的报酬制度——"差别计件工资制"方案。其主要内容是：按照工人是否完成工作定额而采用不同的工资率。如果工人能够保质保量地完成工作定额，就按高的工资率付酬，以资鼓励；如果工人的生产没有达到工作定额就将全部工作量按低的工资率付酬，并给以警告，如不改进，就要被解雇。例如，某项工作定额是 10 件，每件完成给 0.1 元。又规定该项工作完成定额工资率为 125%，未完成定额率为 80%。那么，如果完成定额，就可得工资为 $10 \times 0.1 \times 125\% = 1.25$（元）；如未完成定额，例如哪怕完成了 9 件，也只能得工资为 $9 \times 0.1 \times 80\% = 0.72$（元）。实行差别计件工资制度，既能克服消极怠工的现象，更重要的是能调动工人的积极性，从而促使工人大大提高劳动生产率。

5. 计划职能与执行职能分开

泰勒把计划职能和执行职能分开，改变了凭经验工作的方法，而代之以科学的工作方法，即找出标准，制定标准，然后按标准办事。要确保管理任务的完成，应由专门的计划部门来承担制定标准的工作。

具体说来，计划部门要从事全部的计划工作并对工人发布命令，其主要任务是：进行调查研究并以此作为确定定额和操作方法的依据；制定有科学依据的定额和标准化的操作方法和工具；拟订计划并发布指令和命令；把标准和实际情况进行比较，以便进行有效的控制；等等。在现场，工人或工头则从事执行的职能，按照计划部门制定的操作方法的指示，使用规定的标准工具，从事实际操作，不能自作主张、自行其是。泰勒的这种管理方法使得管理思想的发展向前迈出了一大步，将分工理论进一步拓展到管理领域。

6. 职能工长制

泰勒不但提出将计划职能与执行职能分开，而且提出实行"职能工长制"。泰勒认为在军队式组织的企业里，工业机构的指令是从经理经过厂长、车间主任、工段长、班组长而传达到工人。在这种企业里，工段长和班组长的责任是复杂的，需要相当的专门知识和各种天赋的才能，所以只有本来就具有非常素质并受过专门训练的人才能胜任。泰勒认为这种"职能工长制"有三个优点：对管理者的培训所花费的时间较少；管理者的职责明确，因而可以提高效率；由于作业计划已由计划部门拟订，工具与操作方法也已标准化，车间现场的职能工长只需进行指挥监督，因此非熟练技术的工人也可以从事较复杂的工作，从而降低整个企业的生产费用。尽管泰勒认为职能工长制有许多优点，但后来的事实也证明，这种单纯"职能型"的组织结构容易形成多头领导，造成管理混乱。所以，泰勒的这一设想虽然对以后职能部门的建立和管理职能的专业化有较大的影响，但当时未真正实施。

7. 例外原则

例外原则是指组织的高级管理人员为了减轻处理纷繁事务的负担，把一般日常事务授权给下属管理人员，而自己只保留对例外事项（一般也是重要事项）的决策权和控制权。

泰勒认为，规模较大的企业不能只依据职能原则来组织和管理，而必须应用例外原则。这种以例外原则为依据的管理控制方式，后来发展为管理中的授权原则、分权化原则和实行事业部制等管理体制。例外原则仍然是现代管理极为重要的原则之一。

（三）泰勒科学管理理论的特点

列宁曾这样评价泰勒的科学管理理论："泰勒制一方面是资产阶级剥削的最巧妙的残酷手段，另一方面是一系列丰富的科学成就。"

1. 首先采用试验方法研究管理问题，开创实证式管理研究先河

泰勒走进工厂，深入车间，做了大量著名的试验，短则一周数天，长则达26年，如金属切削实验。这就如同培根和伽利略首先在科学、哲学上引进实验方法，使得近代科学、哲学真正成为一门可以进入真正的科学层面一样，使得管理学由"杂谈"变成了一门严肃、严谨的真科学。而其实证方法，则为管理学研究开辟了一片无限广阔的新天地。

2. 开创单个或局部工作流程的分析，是流程管理学的鼻祖

泰勒的创造性贡献还在于他首先选取整个企业经营管理的现场作业管理中的某一个局部，从小到大地来研究管理。这样一种方法与实证方法相配合，是一种归纳研究方法，即由许多具体案例或实验结果，归纳提升成为整体性结论。对于像管理学等应用性或实践性科学来讲，归纳法比演绎法具有更加突出的重要性。而其对单一或局部工作流程的动作研究和时间研究，合起来即为流程效率研究，更为后世所效法，成为研究和改进管理工作的主要方法。

3. 率先提出经验管理法可以为科学管理法所代替

泰勒的管理理论之所以被尊称为科学管理理论，原因在于他首次突破了管理研究的经验途径这一局限性视野，首次提出要以效率、效益更高的科学性管理，来取代传统小作坊师傅以个人经验传带或以个人积累经验管理的经验型管理。这就告诉我们，经验对于管理虽然是重要的和基础性的，但却远非决定性的和唯一性的，任何工作和业务流程，通过科学的讨论，更能够接近并在一定程度上达到完美。从此，人们认识到在管理中引进科学研究方法的重要性和必要性。

4. 率先提出工作标准化思想，是标准化管理的创始人

泰勒以作业管理为核心的管理理论，其目的是为了达到现实生产条件下的最大生产效率，但其研究成果却是以标准化，即各个环节和要素的标准化为表现形式。这是一个很重要的标准量化管理的研究成果，开启了标准化管理的先河。现在的许多标准如 ISO、GMP 等大量标准化管理体系，其沿用的仍然是泰勒的思想方法和工作方法。标准化管理已经成为现代管理的一个普遍性核心构成部分。

5. 首次将管理者和被管理者的工作区分开来

泰勒在工作和研究中认识到，强调分工和专业化对于提高生产效率是重要的，因此，他首先提出了管理者和被管理者的工作其实是不一样的。简单地说，管理者工作主要在计划，而被管理者工作主要在执行，另外，管理者还要进行例外管理。泰勒甚至设计出了一种职能工长制管理模式，以实现其管理理论。把管理从生产中分离出来，是管理专业化、职业化的重要标志。

但泰勒的科学管理是适应历史发展的需要而产生的，同时也受到历史条件和个人行为的限制。首先，他研究管理的内容比较狭窄，仅仅解决了个别具体工作的作业效率问题，企业的财务、销售、人事等方面的活动都没有涉及，没有解决企业作为一个整体如何经营和管理的问题；其次，泰勒强调"经济人"假设，把人看成会说话的机器，只能按照管理人员的决定、指示、命令执行劳动，扼杀了员工的创造力。

二、亨利·法约尔的一般组织管理理论

泰勒等人以提高工厂中劳动生产率为重点进行科学管理研究的同时，法国管理学家亨利·法约尔则以管理过程和管理组织为研究重点，着重研究管理组织和管理的活动过程。

亨利·法约尔，1860年从圣埃蒂安国立矿业学院毕业后进入康门塔里—福尔香堡采矿冶金公司，成为一名采矿工程师，并在此度过了整个职业生涯。从任采矿工程师后再任矿井经理直至公司总经理，由一名工程技术人员逐渐成为专业管理者，他在实践中逐渐形成了自己的管理思想和管理理论，对管理学的形成和发展做出了巨大的贡献。1916年，亨利·法约尔发表了《工业管理和一般管理》一文，提出了一般管理理论。法约尔对管理理论的突出贡献是，从理论上概括出了一般管理的职能、要素和原则，把管理科学提到一个新的高度，使管理科学不仅在工商业界受到重视，对其他领域也产生了重要影响。后人尊称他为"管理过程之父"。

亨利·法约尔是第一个概括和阐述一般管理理论的管理学家，他的一般组织管理理论概括起来大致包括以下内容：

（一）企业的基本活动与管理的5项职能

任何企业都存在着6种基本活动，而管理只是其中之一。这6种基本活动是技术活动（指生产、制造、加工等活动）、商业活动（指购买、销售、交换等活动）、财务活动（指资金的筹措和运用）、安全活动（指设备维护和职工安全等活动）、会计活动（指货物盘存、成本统计、核算等）、管理活动（其中又包括计划、组织、指挥、协调和控制5项职能活动）。管理活动仅属于经营活动的一种，它包括的5个要素有各自不同的内容。计划：就是预测未来，制定行动方案；组织：就是形成事业的物质和社会的双重结构；指挥：指挥的主要任务是让各组织发挥作用；协调：指企业的一切工作都要和谐地配合，以便经营可以顺利进行；控制：保证计划的顺利实施。管理活动处于核心地位，即企

业本身需要管理，其他 5 项属于企业的活动，也需要管理。

（二）亨利·法约尔的 14 项管理原则

1. 劳动分工。亨利·法约尔认为劳动分工是属于自然规律的范畴，是关于劳动专业化的古典概念，实行劳动的专业化分工可以提高人们的工作效率。劳动分工不仅适用于技术工作，也适用于管理工作，适用于职能的专业化和权限的划分。但需要注意的是，专业化分工要有一定的限度，不能超出这个限度，如果分工过细或过粗，效果都不好。

2. 权力与责任。亨利·法约尔把权力分为职位权力和个人权力。职位权力是发号施令的权力和要求下属服从的威望，是由管理者在组织中所处的职位和职务所决定的；个人权力与管理人员的智慧、经验、学识、道德品质、管理能力、以往成绩等因素有关。对于责任，亨利·法约尔指出："权力是责任的孪生物，责任是权力的当然结果和必要补充，凡有权力行使的地方就有责任的存在。"为了贯彻权力与责任相符的原则，应该建立有效的奖惩制度，用来鼓励好的行为，制止不良行为的发生。职权与职责是相互联系的，在行使职权的同时，必须承担相应的责任，有权无责或有责无权都是组织上的缺陷。

3. 纪律。纪律是组织管理者同下属员工之间在服从、积极、勤勉、举止和尊敬等方面所达成的一种协议。也就是说，组织内所有成员通过各方所达成的协议对自己在组织内的行为进行控制，它对组织的成功与否极为重要，要尽可能做到严明、公正。

4. 统一指挥。统一指挥是指组织的各级机构及个人必须服从一个上级的命令和指挥，只有这样才能保证政令统一，行动一致。亨利·法约尔认为，如果没有统一指挥，那么权力将遭到损害，纪律也会受到破坏，秩序和稳定也会受到威胁。

5. 统一领导。统一领导是指组织中对于力求达到同一目的的全部活动，只能有一个领导人和一项计划。统一领导与统一指挥既有区别又有联系，统一指挥是一个下属人员只能听从一个管理者的指挥，而统一领导则是指组织机构设置的问题，即人们可以通过建立完善的组织机构来实现一个社会团体的统一领导，充分发挥员工的作用。

6. 个人利益服从整体利益。个人和小集体的利益不能超越组织的利益，当二者不一致时，管理者必须想办法使它们一致起来。为了贯彻这一原则，组织目标应尽可能多地包含个人目标，在组织目标实现的同时满足个人的合理需求；组织管理者要以身作则，起模范带头作用，以整体利益为重；对员工进行教育，努力使其做到当个人利益与整体利益发生冲突时，优先考虑整体利益。

7. 个人报酬。报酬与支付的方式要公平，给雇员和雇主以最大可能的满足。亨利·法约尔认为，报酬制度应当首先考虑能够维持职工的最低生活消费，其次要考虑企业的资本经营状况，然后再结合员工劳动贡献的多少，制定一个公平合理的报酬制度。人员报酬应符合三个条件，即报酬要公平，奖励努力工作的员工，报酬要有一个合理的限度。

8. 适当集权与分权。集权与分权主要指组织中权力的集中或分散的程度问题。管理的集权与分权本身并没有好坏之分，适合组织发展就是好的，只是需要把握好一个尺度的问题，即掌握好集权与分权的尺度。一个组织要顺利运行，必须选择合适的集权程度。合适的集权程度是由管理者的能力、员工素质、管理者对发挥下属工作积极性的态度等因素决定的。这些因素总是在不断变化的，因此，一个组织的最合适的集权程度也要根据因素变化和组织的实际情况发生相应的变化。

9. 组织等级链。在一个正式组织中，信息的传递是按照组织的等级系列进行的，从最高一级到最低一级应该建立关系明确的职权等级系列，这既是执行权力的线路，也是信息传递的渠道，一般情况下不要轻易地违反它。贯彻等级系列原则有利于组织加强统一指挥，但是有时候可能会因为信息沟通的路线太长而延误了信息传递的速度，甚至会出现信息在传递过程中的失真现象。为了既能维护统一指挥原则，又能避免这种信息的延误和失真问题，亨利·法约尔提出"跳板"原则，也称之为"法约尔桥"。跳板原则是指为了克服由于统一指挥而产生的信息传递延误，组织中不同等级路线中相同层次的人员在上级同意且知情的情况下直接联系，以便及时沟通信息，快速解决问题。

10. 秩序。秩序是指组织中的每个成员都应该被安排在最适合发挥作用的工作岗位上，做到"人皆有位，人称其职"。贯彻秩序原则时要注意防止表面上整齐而实际混乱的现象发生。亨利·法约尔认为要使人们做到内外统一，就要对组织的社会需要与资源有确切的了解；另外，还要慎重选人用人，消除任人唯亲，做到知人善任，人尽其才。

11. 公平。亨利·法约尔认为："公平，就是'善意'加上'公道'。"管理者为了激励下属人员全心全意地做好工作及对组织忠诚，就要善意地对待下属，鼓励他们忠诚地履行自己的职责。在实际的工作过程中，由于受各种因素变化的影响，原来的公道协定可能会变成不公道的协定，导致工作努力得不到公正的体现，如不及时改变这种状况，就会打击员工的工作积极性。作为管理者应重视员工在工作中希望公平和受到鼓励的愿望，努力做到公正、合理、善意地对待员工。

12. 员工的稳定。员工从事的工作需要一定的时间来熟悉和了解，不要轻易变动，如果他刚刚对自己的工作熟悉一些就被调离，那么他就没有时间和办法为组织提供良好的服务。管理人员尤其如此，他们熟悉工作往往需要很长的时间，因此，一个成功组织的员工和管理者必须是相对稳定的，人员变动频繁的组织是很难成功的。当然，人员的稳定是相对的，对于组织而言，关键是要把握好人员流动的合适尺度，保持组织员工的稳定性与适应性。

13. 首创精神。首创精神就是鼓励员工在工作中发挥自己的聪明才智，提出具有创造性的想法或有所发明、有所创造。这是提高组织内各级人员工作热情的主要源泉，它能够带给员工极大的快乐和满足，也是激励员工努力工作的最大动力之一。组织管理者不但自身要具有首创精神，而且更应该肯定和激励员工的首创精神。

14. 团结精神。组织集体精神和凝聚力的强弱取决于这个组织内部员工之间是否和谐团结，管理者有责任尽一切努力保持和维护组织内部成员的团结。为了加强组织的团结，培养员工的集体精神，最有效的方法是遵守统一指挥原则，加强组织内部交流，鼓励交流与沟通。

亨利·法约尔强调，以上 14 项原则在管理工作中不是死板和绝对的，全部是尺度问题。在同样的条件下，几乎从不两次使用同一原则来处理事情，应当注意各种可变因素的影响。因此，这些原则是灵活的，是可以适应于一切需要的，但其真正的本质在于懂得如何运用它们。这是一门很难掌握的艺术，它要求智慧、经验、判断和掌握尺度。

（三）管理者的素质与训练

亨利·法约尔认为对管理者素质的要求，在身体方面应包括健康、精力、风度，在智力方面应包括理解与学习的能力、判断力、思维活跃程度、适应能力，在精神方面应包括干劲、坚定、乐于负责、首创精神、忠诚、机智、庄严，在教育方面应包括对不属于职责范围内的事情的一般了解，此外，还包括经验等内容。亨利·法约尔是一位概括和阐述一般管理理论的先驱者，是伟大的管理教育家，认为管理者的管理能力可以通过管理教育提高。"缺少管理教育"是由于"没有管理理论"，每一个管理者都按照他自己的方法、原则和个人的经验行事，但是谁也不曾设法使那些被人们接受的规则和经验变成普遍的管理理论。

（四）亨利·法约尔一般组织管理理论的特点

亨利·法约尔认为管理理论是指"有关管理的、得到普遍承认的理论，是经过普遍经验检验并得到论证的一套有关原则、标准、方法、程序等内容的完整体系"。组织理论在亨利·法约尔管理理论中占有非常重要的地位，组织理论的内容主要包括组织的外部形态、组织的内在因素和组织参谋。亨利·法约尔的一般组织管理理论是西方古典管理思想的重要代表，也是后来各种管理理论和管理实践的重要依据，对管理理论的发展和组织管理的历程均有着深刻的影响。

亨利·法约尔提出管理的职能和原则，强调实施管理教育的必要性和可能性，其组织管理理论是概括性的，也非常富有原则性。但是，其最大缺陷是只考察了组织的内在因素，忽视了组织同周围环境的关系。

三、马克斯·韦伯的行政管理组织理论

马克斯·韦伯是德国著名的社会学家，他对法学、经济学、政治学、历史学和宗教学都有广泛的兴趣，他在19世纪早期的论著《社会组织与经济组织理论》一书中提出了理想的行政管理组织理论，也就是"官僚体制"。所谓"官僚体制"，是指建立于法理型控制基础上的一种现代社会所特有的、具有专业化功能以及固定规章制度、设科分层的组织管理形式。这是一种理性地设计出来，以协调众多个体活动，从而有效地完成大规模管理工作，以实现组织目标为功能的合理等级组织。马克斯·韦伯被尊称为"组织理论之父"。

（一）马克斯·韦伯行政管理组织理论的内容

权力是一切社会组织形成的基础。马克斯·韦伯认为组织中存在三种纯粹形式的权力：一是法定的权力，是依靠组织内部各级领导职位所具有的正式权力而建立的；二是传统的权力，是由于古老传统的不可侵犯性和执行这种权力的人的地位的正统性形成的；三是超凡的权力，是凭借对管理者个人的特殊的、神圣英雄主义或模范品德的崇拜而形成的。在这三者之中，马克斯·韦伯最强调的是组织必须以法定的权力作为行政组织体系的基础。

马克斯·韦伯认为，官僚体制是一种严密的、合理的、形同机器那样的社会组织，它具有熟练的专业活动、明确的权责划分、严格执行的规章制度，以及金字塔式的等级服从关系等特征，从而使其成为一种系统的管理技术体系。理想的行政组织体系的特点应该是组织的成员之间有明确的任务分工，权利义务有明确规定；组织内各职位，按照登记原则进行法定安排，形成自上而下的等级系统；组织是按照明文规定的法规、规章组成；组织中人员的任用，要根据职务的要求，通过正式的教育培训，考核合格后任命，严格掌握标准；管理与资本经营分离，管理者应成为职业工作者，而不是所有者；组织内人员之间的关系是工作与职位关系，不受个人感情影响。

这种高度结构化的、正式的、非人格化的理想行政组织体系是人们进行强制控制的合理手段，是达到目标、提高效率的最有效形式。这种组织形式在精确性、稳定性、纪律性和可靠性方面都优于其他组织形式，能适用于所有的各种管理工作及当时日益增多的各种大型组织，如教会、国家机构、军队、政党、经济企业和各种团体等。

（二）马克斯·韦伯行政管理组织理论的特点

马克斯·韦伯行政管理组织理论所提出的科学管理体系是一种制度化、法律化、程序化和专业化的组织理论；阐明了官僚体制与社会化大生产之间的必然联系，突破了妨碍现代组织管理的以等级门第为标准的家长制管理形式；促进了管理方式的转变，消除了管理领域非理性、非科学的因素。马克斯·韦伯的行政管理组织理论是对泰勒、法约尔管理理论的一种补充，对工业化以来各种不同类型的组织产生了广泛而深远的影响，成为现代大型组织广泛采用的一种组织管理方式。

但是，马克斯·韦伯的行政管理体制即官僚制也存在着难以克服的缺陷：忽视了组织管理中人的主体作用，偏重于从静态角度分析组织结构和组织管理，忽视了组织之间、个人与组织之间、个人之间的相互作用；突出强调了法规对于组织管理的决定作用，以及人对法规的从属和工具化性质。

四、对古典管理理论的评价

（一）古典管理理论的主要贡献

1. 古典管理理论明确了管理的重要性。他们认为管理是任何有组织的社会的一个独特因素，把管理看作是协调集体、努力达到集体目的的过程。它同法律、医学等一样，应该有一定的原则可遵循，而这些原则是可以用科学方法来发现的。

2. 古典管理理论分析了管理过程，明确了各项职能。在泰勒把计划职能与执行职能分离开来的基础上，法约尔把管理划分为5个要素，实际上也就是管理的5项职能。虽然它们之间的相互关系还缺乏逻辑的明确性，但是为后来管理理论的研究和提高打下了基础，指出了一种研究方向。

3. 古典管理理论提出了实现管理职能必须遵循的原则、准则。他们认为，实现各项职能绝不是随意进行的，而应该按照科学的原则和指导路线进行。

4. 古典管理理论提出了管理的重要组织形式。传统的组织形式来源于当时军队的直线组织结构。泰勒与此相反，他尝试建立职能制的组织结构，但未能被广泛采用。法约尔则在军队的直线组织结构形式的基础上提出了直线—参谋组织结构的基本概念，促进了组织形式的发展。

（二）古典管理理论的主要局限性

1. 古典管理理论是研究怎样管理别人的科学。他们对人的看法虽然在程度上不一致，但都是把人看成是"经济人"，是"生产工具""活的机器"，是一种"机械因素"。这些观点反映了资本主义生产关系的状况。

2. 古典管理理论基本倾向是独裁式的管理。他们强调上下级系统不得破坏，劳动者只能听命于管理人员的训练、安排。韦伯理想的行政组织体系是这种类型的组织结构最极端的表现形式，虽然它有许多可取之处，但也可能导致下列三个后果：第一，由于过分强调组织形式的作用，极端不尊重人格，完全忽视了组织成员间不拘形式的相互交往的关系和感情作用，将使人与人之间的关系趋向淡薄；第二，过分重视成文的法律制度，完全忽视了管理活动应根据环境的变化而灵活地进行；第三，长期实行这样只注意形式的高度的组织化，不仅使成员的行为刻板、谨小慎微，组织缺乏弹性、僵化，而且往往会使组织成员颠倒组织目标与法规制度的关系，把遵守规章制度变成目的，而认不清组织的真正目标。

3. 古典管理理论把组织看成是一个封闭系统。他们认为组织功能的改善和职能的提高，仅仅就依靠组织内部管理的合理化。这种观点当时在一定程度上对各个组织提高劳动生产率是有效的。各个组织为了谋求最好地完成它的任务，不断加强和改善组织内部组织，使组织的组织性达到相当高的程度。但这种观点却很少考虑外部环境的影响，没有人把外部环境同组织的生存发展、变化联系起来进行研究。

第四节 现代管理理论

以科学管理理论和一般组织管理理论等为代表的古典管理理论的广泛流传和实际运用，大大提高了组织的管理效率。但古典管理理论多着重于生产过程、组织控制方面的研究，较多地强调科学性、精密性、纪律性，而对人的因素注意较少，把工人当作是机器的附属品，这就激起了工人的强烈不满。工人阶级反对资产阶级剥削压迫的斗争日益高涨，经济的发展和周期性危机的加剧，使得西方资产阶级感到再依靠传统的管理理论和方法已不可能有效地控制工人来达到提高生产率和利润的目的。一些管理学家和心理学家也意识到社会化大生产的发展需要有与之相适应的新的管理理论。于是，一些学者开始从生理学、心理学、社会学等方面出发研究组织中有关人的一些问题，人际关系学说应运而生。人际关系学说为以后的行为管理理论奠定了基础，也是由科学管理过渡到现代管理的跳板。行为管理理论是继古典管理理论之后管理学发展的一个重要阶段，也是现代管理学的一个重要组成部分。

一、人际关系学说

（一）梅奥及霍桑试验

乔治·埃尔顿·梅奥是原籍澳大利亚的美国行为科学家，人际关系学说论的创始人，美国艺术与科学院院士，从1924年到1932年，在美国西方电气公司所属的霍桑工厂，为测定各种有关因素对生产效率的影响程度而进行了一系列试验，由此创建了人际关系学说，真正揭开了作为组织中的人的行为研究的序幕。霍桑试验的初衷是试图通过改善工作条件与环境等外在因素，找到提高劳动生产率的途径，先后进行了四个阶段的试验：工作场所照明试验、继电器装配室试验、大规模访谈和对接线板接线工作室试验。

1. 工作场所照明试验（1924—1927年）

研究人员希望通过试验得出照明强度对生产率的影响，但试验结果却发现，照明强度的变化对生产率几乎没有什么影响。该试验看来以失败告终，但从中可以得出两个结论：（1）工作场所的照明只是影响工人生产率的微不足道的因素；（2）由于牵涉因素较多，难以控制，且其中任何一个因素都足以影响试验的结果，所以照明对产量的影响无法准确衡量。

2. 继电器装配室试验（1927.8—1928.4）

从这一阶段起，梅奥参加了试验。一名观察员被指派加入这个工人小组，以记录室内发生的一切，以便对影响工作效果的因素进行控制。在试验中分期改善工作条件，如改进材料供应方式、增加工间休息、供应午餐和茶点、缩短工作时间、实行集体计件工资制等。这些女工们在工作时间可以自由交谈，观察员对她们的态度也很和蔼。这些条件的变化使产量上升。但一年半后，取消了工间休息和供应的午餐和茶点，恢复每周工作6天，产量仍维持在高水平上。

经过研究，发现其他因素对产量无多大影响，而监督和指导方式的改善能促使工人改变工作态度、增加产量，霍桑于是决定进一步研究工人的工作态度和可能影响工人工作态度的其他因素。这成为霍桑试验的一个转折点。

3. 大规模访谈（1928—1931 年）

研究人员在上述试验的基础上进一步在全公司范围内进行访问和调查，达 2 万多人次。结果发现影响生产力的最重要因素是工作中发展起来的人群关系，而不是待遇和工作环境。每个工人的工作效率的高低，不仅取决于他们自身的情况，还与其所在小组中的同事有关，任何一个人的工作效率都要受他的同事们的影响。

4. 接线板接线工作室试验（1931—1932 年）

在这一阶段有许多重要发现：（1）大部分成员都自行限制产量。公司规定的工作定额为每天焊接 7 312 个接点，但工人们只完成 6 090～6 600 个接点，原因是怕公司再提高工作定额以保护工作速度较慢的同事。（2）工人对不同级别的上级持不同态度。把小组长看作小组的成员，对于小组长以上的上级，级别越高，越受工人的尊敬，但工人对他的顾忌心理也越强。（3）成员中存在小派系。工作室存在派系，每个派系都有自己的一套行为规范。谁要加入这个派系，就必须遵守这些规范。派系中的成员如果违反这些规范，就要受到惩罚。

通过历时近 8 年的霍桑试验，梅奥等人认识到，人们的生产效率不仅要受到物理方面、生理方面等因素的影响，更重要的是受到社会环境、社会心理等方面的影响，这个结论的获得是相当有意义的，这对"科学管理"只重视物质条件，忽视社会环境、社会心理对工人的影响来说，是一个重大的修正。

（二）人际关系学说的内容

根据霍桑试验，梅奥于 1933 年出版了《工业文明的人类问题》一书，1945 年出版了著作《工业文明的社会问题》，提出了与古典管理理论完全不同的新观点，主要归纳为以下几个方面：

1. 职工是"社会人"，而不是单纯追求金钱收入的"经济人"

作为复杂社会系统的成员，金钱并非刺激人们工作积极性的唯一动力，他们受到社会、心理方面等因素的影响。人重要的是同别人合作，人的思想和行为更多地由感情来引导。因此社会和心理因素等方面所形成的动力，对组织效率有更大影响。

2. 正式组织中存在着非正式组织，应重视非正式组织

在正式组织内部，人们在共同工作的过程中，由于具有共同的社会感情而形成非正式组织。这种非正式组织的作用在于维护其成员的共同利益，使之免受其内部个别成员的疏忽或外部人员的干涉所造成的损失。为此，非正式组织中有自己的核心人物和领袖，有大家共同遵循的观念、价值标准、行为准则和道德规范等。

梅奥指出，非正式组织与正式组织有重大差别。正式组织中效率逻辑为其行为规范，非正式组织以感情逻辑为其行为规范。这种非正式组织对成员来说有特殊的感情、规范和倾向，左右着成员的行为。古典管理理论仅注重正式组织的作用，这是很不够的。非正式组织不仅存在，而且同正式组织是相互依存的，对生产率的提高有很大的影响。梅奥等人认为，管理者要充分重视非正式组织的作用，注意在正式组织的效率逻辑和非正式组织的感情逻辑之间保持平衡，以便管理者同工人之间、工人相互之间能互相协作，提高生产效率。

3. 新型的领导在于提高工人的满足度，从而达到提高劳动生产率的目的

劳动生产率的高低，主要取决于工人的士气，即工作的积极性、主动性与协作精神，而士气的高低，则取决于社会因素特别是人际关系对工人的满足程度，即他的工作是否被上级、同伴和社会所承认。满足程度越高，士气也越高，劳动生产率也就越高。所以，领导的职责在于提高士气，善于倾听和沟通下属、职工的意见，使正式组织的经济需求和非正式组织的社会需求之间保持平衡。这样就可以解决劳资之间乃至整个"工业文明社会"的矛盾和冲突，提高效率。

梅奥等人的人际关系学说的问世，开辟了管理理论的一个新领域，并且弥补了古典管理理论的不足，更为以后行为管理理论的发展奠定了基础。

二、行为管理理论

梅奥的人际关系学说可以说是行为管理理论发展的第一阶段。20 世纪 50 年代以后，行为管理理论得到了新的发展，20 世纪 60 年代以后被称为组织行为学，其研究对象可分为三个层次：一是个体行为理论，有关人的需要、动机和激励理论以及有关企业中的人性理论；二是团体行为理论，影响团体发展动向的各种因素以及这些因素的相互作用和相互依存的关系；三是组织行为理论，有关领导的理论和组织变革与发展的理论。

行为管理理论应用于管理学，主要是对工人在生产中的行为以及这些行为产生的原因进行分析研究。它研究的内容包括人的本性和需要、行为的动机，特别是生产中的人际关系。行为管理理论的主要代表人物有马斯洛、赫茨伯格、麦格雷戈等。

（一）马斯洛的需要层次理论

亚伯拉罕·马斯洛是美国社会心理学家、人格理论家和行为科学家，人本主义心理学的主要发起者和理论家，心理学第三势力的领导人，曾任美国人格与社会心理学会主席和美国心理学会主席，是《人本主义心理学》和《超个

人心理学》两个杂志的首任编辑。马斯洛的主要著作有《激励与个性》（1954年）、《存在心理学探索》（1962年）、《科学心理学》（1967年）、《人性能达到的境界》（1970年）。马斯洛在1954年的《激励与个性》中提出了需要层次理论，主要包括两方面的内容：

1. 马斯洛认为，人是有需要的动物，人的需要是有层次的，从低级到高级分为：（1）生理需要：是指食欲、性欲、对住房等个人生存的基本要求，如吃、穿、住等。人要生存下去，这些需要必须得到起码的满足。（2）安全需要：是指心理上和物质上的安全保证，如不遭盗窃的威胁，预防危险事故，职业有保证，有社会保险、退休基金等。（3）社会需要：人在社会生活中，总有进行社交的愿望。人需要友谊、爱和群体的归属感，人际交往需要彼此同情、互助和赞许。如果这种需要得不到满足，就会损害一个人的心理健康。（4）尊重需要：每个人都有自尊的需求和希望他人尊重自己的需求，前者包括自由、自尊、自豪等，后者包括地位、荣誉和被尊重等，满足这些后会给人带来自信和声誉。人们必须感到自己是很重要的，因为只有这样才能提高一个人的自信心。（5）自我实现需要：是指通过自己努力，实现自己对生活的期望，从而对生活和工作真正感到有意义，随着其他需要基本满足和人们文化教育水平的提高，这种需要会变得越来越重要（图2-1）。

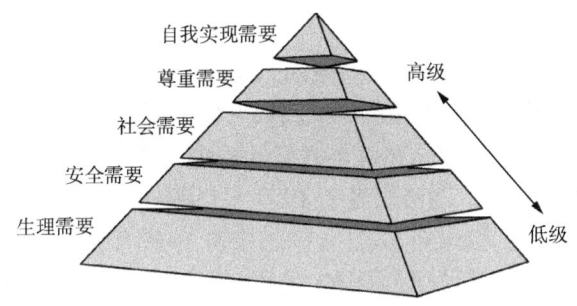

图2-1 马斯洛需要层次理论

2. 人的需要是依次需要、依次满足的，是逐级上升的。低一级需要得到基本满足后，高一级需要则成为行为驱动力。某一特定时期，多种需要同时并存，其中主导需要主导人的行为，起着主导的激励作用。激励某人，就要了解此人目前所处的需要层次，着重满足这一层次或更高层次的需要。

马斯洛提出人的需要有一个从低级向高级发展的过程，这在某种程度上是符合人类需要发展的一般规律的。一个人从出生到成年，其需要的发展过程，基本上是按照马斯洛提出的需要层次进行的。马斯洛的需要层次理论指出了人在每一个时期，都有一种需要占主导地位，而其他需要则处于从属地位。这一点对于管理工作具有启发意义。但马斯洛过分地强调了遗传在人的发展中的作用，认为人的价值就是一种先天的潜能，而人的自我实现就是这种先天潜能的自然成熟过程，社会的影响反而束缚了一个人的自我实现。这种观点，忽视了社会生活条件对先天潜能的制约作用。

> **课间案例7**
>
> 不知足歌
>
> 终日忙碌只为饥，才得饱来又思衣；
> 绫罗绸缎置几件，出门又少宝马骑；
> 买下宝马并良驹，家中又缺美貌妻；
> 娶下娇妻并美妾，恨无田地少根基；
> 置下良田千万顷，缺少官职被人欺；
> 县丞主簿不愿做，五品六品还嫌低；
> 官至朝中为宰相，还想龙庭去登基；
> 一朝贵为天之子，还想长生不老期；
> 人心不足蛇吞象，一棺长盖抱恨归。

（二）赫茨伯格的双因素激励理论

弗雷德里克·赫茨伯格是美国著名的心理学家和行为科学家，犹他大学的特级管理教授，曾获得纽约市立学院的学士学位和匹兹堡大学的博士学位，曾在美国和其他三十多个国家从事管理教育和管理咨询工作。双因素激励理论是赫茨伯格最主要的成就，最初发表于1959年出版的《工作的激励因素》一书中，在1966年出版的《工作与人性》一书中对1959年的论点从心理学角度作了理论上的探讨和阐发，1968年他在《哈佛商业评论》上发表了《再论如何激励员工》一文，从管理学角度再次探讨了该理论的内容。

赫茨伯格抛弃了传统的观点：满意—（对立面）—不满意，提出新观点：满意—没有满意—没有不满意—不满意。赫茨伯格通过大量调查得出的结论：使员工感到满意的因素都是工作的性质和内容方面的，而使他们不满意的因素都是工作环境或者工作关系方面的。赫茨伯格把前面的因素叫激励因素，后者叫保健因素。（1）激励因素：这些因素具备时可以起到明显的激励的作用，当这类因素不具备时，也不会造成员工的极大不满。包括工作上的成就感、受到重视、提升、工作本身的性质、个人发展的可能性、职责等。（2）保健因素：当这类因素得到改善时，员工的不满就会消除，但是，保健因素对员工起不到激励的积极作用。包括企业的政策与行政管理、监督、与上级的关系、与同事的关系、工作安全、个人生活、工作条件等。赫茨伯格认为，激励因素是以工作为中心的，即以对工作本身是否满意、工作中个人是否有成就、是否得到提升为中心的。而保健因素则与工作的外部环境有关，属于保证工作完成的基本条件。

（三）弗鲁姆的期望理论

北美著名心理学家和行为科学家维克托·弗鲁姆于1964年在《工作与激励》中提出期望理论，又称作"效价—手段—期望理论"。

弗鲁姆认为，人总是渴求满足一定的需要并设法达到一定的目标。这个目标在尚未实现时，表现为一种期望，这时目标反过来对个人的动机又是一种激发的力量，而这个激发力量的大小，取决于目标价值（效价）和期望概率（期望值）的乘积。用公式表示就是激励（motivation）取决于行动结果的价值评价（即"效价"valence）和其对应的期望值（expectancy）的乘积，即激励水平（M）=效价（V）×期望值（E）。M表示激励水平，是指调动一个人的积极性，激发人内部潜力的强度。V表示目标价值（效价），这是一个心理学概念，是指达到目标对于满足他个人需要的价值。同一目标，由于各个人所处的环境不同，需要不同，其需要的目标价值也就不同。同一个目标对每一个人可能有三种效价：正、零、负。效价越高，激励力量就越大。E是期望值，是人们根据过去经验判断自己达到某种目标的可能性是大还是小，即能够达到目标的概率。目标价值大小直接反映人的需要动机强弱，期望概率反映人实现需要和动机的信心强弱。如果个体相信通过努力肯定会取得优秀成绩，期望值就高。这个公式说明，假如一个人把某种目标的价值看得很大，估计能实现的概率也很高，那么这个目标激发动机的力量越强烈。

怎样使激发力量达到最好值？弗鲁姆提出了人的期望模式：个人努力→个人成绩（绩效）→组织奖励（报酬）→个人需要。

在这个期望模式中的四个因素，需要兼顾以下几个方面的关系：

1. 努力和绩效的关系。这两者的关系取决于个体对目标的期望值。期望值又取决于目标是否适合个人的认识、态度、信仰等个性倾向及个人的社会地位，别人对他的期望等社会因素。即由目标本身和个人的主客观条件决定。

2. 绩效与奖励的关系。人们总是期望在达到预期成绩后，能够得到适当的合理奖励，如奖金、晋升、提级、表扬等。组织的目标，如果没有相应有效的物质和精神奖励来强化，时间一长，积极性就会消失。

3. 奖励和个人需要的关系。奖励什么要适合各种人的不同需要，要考虑效价。要采取多种形式的奖励，满足各种需要，最大限度地挖掘人的潜力，最有效地提高工作效率。

4. 需要的满足与新的行为动力的关系。当一个人的需要得到满足之后,他会产生新的需要和追求新的期望目标。需要得到满足的心理会促使他产生新的行为动力,并对实现新的期望目标产生更高的热情。

> **课间案例 8**
>
> 徙木立信
>
> 战国时期,秦国的秦孝公赢渠梁即位以后,决心图强改革,便下令招贤。商鞅自魏国入秦,提出了废井田、重农桑、奖军功、实行统一度量和建立县制等一整套变法求新的发展策略,深得秦孝公的信任,秦孝公任商鞅为左庶长。公元前 359 年,商鞅主张"当时而立法,因事而制礼",开始实施变法。商鞅担心百姓不相信自己,商鞅变法的法令准备就绪,没有公布之前,就在国都集市的南门外竖起一根三丈高的木头,随即便出示布告:"有谁能把这根木头搬到集市北门,就给他十两黄金(当时的"黄金"实际为黄铜)。"百姓们感到奇怪,没有人敢来搬动。商鞅又出示布告说:"有能搬动的给他五十两黄金。"有个人壮着胆子把木头搬到了集市北门,商鞅立刻命令给他五十两黄金(黄铜),以表明没有欺诈。在公元前 356 年和公元前 350 年,商鞅先后两次实行以"废井田、开阡陌,实行县制,奖励耕织和军功,实行连坐之法"为主要内容的变法。经过商鞅变法,秦国的经济得到发展,军队战斗力不断加强,发展成为战国后期最富强的集权国家。

(四)麦格雷戈的 X—Y 理论

道格拉斯·麦格雷戈是美国著名的行为科学家,1957 年 11 月在美国《管理评论》杂志上发表了《企业的人性方面》一文,提出了著名的"X 理论—Y 理论",该文 1960 年以书的形式出版。

1. X 理论。麦格雷戈把传统的管理观点叫做 X 理论。X 理论的特点,是管理者对人性作了一个假定——人性丑恶,其主要内容是:(1)人生下来就厌恶工作,只要有可能就逃避工作;(2)人生下来就缺乏进取心,工作不愿负责任,宁愿被领导,没有什么理想抱负;(3)人生下来就习惯于明哲保身,反对变革,把对安全的要求看得高于一切;(4)人缺乏理性,容易受外界和他人的影响,做一些不适宜的举动;(5)人生下来就以自我为中心,无视组织的需要,所以对大多数人必须使用强迫甚至惩罚、胁迫的办法,去驱使他们工作,方可达到组织目标;(6)只有极少数人才具有解决组织问题所需要的想象力与创造力。基于上述假设，X理论得出这样一个结论，管理人员的职责和相应的管理方式是应以职权，发号施令加以金钱报酬来收买员工的效力和服从。X理论要求组织管理的唯一激励办法，就是以经济报酬来激励生产，只要增加金钱奖励，便能取得更高的产量。所以这种理论特别重视满足职工生理及安全的需要，同时也很重视惩罚，认为惩罚是最有效的管理工具。

2. Y理论。与X理论消极的人性观点相对照，麦格雷戈提出了Y理论。Y理论对于人性假设是正面的，假定人性本善，其主要内容是：（1）人生来并不一定厌恶工作，要求工作是人的本能；（2）人追求的需要与组织的需要并不矛盾，并非必然对组织的目标产生抵触和消极态度，只要管理适当，人们能够把个人目标与组织目标统一起来；（3）人对于自己所参与的工作目标，能够实行自我管理和自我指挥；（4）大多数人都具有解决组织问题的丰富想象力和创造力。Y理论要求组织管理中激励的办法是：管理者的重要任务是创造一个使人得以发挥才能的工作环境，尽可能把职工工作安排得富有意义，并具挑战性，工作之后引起自豪，满足其尊重和自我实现的需要；发挥出职工的潜力，并使职工在为实现组织的目标贡献力量时，也能达到自己的目标。只要启发内因，实行自我控制和自我管理，在条件适合的情况下就能实现组织目标与个人需要统一起来的最理想状态。

麦格雷戈在《企业的人性方面》一书中把Y理论称为"个人目标与组织目标的结合"，他认为关键不在于采用强硬的或温和的方法，而在于要在管理思想上从X理论变为Y理论。X理论的假设是静止地看人，现在已经过时了；Y理论则是以动态的观点来看人，它为管理人员提供了一种对于人的乐观主义的看法，但这一理论也有很大的局限性。在现实生活中确实存在一些人天生就是懒惰而不愿负责任，而且坚决不愿改变。对于这些人，应用Y理论进行管理，难免会失败。而且，要发展和实现人的智慧潜能，就必须有合适的工作环境，但这种合适的工作环境并不是经常有的，要创造出这样一种环境来，成本也往往太高。所以，Y理论也并不是普遍适用的。

（五）约翰·莫尔斯和杰伊·洛希的超Y理论

超Y理论是1970年由美国管理心理学家约翰·莫尔斯和杰伊·洛希根据"复杂人"的人性假设，提出的一种新的管理理论。它主要见于1970年《哈佛商业评论》杂志上发表的《超Y理论》一文和1974年出版的《组织及其他成员：权变法》一书中。超Y理论认为，没有什么一成不变的、普遍适用的最佳的管理方式，必须根据组织内外环境自变量和管理思想及管理技术等因变量之间的函数关系，灵活地采取相应的管理措施，管理方式要适合工作性质、成员素质等。超 Y 理论是在对 X 理论和 Y 理论进行实验分析比较后提出的一种既结合 X 理论和 Y 理论,又不同于 X 理论和 Y 理论的理论,是一种主张权宜应变的经营管理理论,实质上是要求将工作、组织、个人、环境等因素作最佳的结合。超 Y 理论的主要观点是,管理方式要由工作性质、成员素质等来决定,不同的人对管理方式的要求不同。有人希望有正规化的组织与规章条例来要求自己的工作,而不愿参与问题的决策去承担责任,这种人欢迎以 X 理论来指导工作;有的人则需要更多的自治责任和发挥个人创造性的机会,这种人则希望用 Y 理论来指导工作。

根据超 Y 理论观点,组织对员工进行管理,既要尊重员工,诱导他们自觉地工作,又要制定科学严谨的管理制度,对员工进行一定的纪律约束。在这个价值杠杆上,左端是 X 理论式管理,而右端是 Y 理论式管理,管理的标点应根据员工素质、公司管理基础和工作特点等条件灵活机动地进行滑动。在员工素质比较差、组织管理基础比较薄弱、生产力低下的组织,管理标点应该滑向左端,反之应向右端滑动。优秀的管理者应该根据组织的实际状况和员工的素质特点,善于运用这个杠杆,讲究管理艺术,将员工管理维持在一个高水平上。

超 Y 理论实质上是要求将工作、组织、个人、环境等因素作最佳的结合,尽量使成员的个人目标、组织目标、环境三者之间保持和谐的关系,特别反对抑制人的创造精神的僵死的组织结构。超 Y 理论的局限性在于只重视人们之间差异性的一面,而忽视了人们共性的一面,不利于发现和寻找管理的一般规律。

(六) 威廉·大内的 Z 理论

日裔美籍管理学家威廉·大内在比较了日本企业和美国企业不同的管理特点之后,参照 X 理论和 Y 理论,提出了 Z 理论,将日本的企业文化管理加以归纳。Z 理论强调管理中的文化特性,主要由信任、微妙性和亲密性所组成。主要观点是企业管理者与职工的利益是一致的,两者的积极性可融为一体。管理的主要内容如下:(1) 企业对职工的雇佣应是长期的而不是短期的;(2) 上下结合制定决策,鼓励职工参与企业的管理工作;(3) 实行个人责任制;(4) 上下级之间关系要融洽;(5) 对职工要进行全面的知识培训,使职工有多方面工作的经验;(6) 相对缓慢的评价和稳步提拔;(7) 控制机制要较为含蓄而不正规,但检测手段要正规。

根据这种理论,管理者要对员工表示信任,而信任可以激励员工以真诚的态度对待企业、对待同事,为企业忠心耿耿地工作;微妙性是指企业对员工的不同个性进行了解,以便根据各自的个性和特长组成最佳搭档或团队,提高劳动效率;而亲密性强调个人感情的作用,提倡在员工之间应建立一种亲密和谐的伙伴关系，为了企业的目标而共同努力。

X理论和Y理论回答了员工管理的基本原则问题，Z理论将东方国度中的人文感情糅合进管理理论。我们可以将Z理论看作是对X理论和Y理论的一种补充和完善，在员工管理中根据组织的实际状况灵活掌握制度与人性、管制与自觉之间的关系，因地制宜地实施最符合组织利益和员工利益的管理方法。

（七）对行为管理理论的评价

行为管理理论，主张改善劳动条件，培训劳动者的生产技能，提高劳动者工作的质量，以便更好地开发、利用和保护人力资源。很多行为科学家强调"人是第一位的""不能把工厂企业看成是机器的堆积，而必须看成是人的组织"。由于重视人力资源的开发和利用，再加上科学技术和经济发展使得资本主义国家中的劳动生产率得到了较快的提高，缩短了每周的工作时间，这对工人阶级是有利的，这是行为管理理论的积极作用。

行为管理理论的局限性主要表现在三个方面：第一，过于重视非正式组织的作用，忽视组织的作用；第二，过分强调感情因素对人的行为的支配作用，忽视了人的理性；第三，对"经济人"的假设过分否定。总体上看，行为管理理论的研究未能超出维护资本主义制度的界限，只是在资本主义的生产关系前提下研究问题，以资产阶级的思想体系作指导，在一些问题上有的具有形而上学的成分，有的具有实用主义观点。

三、现代管理学派

现代管理理论产生与发展的时期为20世纪30年代到70年代，但现代管理理论显著发展是始于第二次世界大战之后。现代管理理论产生与发展的基本脉络如下：第一，管理理论的分散化。进入20世纪50年代以后，现代管理思想的发展异常活跃，众多的学者，从不同方向、不同角度，采用不同方法研究管理问题，各树一帜，建立了许多管理理论学派，形成了管理理论研究的分散化。美国管理学者孔茨和奥唐奈将这种现象称为"管理理论丛林"。第二，管理理论的集中化趋势。进入20世纪60年代后，管理理论的研究又出现一种集中化的趋势，学者们先提出系统管理理论，力求建立统一的管理理论，后来又提出更加灵活地适应环境变化的权变管理理论。

（一）社会系统学派

社会系统学派的代表人物主要是美国的高级经理人员和管理学家切斯

特·巴纳德，曾任新泽西贝尔电话公司总经理，他在组织理论研究方面做出了很大贡献，1938年发表的《经理人员的职能》被称为美国管理文献中的经典著作。社会系统学派管理思想的核心是把有一定目的的群体关系或行为都看成是一个人们在意见、力量、愿望和思想等方面广泛协作的社会系统，以此为基点论述组织内部平衡和对外部环境如何适应的管理问题。

社会系统学派认为，组织是一个有意识地对人的活动或力量进行协调的体系，其中最关键的因素是经理人员。在此基础上，巴纳德又阐述了正式组织的定义、正式组织的基本要素以及正式组织与非正式组织的关系。

巴纳德定义正式组织是"两个或两个以上的人有意识协调行为力量的系统"，任何正式组织都必须有三个基本要素才能维持：共同目标、协作意愿和信息沟通。

巴纳德认为，非正式组织没有正式的机构，常常并不能自觉地认识到共同的目的。非正式组织对正式组织的影响可能是积极的，也可能是消极的，这两个方向相反的影响对组织系统的效力和效率来说都存在。非正式组织主要起着三种作用：信息交流；通过对协作意愿的调节，维持正式组织内部的团结；维护个人品德和自尊心的感觉。巴纳德指出，在非正式组织存在的情况下，完全依靠权力机构来使下属服从命令的做法是不明智的，管理者应当重视同下属的交往，这种交往是履行权力的积极过程。

巴纳德在提出正式组织系统的三个基本要素和非正式组织职能的同时，还重点研究了经理人员的职能。巴纳德认为，在一个企业中，经理人员的作用就是作为一个信息相互联系的中心，并对组织中的各个成员的活动进行协调，以便使组织正常运转，实现组织的目标。在组织管理中，经理人员的职能是由组织的本质、特征和过程决定的，经理人员作为组织和协调的中心，就是要"领会组织的整体及其有关的整个形势，进行内部平衡和外部适应的综合，以便组织的永续和发展"。具体地讲，经理人员应执行五项职能：建立和维持一套信息联系的系统；招募和选拔称职的工作人员，并使他们协调有效地进行工作；规定组织的目标；授权；决策。

（二）决策理论学派

决策理论学派的代表人物是美国的经济学家和社会学家赫伯特·西蒙与詹姆士·马奇。他们以社会系统理论为基础，吸收了行为科学、系统理论、运筹学和计算机科学的有关成果，创立了决策理论学派。决策理论学派的基本管理思想是：企业管理问题的主要研究对象不是作业而是决策；决策贯穿管理的全过程，管理就是决策；应该按"令人满意"的准则来决策，而不是按"最优化"准则来决策。

赫伯特·西蒙在《管理决策新科学》一书中提出了"管理的关键是决策",决策贯穿于管理的全过程,决策程序就是全部的管理过程,以及企业中所有成员都是"决策人"的思想,突出了决策的重要性并扩大了决策的时空范围。

(三) 经验主义学派

经验主义学派的主要代表人物有彼得·德鲁克、欧内斯特·戴尔、艾尔弗雷德·斯隆、威廉·纽曼等。经验主义学派亦称经理主义学派,是研究实际管理工作者的管理经验教训和企业管理的实际经验,强调用比较的方法来研究和概括管理经验的管理学派。经验主义学派的基本管理思想是:有关企业管理的科学应该从企业管理的实际出发,特别是以企业的管理经验为主要研究对象,将其加以理论和概括化,然后传授给管理人员或向企业经理提出实际的建议。简言之,经验主义学派认为,管理学就是研究管理经验,通过研究管理中的成功经验或失误,就能理解管理问题,就自然学会了进行有效的管理。

(四) 权变理论学派

权变理论学派的主要代表人物是美国的管理学者约翰·莫尔斯、杰伊·洛希和弗莱德·E.菲德勒等。权变理论学派也称权变学派,有的管理学者还称之为因地制宜理论。权变管理即权宜管理和应变管理的合称,权变理论学派的理论基础是"超Y理论",基本的管理思想是,在组织管理中,没有什么一成不变、普遍适用的、"最好的"管理理论和管理方法,组织管理必须随着组织所处的内外条件变化而随机应变。管理者应做什么以及怎么做,要取决于当时的既定情况。

权变理论学派管理思想的核心就是力图研究组织的各子系统内部和各子系统之间的相互联系,以及组织和它所处的环境之间的联系,并确定各种变数的关系类型和结构类型。它强调在管理中要根据组织所处的内外部条件随机应变,针对不同的具体条件寻求不同的最合适的管理模式、方案或方法。权变理论学派的最大特点是强调根据不同的具体条件,采取相应的组织结构、领导方式、管理机制,同时把一个组织看作是社会系统中的分系统,要求组织各方面的活动都要适应外部环境的要求。

(五) 管理科学学派

管理科学学派代表人物有布莱克、埃尔伍德·斯潘赛·伯法、霍勒斯卡·文森、希尔等。该学派又称数量学派或计量学派,也称数量管理科学学派，是将数学引入管理领域，运用科学的计量方法来研究和解决管理问题，使管理问题的研究由定性分析发展为定量分析的管理学派。管理科学学派认为，管理就是利用数学模型和程序系统来表示管理的计划、组织、控制、决策等职能活动的合乎逻辑的程序，求出最优的解答，以达到企业的目标。其管理思想基本可归结为注重定量模型的研究和应用，以求得管理的程序化和最优化的思想观点。

管理科学学派建立和使用数学模型的逻辑步骤即一般程序是：提出问题并阐述问题；建立数学模型；解出模型答案，从而取得使系统达到最佳效益的数量值；检查模型及它的解的实际意义，深入了解这个解法的价值及模型对实际预测的准确程度；对所求的解进行控制；把方案付诸实施。

管理科学学派一般只研究生产的物质过程，注意管理中应用的先进工具和科学方法，不够注意管理中人的作用，这是它的不足之处。

四、对现代管理理论的评价

现代管理理论是近代所有管理理论的综合，是一个知识体系，是一个学科群。它的基本目标就是要在不断急剧变化的现代社会面前，建立起一个充满创造活力的自适应系统。要使这一系统能够持续高效率、低消耗地输出高功能，不仅要求要有现代化的管理思想和管理组织，而且还要求有现代化的管理方法和手段来构成现代管理科学。

纵观管理学各学派，虽各有所长，各有不同，但不难寻求其共性特征。管理学各学派的共性特征实质上也就是现代管理理论的特点，可概括如下：

（一）强调系统化

现代管理理论运用系统思想和系统分析方法来指导管理的实践活动，解决和处理管理的实际问题。系统化，就要求人们要认识到一个组织就是一个系统，同时也是另一个更大系统中的子系统。所以，应用系统分析的方法，就是从整体角度来认识问题，以防止片面性和受局部的影响。

（二）重视人的因素

现代管理理论强调管理的主要内容是对人的管理，而人又是生活在客观环境中，虽然他们也在一个组织或部门中工作，但是，他们在其思想、行为等诸方面，可能与组织不一致。重视人的因素，就是要注意人的社会性，对人的需要予以研究和探索，在一定的环境条件下，尽最大可能满足人们的需要，以保证组织中全体成员齐心协力地为完成组织目标而努力。

（三）重视非正式组织的作用

现代管理理论重视非正式组织的作用。非正式组织是人们以感情为基础而结成的集体，这个集体有约定俗成的信念，人们彼此感情融洽。利用非正式组织，就是在不违背组织原则的前提下，发挥非正式组织在正式组织中的积极作用，从而有助于组织目标的实现。

（四）重视理论联系实际

现代管理理论重视理论联系实际。现代管理理论通过大量试验研究和调查分析，在管理实践的基础上，善于把管理实践进行归纳总结，找出规律性的东西，总结出管理理论。管理者要乐于接受新思想、新技术，并运用于管理实践，把诸如质量管理、目标管理、价值分析、项目管理等新成果运用于实践，并在实践中创造出新的方法，形成新的理论，促进管理学的发展。

阅读小故事

波特定理

波特定理是指总盯着下属的失误，是一个领导者的最大失误。批评人之前应该先把他的优点提出来，就是铺平了批评的道路。在管理学中，根据把人的本性看作是向善的还是向恶的两种不同认识，形成了两种不同的理论：X理论和Y理论。Y理论认为人是向善的，所以管理应以激励为主，通过激励来达到激发员工的工作热情、提高工作效率的目的。X理论认为人是向恶的，管理应以惩罚为主，通过严惩来达到规范员工行为、使员工在外在制度规范的约束下，集中精力工作，提高工作效率。

在很多时候，当下属犯了错误时，领导者都会严厉批评一番，有时甚至将员工骂得狗血淋头。在他们看来，似乎这样才会起到杀一儆百的作用，才能体现规章制度的严肃性，才能显示出领导管理者的威严。其实，有的时候过于关注员工的错误，尤其是一些非根本性的错误的话，会大大挫伤员工的积极性和创造性，甚至产生对抗情绪，这样就会产生非常恶劣的效果。所以，在管理事务中，我们要学会宽容下属的错误。但宽容并不等于做"好好先生"，而是设身处地地替下属着想。在批评的同时不忘肯定部下的功绩，以激励其进取心，并有效避免伤害其自尊和自信。一个懂得如何顾全部下面子的管理者不仅会使批评产生预期的效果，而且还能得到部下的大力拥戴。

本章习题

一、单项选择题

1. 我国古代的管理思想及理论框架基本形成于 （　　）
A. 唐宋时期　　　　　　　　　B. 战国时期
C. 南北国时期　　　　　　　　D. 先秦至汉代时期

2. 中国古代的管理实践主要是一种 （　　）
A. 经验管理　　B. 科学管理　　C. 权变管理　　D. 法制管理

3. "经济人"假设下的激励理论认为 （　　）
A. 职工受到尊敬后会被激励
B. 职工得到足够报酬则会努力工作
C. 被激励的职工会感到满意
D. 精神上的激励比物质报酬更能收到好的效果

4. 创立劳动分工理论的是 （　　）
A. 泰勒　　　　B. 亚当·斯密　　C. 西蒙　　　　D. 法约尔

5. 最早提出"经济人"观点的是 （　　）
A. 泰勒　　　　B. 亚当·斯密　　C. 西蒙　　　　D. 法约尔

6. 提出差别计件工资制的管理学家是 （　　）
A. 法约尔　　　B. 泰勒　　　　C. 梅奥　　　　D. 巴纳德

7. 被尊称为"科学管理之父"的是 （　　）
A. 泰勒　　　　B. 法约尔　　　C. 韦伯　　　　D. 欧文

8. 科学管理的中心问题是 （　　）
A. 提高管理水平　　　　　　　B. 提高人的积极性
C. 提高劳动生产率　　　　　　D. 提高市场占有率

9. 整个泰勒制的基础是 （　　）
A. 制定标准定额　B. 设置计划层　C. 实行职能制　D. 实现标准化

10. 最早提出"权力责任对等"概念的管理学家是 （　　）
A. 法约尔　　　B. 泰勒　　　　C. 梅奥　　　　D. 巴纳德

11. 主张实施管理教育的创始人是 （　　）
A. 法约尔　　　B. 泰勒　　　　C. 梅奥　　　　D. 欧文

12. 行政管理组织理论的代表人物是 （ ）
A. 泰勒　　　　B. 法约尔　　　　C. 韦伯　　　　D. 梅奥

13. 人际关系学说的创始人是 （ ）
A. 法约尔　　　B. 泰勒　　　　　C. 梅奥　　　　D. 巴纳德

14. "人际关系学说"创建的基础是 （ ）
A. 霍桑试验　　B. 技术分析　　　C. 数学模型　　D. 权变学说

15. 梅奥通过霍桑试验得出的结论有人是 （ ）
A. 经济人　　　B. 社会人　　　　C. 理性人　　　D. 复杂人

16. 马斯洛需要层次理论中，最低需要是 （ ）
A. 生理需要　　B. 安全需要　　　C. 社会需要　　D. 自我实现需要

17. 马斯洛需要层次理论中，最高需要是 （ ）
A. 生理需要　　B. 安全需要　　　C. 社会需要　　D. 自我实现需要

18. 赫茨伯格的双因素激励理论中指能影响和预防职工不满意感发生的因素是 （ ）
A. 激励因素　　B. 保健因素　　　C. 行动因素　　D. 思想因素

19. 赫茨伯格的双因素激励理论中指使职工感到满意的因素是 （ ）
A. 激励因素　　B. 保健因素　　　C. 行动因素　　D. 思想因素

20. 从期望理论中，我们得到的最重要的启示是 （ ）
A. 目标效价高低是激励是否有效的关键
B. 期望概率的高低是激励是否有效的关键
C. 存在着负效价，应引起领导者注意
D. 应把目标效价和期望概率进行优化组合

21. 认为员工能自我控制、承担责任的积极理论是 （ ）
A. X 理论　　　B. U 理论　　　　C. Y 理论　　　D. Z 理论

22. 社会系统学派的创始人是 （ ）
A. 法约尔　　　B. 泰勒　　　　　C. 梅奥　　　　D. 巴纳德

23. 彼得·德鲁克和戴尔属于的管理学派是 （ ）
A. 社会系统学派　　　　　　　　B. 经验主义学派
C. 权变理论学派　　　　　　　　D. 管理科学学派

24. 强调管理方式或方法应该随着环境的不同而改变的管理学派是（　　）
A. 决策理论学派　　　　　　　B. 系统管理学派
C. 权变理论学派　　　　　　　D. 经验主义学派

25. 提出"决策贯穿于整个管理过程，决策程序就是整个管理过程"观点的管理学派是（　　）
A. 社会系统学派　　　　　　　B. 决策理论学派
C. 管理科学学派　　　　　　　D. 权变理论学派

二、多项选择题

1. 从宏观的角度看，我国古代管理思想大致可分为（　　）
A. 治国　　　B. 治身　　　C. 治生
D. 治人　　　E. 公关

2. 下列属于法约尔14条管理原则的是（　　）
A. 分工　　　B. 纪律　　　C. 等级链
D. 首创精神　　E. 职能工长制

3. 韦伯认为组织中存在三种纯粹形式的权力包括（　　）
A. 法定权力　　B. 传统权力　　C. 超凡权力
D. 个人权力　　E. 职位权力

4. 梅奥在总结霍桑试验的基础上得出的结论有（　　）
A. 职工是"经济人"
B. 人的需要是有层次的
C. 职工是"社会人"
D. 新型的领导能力在于提高职工的满意程度
E. 差别计件工资制有利于调动工人的劳动积极性

5. 下列关于非正式组织，正确的说法有（　　）
A. 非正式组织主要以感情为主要标准
B. 非正式组织与正式组织是交叉混合的
C. 非正式组织的消极作用要大于积极作用
D. 非正式组织以组织效率为主要标准
E. 非正式组织是必然存在的

6. 马斯洛认为人的需要层次由低到高可分为　　　　　　　（　　　）

　　A. 生理需要　　　B. 安全需要　　　C. 社会需要

　　D. 尊重需要　　　E. 自我实现需要

7. 马斯洛的五种需要中相当于双因素理论中的激励因素的需要层次是

（　　　）

　　A. 生理　　　　B. 尊重　　　　C. 安全

　　D. 社会　　　　E. 自我实现

8. 下列因素属于赫茨伯格归纳的激励因素的是　　　　　　（　　　）

　　A. 成就　　　　B. 薪金　　　　C. 提升

　　D. 责任　　　　E. 受到重视

9. 下列因素属于赫茨伯格归纳的保健因素的是　　　　　　（　　　）

　　A. 成就　　　　B. 薪金　　　　C. 地位

　　D. 责任　　　　E. 工作环境

10. 下列属于 X 理论的假设的有　　　　　　　　　　　　（　　　）

　　A. 承担责任　　B. 有自律能力　　C. 喜爱安稳

　　D. 天生反对变革　E. 得到尊重

11. 下列属于 Y 理论的假设的有　　　　　　　　　　　　（　　　）

　　A. 承担责任　　B. 有自律能力　　C. 喜爱安稳

　　D. 发展自我潜能　E. 得到尊重

12. 巴纳德提出的组织三要素是指　　　　　　　　　　　　（　　　）

　　A. 共同目标　　B. 协作意愿　　C. 信息沟通

　　D. 权利责任　　E. 组织效率

三、判断正误题

（　　）**1.** 我国古代的管理思想主要体现在先秦到汉代的诸子百家思想中。

（　　）**2.** 我国古代的管理思想中的"治身"主要是研究谋略、用人、选才、激励、修身、公关、博弈、奖惩等方面的学问。

（　　）**3.** 我国古代的管理思想中的"治生"主要包括农副业、手工业、运输、建筑工程、市场经营等方面的管理学问。

（　　）**4.** 中国古代的管理实践主要是一种科学管理。

（　　）**5.** "经济人"假设人的一切行为都是为了最大限度地满足自己的利

益，工作动机是为了获得经济报酬。

（　）6. 李嘉图认为劳动者创造的价值是工资、利润、地租的源泉。因此工资越低，利润越高；工资越高，利润就越低。从而揭示了资本主义经营管理的中心和实质就是剥削。

（　）7. 管理活动是管理思想的根基，管理思想来自管理活动中的经验。

（　）8. 泰勒的科学管理理论认为，实行科学管理的根本目的是提高员工的工资。

（　）9. 法约尔认为，职权与职责是相互联系的，在行使职权的同时，必须承担相应的责任，有权无责或有责无权都是组织上的缺陷。

（　）10. 法约尔认为，管理人员的权力有职务权力和个人权力之分，一个好的管理者以他的个人权力来补充他的职务权力。

（　）11. 法约尔认为，管理人员的创造性和能力是决定组织是否有效的内在因素，而人的管理能力是可以通过管理教育提高的。

（　）12. 员工在工作中，只应接受一位上级的命令，这就是法约尔提出的统一指挥原则。

（　）13. 法约尔组织理论的最大创新是考察了组织同周围环境的关系。

（　）14. 韦伯认为组织中存在三种纯粹形式的权力与权威，在这三者之中，组织必须以法定的权力与权威作为行政组织体系的基础。

（　）15. 梅奥认为，管理者应想尽千方百计消灭非正式组织。

（　）16. 梅奥等人认为，新型领导能够区分事实与感情，能够在生产效率与职工感情之间取得平衡。

（　）17. 马斯洛认为人的需要是依次要求、依次满足的，是逐级上升的。低一级需要得到基本满足后，高一级需要成为行为驱动力。

（　）18. 赫茨伯格双因素激励理论中的激励因素指能影响和预防职工不满意感发生的因素。

（　）19. X理论认为人性恶，应采取强制措施或惩罚办法，迫使他们实现组织目标。

（　）20. Y理论认为，应为员工提供富有挑战性和责任感的工作，建立良好的群体关系。

（　）21. 超Y理论的主要观点是管理方式要由工作性质、成员素质等来决定，不同的人对管理方式的要求不同。

（　）22. 巴纳德认为，非正式组织对正式组织的影响可能是积极的，也可能是消极的。这两个方向相反的影响对组织系统的效力和效率来说都存在。

(　　) 23. 决策理论学派的基本管理思想是：企业管理问题的主要研究对象不是作业而是决策；决策贯穿管理的全过程，管理就是决策；应该按"令人满意"的准则来决策，而不是按"最优化"准则来决策。

(　　) 24. 经验主义学派的基本管理思想是：管理学就是研究管理经验。通过研究管理中的成功经验或失误，就能理解管理问题，就自然学会了进行有效的管理。

(　　) 25. 管理科学学派理论的核心是，在现实中不存在一成不变、普遍适用的理想化的管理理论和方法，采用什么样的管理理论、方法及技术取决于组织环境。

四、名词解释题

1. "经济人"观点
2. 跳板原则
3. 例外原则
4. 统一指挥
5. 非正式组织
6. 激励因素
7. 保健因素
8. X 理论
9. Y 理论
10. 超 Y 理论

五、简答题

1. 简述管理活动、管理思想和管理理论三者之间的关系。
2. 简述人际关系学说的主要内容。
3. 简述马斯洛的需要层次理论。
4. 简述赫茨伯格的双因素激励理论。
5. 简述麦格雷格的 X-Y 理论。
6. 简述弗鲁姆的期望理论。
7. 简述社会系统学派的主要论点。
8. 简述管理科学学派的主要管理思想。

六、论述题

1. 试比较"经济人"假设和"社会人"假设的差异所在,并结合实际谈谈它们对企业管理的影响。
2. 比较分析马斯洛的需要层次理论与赫茨伯格的双因素激励理论。
3. 为什么把泰勒称为"科学管理之父",其科学管理的主要内容是什么,如何评价泰勒的科学管理理论?
4. X 理论和 Y 理论有什么不同?结合实际谈谈如何有效地运用 X 理论和 Y 理论。
5. 巴纳德组织理论的主要内容是什么,如何评价?
6. 联系实际谈谈权变理论的应用。

第三章 管理与组织环境

学习目标 本章主要研究管理与组织环境的关系,从组织环境的含义着手,分析了内外部环境对管理的影响,并阐述了组织应适应环境而生存的道理。通过学习,应掌握组织环境的含义、内外部环境对管理的影响、管理者如何适应组织外部环境和建设组织内部环境,认知并能有意识地培养适应环境的能力。

本章关键词 组织环境 组织资源 组织文化 企业精神 企业形象 导向功能 凝聚功能 调适功能 辐射功能

在人类产生之前,客观自然界就存在着。人类通过社会活动形成了组织,与组织及组织活动相关的、在组织系统之外的一切物质和条件的集合体成为组织环境。任何组织都不是孤立存在的。组织作为一个与外界环境保持密切联系的开放系统,需要与外界环境不断地进行各种资源、信息和能量的交换,其运行和发展不可避免地受到种种环境力量的影响。

第一节 组织与环境的关系

组织是在不断与外界交流信息的过程中得到发展和壮大的。组织环境调节着组织结构设计与组织绩效的关系,影响组织的有效性,是组织管理活动的内在与外在的客观条件。

一、组织环境的含义

组织环境是指所有潜在影响组织运行和组织绩效的因素或力量。一般来说,以组织界限(系统边界)来划分,可以把环境分为外部环境和内部环境;

如果根据环境系统的特性来划分，则可将环境划分为简单—静态环境、复杂—静态环境、简单—动态环境和复杂—动态环境四种类型。

组织管理者的决策要以环境为依据，通过对组织所处环境的研究，分析组织生存的内外环境因素，揭示环境变化的规律，预测其变化的趋势，主动地去适应环境。同时又要在了解、掌握环境状况及其发展趋势的基础上，通过努力去影响环境，使环境有利于组织的生存和发展。

二、组织环境的特点

（一）客观性

组织环境是客观存在的，它不随着组织中人们的主观意志为转移，不管你想不想、愿意不愿意，组织环境都是客观存在的，而且它的存在客观地制约着组织的活动。作为组织环境基础的自然的和社会的各种条件是物质实体或物质关系，它们是组织赖以存在的物质条件，对组织来说是一种客观存在的东西。

（二）系统性

组织环境是由与组织相关的各种外部事物和条件相互有机联系所组成的整体，它也是一个系统。我们可以将它称为组织的外部系统。组成这个系统的各种要素，如自然条件、社会条件等相互关联，形成一定的结构，表现出组织环境的系统性。组织所处的社会是一个大系统，组织的外部环境和内部环境构成了不同层次的子系统。任何子系统都要遵循它所处的更大系统的运动规律，并不断进行协调和运转。人们的管理活动就是在这种系统性的环境背景中进行的。

（三）动态性

组织环境的各种因素是不断变化的，各种组织环境因素又在不断地重新组合，不断形成新的组织环境。组织系统既要从组织环境中输入物质、能量和信息，也要向组织环境输出各种产品和服务，这种输入和输出的结果必然要使组织环境发生或多或少的变化，使得组织环境本身总是处于不断的运动和变化之中。这种环境自身的运动就是组织环境的动态性。组织环境处于经常的发展变化之中，使组织内部要素与各种环境因素的平衡经常被打破，形成了组织结构的变化。因此，组织必须及时修订自己的计划方案，以适应不断变化的环境，通过调整组织系统输入输出的结果，来促使组织环境更加有序化，朝着有利于组织系统生存和发展的方向运动。

组织环境的客观性、系统性、动态性等特征说明了组织环境本身就是一个有着复杂结构的运动着的系统。正确分析组织所面临的环境中的各种组成要素及其状况，是任何一个管理者进行成功的管理活动所不可缺少的前提条件。

三、组织与环境的关系

组织环境对组织的生存和发展有着重大的影响。组织环境为某些组织的建立起到积极的促进作用，例如蒸汽机技术的出现导致了现代工厂组织的诞生，这是环境的变化为组织的发展提供了有利条件。相反，由于某些组织未能适应环境的变化，因而已不复存在。在当代和未来，组织的目标、结构及其管理等只有变得更加灵活，才能适应环境多变的要求。

组织与环境的关系，不是组织对环境作出单方面的适应性反应，组织对环境也具有积极的反作用。主要表现为：组织主动地了解环境状况，获得及时、准确的环境信息；通过调整自己的目标，避开对自己不利的环境，选择适合自己发展的环境；通过自己的力量控制环境的状况和变化，使之适应自己的活动和发展，而无须改变自身的目标和结构；可以通过自己的积极活动创造和开拓新的环境，并主动地改造自身，建立组织与环境新的相互作用关系。另外，组织对环境的反作用也有消极的一面，即组织对环境的破坏，这种消极的反作用又会影响组织的正常活动和发展。

课间案例 1

鲶鱼效应

西班牙人爱吃沙丁鱼，但沙丁鱼非常娇贵，极不适应离开大海后的环境。当渔民们把刚捕捞上来的沙丁鱼放入鱼槽运回码头后，用不了多久沙丁鱼就会死去。而死掉的沙丁鱼味道不好，销量也差，倘若抵港时沙丁鱼还存活着，鱼的卖价就要比死鱼高出若干倍。为延长沙丁鱼的活命期，渔民们想方设法让鱼活着到达港口。后来渔民们想出一个法子，将几条沙丁鱼的天敌鲶鱼放在运输容器里。因为鲶鱼是食肉鱼，放进鱼槽后，鲶鱼便会四处游动寻找小鱼吃。为了躲避天敌的吞食，沙丁鱼自然加速游动，从而保持了旺盛的生命力。如此一来，沙丁鱼就能一条条活蹦乱跳地回到渔港。

第二节 组织外部环境

组织外部环境是指组织所处的社会环境，是对组织各项活动具有直接或间接作用的各种条件和因素的总和。外部环境影响着组织的管理系统，组织的外部环境，实际上也是管理的外部环境，一般分为宏观外部环境和微观外部环境。与组织内部环境相比，组织外部环境具有复杂性、交叉性、变动性等特征。

一、宏观外部环境

宏观外部环境也被称为一般环境或社会大环境，主要指可能影响组织的广泛的自然环境、经济环境、政治环境、技术环境和社会文化环境等。与微观外部环境相比，这些领域的变化对组织的环境影响都是相对间接的，但是管理者在执行其管理职能时，必须考虑这些宏观外部环境，也就是对管理者的决策和行动产生直接影响并与实现组织目标直接相关的因素。

（一）自然环境

自然环境是组织存在和发展的各种自然条件的总和，包括组织所处的地理位置、资源禀赋状况等自然因素。这些自然条件主要是组织所在的地理位置以及这一地理位置上的地形、气候、土壤、山林、水源、动植物、陆地和水中的矿藏等自然物，这些自然物相互联系和作用，组成了整体性的结构。

自然环境主要是指地理位置，是制约组织活动，特别是企业经营的一个重要因素，当国家在经济发展的某个时期对某些地区采取倾斜政策时尤为如此。组织运作成本、产品质量、未来生存与发展直接受制于所处资源禀赋状况，当组织所需资源稀缺时，组织如何通过自身努力摆脱这一处境，关乎组织的生存与发展。

组织活动要受自然环境的影响，也对自然环境的变化负责。组织管理者应注意自然环境面临的难题和趋势，如资源短缺加剧、环境污染严重、能源成本上升等，积极投入生态平衡机制重建和环境保护中去，从而为组织自身发展拓展空间。

（二）经济环境

在当代社会，任何组织的管理者都要面临经济环境的挑战，尤其是经济组织更是与经济环境有着密切的关系。经济环境主要包括经济发展水平、速度，国民经济结构，产业结构，国家的经济法令和经济政策，社会经济发展战略和计划，人民的生活消费结构和消费水平，市场的供求状况以及社会基础设施等。

以企业为例，经济环境变化对它的影响更为直接、更为重要，其中最主要的是经济周期波动和政府采取的相应经济政策。在经济高速增长时期，企业往往有更多的发展机会，因而企业可以增加投资，扩大生产或经营规模。而经济停滞或衰退时期则不然。国家实施信贷紧缩的经济政策会导致企业流动资金紧张，周转困难，投资难以实施；而政府采取积极的财政政策，支出的增加则可能给企业创造良好的市场前景，资金周转顺畅。通常，利率、通胀率、汇率、居民可支配收入及证券市场指数等因素的改变意味着经济环境的变化。组织对经济环境要密切关注。一般而言，经济发展良好，企业也会处于有利地位；反之，市场不景气，企业可能就缺乏生机。

（三）技术环境

任何组织都存在于一定的技术环境之中，都与一定的技术存在着联系，一定的技术赋予了一定组织为社会服务或贡献的手段。一个组织所拥有的技术先进与否，直接影响组织的生存与发展。技术环境主要指组织所在国家或地区的技术进步状况，以及相应的技术条件、技术政策和技术发展的动向与潜力等。技术水平、技术条件、技术过程的变化，必然引发管理思想、管理方式与管理方法的更新。

我们生活在一个技术不断变化的时代。当前，一场以电子技术和信息处理技术为中心的新技术革命正在迅猛发展，任何人、任何组织都可以明显感觉到这场技术革命对人们工作、生活和组织活动的影响。为适应这一变化，组织正在建立起大规模、反应敏捷、反馈速度快的管理信息系统，以提升组织自身的竞争能力。

（四）社会文化环境

社会文化环境是由一定的集体或社会中人们的初始态度、要求、期望、智力与教育程度、信念及习惯组成的，主要包括人口的数量、年龄结构、职业结构、民族构成和特性、生活习惯、道德风尚以及国家的历史和历史上形成的文化传统。社会文化环境的安定与否，对组织的发展有极大影响。组织必须通过社会文化环境研究，了解现实的、不断变化的社会文化环境对组织活动的期待，并通过自身努力，寻求与之协调，避免冲突。

随着经济的发展，我国社会文化环境发生了巨大变化。这些变化打破了传统习惯，使人们重新审视自己的追求、生活方式、生活状态与价值取向，人们对生活品位、消费倾向、理财方式与偏好需求等进行了调整，从而使组织面临着越来越大的挑战。在此形势下，组织应当加强对社会文化环境的研究。

（五）政治环境

政治环境是指对组织活动具有现实的或潜在的作用与影响的政治力量、政治制度、政治体制、方针政策，同时也包括对组织活动具有限制调解作用的法律和法规等。国家政局稳定，有利于组织管理部门增强投资信心，制定长期发展目标和计划，反之，则会动摇投资信心，使得管理人员只注重眼前短期利益。另外，国际关系融洽，会促进合资企业与跨国公司的建立，扩大管理活动范围。促进或约束组织行为的法律更对组织起着直接作用。

组织必须通过政治环境研究，了解国家和政府目前禁止组织干什么，允许组织干什么，鼓励组织干什么，从而使组织活动与政治环境保持和谐，受到政府的保护和支持。例如，有关法律对员工的最低待遇、社会保障、劳动保护、解雇等方面给了更多限制，如果组织违反了这些法律规定，将会引发员工维权反应，组织将可能被诉诸法律。

二、微观外部环境

微观外部环境亦称具体环境或任务环境，是指与特定组织直接发生联系的那些环境要素，包括竞争对手、顾客、资源供应者、政府管理部门、工会、新闻传播媒介和其他利益代表团体（如消费者协会、妇联）等。它是由对组织绩效产生积极或消极影响的关键顾客群或要素组成。与宏观外部环境相比，具体环境对特定组织的影响更为明显，也更容易为组织管理者所识别、影响和控制。当然，不同的组织所面临的具体环境不一样，而且会随着组织所提供产品或服务的范围及其所选择的细分市场面的变化而发生改变。

（一）供应商

组织要生存发展，必须依靠一定的人力、物力和财力。但是，组织本身并不一定具备所有条件，因此，组织需要从外界环境中获得这些要素。供应商提供这些要素的数量、质量、价格和时间，直接影响组织的效率、效益、成本，甚至是正常运行。组织管理者需要处理好与供应商的关系，形成强有力的战略联盟，减少供应商这一因素变化带来的不确定性。寻求以尽可能低的成本来保证所需投入的稳定供应，提升组织运作的有效性。

（二）顾客

顾客是组织服务的对象，是吸收组织产出的主体，是组织活动的出发点和归宿，组织的一切活动都应以满足顾客的需要为中心。以企业为例，按照需求和购买目的的不同，其顾客市场可以分为消费者市场、生产者市场、中间商市场、非营利组织市场、政府市场和国际市场等。

对于一个组织来说，顾客代表着不确定性。顾客构成、偏好、需求等方面都会发生变化，从而对组织的各方面活动产生影响，甚至制约着组织的发展。因此，顾客是组织微观外部环境中的重要因素。

（三）竞争对手

所有的组织都不可避免地有一个或多个竞争者，完全垄断的组织是不存在的，也是国家法律不允许的。任何组织的管理者都不能忽视自己的竞争者，他们的行为会对组织管理者的决策产生影响，组织管理者应当在对自己的竞争者进行充分研究的基础上，采取相应行动。

值得注意的是，竞争者不仅包括现实的竞争者，还包括潜在的竞争者，普遍存在的现象是，现实的竞争者通常会引起组织管理者的高度关注，而潜在的竞争者常常被忽视。竞争者的存在对组织的生存发展产生压力，同时也是一种促进，组织正是在竞争压力产生发展的动力下，实现组织的目标。因此，管理人员必须保持清醒的头脑，仔细研究分析该组织的竞争状况及竞争对手实力并及时采取适宜的竞争策略。

（四）有关的社会公众

社会公众是一个内涵广泛的概念，通常是指所有实际或潜在的关注、影响一个组织达到其目标的社会组织、各类媒体、社区居民等。组织与这些公众的关系直接或间接地影响组织行为，组织必须努力和社会公众建立良好的关系。

社会组织是社会公众的重要组成部分，通常是指具有特殊利益的集团，它们时刻关注组织的行为，并通过向组织施加压力来迫使组织管理者改变其决策。比如，绿色环保组织、卫生组织、消费者保护协会、慈善机构等；各类媒体是指报社、杂志社、电视台、广播电台、互联网等大众传播媒介；社区居民是指组织活动涉及范围的居民。组织是否在媒体和居民心中留有良好印象，会直接影响组织的盈利能力和社会形象，对组织的长期发展产生影响。

因此，组织的管理者也必须理顺同这些部门组织之间的关系，在它们的监督约束下进行管理活动，如图3-1所示。

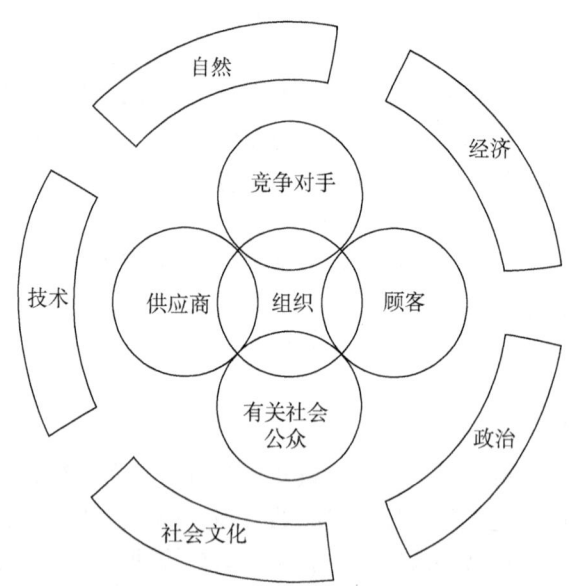

图 3-1 组织的外部环境

外部环境是存在于组织界限以外的一切与本组织发生相互作用的因素，从总体上来说是不易控制的，因此它的影响是相当大的，有时甚至能影响到整个组织结构的变动。对外部环境作分析，目的是要寻找出在这个环境中可以把握住哪些机会，必须要回避哪些风险，抓住机遇，健康发展。组织作为一个开放的系统，必然时刻与环境进行物质、能量、信息的交换。在多数情况下，外部环境是特定组织的管理者无法影响和控制的，因此，适应和利用是更常用的应对策略。

三、外部环境对组织的作用

（一）外部环境对组织的决定性作用

外部环境对组织的决定性作用首先表现为外部环境是组织存在的前提，没有以社会化大生产为技术前提的商品经济运行，就无组织而言。从组织的工作环境来看，没有消费需求及各种生产要素的市场供给，组织就不可能生存；从一般环境的角度来看，组织与其具体工作环境关系的确立与运行，毕竟是以一定物质生产关系为基础、为核心，各方面社会关系有机结合、交互作用的结果。我们知道，具体的要素环境直接地决定组织的生存与发展，而任何具体要素环境又总是一般外部环境的组成部分。因此，外部环境对组织具有决定性作用。

（二）外部环境对组织的制约作用

外部环境对组织的制约作用主要是指外部环境作为外在条件对组织生存发展的限制与约束。这里仅以法律环境为例说明外部环境对组织的制约。在市场经济条件下，国家调整组织内部、组织与组织之间、组织与消费者及社会各界、组织与政府之间，以及涉外经济活动的利益关系和商务纠纷，主要是通过法律手段和经济手段。这样，组织的生产经营活动就必然面临大量的国内和国际法律环境。国内与组织经营管理直接关联的基本框架，大体上包括关于组织营销与竞争行为的法律，组织社会责任的法律，组织内部关系的法律等。此外，还有涉外经济活动的法律规范、国际惯例等。可以这么说，组织生活在庞大而复杂的法律环境之中。这些法律规范体系以一定的标准衡量组织进入市场运行的资格；衡量组织在市场中动作的合法性，制止和惩罚"犯规动作"。由此可见，法律规范对规范和控制组织行为具有重要制约作用。

（三）外部环境对组织的影响作用

外部环境对组织的影响作用主要是指某一事物行为对其他事物或周围的人或社会行为的波及作用。如习俗观念，甚至伦理道德对组织经营也有重要影响。不同的民族文化或同一文化区域人们的不同观念，都对组织经营产生重要影响。

四、管理者如何适应组织外部环境

（一）了解与认识外部环境

管理者要能动地适应环境，首先要了解、认识外部环境，这是环境管理的基础。管理者要把对环境的了解与掌握纳入重要管理事项，要通过各种渠道搜集有关环境的信息，掌握关于环境的各种因素与变量，把握环境发展变化的趋势与规律。对各种环境变量做到心中有数，始终保持对环境的动态监视与整体把握。

（二）分析与评估外部环境

在掌握组织外部环境大量信息，对组织外部环境充分了解的基础上，要对各种环境因素进行深入的分析与评估。要划分与确定环境因素的类型，确定环境对组织与管理影响的领域、性质及程度的大小。例如，根据一些因素与组织之间的联系，将环境区分为一般环境和任务环境；还可以根据环境的变化程度，将组织所面临的环境分为稳定环境和动态环境两类。在对环境科学评估、正确分类的基础上，要研究与选择对待不同外部环境的办法，动态地适应外部环境。

课间案例 2

海尔集团的成功

1984 年,海尔的前身青岛电冰箱总厂亏损 147 万元。现在,海尔是全球大型家电知名品牌,2012 年集团全球营业额 1 631 亿元,在全球 17 个国家和地区拥有 7 万多名员工,海尔的用户遍布世界 100 多个国家和地区。海尔的成功之路堪称中国企业发展史上罕见的成功案例之一。回顾海尔的发展历史,不难发现,海尔的每一次战略转变和产品、组织结构调整都是在深入了解企业所处的环境基础上进行的适应环境的调整。

1. 名牌战略阶段(1984—1991 年):我国全民所有制企业改革启动阶段,海尔的名牌之路始于质量管理,其采取日清管理法,就是对每人、每天做的事进行控制和清理,使整个质量保证优质。在保证产品质量的同时,时刻关注员工素质及消费者偏好。在此期间,始终只做冰箱一种产品。

2. 多元化战略阶段(1992—1998 年):1992 年,在邓小平南方谈话精神鼓舞下,市场形势一片大好,海尔转向多样化发展战略。以吃休克鱼、海尔管理模式、低成本扩张方式,迅速构建起国际化大公司的规模。为适合多元化企业战略要求,海尔在武汉、重庆等地建立工业园,建立以产品为基础的事业部制管理结构。总部负责集中筹划集团发展目标,各分部负责相应区域产品的生产、销售,实行独立经营、独立核算。总部与分部间权责明确,体现权力的下放,组织结构不断趋向于扁平化。

3. 国际化战略阶段(1998—2005 年):2001 年 11 月 10 日,我国终于成为世贸组织新成员,标志着我国的对外开放进入了一个崭新的历史阶段。作为中国企业国际化先行者,海尔"国际化即本土化"的做法是当地设计、当地制造、当地销售,以及当地融资、当地融智。这一阶段的企业组织结构形式是事业分部数量的增加,企业组织结构更加趋向于扁平化、网络化、多样化。

4. 全球化品牌战略阶段(2006—):为了适应全球经济一体化的形势,运作全球范围的品牌,从 2006 年开始,海尔集团继名牌战略、多元化战略、国际化战略阶段之后,进入第四个发展战略创新阶段——全球化品牌战略阶段。品牌不光是质量保证,同时需满足消费者差异化需求及个性化服务需求。为此海尔选择以市场链为基础、面向顾客需求的生产流程再造,并确立相应报酬激励制度,以提高企业活力。在"零库存"以及"差异化生产服务"思想指导下,体现企业组织结构的柔性化、多样化、网络化,提升产品的竞争力和企业运营的竞争力。

第三节　组织内部环境

组织内部环境是指管理的具体工作环境，主要包括组织资源、组织文化和组织结构。组织的内部环境对组织的正常运行发展有着至关重要的作用，管理者应重视组织内部环境的建设与维护。

一、组织资源

（一）组织资源的含义

组织资源是组织拥有的，或者可以直接控制和运用的各种要素，这些要素既是组织运行和发展所必需的，又是通过管理活动的配置整合，能够起到增值的作用，为组织及其成员带来利益的。组织资源的特征是有限性、客观性、可控性。

（二）组织资源的分类

按照组织资源的内容，我们可以把组织的重要资源分为人力资源、关系资源、信息资源、金融资源、形象资源和物质资源六大类。

1. 人力资源

在组织的各项资源中，人力资源处于核心地位，发挥着统领各项资源的主导作用。这是因为组织的一切活动，首先是人的活动，由人的活动才引发、控制、带动了其他资源的活动。人力资源是一切组织活动的实践者，是组织资源增值的决定性因素，是唯一起创造作用的因素。管理者要在人与人之间的互动关系中，通过科学的领导和有效的激励，最大限度地调动人的积极性，以保证目标的实现。

2. 金融资源

金融资源是指组织拥有的资本和资金。金融资源最直接地显示了组织的实力，其最大的特点在于它能够方便地转化为其他资源，也就是说它可以被用来购买物质资源和人力资源等。要保证职能活动正常进行，经济、高效地实现组织目标，就必须对金融资源进行科学的管理。

3. 关系资源

关系资源是组织与其各类公众良好的关系而获得的可以利用的存在于组织外部的资源。组织的关系资源也决定了组织的舆论状态和形象状态，它们构成了组织最重要的无形资源。

4. 信息资源

在如今信息社会，信息已成为极为重要的管理对象。现代管理者，特别是高层管理者，已越来越多地不再直接接触事物本身，而是同事物的信息打交道。信息既是组织运行、实施管理的必要手段，又是一种能带来效益的资源。管理者必须高度重视，并科学地管理好信息。从信息的流向来看，信息资源可以分为"外部内向"和"内部外向"两种信息资源。"外部内向"信息资源是指组织所了解、掌握的，对组织有用的各种外部环境信息；"内部外向"信息资源是指组织的历史、传统、社会贡献、核心竞争能力、信用等信息。

5. 形象资源

组织形象是社会公众对组织的总体看法和总体评价。组织形象有其内涵和外显两大方面，良好的组织形象应该是内外统一的。

6. 物质资源

物质资源包括组织拥有或者拥有使用权的土地、建筑物、设施、机器、原材料、产成品、办公用品等。一般来讲，物质资源是可以直接用货币单位来计量的。物质资源是社会组织开展职能活动、实现目标的物质条件与保证。通过科学的管理，充分发挥物质资源的作用，也是管理者的一项经常性工作。

二、组织文化

（一）组织文化的含义

从广义上说，组织文化是指组织在社会实践过程中所创造的物质财富和精神财富的总和。从狭义上说，组织文化是指组织在长期的实践活动中所形成的并且被组织成员普遍认可和遵循的具有本组织特色的价值观念、团体意识、工作作风、行为规范和思维方式的总和。它主要体现为组织在活动中所创造的精神财富。

组织文化的基本要素包括组织精神、组织价值观和组织形象。组织精神是指组织基于自身特定的性质、任务、宗旨、时代要求和发展方向，并经过精心培养而形成的组织成员群体的精神风貌。组织精神是组织文化的核心，在整个组织文化中起着支配的地位。组织价值观是指组织员工对组织存在的意义、经营目的、经营宗旨的价值评价和为之追求的整体化的群体意识，是组织全体员工共同的价值准则。组织价值观决定着员工行为的取向，关系组织的生死存亡。组织形象是组织通过外部特征和内部实力表现出来的被公众所认同的组织总体印象。由外部特征表现出来的组织的形象是表层形象，如招牌、门面、徽标、广告、商标、服饰、营业环境等,这些都给人以直观的感觉,容易形成印象;通过内部实力表现出来的形象是深层形象,是组织内部要素的集中体现,如人员素质、管理水平、资本实力、产品质量等。

组织通过塑造组织文化来影响成员的工作态度,引导实现组织目标,因此,根据内外部环境的变化适时变革组织文化常被视为组织成功的基础。

(二)组织文化的结构

组织文化作为一个整体系统,其结构是由物质文化层、制度文化层和精神文化层三个层次构成,以精神文化层为核心,如图 3-2 所示。

物质文化层包括组织开展活动所需的基本物质基础,如企业产生经营的物质技术条件,如厂容、厂貌、机器设备,产品的外观、质量、服务,

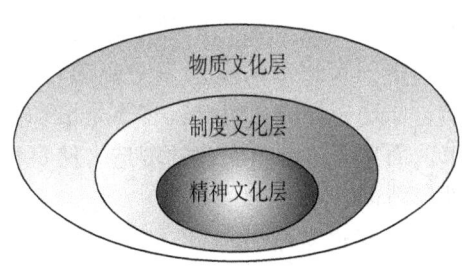

图 3-2　组织文化的层次

以及厂徽、厂服等;制度文化层包括具有本组织文化特色的、为保证组织活动正常进行的组织领导体制、各种规章制度、道德规范和员工行为准则的总和,如组织中的组织纪律、各种工作制度和责任制度,以及人际交往的方式等;精神文化层是指组织在长期活动中逐步形成的,并为全体员工所认同的共有意识和观念,包括组织的价值观念,组织精神,组织道德。三个层次之间的关系是:精神文化层决定了制度文化层和物质文化层,制度文化层是精神文化层与物质文化层的中介,物质文化层和制度文化层是精神文化层的体现。三者密不可分,相互影响,相互作用,共同构成组织文化的完整体系。

(三)组织文化的功能

1. 导向功能

组织文化的导向功能,是指组织文化能对组织整体和组织每个成员的价值取向及行为取向起引导作用,使之符合组织所确定的目标。组织文化只是一种软性的理智约束,通过组织的共同价值观不断地向个人价值观渗透和内化,使组织自动生成一套自我调控机制,以一种适应性文化引导着组织的行为和活动。

2. 约束功能

组织文化的约束功能,是指组织文化对每个组织员工的思想、心理和行为具有约束和规范的作用。组织文化的约束不是制度式的硬约束,而是一种软约束,这种软约束等于组织中弥漫的组织文化氛围、群体行为准则和道德规范。

3. 凝聚功能

组织文化的凝聚功能，是指当一种价值观被该组织员工共同认可之后，它就会成为一种黏合剂，从各个方面把组织成员团结起来，从而产生一种巨大的向心力和凝聚力。而这正是组织获得成功的主要原因，"人心齐，泰山移"，有凝聚力的员工有共同的目标和愿景，将推动组织不断前进和发展。

4. 激励功能

组织文化的激励功能，是指组织文化具有使组织成员从内心产生一种高昂情绪和发奋进取精神的效应，它能够最大限度地激发员工的积极性和首创精神。组织文化强调以人为中心的管理方法。它对人的激励不是一种外在的推动，而是一种内在引导，它不是被动消极地满足人们对实现自身价值的心理需求，而是通过组织文化的塑造，使每位组织员工从内心深处产生为组织拼搏的献身精神。

5. 调适功能

组织文化的调适功能，是指组织文化可以帮助新进成员尽快适应组织，使其价值观和组织相匹配。在组织变革的时候，组织文化也可以帮助组织成员尽快适应变革后的局面，减少因为变革带来的压力和不适应。

6. 辐射功能

组织文化的辐射功能，是指组织文化一旦形成较为固定的模式，它不仅会在组织内发挥作用，对本组织员工产生影响，而且也会通过各种渠道对社会产生影响。组织文化向社会辐射的渠道是很多的，但主要可分为利用各种宣传手段和个人交往两大类。一方面，组织文化的传播对树立组织在公众中的形象有帮助；另一方面，组织文化对社会文化的发展有很大的影响。

（四）组织文化的建设

组织文化的建设是一个长期的过程，同时也是组织发展过程中一项艰巨、细致的系统工程。从路径上讲，组织文化建设需要经过以下几个过程：

1. 选择合适的组织价值观标准

组织价值观是整个组织文化的核心，选择正确的组织价值观是塑造良好组织文化的首要战略问题。选择组织价值观首先要立足于本组织的具体特点，根据组织的目的、环境要求和组成方式等特点选择适合自身发展的组织文化模式；其次要使组织价值观与组织文化各要素之间相互协调，因为各要素只有经过科学的组合与匹配才能实现系统整体优化。

2. 强化员工的认同感

在选择并确立了组织价值观和组织文化模式之后，就应把基本认可的方案通过一定的强化灌输方法使其深入人心。具体做法可以是：第一，利用一切宣传媒体，宣传组织文化的内容和精要，使之深入人心，以创造浓厚的环境氛围；第二，培养和树立典型。榜样和英雄人物是组织精神和组织文化的人格化身与形象缩影，能够以其特有的感召力和影响力为组织成员提供可以仿效的具体榜样；第三，加强相关培训教育。有目的的培训与教育能够使组织成员系统地接受组织的价值观并强化员工对组织的认同感。

3. 提炼组织核心价值观

组织的核心价值观的形成不是一蹴而就的，必须经过分析、归纳和提炼方能定格。第一，精心分析。在经过普遍性的初步认同实践之后，应当将反馈回来的意见加以剖析和评价，详细分析和比较实践结果与规划方案的差距，必要时可吸收有关专家和员工的合理意见。第二，全面归纳。在系统分析的基础上，进行综合化的整理、归纳、总结和反思，去除那些落后或不合时宜的内容与形式，保留积极进步的内容与形式；第三，精练定格。把经过科学论证和实践检验的精神、组织价值观、组织伦理与行为予以条理化、完善化、格式化，再经过必要的理论加工和文字处理，用精练的语言表述出来。

4. 巩固落实组织文化

第一，建立必要的制度保障；第二，领导者在塑造组织文化的过程中应起到率先垂范的作用，他们必须及时更新观念并能带领组织成员为建设优秀组织文化而共同努力；第三，要强化人力资源管理，使之与组织文化建设相适应。

5. 不断丰富和完善组织文化

任何一种组织文化都是特定历史的产物，当组织的内外部条件发生变化时，组织必须不失时机地丰富、完善和发展组织文化。这既是一个不断淘汰旧文化和不断生成新文化的过程，也是一个认识与实践不断深化的过程。组织文化由此经过不断的循环往复达到更高的层次。

课间案例 3

海尔公司的企业文化

海尔集团创始人张瑞敏说，海尔是一本书，是一部创业、改革的发展史，是一部管理的百科全书，是一部企业文化专著。海尔成功的妙诀是企业文化的建造和更新，用张瑞敏的话说，就是"有生于无，无形财富可以变成有形财富"。海尔文化有七个层次：

1. 表层海尔文化：海尔标志、海尔中心大楼、海尔广告、海尔样品展室、海尔园区绿化、可爱的海尔兄弟商标等。

2. 浅层次海尔文化：海尔员工礼貌、素养、标准蓝色着装、迅速反应、马上行动的作风等。

3. 中层海尔文化：① 产品：注重环保、用户至上的海尔产品，如"大地瓜""小小神童"等系列洗衣机、"宽带电压"、瘦长的"小王子"电冰箱等所体现的"乡情"及其文化、科技内涵；② 服务：海尔的客户需求调查、海尔生产线现场参观、工业旅游专线的设计、售后服务"用户永远都是对的"理念的建立和实施、无搬动服务及24小时安装到位的服务项目；等等。

4. 深层海尔文化：OEC 管理模式，"市场链"管理模式，定额淘汰、竞争上岗的组织平台，创自主管理班组做法等。

5. 里层海尔文化：管理理念，包括"有缺陷的产品就是废品"的质量理念，适应中国国情的"吃休克鱼，用文化激活休克鱼"的企业兼并理念，"东方亮了，再亮西方"的市场扩张理念，"首先卖信誉，其次卖产品"的营销理念，"人人是人才，赛马不相马"的人才观，"用户永远是对的"和把"用户的烦恼降到零"的售后服务理念，"先难后易，先创名牌，后创汇"的国际市场战略，"用户的难题就是我们开发的课题"和"要干就干最好"的科研开发理念，海尔的企业斜坡球体定律，等等，可谓丰富多采，全面系统，配套协调。

6. 内层海尔文化：海尔愿景，进入世界500强。

7. 海尔文化内核：也就是海尔的哲学和价值观，那就是"敬业报国，追求卓越""真诚到永远"。

三、组织结构

（一）组织结构的含义

组织结构，是指为了实现组织目标，在组织理论指导下，经过组织设计形成的组织内部各个部门、各个层次之间固定的排列方式，即组织内部的构成方式。组织结构是组织在职、责、权方面的动态结构体系，其本质是为实现组织战略目标而采取的一种分工协作体系，组织结构必须随着组织的重大战略调整而调整。

组织结构的本质是为了实现组织战略目标而进行的分工与协作的安排。组织结构的设计要受到内外部环境、发展战略、生命周期、技术特征、组织规模、人员素质等因素的影响，并且在不同的环境、不同的时期、不同的使命下有不同的组织结构模式。因此只要能实现组织的战略目标，增加组织对外竞争力，提高组织运营效率，就是合适的组织结构。

（二）组织结构系统

在管理学意义上，组织结构实质上是一种职权—职责关系结构。一个现代化的、健全的组织机构一般包括如下几个子系统：

1. 决策子系统

组织的领导体系和各级决策机构及其决策者组成决策子系统。各级决策机构和决策者是组织决策的核心。

2. 指挥子系统

指挥子系统是组织活动的指令中心，在各职能单位或部门，其负责人或行政首脑与其成员组成垂直形态的系统。行政首脑的主要任务是实施决策机构的决定，负责指挥组织的各项活动，保证各项活动顺利而有效地进行。指挥子系统的设计应从组织的实际出发，合理确定管理层次，并根据授权原则，把指挥权逐级下授，建立多层次、有权威的指挥系统，来行使对组织各项活动的统一指挥。

3. 参谋—职能子系统

参谋—职能子系统是参谋或职能部门组成的水平形态的系统。各参谋或职能部门是行政首脑的参谋和助手，分别负责某一方面的业务活动。设计参谋—职能子系统，要根据实际需要，按照专业分工原则，设置必要的参谋或职能机构，并规定其职责范围和工作要求，以保证有效地开展各方面的管理工作。

4. 执行子系统、监督子系统和反馈子系统

决策中心决定组织的大政方针，指挥中心是实施计划的起点，而执行子系统、监督子系统和反馈子系统是使计划得以正确无误地推行的机构。指挥中心发出指令，这个指令一方面通向执行机构，同时又发向监督机构，让其监督执行的情况。反馈机构通过对信息系统的处理，比较效果与指令的差距后，返回指挥中心。这样，指挥中心便可以根据情况发出新的指令。执行机构必须确切无误地贯彻执行指挥中心的指令。为了保证这一点，就应有监督机构监督执行情况，而反馈子系统是反映执行的效果。执行子系统、监督子系统和反馈子系统必须互相独立，不能合而为一。

（三）组织结构模式的影响因素

1. 组织环境

组织面临的环境特点，对组织结构中职权的划分和组织结构的稳定有较大

的影响。如果组织面临的环境复杂多变，有较大的不确定性，就要求在划分权力时给中下层管理人员较多的经营决策权和随机处理权，以增强组织对环境变动的适应能力；如果组织面临的环境是稳定的、可把握的，对生产经营的影响不太显著，则可以把管理权较多地集中在组织领导手里，设计比较稳定的组织结构，实行程序化、规模化管理。

2. 组织规模

一般而言，组织规模小，管理工作量小，为管理服务的组织结构也相应简单；组织规模大，管理工作量大，需要设置的管理机构多，各机构间的关系也相对复杂。可以说，组织结构的规模和复杂性是随着组织规模的扩大而相应增加的。

3. 组织战略目标

组织战略目标与组织结构之间是作用与反作用的关系，有什么样的组织战略目标就有什么样的组织结构，同时组织的组织结构又在很大程度上对组织的战略目标和政策产生很大的影响。组织在进行组织结构设计和调整时，只有对本组织的战略目标及其特点进行深入的了解和分析，才能正确选择组织结构的类型和特征。

4. 信息沟通

信息沟通贯穿于管理活动的全过程，组织结构功能的大小，在很大程度上取决于它能否获得信息、能否获得足够的信息以及能否及时地利用信息。

总之，组织结构设计必须认真研究上述四个方面的影响因素，并与之保持相互衔接和相互协调，究竟应主要考虑哪个因素，应根据组织具体情况而定。一个较大的组织，其整体性的结构模式和局部性的结构模式可以是不同的。

四、管理者如何建设组织内部环境

（一）管理者应掌握准确的内部环境信息

信息是决策的依据。管理者应注重组织内部环境信息的收集，以便及时掌握员工、团队及整个组织的发展过程及发展趋势，在正确信息的指引下，了解内部环境的状态及走向以便及时制定或调整管理决策。

（二）管理者应为组织设立合适的目标

管理者应把握全局，为组织设立合适的工作任务与目标，明确组织行为准则及价值观，开阔视野，确立组织长期发展的方向，使组织行为有所引导。

（三）管理者应进行合适的组织机构设计

组织结构的优劣对于组织效率的提高有很大的影响，管理者应搭建合理的组织架构并根据实际情况随时予以调整；管理者应创造和谐、平等、鼓励创新的组织氛围，营造大家庭的气氛，激励每一位员工真正融入组织中，实现个人与组织的双重价值。

（四）管理者应正确处理组织人际关系

管理的核心是处理各种人际关系。管理者应着力构建有本组织特色的组织文化，以文化促进步、促发展，努力提高自身业务水平与领导修养，注重领导艺术，关心组织成员的需求，建立和谐的人际关系。

组织内部环境的作用可能会给组织造成风险，也可能会形成挑战，也可能会提供机会，更会造成改变。管理者必须处于一种警醒的状态，感知组织内部环境各个因素的改变或改变的趋势，迅速作出反应，对组织进行调节。对变化的敏感可以帮助管理者准确进行预测和进行干预，有效的预见使控制力度加强，使控制的方向有了指引，管理将更为科学，结果也将更加切合组织目标。管理者对组织内部环境的变化在一些情况下要让自身去适应、去接受，但在另一些情况下，管理者可以着手改变组织内部环境的一些状况，动用强大的管理手段，辅以内部宣传教育等措施，对内部进行感化及规整，使所有变化均在管理者掌握范围内，不至于偏离组织最本质的原则。

阅读小故事

美洲鹰的故事

美洲鹰生活在加利福尼亚半岛上，由于美洲鹰的价钱不菲，当地人大量捕杀，以及工业文明对生态环境的破坏下，美洲鹰最终绝迹了。

可是，近年来，一名美国科学家、美洲鹰的研究者阿·史蒂文，竟在南美安第斯山脉的一个岩洞里发现了美洲鹰。这一惊人的发现让全世界的生物科学家对美洲鹰的未来又有了新的希望。一只成年的美洲鹰的两翼自然展开后长达3米，体重达20千克。这是因为加利福尼亚半岛上的食物充足，美洲鹰才长成了这样一种巨鸟，它锋利的爪子可以抓住一只小海豹飞上天空。令人奇怪的是，就是这样一种驰骋在海洋上空的庞然大物，竟然能生活在南美安第斯山脉的狭小而拥挤的岩洞里。

阿·史蒂文在对岩洞进行考察时发现，那里布满了奇形怪状的岩石，岩石与岩石之间的空隙仅0.5英尺（1英尺≈0.305米，以下不再标注）宽，有的甚至更窄。有些岩石像刀片一样锋利，别说是这样的庞然大物，就是一般的鸟类也难以穿越。那么，美洲鹰究竟是怎样穿越这些小洞的呢？为了揭开谜底，阿·史蒂文利用现代科技手段在岩洞中捕捉了一只美洲鹰。阿·史蒂文用许多树枝将鹰围在中间，然后用铁蒺藜做成一个直径0.5英尺的小洞让它飞出来。美洲鹰的速度惊人无比，阿·史蒂文只能从录像的慢镜头中仔细观看，结果发现它在钻出小洞时，双翅紧紧地贴在肚皮上，双脚直直地伸到尾部，与同样伸直的头部成一直线，看上去就像一截细小而柔软的面条。它是用以柔克刚的方式轻松地穿越了铁蒺藜洞的。

显然，在长期的岩洞生活中，它们练就了能够缩小自己身体的本领。在研究中，阿·史蒂文还进一步发现，每只美洲鹰的身上都结满了大小不等的痂，那些痂也跟岩石一般硬。可见，美洲鹰在学习穿越岩洞时也受过很多伤，在一次又一次的疼痛中，它们终于锻炼出了这套特殊本领。为了生存，美洲鹰只能将身体缩小来适应狭窄而恶劣的环境，不然就很难生存！

本章习题

一、单项选择题

1. 所有潜在影响组织运行和组织绩效的因素或力量可称为 （　　）
  A. 组织目标　　B. 组织结构　　C. 组织沟通　　D. 组织环境

2. 以组织界限来划分，组织环境一般分为 （　　）
  A. 外部环境及内部环境　　　　B. 政治环境及经济环境
  C. 整体环境及局部环境　　　　D. 有利环境及不利环境

3. 管理者面临的微观外部环境中最重要的是 （　　）
  A. 供应商　　B. 顾客　　C. 竞争对手　　D. 有关社会公众

4. 近年来，随着人们生活观念的不断变化，娱乐消费市场不断扩大，根据企业外部环境因素的分析，这一因素属于 （　　）
  A. 政治因素　　B. 经济因素　　C. 社会因素　　D. 技术因素

5. 组织中最重要的资源是 （　　）
  A. 金融资源　　B. 人力资源　　C. 关系资源　　D. 物质资源

6. 组织文化的核心是 （　　）
  A. 物质文化　　B. 制度文化　　C. 精神文化　　D. 社会文化

7. 组织文化可以帮助新进成员尽快适应组织，使自己的价值观和组织相匹配体现的是组织文化的 （　　）
  A. 约束功能　　B. 激励功能　　C. 调适功能　　D. 辐射功能

8. 组织文化一旦形成较为固定的模式，它不仅会在组织内发挥作用，对本组织员工产生影响，而且也会通过各种渠道对社会产生影响是组织文化的
 （　　）
  A. 约束功能　　B. 激励功能　　C. 调适功能　　D. 辐射功能

9. 组织文化能对组织整体和组织每个成员的价值取向及行为取向起引导作用，使之符合组织所确定的目标是组织文化的 （　　）
  A. 导向功能　　B. 激励功能　　C. 调适功能　　D. 辐射功能

10. 组织决策的核心是 （　　）
  A. 指挥子系统　　B. 决策子系统　　C. 参谋子系统　　D. 执行子系统

二、多项选择题

1. 组织环境的特点有　　　　　　　　　　　　　　（　　　）
　　A. 客观性　　　B. 系统性　　　C. 稳定性
　　D. 动态性　　　E. 层次性

2. 组织外部环境具有的特征有　　　　　　　　　　（　　　）
　　A. 复杂性　　　B. 交叉性　　　C. 适应性
　　D. 变动性　　　E. 层次性

3. 管理者面临的宏观外部环境主要包括　　　　　　（　　　）
　　A. 经济环境　　B. 技术环境　　C. 社会文化环境
　　D. 政治环境　　E. 自然环境

4. 管理者面临的微观外部环境主要包括　　　　　　（　　　）
　　A. 供应商　　　B. 顾客　　　　C. 竞争对手
　　D. 有关社会公众　E. 技术环境

5. 管理者面临的内部环境主要包括　　　　　　　　（　　　）
　　A. 组织资源　　B. 组织文化　　C. 组织结构
　　D. 组织规模　　E. 组织士气

6. 组织文化的内容包括　　　　　　　　　　　　　（　　　）
　　A. 经营哲学　　B. 价值观念　　C. 企业精神
　　D. 企业道德　　E. 企业形象

7. 一个健全的组织机构包括的子系统有　　　　　　（　　　）
　　A. 指挥子系统　B. 决策子系统　C. 参谋子系统
　　D. 执行子系统　E. 沟通子系统

8. 组织结构模式的影响因素包括　　　　　　　　　（　　　）
　　A. 组织环境　　B. 组织规模　　C. 组织战略目标
　　D. 信息沟通　　E. 组织技术

三、判断正误题

（　　）**1.** 组织作为一个与外界环境保持密切联系的开放系统，需要与外界环境不断地进行各种资源、信息和能量的交换，其运行和发展不可避免地受到种种环境力量的影响。

（　　）**2.** 组织是在不断与外界交流信息的过程中得到发展和壮大的。

(   ) 3. 组织环境的动态性是指组织环境的各种因素是不断变化的，各种组织环境因素又在不断地重新组合，不断形成新的组织环境。

(   ) 4. 管理者必须在适应环境和改造环境的实践中使自己成熟起来，其中，适应环境和改造环境都是指的组织外部环境。

(   ) 5. 在多数情况下，外部环境是特定组织的管理者无法影响和控制的，因此，适应和利用是更常用的应对策略。

(   ) 6. 组织的发展主要取决于组织管理者对组织的管理，与组织外部环境没有多大关系。

(   ) 7. 外部环境对组织的决定性作用首先表现为外部环境是组织存在的前提，没有以社会化大生产为技术前提的商品经济运行，就无组织而言。

(   ) 8. 组织的人力资源决定了组织的舆论状态和形象状态，它们构成组织最重要的无形资源。

(   ) 9. 组织文化中精神文化层决定了制度文化层和物质文化层，物质文化层和制度文化层是精神文化层的体现。

(   ) 10. 组织文化具有激励功能，却没有约束功能。

(   ) 11. 组织文化的辐射功能，是指组织文化一旦形成较为固定的模式，它不仅会在组织内发挥作用，对本组织员工产生影响，而且也会通过各种渠道对社会产生影响。

(   ) 12. 如果组织面临的环境是稳定的、可把握的，就要求在划分权力时给中下层管理人员较多的经营决策权和随机处理权，以增强组织对环境变动的适应能力。

四、名词解释题

1. 组织环境
2. 组织文化
3. 组织结构
4. 企业精神
5. 企业形象
6. 导向功能
7. 辐射功能
8. 调适功能

五、简答题

1. 简述组织环境的特点。
2. 简述组织外部环境的内容。
3. 简述组织内部环境的内容。
4. 简述外部环境对组织的作用。
5. 简述影响组织结构模式的因素。
6. 简述管理者如何建设组织内部环境。
7. 简述组织文化塑造的途径。

第四章 计　划

学习目标　计划在管理职能中有着独特的地位和作用。本章从计划的概念入手，阐述了计划的特点和作用，分析了计划的分类、编制方法与编制程序等相关内容。通过学习，应理解计划职能的内容，掌握计划的编制程序与方法。

本章关键词　计划　战略计划　战术计划　限定因素原理　许诺原理　改变航道原理　灵活性原理　滚动计划法　甘特图

管理学家哈罗德·孔茨认为，计划工作是一座桥梁，它把我们所处的此岸和我们要去的对岸连接起来，以克服这一天堑。对任何一个组织来说，只有精心谋略，长期计划，事前拟订好组织发展的计划，梳理清楚组织发展的思路，才有可能使得组织在竞争中取得胜利，实现长期可持续发展。

第一节　计划概述

一、计划的概念

《礼记·中庸》中说："凡事预则立，不预则废。"意思是说，要想成就任何一件事，必须要有明确的目标，认真地准备和周密地安排。没有准备的盲目行动，极易一事无成，这里强调了做事之前先制订一个切实可行的计划的重要性。

在现代社会复杂的经济条件下，计划是必不可少的。组织在复杂的生产经营过程中，政治环境、法律环境、市场环境等各种因素瞬息万变，竞争也日益加剧。因此，计划显得尤为重要，而计划的制订与执行的好坏，往往能够决定一个项目的成功与失败，乃至决定整个组织的兴衰存亡。

计划是指根据组织内外部的实际情况，权衡客观需要的主观可能，通过科学预测，提出在未来一定时期内组织所要达到的目标以及实现目标的办法。它包括对组织所拥有的和可能拥有的人力、物力、财力所进行的设计和谋划，为组织找到合适的实现组织目标的途径。计划是组织实现目标的手段，只要目标设置合理，而且对实现这些目标的工作进行了科学计划并得到切实执行，那么就能实现预期的结果，取得最佳的经济效益和社会效益。

二、计划的内容

计划是全部管理职能中最基本的一项职能，因为计划既包括选定组织和部门的目标，又包括确定实现这些目标的途径。管理者围绕着计划规定的目标，去从事组织工作、人员配备、激励与沟通以及控制工作等活动，以达到预定的目标，取得最佳的经济效益和社会效益。

组织的目标最终通过计划工作的内容得以实现。通常而言，计划所涉及的主要内容可以通俗地概括为以下 7 个方面，即做什么？（What）、为什么做？（Why）、何时做？（When）、何地做？（Where）、谁去做？（Who）、怎么做？（How）和成本多少？（How much），简称为"5W2H"。

1. 做什么？（What）就是要明确计划工作的具体任务和要求，明确每一个时期的中心任务和工作重点。例如，企业生产计划的任务主要是确定生产哪些产品、生产多少，合理安排产品投入和产出的数量和进度，在保证按期、按质和按量完成订货合同的前提下，使得生产能力得到尽可能充分的利用。

2. 为什么做？（Why）是指要明确计划工作的宗旨、目标和战略，并论证其可行性。实践表明，计划工作人员对组织的宗旨、目标和战略了解得越清楚，认识得越深刻，就越有助于他们在计划工作中发挥主动性和创造性。

3. 谁去做？（Who）是指计划不仅要明确规定目标、任务、地点和进度，还应规定由哪个主管部门负责。例如，在市场调研、新产品开发、产品试生产和正式投产等环节，应在计划中明确任务承担者和负责人，规定每个阶段由哪个部门负主要责任，哪些部门协助，各阶段交接时，由哪些部门的哪些人员参加鉴定和审核等。

4. 何地做？（Where）是指规定计划的实施地点或场所，了解计划实施的环境条件限制，以便合理安排计划实施的空间组织和布局。

5. 何时做？（When）是指规定计划中各项工作的开始和完成的时间进度，以便进行有效的控制和对资源进行平衡。

6. 怎样做？（How）是指制定实现计划的措施以及相应的政策和规则，对资源进行合理分配和集中使用，对生产能力进行平衡，对各种派生计划进行综合平衡等。

7. 成本多少？（How much）是指该项计划预计成本的高低，这一指标关系到组织实施计划过程中成本和效益间的平衡以及组织的最终经营结果。

实际上，一个完整的计划还应包括控制标准和考核指标的制定，即告诉实施计划的部门或人员，做到什么程度、达到什么标准才算是完成了计划。

三、计划的特点

计划的特点可以概括为六个主要方面，即目的性、首位性、普遍性、效率性、创新性和动态性。

（一）目的性

计划的目的性是指任何组织都是通过其成员有意识的合作来完成组织的目标而得以生存的。计划旨在有效地达到组织的某种目标，每一个计划及其派生计划都是旨在促使组织总目标和派生目标的实现。计划的性质决定了计划必须设定一个目标，必须在管理工作中居于领先地位。

（二）首位性

计划相对于其他管理职能处于首位，这不仅因为从管理过程的角度来看，计划工作先于其他管理职能，同时因为在某些场合，计划工作是付诸实施的唯一管理职能。计划工作的结果可能得出一个决策，即无须进行随后的组织工作、领导工作及控制等。例如一个建立新工厂的计划研究结论是不可行的，也就无所谓筹建、组织、领导和控制了。当然，计划工作具有首位性的原因，还在于计划工作影响和贯穿于组织、激励、沟通和控制等工作中。

（三）普遍性

由于组织各种资源的稀缺，为保证有效利用资源，投入产出最优，通常组织的任何活动都需要事先计划。制订计划是各级管理者的共同职责，组织中各级管理者虽然工作的特点、性质和范围因岗位职能差异存在不同，但各级管理者都需要计划，只是管理层级不同，计划的性质和内容不同而已。

（四）效率性

效率性是指组织经营活动过程中投入与产出之间的对比关系。计划工作的任务，不仅要确保实现目标，而且要从众多方案中选择最优的资源配置方案，以合理利用资源和提高效率。计划工作的效率，是以实现组织的总目标和派生目标所得到的利益，扣除为制订和执行计划需要的费用和其他预计不到的损失之后的总额来测定的。对于营利性组织来说，效率是指计划的成本收益比率，如果其收益大于成本，就可以称之为有效率的；反之，就是没有效率的或低效率的。

（五）创新性

计划是针对需要解决的新问题和可能发生的新变化、新机会而作出决定，因而它是一个创新过程。计划实际上是对管理活动的一种设计，正如一种新产品的成功在于创新一样，成功的计划也依赖于创新。

（六）动态性

计划的动态性，是指任何计划都不是一经制定就亘古不变的。一成不变的计划是不存在的。计划一经批准就要坚持贯彻执行，同时在执行中需进一步地完善。但因为环境条件的变化，诸如国家法律政策、市场竞争的强弱对比等因素常常都不是最初计划制订者能完全预测的，如果发现原计划的某些内容和实际情况不符或客观情况发生变化，就应该在计划的执行过程中根据实际情况及时调整、修改、补充，甚至放弃原计划，重新制订计划，以保证计划实施给组织带来最大效率。

综上所述，计划工作是一个指导性、预测性、科学性和创造性都很强的管理活动，但同时又是一项复杂而又困难的工作。组织面临激烈的市场竞争，迫切要求迅速地提高管理水平，而提高计划工作的科学性是全面提高管理水平的前提和关键。

四、计划的作用

在管理实践中，计划是其他管理职能的前提和基础，并且还渗透到其他管理职能之中。列宁指出过："任何计划都是尺度、准则、灯塔、路标。"因此，计划在管理活动中具有特殊的重要地位和作用。组织管理的好坏，能否达到预期目标，在正确决策基础之上，主要取决于计划的完善与否。计划对于任何组织都是至关重要的，计划工作的重要性表现在其结果对组织的工作既能起积极作用，也可产生消极影响甚至使组织陷入困境。计划工作的作用主要体现在以下几方面：

(一)计划可以为组织提供方向,实现组织内外部的协调

计划起到了目标与现实之间桥梁的作用,计划工作使组织全体成员有了明确的努力方向,并在未来不确定性和变化的环境中把注意力始终集中在既定目标上,同时,各部门之间相互协调,有序地展开活动。正确的计划可以明确组织目标,有效指导组织按既定的方向和目标前进,可以增加自觉性,减少盲目性,少走弯路。同时,通过科学的计划体系使各组织部门之间相互协调、有序地开展活动,集中精力关注于对未来的不肯定性和变化的把握,随机应变地制定相应的对策,实现组织与环境的动态协调。

当然实际工作结果往往也会偏离预期目标,但是计划会给管理者以明确的方向,从而使偏离比没有计划时要小得多。

(二)计划可以为组织提供预测,降低组织风险

计划是面向未来的,是通过科学预测,提出在未来组织所要达到的目标以及实现目标的办法的。而未来无论是组织生存的环境还是组织自身都具有一定的不确定性和变化性,尤其是在当今这样一个信息时代,世界正处于瞬息万变之中,社会不断变革,技术不断进步。因此,在计划编制过程中,面对未来的不可控因素,组织应该科学预测各种变化以及变化带来的可能的影响。如果能够依据历史和现状的信息对未来变化作出有效预测和准确推断,并据此制订出适合未来组织发展的切实可行的计划,那么就可以有效降低不确定性对组织的消极影响,变不利为有利,减少变化带来的冲击,从而把风险降到最低。

(三)计划可以为组织提供标准,实施有效控制

计划是控制的基础,控制中几乎所有的标准都来自计划。计划规定了完成任务的具体目标、要求、时间进度等约束条款,如果没有既定的目标和指标作为衡量尺度,管理人员就无法检查目标的实现情况以及纠正偏差,也就无法控制。计划作为检查、评比的尺度,有利于实行标准化、正规化管理,有利于督促、检查与指导,也利于考核评比,总结提高。

组织在实现目标的过程中离不开控制。计划一旦制订,并非意味着所有工作必须一成不变地严格按照计划执行。在一个变化的环境中,计划需要不断地制订和修订,以适应变化。

(四)计划可以帮助组织减少重复与浪费,提高效率和效益

计划工作的重要任务之一就是要使未来的组织活动均衡发展,为组织资源筹措和整合提供依据。一个严密细致的计划,可以减少未来活动中的随意性,

能够避免在今后的活动中由于缺乏依据而进行轻率判断所造成的损失,消除不必要的重复所带来的浪费,同时,还可以有助于组织在最短的时间内完成工作,减少迟滞和等待时间,减少误工损失,有利于组织实行更经济的管理,促使各项工作能够均衡稳定地发展。

(五)计划可以帮助组织激励组织成员,增强组织凝聚力

通常计划会具体描述组织目标、任务、时间安排和行动方案等内容,计划中的目标往往具有激励士气的作用。让组织成员明确组织目标是大家共同的目标,只有这一目标顺利完成,组织中每个成员才能获得最大利益,组织才可能对组织成员产生强大的吸引力,从而增强组织的凝聚力。同时,在制订计划时发扬民主,充分征求组织成员的意见,以增强计划的科学性和可操作性,组织成员也愿意积极为自己亲自参与制定的目标而努力工作,组织成员的主人翁意识和归属感亦可使组织的运营效率大大提高。

课间案例 1

你要到哪里去?

十九世纪英国作家兼牛津大学基督学院数学教师刘易斯·卡罗尔创作的著名儿童文学作品《爱丽丝漫游奇境记》中,一位可爱的英国小女孩爱丽丝在百般无聊之际,发现了一只揣着怀表、会说话的白兔。她追赶着它而不慎掉进了一个兔子洞,由此坠入了神奇的地下世界,结果她迷路了。她很着急,哭了起来。这时柴郡猫走过来,小姑娘就向柴郡猫求助,说:"我迷了路,请你告诉我,我应该怎么走。"柴郡猫说:"你怎么走这并不重要,重要的是你要到哪里去。你如果不知道自己要到哪里,知道怎么走又有什么意义呢?"柴郡猫的回答成了很多管理学教材的经典台词。这个故事告诉我们,一个人,无论做什么事情,都要有一个目标。有目标,你才知道自己想要到哪里去,当一个人没有清晰的目标时,再高明的人也无法给你指出出路。

组织也是如此。组织要生存、要发展,就一定要有一个明确的目标,在目标的指引下统一员工的思想和行动。没有目标的组织不要奢望员工可以自动自发地工作,不要奢望员工可以自动产生归属感。一个组织,首先要制定组织的目标,用组织的目标指导员工制定自己的个人目标,并把个人目标和组织目标结合起来。

第二节 计划的类型

由于组织活动的复杂性，组织的计划也表现出相应的复杂性。依据不同的标准划分，形成种类繁多的不同计划，这些不同类型的计划相互之间并非彼此割裂，而是相互联系、相互作用形成组织的计划体系。

一、按计划针对的对象分类

按照计划针对对象的不同，即广度不同，计划可以分为战略计划和战术计划。

（一）战略计划

战略计划是指应用于整个组织的，为组织未来较长时期（通常为 5 年以上）设立总体目标和寻求组织在环境中的地位的计划。它是关于组织活动总体目标和战略方案的计划，往往涵盖组织的各个部门，应用于整个组织，是组织建立全面性目标与整合各部门活动的整套计划。

战略计划通常时间跨度长，涉及范围广；内容抽象、概括，不要求直接的可操作性；方案往往是一次性的，很少能在将来得到再次或重复的使用；计划的前提多是不确定的，战略计划的风险较大。

（二）战术计划

战术计划是有关组织活动具体如何运作的计划，是指各项业务活动开展的作业计划，它规定了总体目标如何实现的细节。例如营销计划、生产计划、财务计划与人事计划等。

战术计划通常期限较短，覆盖范围较窄；内容具体、明确，并通常要求具有可操作性；任务是实现根据组织总体目标分解而提出的具体行动目标；其计划的风险程度较低。

战略计划与战术计划最大的区别在于：战略计划的重要任务是设立目标，战术计划则是假设目标已经存在，而提供一种实现目标的方案。

二、按计划的覆盖面分类

按照计划的覆盖面不同，计划可以分为整体性计划和局部性计划。

（一）整体性计划

整体性计划是一个组织和系统所有工作的总体设计。其特点为整体性强，各部门围绕共同的目标团结协作来完成。如组织年度工作计划。

（二）局部性计划

局部性计划是为了完成某个局部领域或某项具体工作而制订的计划。其特点是目标明确，实施部门较单一，内容也具体详细。如组织某部门的年度工作计划。

三、按计划作用的时间分类

按照计划作用的时间期限分类，计划可以分为长期计划、中期计划和短期计划。

（一）长期计划

通常，长期计划的期限是 5 年以上，一般作为战略性计划，其内容主要涉及组织的长远目标和发展方向。战略计划往往是一种长期计划，但长期计划并不一定都是战略计划。

（二）中期计划

中期计划，通常期限是 1 年到 5 年，介于长期、短期计划之间，根据组织的长期计划进行编制，主要起到衔接长期计划和短期计划的作用。长期计划以问题为中心，而中期计划以时间为中心，将长期计划的内容细化为每个时段的目标。可以说，中期计划既赋予了长期计划的具体内容，又为短期计划指明了方向。

（三）短期计划

短期计划，通常期限是 1 年、半年甚至更短的时间，是根据中长期计划规定的目标和当前的实际情况，对各种活动作出详细的说明和规定，更具操作性。短期计划比中期计划更为详尽，在执行的过程中灵活选择的范围较小，有效的执行是其最基本也是最重要的要求。

长期计划、中期计划和短期计划相互之间的关系主要表现为：长期计划为组织指明方向，中期计划则为组织指明路径，而短期计划则为组织规定行进的步伐，因此将长、中、短期计划结合起来有着极为重要的意义。

四、按计划内容的表现形式分类

按计划内容的表现形式分类，可将计划分为宗旨、目标、策略、政策、规则、程序、规划和预算等内容。

（一）宗旨

宗旨是指社会对组织的基本要求，也是组织的目的或者使命。各种有组织的活动，都具有或者至少应该有明确的宗旨。这种宗旨也是社会对该组织的基本要求。

（二）目标

一定时期的目标或各项具体目标是在目的或宗旨指导下提出的，它具体规定了组织及其各个部门的经营管理活动在一定时期要达到的具体成果。目标不仅仅是计划工作的终点，而且也是组织工作、人员配备、领导以及控制等活动所要达到的结果。

（三）策略

策略是指对确立组织的长期目标，如何采取行动，分配必需的资源以达到目标。

（四）政策

政策是指在决策或处理问题时指导及沟通思想活动的方针和一般规定。政策指明了组织活动的方向和范围，鼓励什么和限制什么，以保证行动同目标一致，并有助于目标的实现。

（五）程序

程序就是办事手续，是对所要进行的行动规定时间顺序，规定了如何处理那些重复发生的问题的方法、步骤。程序是行动的指南。因此，程序是详细列出必须完成某类活动的准确方式。

（六）规则

规则是对在具体场合和具体情况下，允许或不允许采取某种特定行动的规定。规则也是一种计划。规则常常容易与政策和程序相混淆，应特别注意区分。规则不像程序，因为规则指导行动，而不说明时间顺序，可以把程序看作是一系列规则的总和。政策的目的是要指导决策，并给管理人员留有酌情处理的余地。虽然规则有时也起指导作用，但是在运用规则中，没有自行处理的权利。

（七）规划

规划是综合性的计划，它是为实现既定方针所必需的目标、政策、程序、规则、任务分配、执行步骤、使用资源以及其他要素的复合体。因此，规划工作的各个部分的彼此协调需要严格的技能，以及系统的思考和行动的方法。

（八）预算

预算作为一种计划，是一份用数字表示预期结果的报表。预算又被称为"数字化"的计划。例如，财务收支预算，可称为"利润计划"或"财务收支计划"。一个预算计划可以促使上级主管对预算的现金流动、开支、收入等内容进行数字上的整理。预算也是一种控制手段，又因为预算是采用数字形式，所以它使计划工作更细致、更精确。

课间案例2

毛毛虫吃苹果

四只喜欢吃苹果的毛毛虫长大了，各自去森林里找苹果吃。

第一只毛毛虫跋山涉水，来到一株苹果树下。它不知道这是一棵苹果树，也不知道树上长满了红红的可口的苹果。它看到其他的毛毛虫往上爬，便稀里糊涂地就跟着往上爬。没有目的，不知终点，更不知自己到底想要哪一种苹果，也没想过怎么样去摘取苹果。最后结局呢？也许找到了一只大苹果，幸福地生活着；也可能在树叶中迷了路，过着悲惨的生活。

第二只毛毛虫爬到了苹果树下。它知道这是苹果树，也确定它的"虫"生目标就是找到一只大苹果。问题是它并不知道大苹果会长在什么地方。但它猜想：大苹果应该长在大枝叶上吧！于是它就慢慢地往上爬，遇到分枝的时候，就选择较粗的树枝继续爬。它按这个标准一直往上爬，最后终于找到了一只大苹果，这只毛毛虫刚想高兴地扑上去大吃一顿，但放眼一看，它发现这只大苹果是树上最小的一个，上面还有许多更大的苹果。

第三只毛毛虫来到一株苹果树下。这只毛毛虫知道自己想要的就是大苹果，并且研制了一副望远镜。爬树之前用望远镜搜寻了一番，找到了一个很大的苹果。同时，它发现当从下往上找路时，会遇到很多分枝，有各种不同的爬法；但若从上往下找路时，却只有一种爬法。它很细心地从苹果的位置，由上往下反推至目前所处的位置，记下这条确定的路径。于是它开始往上爬，遇到分枝时，它一点也不慌张，因为它知道该往那条路走，而不必跟着一大堆毛毛虫去挤。最后，这只毛毛虫应该会有一个很好的结局，因为它已经有自己的计划。但是真实的情况往往是，因为毛毛虫的爬行相当缓慢，当它抵达时，苹果不是被别的虫捷足先登，就是苹果已熟透而烂掉了。

第四只毛毛虫可不是一只普通的虫，做事有自己的规划。它知道自己要什么苹果，也知道苹果将怎么长大。因此当它带着望远镜观察苹果时，它的目标并不是一个大苹果，而是一朵含苞待放的苹果花。它计算着自己的行程，估计当它到达的时候，这朵花正好长成一个成熟的大苹果，它就能得到自己满意的苹果了。结果它如愿以偿，得到了一个又大又甜的苹果，从此过着幸福快乐的日子。

第三节　计划的编制

一、计划的编制原理

（一）限定因素原理

所谓限定因素原理，是指妨碍组织目标实现的因素，即在其他因素不变的情况下，仅仅改变这些因素，就可以影响组织目标的实现程度。在计划工作中，越是能够了解和找到对达到所要求目标起限制性和决定性作用的因素，就越是能准确地、客观地选择可行的方案。限定因素原理是决策的精髓，决策的关键就是解决抉择方案所提出的问题，即尽可能地找出和解决限定性的或策略性的因素。

限定因素原理有时又被形象地称作"木桶原理"，说的是由多块木板构成的木桶，其价值在于盛水量的多少，但决定木桶盛水量多少的关键因素不是最长的木板，而是最短的木板。这就是说，任何一个组织，可能面临一个共同的问题，即构成组织的各个部分往往是优劣不齐的，而劣势部分往往决定整个组织的水平。所以管理者在制订计划时，越是能够了解对达到目标起主要限制作用的因素，就越能够有针对性地、有效地拟订各种行动方案。

（二）许诺原理

所谓许诺原理，是指在制订计划时要根据完成一定的计划目标和计划任务所需耗费的时间来确定合理的计划期限。这一原理涉及计划期限的问题，任何一项计划都是对完成某项工作所作出的许诺。许诺越大，所需的时间越长，实现目标的可能性就越小；反之亦然。

遵循许诺原理，可以使人们通过考虑"实现决策中所许诺的任务必须花费的时间"来确定合理的计划期限。一般地，计划期限的长短取决于实现决策中所许诺的任务的必需时间。事实上，对于大多数组织来说，计划期限往往是对计划的最严厉的要求。一般来说，经济上的考虑影响到计划期限的选择。每项计划的许诺不能太多，因为许诺越多，计划期限越长。

（三）灵活性原理

所谓灵活性原理，是指计划的灵活性越大，因未来意外事件引起损失的可能性就越小，两者是反比例关系。灵活性原理是计划工作中最主要的原理，它主要针对计划的制订过程，使计划本身具有适应性，要求计划的制订"量力而行，留有余地"。至于计划的执行，则必须严格准确，要"尽力而为，不留余地"。

（四）改变航道原理

所谓改变航道原理，就是指计划实施过程中，在保持行政计划总目标不变的前提下，保证定期检查和调整，使得实现目标的进程能够因环境情况的变化而变化，使计划的执行过程具有应变力。

改变航道原理与灵活性原理不同，灵活性原理是使计划本身具有适应性，而改变航道原理是使计划执行过程具有应变能力，为此，计划工作者就必须经常地检查计划，重新调整、修订计划，以达到预期的目标。

> **课间案例 3**
>
> **人类第一次登月**
>
> 1969 年 7 月 20 日，随着"休斯敦，川奎特基地，'鹰号'已经着陆了"的声音传来，人类第一次登月成功了。这一成功盛举背后的场面令人难以置信，看起来十分理想的顺利飞行，实际上，如果完全按照计划几乎面临着一场巨大的灾难。

为了把三位宇航员送入太空（其中两位驾驶太空飞船），然后着陆在月球上，技术专家和飞行控制人员对每一细节都制订了非常详细而周密的计划。当尼尔·阿姆斯特朗和巴兹·阿尔顿开始驾驶小型极易损坏的"鹰号"太空飞船向月球表面降落的时候出了差错。突然警报响了——一个"1202"报警声音。离月球表面着陆只剩下8分钟的时候，除了26岁的技术专家史蒂夫·比尔斯，指挥中心没有一个人知道"1202"意味着什么。整个太空项目组只能等待，看比尔斯是否放弃月球着陆。比尔斯最后决定，问题是由于飞船上的计算机信息太多不能处理而引起的，只要计算机不完全关闭，他们就能成功地在月球上着陆。尽管响了警报，指挥中心还是按计划向"鹰号"发出了继续着陆的信号。当"Eagle"离月球表面只有5000英尺，且以100英尺/秒的速度飞向月球时，另一个问题发生了。指挥中心的计算机引导飞船进入着陆区，但是当尼尔·阿姆斯特朗从飞船窗口看月球表面的时候，他没有看到任何事先研究月球表面时所能认出的东西。计算机制导系统正引导他们进入一个岩石地带——与事先计划的完全不同。着陆在像大众汽车那么大的岩石上，精密的月球着陆器将会粉身碎骨。在离月球表面350英尺时，尼尔·阿姆斯特朗没有与休斯敦指挥部说一句话，就直接手动操纵飞船寻找着陆地点。指挥中心的工程师和技术人员只是坐着而不能给以任何帮助。当阿姆斯特朗离月球越来越近，他能看到的还是岩石。

同时，在休斯敦，计算机显示"鹰号"着陆油箱里的燃料已经很少了。指挥中心的决定是如果"鹰号"不能在60秒之内着陆，登月行动即告失败。25秒，20秒，阿姆斯特朗离月球表面只有100英尺了，这时他找到了一个着陆地点，如果他能及时降落到那里的话似乎是安全的。那时，通信系统中传来尼尔·阿姆斯特朗镇定、冷静的声音："休斯敦，川奎特基地，'鹰号'已经着陆了。"

实践证明，再详细的计划在执行过程中也必须根据实际情况调整策略，不能机械地按照计划行事。

二、计划的编制程序

通常科学编制计划所遵循的步骤具有普遍性。在编制各类计划时，可遵循以下步骤：

（一）机会分析

环境的不确定性往往会给组织带来各种机遇和风险。各类组织的活动都要根据市场的需要与社会的要求来决定，这就必须对组织的外部环境与内部条件进行调查研究，分析外部环境带来的机会、威胁以及组织内部的优势、劣势。依据调研所获取的信息预测未来环境的发展趋势，以便顺应和把握环境的发展规律，更好地利用机会，避开威胁，发挥优势，克服劣势。

（二）确定目标

组织在行动之前必须明确目标，明确目标有助于组织顺利获得预期成果，整个组织的活动都要紧紧围绕目标来进行。

组织在未来计划期内的目标往往不止一个，而是一个目标体系。不同的目标内容和顺序将导致不同的政策和行动，也会有不同的资源分配顺序，因此需对目标进行时间和空间的分解，正确选择目标内容和顺序。同时应尽可能使用量化目标，便于度量和控制。不仅要有数量指标，还要有质量指标；不仅要有绝对指标，还要有相对指标。

（三）确定前提条件

在明确目标之后，要积极与各方面沟通，收集各方面的信息，明确编制计划的前提条件。确定前提条件就是要确定整个计划活动所处的未来环境。前提条件既有来自组织内部的，也有来自组织外部的。组织内部的前提条件包括资金实力、人才储备、技术水平、管理水平等，一般是组织能够了解并可以控制的；组织外部的前提条件如经济环境、政府政策、资源供给、市场状况等，是组织不可控且难以准确预测的。这是决策和制订计划的挑战性所在。

（四）确定备选方案

通常完成某项任务总有许多方法，即每项行动均有异途存在，这就是异途原理。组织应在进行调查预测的基础上，在确定目标之后，发掘各种可行性方案，才有可能从中选择出最适合目前环境的执行方案。

（五）评价备选方案

组织管理者对各个备选方案进行评价。评价备选方案的尺度有两个方面：一是评价的标准；二是各个标准的相对重要性，即权数。

（六）选择方案

选择方案是决策的关键。在客观评价的基础上，对多个备选方案进行可行性研究和论证分析，综合比较，评价优劣，进行方案选优。结果往往可能会选择两个方案，并且决定首先采取哪个方案，同时将另一个方案也进行细化和完善，作为后备方案。

（七）制订派生计划

完成选择之后，计划工作并未结束，还必须帮助涉及计划内容的各个下属部门制订支持总计划的派生计划。总计划要靠派生计划来扶持，派生计划是总计划的基础；只有派生计划完成了，总计划才有完成的保证。

（八）编制预算

把决策和计划转化为预算，通过数字来反映整个计划，目的在于合理分配资源。根据各项工作的轻重缓急、对资源的需求以及组织可供资源的多少就可以确定资源分配。当然配置资源时，要注意留有余地，以确保计划的顺利实现。

课间案例 4

保险销售员的故事

培训课上，有个同学举手问老师："老师，我的目标是想在一年内赚 100 万！请问我应该如何计划我的目标呢？"老师便问他："你相不相信你能达成你的目标？"他说："我相信！"老师又问："那你知不知道要通过哪个行业来达成？"他说："我现在从事的保险行业。"老师接着又问他："你认为保险业能不能帮你达成这个目标？"他说："只要我努力，就一定能达成。""我们来看看，你要为自己的目标做出多大的努力，根据我们的提成比例，100 万的佣金大概要做 300 万的业绩。一年：300 万业绩；一个月：25 万业绩；一天：8 300 元业绩。"老师说，"每一天 8 300 元业绩，大概要拜访多少客户？""大概要 50 个人。"同学回答道。老师接着分析："那么一天要拜访 50 人，一个月要拜访 1 500 人；一年呢？就需要拜访 18 000 个客户。请问你现在有没有 18 000 个 A 类客户？"他说："没有。""如果没有的话，就要进行陌生拜访。你一个人平均要和客户谈上多长时间呢？"他说："至少 20 分钟。"老师说："每个人要谈 20 分钟，一天要谈 50 个人，也就是说你每天要花 16 个多小时在与客户交谈上，还不算路途时间。请问你能不能做到？"他说："不能。老师，我懂了。这个目标不是凭空想象的，是需要凭着一个能达成的计划而定的。"

这个故事告诉我们，目标不是孤立存在的，目标的达成需要成熟的工作思路和明确的工作计划来支撑，而工作计划的有效性决定着目标的成败。作为管理者，在目标制定过程中，你的任务不是作为一个上级对下属的目标高低做出判断，而是一个合作者，作为下属的绩效合作伙伴，帮助下属分析目标是什么，目标值是多少，为什么，如何做。做到了这些，你才是一个帮助员工和组织成长的高绩效领导。

三、计划的编制方法

计划编制的效率和质量通常取决于其所采用的计划方法。传统的计划编制比较多地使用综合平衡法，但是面对纷繁多变的外部环境，已经较难适应。而现代编制计划的方法因为大量采用数学成果，如线性规划、概率论、数理统计等，可以帮助确定各种复杂的经济关系，提高综合平衡的准确性，能用计算机辅助工作，加快计划工作的速度，并且创造最大的利润。

（一）滚动计划法

滚动计划法是按照"近细远粗"的原则制订一定时期内的计划，然后按照计划的执行情况和环境变化，调整和修订未来的计划，并逐期向后移动，把短期计划和中期计划结合起来的一种计划方法。滚动式计划方法是一种定期修订未来计划的方法，其编制方法是：在已编制出计划的基础上，每经过一段固定时期（即滚动期），根据计划的执行情况和环境变化，对原计划进行调整。每次调整时，保持原计划期限不变，并逐期向前推移。这样便能有效结合短期、中期和长期计划。

滚动计划法，既可用于编制长期计划，也可用于编制年度、季度生产计划和月度生产作业计划。不同计划的滚动期不一样，一般长期计划按年滚动，年度计划按季滚动，月度计划按旬滚动，等等。例如，某公司编制一个三年计划且付诸实施，则第一年计划很细致，第二年较细，第三年相对较粗。第一年实施计划之后，对其余两年计划内容作适当的调整，并且将计划期向前延伸一年，使得第二年时仍然有一个三年期计划，依此类推。原来编制的三年计划已被执行，同时也编制好了下一个三年计划，如图4-1所示。

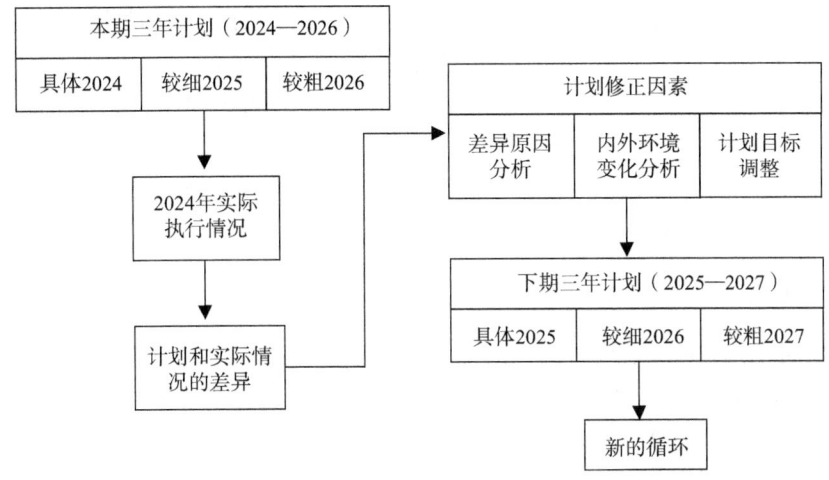

图 4-1　三年期滚动计划法示意图

滚动计划法虽然使得计划编制和实施工作的任务量加大，但是其优点十分明显：滚动计划法相对缩短了计划时期，加大了计划的准确性和可操作性；滚动计划法使长、中、短期计划相互衔接，短期计划内部各阶段相互衔接，保证了即使由于环境变化出现某些不平衡时，也能及时进行调节，使各期计划基本保持一致；滚动计划法大大加强了计划的弹性，可以提高组织的应变能力。

滚动间隔期的选择，要适应组织的具体情况。如果滚动间隔期偏短，则计划调整较频繁，好处是有利于计划符合实际，缺点是降低了计划的严肃性。一般情况是，大量大批且生产比较稳定的企业宜采用较长的滚动间隔期，单件小批且生产不太稳定的企业则可考虑采用较短的间隔期。

（二）PDCA 循环法

PDCA 循环法又叫戴明环或全面计划管理法，PDCA 是英文 Plan（计划）、Do（执行）、Check（检查）、Action（总结处理）四个词首字母的缩写，是由美国学者、质量管理专家戴明提出的。20 世纪 50 年代初传入日本，20 世纪 70 年代后期传入我国，开始运用于全面质量管理，现在已推广运用到全面计划管理。它适用于各行各业的计划管理和质量管理，已成为我国现代化管理内容之一。

PDCA 循环法的基本思想，就是做任何一项工作，首先要有设想，根据设想提出计划；然后按照计划执行、检查和总结处理；最后通过工作循环，一步一步地提高水平，把工作越做越好。这是做好一切工作的一般规律。

戴明认为，计划管理是一个动态的循环过程，每一个循环分为四个相互联系的阶段。第一阶段是制订计划（P），包括确定方针、目标和活动计划等内容；第二阶段是执行（D），主要是组织力量去执行计划，保证计划的实施；第三阶段是检查（C），主要是对计划的执行情况进行检查；第四阶段戴明认为是整个计划过程中最为重要的，即对前面三阶段的工作做出总结和处理（A），并以取得的经验来指导下一循环的计划工作。如此四个阶段，循环往复，周而复始。戴明还认为，每完成一次计划过程的循环，就会使计划管理工作质量有所提高。PDCA 循环法如图 4-2 所示。

（三）甘特图

甘特图，也称为条状图，是由美国管理学家、科学管理理论的先驱者之一亨利·甘特在 1917 年提出的，其内在思想很简单，它基本上是一种线条图，横轴表示时间，纵轴表示活动，线条表示在整个期间上计划的和实际的活动完成情况（图 4-3）。甘特图直观地表明任务计划在什么时候进行，以及实际进展与计划要求的对比。它虽然简单，但却是一种重要的工具，它使管理者很容易搞清一项任务或项目还剩下哪些工作要做，并且能够评估工作是提前还是滞后，抑或是正常进行。

甘特图具有简单、醒目和便于编制等特点，在企业管理工作中被广泛应用。甘特图按反映的内容不同，可分为计划图、负荷图、机器闲置图、人员闲置图和进度表等五种形式。

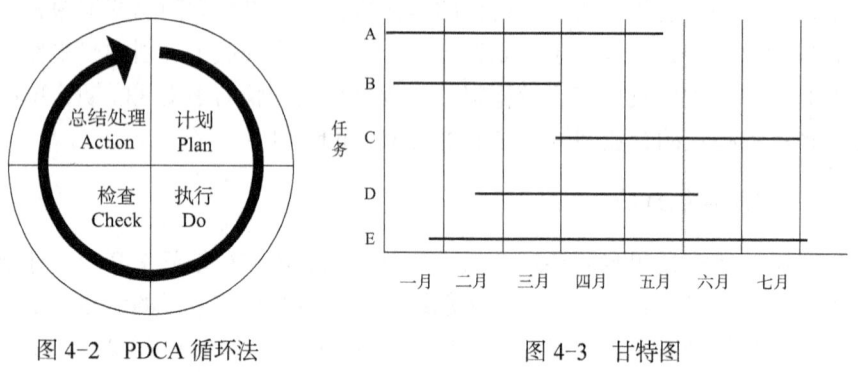

图 4-2　PDCA 循环法　　　　　图 4-3　甘特图

（四）网络计划方法

如果组织活动或项目的数量较少且相互独立，则甘特图等是很有效的工具。但是如果要计划大型复杂项目的话，就需要采用网络计划方法。比如企业的重组和新产品开发等，它们要求协调成百上千的活动，其中一些活动必须同时进行，而另一些活动必须待前一次的活动完成后才能开始。

网络计划方法是指用于工程项目的计划与控制的一项管理方法，其原理是把一项工作或项目分成各种作业，然后根据作业顺序进行排列，通过网络图对整个工作或项目进行统筹规划和控制，从而以较少的资源、最短的工期完成工作。

网络计划方法是1950年后在美国产生和发展起来的，包括关键路径法（CPM）、计划评审法（PERT）等。1956年，美国杜邦公司在制定企业不同业务部门的系统规划时，制订了第一套网络计划，即关键路径法（CPM）。这种计划借助于网络表示各项工作与所需要的时间，以及各项工作的相互关系，通过网络分析研究工程费用与工期的相互关系，并找出在编制计划及计划执行过程中的关键路线。1958年美国海军武器部在制订研制"北极星"导弹计划时，同样地运用了网络分析方法与网络计划方法，但它注重于对各项工作安排的评价和审查，这种计划被称为计划评审法（PERT）。鉴于这两种方法的差别，关键路线法主要应用于以往在类似工程中已取得一定经验的承包工程，计划评审法则更多地应用于研究与开发项目。

网络计划方法的基本步骤主要包括：首先，将工程分解为各工序，理清上下先后顺序，决定网络逻辑，并给出事件和活动编号。为了提供正确的网络逻辑，有时还需要引入虚活动，即既不消耗资源也不占用时间的活动，以消除网络图可能产生的模棱两可、含糊不清的现象。其次，计算网络时间，确定关键工序和关键路线。一般先按过去经验统计数据，估计每个活动的时间，据以计算事件的最早时间和最迟时间，以及各种时差，最后确定关键路线。再次，利用时差不断优化组织，调整改善生产计划，取得工期、资源、成本三者之间的最优方案。最后，计划执行过程中，通过信息反馈进行监督、控制与调整，以保证达到预定计划目标。

实际应用情况证明，使用网络计划方法后，可以大幅度缩短生产周期，降低生产成本，有效地提高生产管理水平。

网络计划方法的优点是：第一，能清晰地表明整个工程的各个项目的时间顺序和相互关系，并指出完成任务的关键环节和路线；第二，可对工程的时间进度与资源利用实施优化；第三，可事先评价达到目标的可能性；第四，便于组织与控制，易于操作。缺点是：第一，难以准确估计具体的作业时间；第二，若网络复杂，某项关键工作延期完工，重新调整网络计划和寻找关键线路将花费大量时间和人力；第三，网络计划方法，虽然推动计划工作的完成，但其本身不是计划工作。

（五）投入产出法

美籍俄裔经济学家瓦西里·列昂惕夫在20世纪30年代最早提出了投入产

出法。投入产出法是主要通过数学方法对物质生产部门之间或产品之间的数量依存关系进行分析，并且对再生产进行综合平衡的一种方法。瓦西里·列昂惕夫由于从事"投入产出分析"，于 1973 年获得第五届诺贝尔经济学奖。

投入产出法的基本原理是任何经济系统的经济活动都包括投入和产出两大部分。投入是指生产活动中的消耗，产出是指生产活动的结果，在生产活动中投入和产出之间具有一定的数量关系。投入产出法就是利用这种数量关系建立投入产出表，根据投入产出表对投入与产出的关系进行科学分析，再用分析的结果编制计划并进行综合平衡。

投入产出法的优点在于：第一，使用面广，可在不同组织和各类企业中运用；第二，不仅可以在编制过程中充分使用现有统计资料，而且能够建立各种统计指标间的内在关系，使统计资料系统化；第三，能够反映各部门或各类产品之间的经济技术结构、关系，特别是在综合平衡方面是一种有效的手段，可以用于安排各种比例。但它的缺点也很明显，主要体现在它是建立在产出缺口估算基础上，而无论用何种方法估算产出缺口，都会存在估算误差，从而导致全要素生产率增长率估算偏差。

阅读小故事

木桶定律

木桶定律也称为短板效应。一只木桶想盛满水，组成木桶的每块木板必须都一样平齐且无破损，如果这只桶的木板中有一块不齐或者某块木板下面有破洞，这只桶就无法盛满水。一只木桶能盛多少水，并不取决于最长的那块木板，而是取决于最短的那块木板。任何一个组织，可能面临的一个共同问题，即构成组织的各个部分往往是优劣不齐的，而劣势部分往往决定整个组织的水平。因此，整个社会与我们每个人都应思考一下自己的"短板"，并尽早补足它。

如果把企业的管理水平比作一只木桶，而把企业的生产率或者经营业绩比作桶里装的水，那影响企业的生产率或绩效水平高低的决定性因素就是最短的那块板。企业的板就是各种资源，如研发、生产、市场、行销、管理、品质等等。为了做到木桶"容量"的最大化，就要合理配置企业内部各种资源，及时补上最短的那块"木板"。所以，木桶有大小之分，木桶原理也有整体和局部之分，我们所要做的事情就是找到你自己的"桶"，然后找到"那块最短的板"，加长它！

本章习题

一、单项选择题

1. 管理中最基本的职能是 （   ）
A. 计划　　　　B. 组织　　　　C. 激励　　　　D. 控制

2. 制定目标并确定为达成这些目标所必需的行动指的是 （   ）
A. 计划　　　　B. 组织　　　　C. 沟通　　　　D. 控制

3. 计划工作的核心是 （   ）
A. 制定目标　　B. 制定方案　　C. 做出决策　　D. 选择方案

4. 在管理中，计划工作应该是一项 （   ）
A. 高层管理人员所承担的工作
B. 高层和中层管理人员所承担的工作
C. 高层主管和参谋人员所承担的工作
D. 每一个管理人员都可能要从事的工作

5. 使计划数字化的工作被称为 （   ）
A. 规划　　　　B. 决策　　　　C. 预测　　　　D. 预算

6. 应用于整个组织的、为组织未来较长时期（通常为 5 年）设立总体目标和寻求组织在环境中的地位的计划可称之为 （   ）
A. 综合计划　　B. 具体计划　　C. 战略计划　　D. 战术计划

7. 在其他因素不变的情况下，仅仅改变妨碍组织目标实现的这些因素，就可以影响组织目标的实现程度。这遵循的是 （   ）
A. 限定因素原理　B. 许诺原理　　C. 灵活性原理　　D. 改变航道原理

8. 在制订计划时要根据完成一定的计划目标和计划任务所需耗费的时间来确定合理的计划期限。这遵循的是 （   ）
A. 限定因素原理　　　　　　　　B. 许诺原理
C. 灵活性原理　　　　　　　　　D. 改变航道原理

9. 可以加强计划的弹性，提高组织应变能力的计划方法是 （   ）
A. 滚动计划法　　B. PDCA 循环法　　C. 甘特图法　　D. 投入产出法

10. 美国学者戴明提出的计划方法是 （   ）
A. 滚动计划法　　B. PDCA 循环法　　C. 甘特图法　　D. 投入产出法

11. 由亨利·甘特开发的计划方法是 （   ）
A. 滚动计划法　　B. PDCA 循环法　　C. 甘特图法　　D. 投入产出法

12. 美籍俄裔经济学家瓦西里·列昂惕夫首先提出的计划方法是 （   ）
A. 滚动计划法　　　　　　　B. PDCA 循环法
C. 甘特图法　　　　　　　　D. 投入产出法

二、多项选择题

1. 按照计划针对对象的不同，计划可分为 （   ）
A. 综合计划　　B. 具体计划　　C. 战略计划
D. 战术计划　　E. 短期计划

2. 按照计划涉及的时间跨度，计划可分为 （   ）
A. 整体计划　　B. 局部计划　　C. 长期计划
D. 中期计划　　E. 短期计划

3. 按照计划的覆盖面，计划可分为 （   ）
A. 整体计划　　B. 局部计划　　C. 长期计划
D. 中期计划　　E. 短期计划

4. 滚动计划法的作用有 （   ）
A. 计划更加切合实际，并且使得战略计划的实施更加切合实际
B. 使得长期计划、中期计划、短期计划相互衔接
C. 使得短期计划内部各阶段相互衔接
D. 大大加强了计划的弹性
E. 保证计划可以实现

5. PDCA 循环法中 P、D、C、A 分别指的是 （   ）
A. 计划　　　　B. 执行　　　　C. 检查
D. 总结处理　　E. 反馈

三、判断正误题

（   ）**1.** 计划是面向未来的工作，也是所有管理中最基本的职能。
（   ）**2.** 战略计划与战术计划最大的不同是战略计划的重要任务是设立目标，而战术计划则是假设目标已经存在，而提供一种实现目标的方案。

(　　) 3. 长期计划为组织指明方向，中期计划则为组织指明路径，而短期计划则为组织规定行进的步伐。

(　　) 4. 战略计划往往是一种长期计划，但长期计划并不一定都是战略计划。

(　　) 5. 按制订计划涉及的时间跨度，计划可分为高层计划、中层计划、基层计划。

(　　) 6. 管理者在制订计划时，越是能够了解对达到目标起主要限制作用的因素，就越能够有针对性地、有效地拟订各种行动方案。

(　　) 7. 灵活性原理是使计划本身具有适应性，而改变航道原理是使计划执行过程具有应变能力。

(　　) 8. 滚动计划法是一种动态编制计划的方法，可以使中长期计划与年度计划衔接起来。

(　　) 9. 如果组织活动或项目的数量较少且相互独立，则甘特图等是很有效的工具。但是如果要计划大型复杂项目的话，就大多需要采用网络计划方法。

(　　) 10. 企业必须制订计划，才能有效发挥管理的功能。

四、名词解释题

1. 计划
2. 战略计划
3. 战术计划
4. 限定因素原理
5. 许诺原理
6. 改变航道原理
7. 滚动计划法
8. 网络计划法
9. 投入产出法
10. PDCA 循环法

五、简答题

1. 简述计划的特点。
2. 简述计划的作用。
3. 简述计划的编制原则。

4. 简述计划的编制程序。
5. 简述滚动计划法的特点。
6. 简述网络计划方法的基本步骤。
7. 简述网络计划方法的优缺点。
8. 简述投入产出法的基本原理。
9. 简述投入产出法的优缺点。
10. 简述 PDCA 循环法的基本思想。

第五章　预测与决策

学习目标　管理的核心是决策，预测作为决策中重要的环节，也是最早发生的环节。本章从预测与决策的含义入手，阐述了预测与决策的程序、类型和方法等相关内容。通过学习，应掌握预测与决策的含义、程序与方法。

本章关键词　预测　决策　程序化决策　非程序化决策　确定型决策　风险型决策　非确定型决策　专家会议法　专家调查法　哥顿法　盈亏平衡法　决策树法　后悔值决策法

在竞争日益激烈的环境条件下，一个组织要立于不败之地，就要求管理者对组织面临的市场及相关事物未来的发展进行分析和研究，从而对其市场及相关事物的未来作出准确的预测。在准确预测的前提下，根据环境的变化作出科学的决策。组织处在不断变化的环境中，需要优秀的管理者不仅能对当时情况的变化及时作出反应，而且能预见未来的变化，并因此采取相应的措施。因此，预测是决策的基础，是进行科学决策的前提条件。正确的决策离不开科学的预测。一个组织只有在广泛市场调研的基础上才能通过表面看到商机，从而作出正确的决策，并最终获得成功。

第一节　预测

一、预测的含义

预测是指通过运用科学方法对客观事实历史和现状进行科学的调查和分析，由过去和现在去推测未来，由已知去推测未知，从而揭示客观事实未来发展的趋势和规律，为决策提供依据。

预测是一门科学，同时又是一门艺术。由于事物的发展变化受到多种可能因素的影响，这就使得预测不仅要运用合理假设、逻辑推理和科学的分析方法，还要依赖于预测者本人的专业知识、经验、判断能力，以及从所收集到的不完整的数据和资料中提取有用信息的能力。预测也是一个完整的管理活动过程。预测的结果是在对所预测的事物进行一系列科学分析后作出的，包括预测目标的确定、预测信息资料的收集、预测方法的选择和应用、预测模型的选定及估计、预测结果的评价等一整套过程（图5-1）。

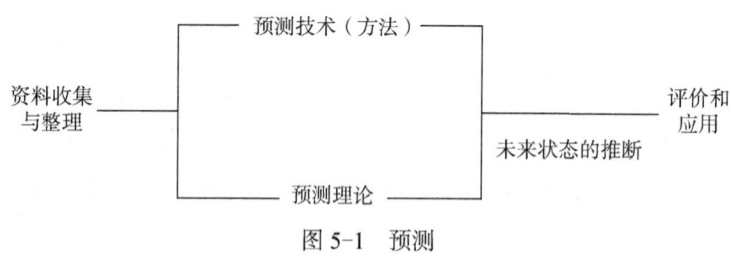

图 5-1　预测

> **课间案例 1**
>
> ### 曲突徙薪
>
> 　　有位客人到某人家里做客，看见主人家的灶上烟囱是直的，旁边又有很多柴草。客人告诉主人说，烟囱要改建成弯曲的，旁边的柴草须移去，否则将来可能会有火灾，主人听了没有作任何表示。不久主人家里果然失火，四周的邻居赶紧跑来救火，最后火被扑灭了，于是主人烹羊宰牛，宴请四邻，以酬谢他们救火的功劳，但并没有请当初建议他将柴草移走、将烟囱改建成弯曲的人。
>
> 　　有人对主人说："如果当初听了那位客人的话，今天也不用准备宴席，而且没有火灾的损失，现在论功行赏，原先给你建议的人没有被感恩，而救火的人却是座上客，真是很奇怪的事呢！"主人顿时省悟，赶紧去邀请当初给予建议的那个客人来喝酒。

二、预测的分类

按照预测的范围不同，预测可分为经济预测、技术预测及社会和政治预测等。

（一）经济预测

经济预测可分为宏观经济预测和微观经济预测。宏观经济预测是为制订国民经济规划、经济计划和经济政策服务的，是以整个社会经济发展的总蓝图作为考察对象，研究经济发展中各项有关指标之间的联系和发展变化。宏观经济预测是政府制定方针政策，编制和检查计划，调整经济结构的重要依据。微观经济预测主要是指从企业经营的角度所作的各种经济预测，以单个经济单位生产经营发展的前景作为考察对象，研究微观经济中各项有关指标之间的联系和发展变化，其中主要是市场预测。

（二）技术预测

技术预测是对科技发展的未来目标和可能途径及资源条件作出的预先推测或测定。由于技术进步的步伐不断加快，从技术发明到投入大规模商品化应用的时间不断缩短、"产品技术生命周期"不断缩短，以及由于技术进步对一个国家或一个组织的生存与发展的决定作用不断加大、从技术进步中获取的经济效益和社会效益越来越显著等，所有这些趋势都使得技术预测日益引起人们的重视。技术预测对计划工作的影响作用也日益增强，从而使之成为国家或组织计划工作重要的基础性工作。

（三）社会和政治预测

社会和政治预测包括社会变革、经济发展的社会后果预测以及生态环境、人口老龄化、生活消费结构、教育需求、宗教信仰、价值观、道德观、未来的政治格局、国际关系等方面的预测。一方面，人口的增长、可再生资源的逐渐枯竭和环境污染引起人们对世界前途的忧虑；另一方面，人工智能、能源工程、微电子学、生物工程和材料工程等领域的研究进展，又增加了人们对世界未来的希望。社会因素和政治因素对一个国家的技术、经济和社会发展战略的影响，使得社会和政治预测越来越引起人们的重视。

三、预测的程序

（一）确定预测目标

根据社会和组织的要求，运用创造性思维，提出预测的课题，确定预测的目标、任务、对象、预测范围、时间和假定条件以及研究方法等。

（二）整理调查资料

根据问题的性质和预测目标的要求，有目的地收集有关预测对象历史和现状的资料。另外，要大量收集预测的背景材料，即有关的科学技术、经济、社会、政治和文化等方面的材料，有时还要收集国内外同类预测研究成果。对收集到的历史统计数据要认真地进行过滤、分析和整理，剔除偶然因素所造成的影响，为获得满意的预测结果提供科学的依据。

（三）选择预测方法

预测方法的选择要以预测目标、资料的数量和可靠程度来加以确定。一般应同时采用两种以上方法，以保证预测的准确性。

（四）评定预测结果

预测误差是不可避免的。这就需要对预测值进一步进行分析，将预测结果与定性分析的一般性结论对照，检验其合理性和可信程度，估计预测误差大小，并进行必要纠正。然后，将预测结果进一步征询专家意见，以检验预测结果，同时检验预测模型。

（五）提交预测报告

在预测结果的基础上提出预测报告，然后将预测报告交付组织的决策机构。预测报告又称"可行性研究报告"，它的任务是在组织决策之前，全面分析预测目标成功的可能性和有效性，对技术政策、技术方案、实施过程等方面进行方案论证与经济评价，选择一个技术上合理、经济上合算的最优方案和最优时机，为决策提供科学根据。

四、预测的方法

按照预测方法本身的性质不同，预测分为定性预测方法和定量预测方法。

（一）定性预测方法

定性预测方法是依靠预测人员的知识、经验和综合分析能力，对未来预测对象的发展状况作出推断和描述的预测方法。如果预测对象的变化不是渐进式的，而是突变式的，仅从历史统计的时间序列中是无法推测出结果的。这就需要运用定性预测方法，例如新发明、新技术、新工艺的出现时间和投入商品化应用的时间等问题。该预测方法具有直观简单、费用较低、掌握起来并不容易及需要有丰富的经验等特点，一般在预测资料不完整或较少的情况下，采用定性预测方法效果较好。

定性预测方法主要包括：

1. 经验判断预测法

经验判断预测法是单纯凭借预测人员的经验和预测能力，对事物的未来发展方向作出判断的预测方法。经验判断预测法是定性预测法中最常用的方法之一，具有操作简单、经济、便利和及时的特点。经验判断预测法又可分为个人直观判断法和集体经验判断法。

2. 专家预测法

专家预测法是指根据市场预测的目的和要求，联系、组织具有相关丰富经验和知识的专家，向他们提供相应的背景资料，然后请他们对某事物变化的趋势作出判断的方法。专家预测法又可以分为专家调查法（德尔菲法）和专家会议法（头脑风暴法）等。

3. 主观概率预测法

主观概率预测法是指通过对将要预测的随机事件的发生概率进行赋值预测的方法，是一种适用性很强的统计预测方法。依据主观概率给出方的不同，主观概率法又可以分为专家主观给出概率的预测方法和由组织者事先给出概率的预测方法。

4. 情景分析预测法

情景分析预测法又称脚本法或前景描述法，是指在对研究主体所处的外部环境进行分析研究后，通过推测、模拟外部因素可能发生的多种交叉情景，来分析和预测研究主体或主题的各种可能发展前景，它是另一种比较常见和重要的定性预测方法。

（二）定量预测方法

定量预测方法是指通过对经济现象量的方面的分析，来揭示经济现象的变化规律或发展趋势，并在定性分析基础上，对未来经济发展的程度和数量关系进行预测的一种方法。定量预测方法比定性预测方法更完善、更成熟，预测结果更详尽、更精确。它适用于经常性的预测等。常用的定量预测方法主要有时序预测法和因果预测法等。

1. 时序预测法

时序预测法是根据历史统计数据的时间序列，对未来的变化趋势进行预测。除了语言所能描述的直观的变化趋势外，大多数变化趋势包含在用统计数字组成的时间序列中。一般来说，时间序列由四种变化成分组成，即长期趋势变化、季节变化、周期变化和随机波动。预测时间序列中包含的变化趋势是大多数企业进行销售预测时的主要工作。时序预测方法主要包括简单平均法、移动平均法和指数平滑法等。

2. 因果预测法

因果预测法是根据事物间的因果关系对变量的未来变化进行预测。一般来说，因果预测法比起一般的时序预测法，预测得更精细一些。因果关系是客观事物间普遍存在的一种联系，现实生活中有因果关系的例子是很多的。对因果关系进一步分析会发现，影响结果的原因通常远不止一种，如粮食产量除了同降雨量有关外，还与品种、施肥、管理等多种因素有关，这就使得主要原因与结果之间的关系存在着一定的不肯定性。因果预测法主要有回归分析法、计量经济学法和投入产出法等。

> **课间案例 2**
>
> ### 三个业务员寻找市场
>
> 一家制鞋公司要寻找国外市场，公司派了一个业务员去非洲的一个岛国，让他了解一下能否将本公司的鞋销售给他们。这个业务员到非洲岛国后待了一天发回一封电报："这里的人不穿鞋，没有市场。我即刻返回。"公司又派出了一名业务员，第二个人在非洲岛国待了一个早期，发回一封电报："这里的人不穿鞋，鞋的市场很大，我准备把本公司生产的鞋都卖给他们。"公司总裁得到两种不同的结果后，为了解到更真实的情况，于是又派去了第三个人，该人到非洲岛国后待了三个星期，发回一封电报："这里的人不穿鞋，原因是他们脚上长有脚疾，他们也想穿鞋，过去不需要我们公司生产的鞋，因为我们的鞋太窄。我们必须生产宽鞋，才能适合他们对鞋的需求，这里的部落首领不让我们做买卖，除非我们借助于政府的力量和公关活动搞大市场营销。我们打开这个市场需要投入约 1.5 万美元。这样我们每年能卖大约 2 万双鞋，在这里卖鞋可以赚钱，投资收益率约为 15%。"

第二节　决策

决策是计划工作的核心部分，美国管理学家赫伯特·西蒙认为管理就是决策。事实上，决策是管理者从事管理工作的基础，是管理活动的核心，它贯穿于管理过程的始终，组织各项管理职能的开展都离不开决策。因此，掌握科学决策的理论与方法是提高组织管理效率与效益的基础。

一、决策的含义

决策是指为了实现组织目标,提出各种可行方案,依据评定准则和标准,在多种备选方案中,选择一个合理方案进行分析、判断并付诸实施的过程。

决策能指导人们有意识地向未来预定的目标行动。决策的主体既可以是组织,也可以是组织中的个人;决策要解决的问题,既可以是组织或个人活动的选择,也可以是对这种活动的调整。科学的决策,应当通过认真的研究,实事求是的分析,去粗取精,去伪存真,由此及彼,由表及里,把握住事物变化的规律,从而作出合理、可行的决断。

二、决策的特点

(一)目的性

明确的目的是决策的前提。决策总是为实现组织的某一目标而开展管理活动。没有目标就无从决策,没有问题则无须决策。

(二)可行性

决策条件是若干可行的备选方案。决策通常是在两个以上的备选方案中作选择,一个方案无从比较其优劣,也无选择的余地。"多方案抉择"是科学决策的重要原则。

(三)选择性

决策过程,要进行方案分析比较。每个可行方案都有其可取之处,也有其不利的一面。所以必须对每个备选方案进行综合的分析与评价,以分析每一个方案的利弊,比较各方案的优劣。通过分析比较,最终做到决策时"心中有数"。

(四)满意性

选择活动方案的原则是满意原则,而非最优原则。因为最优方案需要建立在完全信息基础之上,条件苛刻,可遇而不可求。科学决策遵循的是满意原则,即在诸多方案中,在现实条件下,选择能够使主要目标得以实现,次要目标也足够好的合理方案。

(五)过程性

决策是一个分析判断的全过程,从决策目标的确定,到决策方案的拟订、评价和选择，再到决策方案的执行和结果的评价，诸多步骤构成了一项完整的决策。组织决策不是一项决策，而是一系列决策的综合。

（六）动态性

决策是一个过程，而非瞬间行动。组织所处的环境往往受到来自组织内部和外部各种因素的影响，环境变化要求管理者不断监测、研究，在变幻莫测的环境中寻求机会，追踪决策，及时调整组织活动，实现组织与环境间的平衡。

（七）风险性

任何一种决策，都是在一定环境下，按照一定程序，由个人或者群体作出的。决策不仅仅只是一个客观过程，还涉及大量个人的情感以及价值判断等主观因素。决策活动中，由于主、客体等多种不确定因素的存在，决策活动常常不能达到预期目的。随着决策机制的不断发展与完善，客观因素在决策风险中所占的比重将越来越小，而主观方面因素将越来越重要。

三、决策的分类

（一）按决策的主体不同划分，决策分为个体决策和群体决策

个体决策是指由组织中的个人所做出的决策；群体决策是指由组织中群体成员制定决策的过程。当决策全过程的活动涉及两个或两个以上的人时，不论这些人是一般性地参与决策，还是真正地做决策，这时的决策就是一种群体决策。如"董事会制"下的决策就是一种群体决策，由集体做出决策方案的选择。

个体决策效率高、更有创造性、责任明确，但受人的有限理性的影响较大，也容易出现因循守旧、先入为主等问题。与个体决策相比，群体决策可以集思广益，拥有更广泛的知识、经验和信息，对风险的理解和控制更好，从而提高了决策方案的接受性和组织成员的积极性，能够应付日益复杂的决策问题。

（二）按决策的重复性划分，决策分为程序化决策与非程序化决策

按照决策和活动的程序性，美国管理学家赫伯特·西蒙把组织活动分为两类——例行活动和非例行活动，对应的决策即程序化决策和非程序化决策。

程序化决策，是指经常重复发生，按固定程序、方法和标准进行的决策。非程序化决策是指具有极大偶然性、随机性、很少重复发生、又无先例可循且具有大量不确定性因素的决策活动，依赖于决策者的经验、知识、决断能力，

常用于处理例外问题。

通常，组织高层管理者面临的大多是非程序化决策，中、基层面临的大多为程序化决策。必须指出的是，它们并非真正截然不同的两类决策，而是像光谱一样的连续统一体。在统一体的一端为高度程序化的决策，而另一端为高度非程序化的决策。我们沿着这个光谱式的统一体，可以找到不同灰色程度的各种决策。

（三）按决策后果的可能性划分，决策分为确定型决策、风险型决策和非确定型决策

确定型决策，是指在确定可控的条件下进行的决策，选中的方案执行后有一个确定结果。在确定型决策中，每个方案只有一个确定的结果，最终选择哪一个方案取决于对方案结果的直接比较。如果方案选定，则该方案结果的发生概率等于1。

风险型决策，是指决策的结果有多种，决策者不知道会发生哪一种结果，但每种结果发生的概率已知。决策者对决策对象的自然状态和客观条件比较清楚，也有比较明确的决策目标，但是实现决策目标必须冒一定风险。

非确定型决策，是指决策的结果有多种，决策者不知道会出现多少种结果，也不知道每种结果发生的概率。非确定型决策又称非标准决策或非结构化决策，是指在不稳定条件下进行的决策，决策者无法确定未来各种自然状态发生的概率。

（四）按决策所需解决的问题划分，决策分为初始决策和追踪决策

初始决策是指组织对从事某种活动或从事该种活动的方案所进行的初次选择。追踪决策则是指在初始决策的基础上对组织活动方向、内容或方式的重新调整。如果说初始决策是在对组织内外环境的某种认识基础上作出的，追踪决策则是由于这种环境条件发生了变化，或者是由于组织对环境特点的认识发生了变化而引起的。显然，组织中的大部分决策都属于追踪决策。

（五）按决策的作用范围划分，决策分为战略决策、战术决策和业务决策

战略决策，是指关系组织全局和长远发展重大问题的决策。事关组织兴衰成败，决策权一般由最高层管理者行使，如组织战略目标的确定等。

战术决策，是指有关实现战略目标的方式、途径、措施的决策。决策权一般主要由中层管理者行使，如生产、销售计划的确定等。这是在组织内贯彻的决策，属于战略执行过程中的具体决策。

业务决策，是指组织为了提高日常业务活动效率而作出的决策。一般只对组织产生局部影响，如生产进度安排、库存控制等，它比战术决策更具体，一般由基层管理者作出。

四、决策的程序

决策所要解决的问题复杂多样，决策程序也不尽相同，但一般都遵循一些基本程序（图5-2）。通常决策的基本过程包括：

（一）鉴别分析问题

任何决策都是从发现问题和提出问题开始的。决策过程的第一步应该是发现问题并对问题进行全面且完整的鉴别，鉴别问题对于解决问题是至关重要的。

在一个具有两个或两个以上层次的组织中，仅仅发现问题提出来是不够的，还必须在提出问题的基础上，对众多的问题进行分析，以明确各种问题的性质。一是弄清问题的性质、范围、程度以及它的价值和影响，如是战略性问题还是局部问题，是非程序性的问题还是程序性问题等，由此确定问题的决策层次；二是要找出问题产生的原因，管理者应对环境的变化进行认真的分析，只有通过对各种预兆进行分析，才能透过表象看到环境变化的本质，才能找到造成问题的真正原因，对事物发展作出超前的、正确的预计。

（二）收集信息

在问题被明确和定义之后，决策者就可以开始对问题进行系统分析。分析问题的前提条件是着手调查研究，收集实际资料并加以整理。准确、充分、及时的信息是决策的基础，是有效决策的保证。

在这个步骤里，管理者应积累所有解决问题所需要的数据资料，其数量和搜集信息的范围主要取决于问题的性质和复杂程度。管理者可以从往日的经验、记录等获得信息和资料，包括销售、财务、生产、人事等

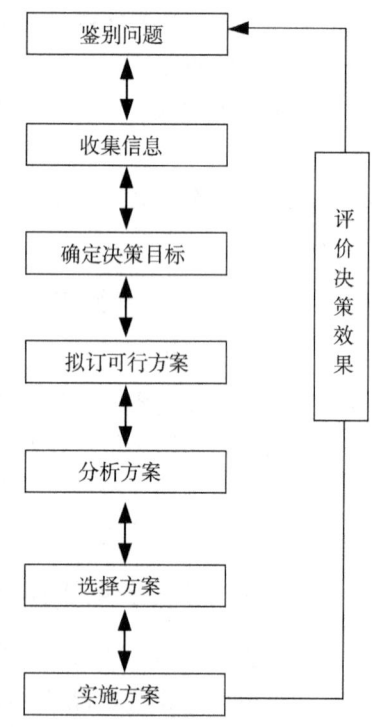

图5-2 决策程序

方面的资料,并将资料归类,建立数据库。

(三)确定决策目标

在明确所要解决的问题之后,则要明确决策目标。目标的确定十分重要,同样的问题,由于目标不同,可采用的决策方案也会大不相同。目标的确定,要经过调研,掌握系统准确的统计数据和事实,然后进行一定的整理分析,根据对组织总目标及各种目标的综合平衡,结合组织的价值准则和决策者愿意为此付出的努力程度进行确定。

(四)拟订可行方案

认识到决策需要之后,管理者必须拟订一组可行的备选行动方案,用来应对出现的机遇和威胁。备选方案既要注意科学性,又要注意有创造性。同时备选方案越多,解决办法会越完善。

(五)分析备选方案

备选方案拟订出之后,决策者必须客观地评价这些备选方案,认真地分析每一个方案的实用性和经济可行性,层层筛选。如果所有的备选方案都不令人满意,决策者还必须进一步寻找新的备选方案。通常,成功的管理者会使用实用性标准、经济可行性标准、是否合乎道德和法律来对支持或者反对某一项备选行动方案的理由进行评价。

(六)选择满意方案

各种备选方案都有其优点和缺陷,决策要求以"满意原则"来确定方案。在对各方案进行理性分析比较的基础上,决策者最后要从中选择一个满意方案并付诸实施。选择方案时,就是在各种可供选择的方案中权衡利弊,分析其可执行性,这是决策的关键过程。

(七)实施决策方案

选择满意的方案后,决策者必须使方案付诸实施。管理者必须设计所选方案的实施方法,做好各种必需的准备工作,如果是重大决策,应落实部门、人员的监管责任,掌握满意方案的实施情况。尤其在关键时段、关键时点,要加强监督控制,以保证组织内实施决策方案的及时性、可操作性和正确性。

此外,决策的实施还要有广大组织成员的积极参与。为了有效地组织决策实施,决策者应通过各种渠道将决策方案向组织成员通报,争取成员的认同,对成员给予支持和具体的指导，调动成员的积极性。

（八）评价决策效果

决策者应该通过信息的反馈来评价和衡量决策的效果，决策者最后的职责是定期检查计划的执行情况并将实际情况与计划结果进行对比。这一过程应根据已建立的标准来衡量方案实施的效益，通过定期检查来评价方案的合理性。这种评价必须是全方位的，在方案实施过程中要不断进行追踪。

决策过程的最后一个步骤就是从反馈中学习，回顾可以明确功过，确定奖惩，为今后的决策提供信息和积累经验。所以管理者必须建立起一种从过去决策的结果中进行学习的正式程序，提高自身的决策水平。

五、决策的影响因素

（一）环境

环境对组织决策的影响是双重的。环境特点首先影响着组织决策的频率和内容。如在一个相对稳定的外部环境中，组织的决策相对简单，大多数决策都可以在过去决策的基础上作出；如果市场环境复杂，变化频繁，那么组织就可能要经常面对许多非程序性的、过去所没有遇到过的问题。其次，对环境的习惯反应模式也影响着组织活动的选择。即使在相同的环境背景下，不同的组织也可能作出不同的反应。而这种组织与环境之间关系的模式一旦形成，就会趋向固定，影响人们对行动方案的选择。

（二）组织文化

组织文化通常是由组织创办者所建立并在组织多年运行中逐步成型和巩固下来的。组织文化制约着包括决策者在内的所有组织成员的思想和行为，它通过影响人们对变革的态度而对决策起影响和限制作用。

组织文化是构成组织内部环境的主要因素，对待组织文化，应该既注意到它们对组织决策有影响和制约作用的一面，同时也认识到它们还有需要组织进行管理和变革的另一面。决策者对组织文化不应该只是被动地适应，还应该主动谋求影响和改变。

（三）过去的决策

组织过去的决策是目前决策过程的起点。通常，当前的决策会受到过去决策的影响，是对初始决策的完善、调整或者改革。过去选择方案的实施，不仅伴随着人力、物力、财力等资源的消耗，而且还伴随着内部状况的改善，带来对外部环境的影响。

过去决策对目前决策的制约程度，主要由过去决策与现任决策者的关系决定。如果过去的决策是由现任的决策者制定的，由于决策者通常要对自己的选择及其后果负责，也为了保证决策的连续性，因此决策者一般不愿对组织的活动进行重大的调整，而趋向于仍将大部分资源投入过去未完成的方案执行中。相反，如果现在的主要决策者与组织过去的重大决策没有很深的渊源关系，则其会易于接受重大改变。

（四）决策者的风险态度

决策是人们确定未来活动的方向、内容和行动目标的过程，由于目前预测的未来状况与未来的实际情况不可能完全相符，因此任何决策都存在一定的风险。风险伴随行动结果的不确定性而产生，组织及其决策者对待风险的不同态度会影响对决策方案的选择。愿意承担风险的组织，通常会在被迫对环境作出反应以前就已采取进攻性的行动；而不愿意承担风险的组织，通常只对环境作出被动的反应。

（五）决策的时间紧迫性

美国学者威廉·R.金和大卫·I.麦克利兰把决策类型划分为时间敏感决策和知识敏感决策。时间敏感决策是指那些必须迅速而尽量准确的决策。这种决策对速度的要求远甚于质量。例如，当一辆疾驶的汽车冲来时，关键是要迅速跑开，至于跑向马路的左边近些、还是右边近些，相对于及时行动来说则显得比较次要。而知识敏感决策恰恰相反，对时间的要求不是非常严格。这类决策的执行效果主要取决于其决策质量，而非速度。制定这类决策时，要求人们充分利用知识，作出尽可能正确的选择。战略决策基本上属于知识敏感决策。

> **课间案例 3**
>
> **宝洁公司开发的一次性尿布**
>
> 1956年，宝洁公司开发部主任维克·米尔斯在看到刚出生的孙子一堆一堆脏尿布要洗的时候，产生了灵感，认为一次性尿布应该有很大的市场需求空间。于是，米尔斯就让员工调查尿布市场需求情况，并让几个最有才华的人研究开发一次性尿布。当时美国市场上有好几种牌子的

一次性尿布。但市场调研显示,多年来这种尿布只占美国市场的1%。原因首先是价格太高,其次是父母们认为这种尿布不好用,只适合在旅行或不便于正常换尿布时使用。美国和世界许多国家正处于战后婴儿出生高峰期。将婴儿数量乘以每日平均需换尿布次数,可以得出一个大得惊人的潜在销量。因此,一次性尿布的市场潜力巨大。

宝洁公司产品开发人员用了一年的时间进行研发,最初样品是在塑料裤衩里装上一块打了褶的吸水垫子。但在1958年夏天现场试验中,除了父母们的否定意见和婴儿身上的痱子以外,一无所获。1959年3月,宝洁公司重新设计了一款一次性尿布,拿到纽约州去做现场试验。这一次,有三分之二的试用者认为该产品胜过布尿布。降低成本和提高新产品质量,比产品本身的开发难度更大。到1961年12月,这个项目进入了能通过验收的生产工序和产品试销阶段。

被定名为"娇娃"的一次性尿布受到妈妈们的喜爱,但10美分一片尿布的价格有些偏高。在6个地方进行的试销进一步表明,定价为6美分一片,就能使这类新产品畅销。宝洁公司把生产能力提高到使公司能以该价格在全国销售"娇娃"尿布的水平。"娇娃"尿布终于成功推出,直至今天仍然是宝洁公司的拳头产品之一。

六、决策的方法

随着组织决策理论和实践的不断发展,决策方法不断得到充实和完善。根据方法本身的性质,决策可分为定性决策方法和定量决策方法。

(一)定性决策方法

定性决策方法也称主观决策法,是直接利用人们的知识、智慧和经验,根据已掌握的有关资料对决策的内容进行分析和研究,对决策的方案进行评价和选优。在组织管理中,决策者运用社会科学的原理并根据个人的经验和判断能力,充分发挥各自丰富的经验、知识和能力,从对决策对象的本质特征的研究入手,掌握事物的内在联系及其运行规律,对组织的经营管理决策目标、决策方案的拟订以及方案的选择和实施做出决断。

常用的定性决策方法有专家调查法(德尔菲法)、专家会议法(头脑风暴法)、哥顿法、电子会议分析法、方案前提分析法等,其中以专家调查法(德尔菲法）和专家会议法（头脑风暴法）最常用。尤其在长远的战略决策中，由于许多条件的不肯定性，专家调查法（德尔菲法）特别适用。其中，专家调查法（德尔菲法）和专家会议法（头脑风暴法）既是一种预测方法也是一种决策方法。

1. 专家调查法（德尔菲法）

专家调查法又称德尔菲法或专家意见法，20世纪50年代初由美国兰德公司首创和使用，最早用于预测苏联第一颗人造卫星上天的时间，后来推广应用到决策中来。德尔菲是古希腊传说中的神谕之地，城中有座阿波罗神殿可以预卜未来，因而借用其名。

专家调查法是采用征询意见表，借助通信方式，向一个专家小组进行调查，得到答复后，把专家小组的各种意见经过综合、整理和反馈，如此反复多次，直到预测（决策）的问题得到较为满意结果的一种预测（决策）方法。这种方法不是非要以唯一的答案作为最后结果，它的目的只是尽量使多数专家的意见趋向集中，但不对回答问题的专家施加任何压力，并允许有合理的分歧意见。

专家调查法的实施过程是：（1）预测（决策）小组拟定预测（决策）提纲；（2）选定预测（决策）专家，选定人数一般以20～50人为宜，一些重大问题的决策可选择100人以上；（3）征询专家意见；（4）修改预测（决策）意见，组织者将第一次预测（决策）的结果及资料进行综合整理、归纳，使其条理化，发出第二次征询表，同时把汇总的情况一同寄去，让每一位专家看到全体专家的意见倾向，据此对所征询的问题提出修改意见或重新做一次评价；（5）确定预测（决策）结果，征询、修改以及汇总反复进行三四轮，专家的意见就逐步集中和收敛，从而确定出专家们趋于一致的预测（决策）结果。

专家调查法的优点：（1）匿名性。就是应邀参加预测（决策）的专家匿名，消除了"权威者"的影响，同时参加的成员可以参考第一轮的预测（决策）结果。（2）价值性。由于不同领域的专家参加预测（决策），他们各有专长，考虑问题的出发点不同，会提出很多事先没有考虑到的问题和有价值的意见。（3）统计性。为了对预测（决策）进行定量估价，采用统计方法对预测（决策）结果进行处理，最后得到的是综合统计的评定结果。

专家调查法的缺点：（1）受专家组的主观制约，预测（决策）的准确程度取决于专家们的观点、学识和对预测（决策）对象的兴趣程度；（2）专家们的评价主要依靠直观判断，缺乏严格的论证。

2. 专家会议法（头脑风暴法）

专家会议法又称头脑风暴法或智力激励法，是由被称为"风暴式思考之父"的美国创造学家亚历克斯·奥斯本于1939年首次提出的一种激发创造性思维的方法。

专家会议法是指有关专家通过会议的形式，在完全不受约束的条件下，敞开思路，畅所欲言引起思维共振，形成创造性思维。组织预测（决策）者负责邀请预测（决策）问题研究专家，对预测（决策）问题做出评价，并在专家分析、判断的基础上，综合各种意见，借以对调查分析事件作出质和量的结论。头脑风暴法强调的是集体思维，目的在于创造一种自由奔放的思考环境，鼓励创造性思维，激发参与者的创意及灵感，使各种设想在相互碰撞中激起脑海里的创造性"风暴"，起到互相启发、开拓思路的作用，但最后处理和综合预测（决策）意见比较难。一般参与者以10～15人为宜，时间一般为20～60分钟为宜。

专家会议法的原则包括：（1）严格限制问题范围，明确具体要求以便使注意力集中；（2）不能对别人的意见提出怀疑和批评，要研究任何一种设想，而不管这种设想是否适当和可行；（3）发言要精练，不要详细论述；（4）提倡即席发言；（5）鼓励参与者对已经提出的设想进行改进和综合，为准备修改自己设想的人提供优先发言。

3. 哥顿法

哥顿法，又称教学式头脑风暴法或隐含法，是由美国人威廉·戈登始创的，是一种由会议主持人指导进行集体讲座的技术创新技法。其特点是不让与会者直接讨论问题本身，而只讨论问题的某一局部或某一侧面，或者讨论与问题相似的某一问题，或者用"抽象的阶梯"把问题抽象化后向与会者提出。主持人对提出的构想加以分析研究，一步步地将与会者引导到问题本身上来。哥顿法是由头脑风暴法衍生出来的，适用自由联想的一种方法。但其与头脑风暴法有所区别：头脑风暴法要明确提出主题，并且尽可能地提出具体的课题；与此相反，哥顿法并不明确地阐明主题，而是在给出抽象的主题之后，寻求卓越的构想。

4. 电子会议分析法

电子会议分析法是群体决策与计算机技术相结合的决策方法。在使用这种方法时，主办方将群体成员集中起来，每人面前有一个与中心计算机相连接的终端。主办方将问题显示给决策参与者，决策参与者把自己解决问题的有关方案打在计算机屏幕上，然后个人评论和票数统计都投影在会议室内的大屏幕上。电子会议分析法的主要优点有匿名、诚实和快速，而且能够超越空间的限制，比传统的面对面的决策咨询的效率高出许多。

5. 方案前提分析法

方案前提分析法是通过分析、评估决策方案赖以成立的前提，从而达到分析、评估决策方案本身的方法。其出发点是，每个方案都有几个前提假设作为依据，方案是否正确以及正确程度如何，关键在于它的前提假设是否成立以及立论是否牢固可靠。在讨论和选择方案时，可以不直接讨论方案本身而讨论它的前提假设。通过直接讨论前提假设，达到间接选择方案的目的。方案前提分析法仅局限于对备选方案的前提假设进行讨论，因而能够对方案的论据了解得更深入、更透彻，增加所选方案的准确性和科学性。

定性决策方法的优点是：可以发挥集体的智慧和力量，通过思维共振激发创造性；有利于促进决策的科学化和民主化；形成一套如何利用专家集体创造力的基本理论和具体的具有可操作性和规范化、程序化特征的方法；建立在现代科学理论和一系列学科群的基础上，充分吸纳了其他学科的知识和研究方法的长处，形成了以知识交换融合为基础的系统思维和综合论证条件。但定性决策方法也有一定的缺点：定性决策法是建立在专家个人主观意见的基础上，未经严格论证；决策结果受决策组织者的影响较大；采用定性决策法分析问题时，多数人观念趋于保守，传统观念容易占优势。在实际工作中，定性决策方法特别适用于战略决策、政治决策和非程序化决策的领域。

课间案例 4

直升机扫雪

有一年，美国北方格外寒冷，大雪纷飞，电线上积满冰雪，大跨度的电线常被积雪压断，严重影响通信。过去，许多人试图解决这一问题，但都未能成功。后来，电信公司经理应用奥斯本发明的头脑风暴法，尝试解决这一难题。他召开了一种能产生头脑风暴的座谈会，参加会议的是不同专业的技术人员，经理要求他们必须遵守以下原则：第一，自由思考。即要求与会者尽可能解放思想，无拘无束地思考问题并畅所欲言，不必顾虑自己的想法或说法是否"离经叛道"或"荒唐可笑"。第二，延迟评判。即要求与会者在会上不要对他人的设想评头论足，至于对设想的评判，留在会后组织专人考虑。第三，以量求质。即鼓励与会者尽可能多而广地提出设想，以大量的设想来保证质量较高的设想的存在。第四，结合改善。即鼓励与会者积极进行智力互补，在增加自己提出设想的同时，注意思考如何把两个或更多的设想结合成另一个更完善的设想。

按照这种会议规则，大家开始讨论。有人提出设计一种专用的电线清雪机，有人想到用电热来化解冰雪，也有人建议用振荡技术来清除积雪，还有人提出能否带上几把大扫帚乘坐直升机去扫电线上的积雪。对于这种"坐飞机扫雪"的设想，大家心里尽管觉得滑稽可笑，但在会上也无人提出批评。相反，有一位工程师在百思不得其解时，听到用飞机扫雪的想法后，突然受到启发，一种简单可行且高效率的清雪方法被想了出来。他想，每当大雪过后，出动直升机沿积雪严重的电线飞行，依靠高速旋转的螺旋桨即可将电线上的积雪迅速扇落。他马上提出"用直升机扇雪"的新设想，顿时又引起其他与会者的联想，有关用飞机除雪的主意一下子又多了七八条。不到一小时，与会的 10 名技术人员共提出 90 多条新设想。

会后，公司组织专家对设想进行分类论证。专家们认为设计专用清雪机，采用电热或电磁振荡等方法清除电线上的积雪，在技术上虽然可行，但研制费用大，周期长，一时难以见效。那种因"坐飞机扫雪"激发出来的几种设想，倒是一种大胆的新方案，如果可行，将是一种既简单又高效的好办法。经过现场试验，发现用直升机扇雪真能奏效，一个悬而未决的难题，终于在头脑风暴会中得到了巧妙的解决。

（二）定量决策方法

定量决策方法就是运用数学工具建立反映各种因素及其关系的数学模型，并通过对这种数学模型的计算和求解，选择出最佳的决策方案。其核心是把同决策有关的变量与变量、变量与目标之间的关系，用数学关系表示出来，即建立数学模型，然后，通过计算求出答案，供决策参考使用。近年来，计算机技术的发展为数学模型的运用开辟了更广阔的前景。

1. 确定型决策方法

确定型决策方法，是指在确定可控的条件下进行的决策，选中的方案执行后有一个确定结果。即只存在一种确定的自然状态，决策的影响因素和结果都是明确的、肯定的。决策者可依科学的方法建立决策模型，计算出各个方案的损益值，通过比较选出满意的方案。确定型决策方法适用于对未来的认识比较充分，了解未来市场可能呈现某种状况，能够比较准确地估计未来的市场需求情况。确定型决策的方法很多，包括线性规划法、盈亏平衡分析法、内部投资回报率法、价值分析法等。

（1）线性规划法

线性规划法是解决多变量最优决策的方法，是在各种相互关联的多变量约束条件下，解决或规划一个对象的线性目标函数最优的问题，即给予一定数量的人力、物力和资源，如何应用而能得到最大经济效益。它作为经营管理决策中的数学手段，在现代决策中的应用是非常广泛的。可以用来解决科学研究、工程设计、生产安排、军事指挥、经济规划和经营管理等各方面提出的大量问题。具体而言，管理中一些典型的线性规划应用包括合理利用线材问题、配料问题、投资问题、产品生产计划、劳动力安排、运输问题等。

线性规划法一般采取三个步骤：第一步，建立目标函数；第二步，加上约束条件；第三步，求解各种待定参数的具体数值。在目标最大的前提下，根据各种待定参数的约束条件的具体限制便可找出一组最佳的组合。

例 5-1：某工厂在计划期内要安排甲、乙两种产品的生产，已知生产单位产品所需的设备台时及 A、B 两种原材料的消耗、资源的限制如表 5-1。问题：工厂应分别生产多少单位甲、乙产品才能使工厂获利最多？

表 5-1　线性规划法

	甲	乙	资源限制
设备 / 台时	1	1	300
原料 A/ 千克	2	1	400
原料 B/ 千克	0	1	250
单位产品获利 / 元	50	100	

解：设计划期内甲产品计划生产 x_1 件，乙产品计划生产 x_2 件。

目标函数：$\text{Max } z = 50 x_1 + 100 x_2$

约束条件：$x_1 + x_2 \leq 300$

$2 x_1 + x_2 \leq 400$

$x_2 \leq 250$

变量函数：$x_1, x_2 \geq 0$

得到最优解：$x_1 = 50, x_2 = 250$

最优目标值：$z = 27\,500$

对于只有两个决策变量的线性规划问题，可以在平面直角坐标系上作图表示线性规划问题的有关概念，并求解，即图解法。解线性规划问题的方法还有很多，这里不一一赘述。

（2）盈亏平衡分析法

盈亏平衡分析法也叫保本分析法或量本利分析法，是通过产品数量、成本、销售利润这三者的关系,掌握盈亏变化的规律,指导企业选择能够以最小的成本生产出最多产品并可使企业获得最大利润的经营方案。该方法起源于20世纪初的美国,现在在世界范围内都得到了广泛应用,为企业预测、决策、计划和控制等经营活动的有效进行提供了良好保证。

企业利润是销售收入扣除生产成本后的剩余。其中销售收入是产品销售数量及其销售价格的函数,生产成本又可以分为固定成本和变动成本。变动成本是随着产量增加或减少而变化的费用,而固定成本则在一定时期、一定范围内不随产量变化而变化。

企业获得利润的前提是生产过程中的各种消耗均能得到补偿,即销售收入至少等于生产成本。所以,必须确定保本产量和保本收入。在短期内,当价格、固定成本和变动成本一定的情况下,企业至少应该生产多少数量的产品才能使总收入和总成本平衡,这个数量就是保本数量;或当产量、价格、费用已定的情况下,企业至少应该取得多少销售收入,才能补偿生产过程中的费用,这个销售收入就是保本收入。

图 5-3 描述了特定时期企业利润、销售收入(价格和销售量的乘积)及生产成本(固定成本和变动成本)之间的关系。其中 a 点的总销售收入 S 和总成本 C 相等,即保本点(盈亏平衡点)。

企业利润 = 销售收入 − 总成本
　　　　= 销售收入 − 变动成本 − 固定成本
　　　　= 单价 × 销售量 − 单位变动成本 × 销售量 − 固定成本
　　　　=(单价 − 单位变动成本)× 销售量 − 固定成本

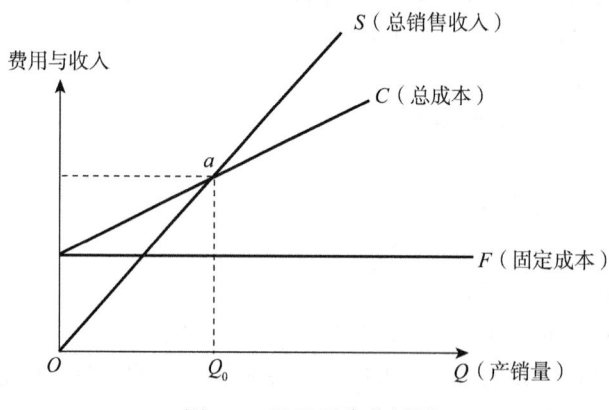

图 5-3　盈亏平衡分析图

在进行盈亏平衡分析时，应明确认识下列基本关系：

第一，在销售总成本已定的情况下，盈亏临界点的高低取决于单位售价的高低。单位售价越高，盈亏临界点越低；单位售价越低，盈亏临界点越高。第二，在销售收入已定的情况下，盈亏临界点的高低取决于固定成本和单位变动成本的高低。固定成本越高，或单位变动成本越高，则盈亏临界点越高；反之，盈亏临界点越低。第三，在盈亏临界点不变的前提下，销售量越大，企业实现的利润便越多（或亏损越少）；销售量越小，企业实现的利润便越少（或亏损越多）。第四，在销售量不变的前提下，盈亏临界点越低，企业能实现的利润便越多（或亏损越少）；盈亏临界点越高，企业能实现的利润便越少（或亏损越多）。

例 5-2：某企业生产一种产品，其总固定成本为 20 万元，单位产品变动成本为 10 元，产品销价为 15 元。求：（1）该企业的盈亏平衡点产量应为多少？（2）如果要实现利润 20 000 元时，其产量应为多少？

解：（1）$Q = \dfrac{C}{P-V} = \dfrac{200\ 000}{15-10} = 40\ 000(件)$

即当生产量为 40 000 件时，处于盈亏平衡点上。

（2）$Q = \dfrac{C+B}{P-V} = \dfrac{200\ 000 + 20\ 000}{15-10} = 44\ 000(件)$

即当生产量为 44 000 件时，企业可获利 20 000 元。

2. 风险型决策方法

风险型决策方法是指决策者对决策对象的自然状态和客观条件比较清楚，也有比较明确的决策目标，但是实现决策目标必须冒一定风险。风险型问题具有决策者期望达到的明确标准，存在两个及以上的可供选择方案和决策者无法控制的两种以上的自然状态，并且在不同自然状态下不同方案的损益值可以计算出来，对于未来发生何种自然状态，决策者虽然不能作出确定回答，但能大致估计出其发生的概率值。对这类决策问题，常用决策树法求解。

所谓决策树法，就是运用树状图表示各决策的期望值，通过计算，最终优选出效益最大、成本最小的决策方法。一般都是自上而下来生成的，每个决策或事件（即自然状态）都可能引出两个或多个事件，导致不同的结果，把这种决策分支画成图形很像一棵树的枝干，故称决策树。

决策树的构成有四个要素：决策结点、方案枝、状态结点、概率枝（图5-4）。

决策树法作为一种决策技术，已广泛地应用于企业的投资决策之中，它是随机决策模型中最常见、最普及的一种决策模式和方法，此方法能有效控制决策带来的风险。

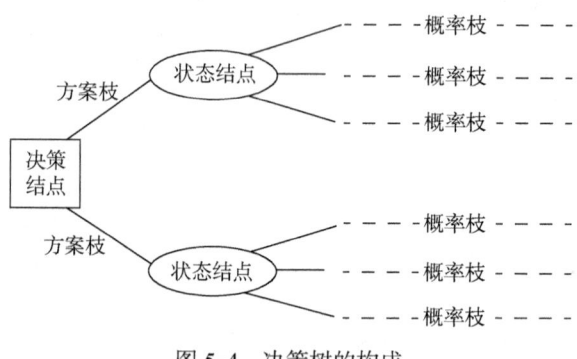

图 5-4　决策树的构成

利用决策树决策的条件主要有：第一，具有决策者期望达到的明确目标；第二，存在决策者可以选择的两个及以上的可行备选方案；第三，存在着决策者无法控制的两种及以上的自然状态（如气候变化、市场行情、经济发展动向等）；第四，不同行动方案在不同自然状态下的收益值或损失值（简称损益值）可以计算出来；第五，决策者能估计出不同自然状态发生的概率。

决策树的决策程序是：第一，绘制树状图，根据已知条件排列出各个方案和每一方案的各种自然状态；第二，将各状态概率及损益值标于概率枝上；第三，计算各个方案期望值并将其标于该方案对应的状态结点上；第四，进行剪枝，比较各个方案的期望值，并标于方案枝上，将期望值小的（即劣等方案）剪掉，所剩的最后方案为最佳方案（图 5-5）。

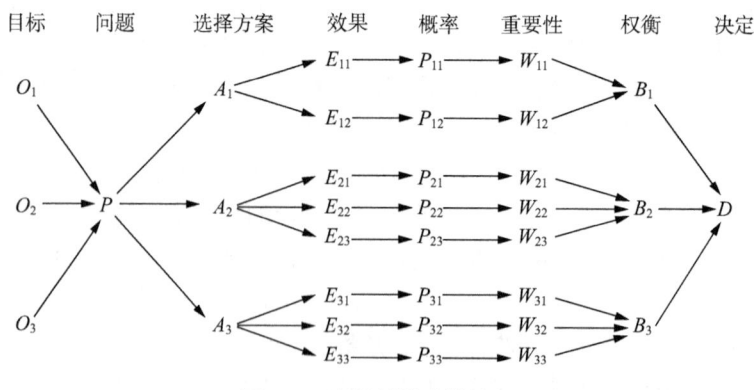

图 5-5　决策树的决策过程

例 5-3：某企业为提高效率，针对未来五年不同的市场需求进行预测，拟订了三种方案，其中方案 A 需投资 200 万元，方案 B 需投资 150 万元，方案 C 需投资 90 万元，年收益值（单位：万元）如表 5-2 所示。请用决策树法分析哪个方案最好。

表 5-2　年收益值表 1　　　　　　　　　　　　　　　单位：万元

方案	市场需求		
	高需求概率 0.4	中需求概率 0.3	低需求概率 0.3
A	200	160	-40
B	150	90	10
C	100	40	20

解：计算 A、B、C 方案的期望净收益值：

A 方案期望净收益 ＝ [200×0.4+160×0.3+（-40）×0.3]×5-200 ＝ 380（万元）

B 方案期望净收益 ＝ [150×0.4+90×0.3+10×0.3]×5-150 ＝ 300（万元）

C 方案期望净收益 ＝ [100×0.4+40×0.3+20×0.3]×5-90 ＝ 200（万元）

三种方案中，A 方案的期望净收益值最高，故 A 方案最优。

3. 非确定型决策方法

非确定型决策，是指在决策所面临的自然状态难以确定而且各种自然状态发生的概率也无法预测的条件下所做出的决策。由于决策主要靠决策者的经验、智慧和风格，便产生不同的评选标准，因而形成了多种具体的决策方法。非确定型决策一般包括等概率决策法、大中取大决策法、小中取大决策法、折中决策法和后悔值决策法。

例 5-4：某企业准备生产一种新产品，对于市场的需求量估计为三种情况，即较多、中等和较少。企业拟订了 A、B、C 三种方案，对这种产品，工厂拟生产五年，年收益值（单位：万元）见表 5-3，请分别用以上五种决策方法选择最优方案。

表 5-3　年收益值表 2　　　　　　　　　　　　　　　单位：万元

方案	市场需求		
	市场需求较多	市场需求中等	市场需求较少
A	180	60	-30
B	215	80	-40
C	160	40	-20

（1）等概率决策法

等概率决策法也称等可能性决策法、拉普拉斯决策准则。等概率决策法是当决策人在决策过程中，不能肯定哪种状态容易出现，哪种状态不容易出现时，可以一视同仁，认为各种状态出现的可能性是相等的。法国数学家皮埃尔·西蒙·拉普拉斯首先提出这个想法，所以又叫做拉普拉斯决策准则。

等概率决策法的基本原理是当存在两种或两种以上的可行方案时，假定每一种方案遇到各种自然状态的可能性是相等的，然后求出各种方案的损益期望值，以此作为依据，进行决策。这种决策方法带有一定的主观性。

方案 A 的期望收益值 = $1/3 \times 180 + 1/3 \times 60 + 1/3 \times (-30) = 70$（万元）
方案 B 的期望收益值 = $1/3 \times 215 + 1/3 \times 80 + 1/3 \times (-40) = 85$（万元）
方案 C 的期望收益值 = $1/3 \times 160 + 1/3 \times 40 + 1/3 \times (-20) = 60$（万元）

三种方案中 B 的期望值收益最高，故 B 方案最优（表 5-4）。

表 5-4 等概率决策法　　　　　　　　　　　　　　单位：万元

方案	市场需求较多	市场需求中等	市场需求较少	各方案期望值	最大收益值
A	180	60	−30	70	
B	215	80	−40	85	85
C	160	40	−20	60	

（2）大中取大决策法

大中取大决策法又称乐观决策准则，是指按乐观或冒险原则决策的一种方法。采用这种方法的管理者对未来持乐观的看法，认为未来会出现最好的自然状态，因此不论采取哪种方案，都能获取该方案的最大收益。决策时，决策者不放弃任何一个获得最好结果的机会，争取好中最好。具体做法是，对盈利性方案而言，先确定各备选方案的最大可能盈利值，然后从中选择一个能获得最大盈利的方案。通常决策者对未来充满了信心，态度乐观，但难免冒较大风险。

大中取大决策法的适用范围包括：第一，高收益值诱导。决策者运用有可能实现的高期望值目标，激励、调动人们奋进的积极性。第二，绝处求生。企业处于绝境，运用其他较稳妥的决策方法难以摆脱困境，与其等着破产，还不如通过拼搏，以求获得最后一线生机。第三，前景看好。决策者对企业的前景充满信心，应当采取积极进取的方案，否则就会贻误最佳时机。第四，实力雄厚。企业力量强大，如果过于稳妥、保守，企业往往会无所作为，甚至削弱力量及地位。

方案 A 的最大收益值＝180（万元）
方案 B 的最大收益值＝215（万元）
方案 C 的最大收益值＝160（万元）
三种方案中 B 的最大收益值最高，故 B 方案最优（表5-5）。

表5-5　大中取大决策法　　　　　　　　　　　　　　　　单位：万元

方案	市场需求较多	市场需求中等	市场需求较少	最好状态收益值	最大收益值
A	180	60	-30	180	
B	215	80	-40	215	215
C	160	40	-20	160	

（3）小中取大决策法

小中取大决策法或称悲观决策准则，这种决策准则就是充分考虑可能出现的最坏情况，决策者在进行方案取舍时以每个方案在各种状态下的最小值为标准（即假定每个方案最不利的状态发生），再从各方案的最小值中取最大者对应的方案。简言之，就是最坏的情况下争取最好的结果。通常决策者性格稳妥且保守，信心不足，对未来悲观。

小中取大决策法的适用范围包括：第一，企业规模较小、资金薄弱，经不起大的经济冲击；第二，决策者认为最坏状态发生的可能性很大，对好的状态缺乏信心等；第三，在某些行动中，人们已经遭受了重大的损失，如人员伤亡、天灾人祸，需要恢复元气。

方案 A 的最小收益值＝-30（万元）
方案 B 的最小收益值＝-40（万元）
方案 C 的最小收益值＝-20（万元）
三种方案中 C 的最小收益值最高，故 C 方案最优（表5-6）。

表5-6　小中取大决策法　　　　　　　　　　　　　　　　单位：万元

方案	市场需求较多	市场需求中等	市场需求较少	最差状态收益值	最大收益值
A	180	60	-30	-30	
B	215	80	-40	-40	
C	160	40	-20	-20	-20

(4) 折中决策法

折中决策法是对大中取大决策法和小中取大决策法进行折中的一种决策方法。大中取大决策法显得过于乐观冒险，而小中取大决策法又过于悲观保守，因此，决策时对客观状态既不能盲目乐观，也不可以极端悲观，最好和最差的自然状态均有出现的可能。因此，可以根据决策者的判断，给最好的自然状态以一个乐观系数，给最差的自然状态以一个悲观系数，两者之和为1，然后用各方案在最好状态下的收益与乐观系数相乘的积，加上各方案在最差状态下的收益与悲观系数的乘积，得出各方案的期望收益值，然后据此比较各方案的经济效果，做出选择。依据折中决策法，上例设乐观系数为0.7。

方案 A 的期望值 = 0.7×180+0.3×（-30）= 117（万元）
方案 B 的期望值 = 0.7×215+0.3×（-40）= 138.5（万元）
方案 C 的期望值 = 0.7×160+0.3×（-20）= 106（万元）

三种方案中 B 的期望值最高，故 B 方案最优（表 5-7）。

表 5-7　折中决策法　　　　　　　　　　单位：万元

方案	市场需求较多	市场需求中等	市场需求较少	折中期望值	最大收益值
A	180	60	-30	117	
B	215	80	-40	138.5	138.5
C	160	40	-20	106	

(5) 后悔值决策法

后悔值决策法又称萨凡奇准则，是指通常在决策时，应当选择收益值最大或者损失值最小的方案作为最优方案。在非确定型决策问题中，虽然各种客观状态出现的概率无法估计，但决策一经做出并付诸实施，必然处在实际出现的某种状态之中。若所选方案不如其他方案好，决策者就会感到后悔。后悔情绪的大小可用所选方案与该状态下真正最优方案的益损值之差来度量，该差值便称为后悔值。简言之，后悔值就是决策者失策所造成的损失价值。显然，后悔值越小，所选方案就越接近最优方案。

后悔值决策方法的思路是先算出各行动方案在不同状态下的后悔值；再分别找出各方案的最大后悔值；最后在这些最大后悔值中找出最小者，其对应的方案，即最小的最大后悔值所对应的方案就作为最优决策方案。通常，对决策失误的后果看得较重的决策者常常采用此种决策方法。

因为本着大中取小的原则，所以，B 方案最优（表 5-8）。

表 5-8　后悔值决策方法　　　　　　　　　　　　　　　　　　单位：万元

方案	不同需求下的后悔值			最大后悔值
	市场需求较多	市场需求中等	市场需求较少	
A	215-180=35	80-60=20	（-20）-（-30）=10	35
B	215-215=0	80-80=0	（-20）-（-40）=20	20
C	215-160=55	80-40=40	（-20）-（-20）=0	55

定量决策方法提高了决策的准确性、时效性和可靠性，可以使决策者从常规决策中解脱出来，把注意力集中在关键性、全局性的重大战略决策方面，又帮助了领导者提高重大战略决策的正确性和可靠性。同时，有利于培养决策者严密的逻辑论证习惯，克服主观随意性。但定量决策方法也有其局限性，有些变量难以定量，数学手段本身深奥难懂，某些决策问题中的变量涉及社会、心理等诸多不确定因素，加大了建立数学模型的难度，也会降低决策的可靠性。

综上所述，以上各种决策方法在使用过程中，由于信息的不充分与不确定性，决策结果很大程度上是由决策者所左右的，受到他们的心理、感情、性格和愿望的制约，带有相当程度的主观随意性。现在理论上还不能证明哪一种决策准则是最合理的。实践中，决策者不能仅凭想当然和个人好恶来选择决策准则，而是应充分考虑决策问题所面临的客观环境，将主观意愿与客观条件密切结合，经反复论证比较，定量分析与定性分析相结合，最后选定最优决策方案。

第三节　预测与决策的关系

预测揭示事物发展趋势及其决定性因素，为决策者提供关于未来的可能性信息。决策是一种面向未来的活动，管理活动的成败，取决于决策是否符合事物的发展变化规律；而决策的科学与否，又在很大程度上取决于对未来的分析与判断是否正确，即预测所提供的信息是否准确。组织的正确决策，源于科学的预测。预测与决策存在着不可分割的相互依存关系。

一、预测是决策的基础和保证

（一）预测为决策提供了可靠的依据

决策目标总是与未来的发展相联系，因此，决策者必须根据预测所提供的信息，全面认识事物发展的趋势，充分了解决策对象现阶段的状况和未来发展方向后才能合理地确定决策的最佳方案。可以说，没有科学的预测就不会有科学的决策，预测一直贯穿于决策的始终，为决策者作出科学判断和选择提供有力的支持。

（二）预测为决策降低了风险

未来存在不确定性，因此决策是有风险的。科学的预测是避免盲目的决策、降低未来不确定性的重要途径。通过科学的预测可以提高决策的自觉性和科学性。对于重大的决策项目，如果事先进行了科学的预测，会使决策有科学的依据，增强决策者的主动性。

（三）预测为决策提供了多种可选方案

科学决策的关键就是选择最佳方案。预测不仅预估了事物发展的各种状况，而且根据可能出现的各种情况，提出不同的方案和不同的对策，为决策提供了多种可供选择的方案。

二、决策是预测的目的并反作用于预测

（一）决策是预测的目的

通常人们是为了采取行动而进行预测，预测的根本目的在于决策。预测的最终落脚点就是使信息需求者和决策者作出合理的、准确的决策。

（二）决策反作用于预测

决策对预测的反作用表现在以下两个方面：一是决策结果是检验预测准确性的最佳标准，二是人们的反应会对决策结果能否实现产生影响。在决策实施过程中，人们要进行跟踪预测，及时反馈事物发展的信息，以适时地修正预测值，达到更好的预测效果。

总的来说，预测是决策的基础和前提，决策又反作用于预测，二者相辅相成，不可偏废。预测与决策的关系具体表现在：预测侧重于对客观事物的科学分析，而决策侧重于对有利时机的科学选择。预测是一种客观分析，决策更着重于领导艺术。预测分析提供的是各种可能的方案，决策分析则是根据有利时机在多种方案中选取最佳方案。组织管理的流程就是预测—决策—计划—执行—反馈—再预测—再决策—再计划—再执行—再反馈的循环。

阅读小故事

诺曼底登陆
——艾森豪威尔的决策

1944年6月4日,盟军集中数十个师、一万多架飞机、几千艘各型舰船,即将开始规模宏大的诺曼底登陆作战。就在这关键时刻,在大西洋上的气象船和气象飞机却发来令人困扰的消息:今后三天,英吉利海峡将在低压槽控制之下,舰船出航十分危险。盟军最高统帅艾森豪威尔面对恶劣的英吉利海峡一筹莫展。盟军司令部的司令官们都知道,登陆战役发起的"D"日,对气象、天文、潮汐这三种自然因素条件也有要求。就在大家几乎束手无策时,盟军联合气象组的负责人、气象学家斯塔戈提出一份预报,有一股冷风正向英吉利海峡移动,在冷风过后和低压槽到来之前,可能会出现一段转好的天气。当时,联合气象组对6日的天气又作了一次较为详细的预报:上午晴,夜间转阴。这种天气虽不理想,但能满足登岸的起码条件。艾森豪威尔没有迟疑,他和他的指挥官们果断决定:登陆就在6月6日。在这个时候,诺曼底德军最高指挥官之一隆美尔深信盟军不可能在如此恶劣的天气里登陆,便请了四天假,回去为他的太太过生日去了。最为致命的是,仅仅在登陆成功一周后,德军威力无比的杀手锏巡航导弹首次投入使用。后来虽因天气不好,使盟军空降兵损失了60%的装备,汹涌的海浪使一些登陆战船沉没,轰炸投弹效果差,但诺曼底登陆作战一举成功,却是不可否认的事实。从这个角度看,艾森豪威尔的决策无疑是正确的。

本章习题

一、单项选择题

1. 计划工作的前提是 （　　）
A. 部署　　　B. 预测　　　C. 沟通　　　D. 决策

2. 借助于数学模型进行预测的方法称为 （　　）
A. 短期预测　　B. 中期预测　　C. 定量预测　　D. 定性预测

3. 由美国兰德公司的奥拉夫、海尔默等人发起的预测方法是 （　　）
A. 德尔菲法　　B. 专家会议法　　C. 移动平均法　　D. 回归分析法

4. 按预测方法本身的性质，预测可以分为 （　　）
A. 短期、中期和长期预测
B. 国家市场、全国性市场和区域性市场预测
C. 定性和定量预测
D. 经济、科技、社会、政治、安全预测

5. 现在组织活动的成功与否关键在于 （　　）
A. 信息是否准确及时　　　　B. 调查是否充分细致
C. 决策是否正确　　　　　　D. 组织内部质量管理是否有效

6. 决策前必须对每个可行方案进行综合分析和评估，即必须进行＿＿＿＿＿＿研究。 （　　）
A. 经济性　　　B. 效益性　　　C. 社会性　　　D. 可行性

7. 西蒙把决策活动分为两类：程序化决策与非程序化决策，其区分标准是 （　　）
A. 经营活动与业务活动　　　B. 重复性工作或非重复性工作
C. 最优化标准或满意标准　　D. 计算机决策或非计算机决策

8. 按决策后果发生的可能性大小，决策可分为 （　　）
A. 确定型决策、风险型决策和非确定型决策
B. 程序化决策和非程序化决策
C. 高层决策、中层决策和基层决策
D. 突破性决策和追踪性决策

9. 风险型决策和非确定型决策的主要区别在于　　　　　　　　（　）
   A. 风险的大小　　　　　　　　B. 是否确定客观概率
   C. 可控程度　　　　　　　　　D. 环境的稳定性

10. 某一决策方案，只有一种执行后果并能事先测定，此种类型的决策称为　　　　　　　　　　　　　　　　　　　　　　　　　　　　（　）
    A. 确定型决策　　B. 风险型决策　　C. 非确定型决策　　D. 概率型决策

11. 有一类决策，决策者只知道有多少种自然状态及其发生概率，但不能确定哪种自然状态会发生。这类决策称为　　　　　　　　　（　）
    A. 确定型决策　　B. 风险型决策　　C. 非程序化决策　　D. 非确定型决策

12. 在可供选择的方案中，存在两种或两种以上的自然状态，哪种状态最终会发生是不确定的，但是每种自然状态发生的可能性即概率大小是可以估计的，这类决策是　　　　　　　　　　　　　　　　　　　　（　）
    A. 确定型决策　　B. 战术决策　　C. 非确定型决策　　D. 风险型决策

13. 将对某一问题有兴趣的人集合在一起，在完全不受约束的条件下，敞开思路、畅所欲言的决策方法是　　　　　　　　　　　　　（　）
    A. 因果分析法　　B. 名义小组法　　C. 德尔菲法　　D. 头脑风暴法

14. 选取若干专家，以函询方式请专家独立书面发表意见，并几经反馈的方法，称为　　　　　　　　　　　　　　　　　　　　　　（　）
    A. 德尔菲法　　B. 通讯预测法　　C. 名义小组法　　D. 头脑风暴法

15. 在管理中，决策是　　　　　　　　　　　　　　　　　　（　）
    A. 高层管理人员所承担的任务
    B. 高层和中层管理人员所承担的任务
    C. 高层主管和参谋人员所承担的任务
    D. 每一个管理人员都可能要从事的活动

16. 由创造工程学家奥斯本于1939年提出的决策方法是　　　　（　）
    A. 等概率决策法　　　　　　　B. 德尔菲法
    C. 头脑风暴法　　　　　　　　D. 专家调查法

17. 甲公司生产某种产品的固定成本是30万元，该产品的单位变动成本为4元，市场售价为10元，若要达到6万元销售毛利的目标，该产品产销量应为　　　　　　　　　　　　　　　　　　　　　　　　　　（　）
    A. 30 000 件　　B. 45 000 件　　C. 60 000 件　　D. 75 000 件

18. 选择在最好的自然状态下收益最大的方案作为所要方案的准则是
（　　）
A. 小中取大法　　B. 大中取大法　　C. 后悔值法　　D. 决策树法

二、多项选择题

1. 按决策的主体分，决策可分为　　　　　　　　　　　　　（　　）
A. 群体决策　　B. 个人决策　　C. 程序化决策
D. 非程序化决策　E. 风险型决策

2. 按决策的重复程度分，决策可分为　　　　　　　　　　　（　　）
A. 群体决策　　B. 个人决策　　C. 程序化决策
D. 非程序化决策　E. 确定性决策

3. 头脑风暴法实施的原则有　　　　　　　　　　　　　　　（　　）
A. 对别人的建议不作评价　　B. 严格限制问题范围
C. 鼓励每个人独立思考　　　D. 提倡即席发言
E. 发言要精练

4. 按决策所需解决的问题，决策可分为　　　　　　　　　　（　　）
A. 初始决策　　B. 程序化决策　　C. 非程序化决策
D. 追踪决策　　E. 确定性决策

5. 下列属于定性决策方法的有　　　　　　　　　　　　　　（　　）
A. 德尔菲法　　B. 等概率决策法　　C. 头脑风暴法
D. 后悔值法　　E. 决策树法

6. 下列属于定量决策方法的有　　　　　　　　　　　　　　（　　）
A. 哥顿法　　B. 折中决策法　　C. 专家会议法
D. 后悔值法　　E. 决策树法

三、判断正误题

（　　）**1.** 预测是决策的基础和前提，为决策提供依据。

（　　）**2.** 定量经济预测的准确程度，主要取决于预测者的经验、理论、业务水平以及掌握的情况和分析判断能力。

（　　）**3.** 美国学者威廉·金和大卫·麦克利兰把决策类型划分为时间敏感决策和知识敏感决策。

(　　) 4. 时间敏感决策是指那些必须迅速而尽量准确的决策。这种决策对速度的要求远甚于质量。

(　　) 5. 知识敏感决策的执行效果主要取决于其决策质量，而非速度。

(　　) 6. "多方案抉择"是科学决策的重要原则。

(　　) 7. 程序化决策主要依赖决策者的经验、知识、决断能力，常用于处理例外问题，无先例可循。

(　　) 8. 通常企业高层管理者面临的大多是非程序化决策，通常中、基层面临的大多为程序化决策。

(　　) 9. 按决策的作用范围分，可分为战略决策、战术决策和业务决策。

(　　) 10. 一般来说，越往低层的决策越具有战略性的、非程序化、非确定性的种种特征。

(　　) 11. 程序化决策涉及的是例行问题，非程序化决策涉及的是例外问题。

(　　) 12. 所谓非确定型决策，是指在这种决策中，决策的结果有多种，决策者不知道会发生哪一种结果，但每种结果发生的概率已知。

(　　) 13. 所谓风险型决策，是指在这种决策中，决策的结果有多种，决策者不知道会发生哪一种结果，但每种结果发生的概率已知。

(　　) 14. 在一个相对稳定的市场环境中，企业的决策相对简单，大多数决策都可以在过去决策的基础上做出；如果市场环境复杂，变化频繁，那么企业就可能要经常面对许多非程序性的、过去所没有遇到过的问题。

(　　) 15. 头脑风暴法主要用于收集新设想，原则之一就是不对别人的建议进行评价。

(　　) 16. 从实际情况看，决策者只要按照正确的决策程序和方法办事，最终选择的一般都是最优方案。

(　　) 17. 群体决策与个人决策相比，各有优缺点，应根据实际情况采用。

(　　) 18. 预测分析提供的是各种可能的方案，决策分析则是根据有利时机在多种方案中选取最佳方案。

(　　) 19. 头脑风暴法要明确提出主题，并且尽可能地提出具体的课题；与此相反，哥顿法并不明确地阐述课题，而是在给出抽象的主题之后，寻求卓越的构想。

(　　) 20. 电子会议分析法的主要优点有匿名、诚实和快速，而且能够超越空间的限制，比传统的面对面的决策咨询的效率高出许多。

四、名词解释题

1. 预测
2. 决策
3. 头脑风暴法
4. 德尔菲法
5. 确定型决策
6. 风险型决策
7. 非确定型决策
8. 程序化决策
9. 非程序化决策
10. 战略决策

五、简答题

1. 简述预测的步骤。
2. 简述决策的特点。
3. 决策的程序有哪些?
4. 影响决策的因素有哪些?
5. 简述决策的基本方法。
6. 简述预测与决策的关系。

六、论述题

1. 论述决策在管理中的地位和作用。
2. 论述定量决策方法和定性决策方法的优缺点。
3. 在实际工作中,经常存在各种决策失误。究其原因,可以发现很多决策者不遵循决策的原则和程序。如有的决策者习惯凭主观想象和"拍脑袋"决策,有的决策者过分追求完美的决策方案而迟迟不能决定,延误决策良机,甚至在过去基本建设项目中还存在边审批、边设计、边施工的"三边工程"。针对以上现象,试用决策理论分析如何提高决策质量。

七、计算题

1. 某工厂为推销某产品,预计单位产品售价为1 800元,单位产品可变成本为1 400元,固定费用为200万元。求盈亏平衡时的产量是多少。
2. 某企业准备生产一种新产品,对于市场的需求量估计为三种情况,即较多、中等和较少。企业拟订了A、B、C三种方案,对这种产品,工厂拟生产四年，年收益值（单位：万元）见下表，请分别用等概率决策法、大中取大决策法、小中取大决策法确定哪个方案最优。

方案/万元	市场需求		
	较多概率	中等概率	较少概率
A	180	60	−20
B	220	55	−40
C	160	70	10

3. 某企业为了提高效益，针对不同的市场需求情况，拟订了三种方案，年收益值（单位：万元）见下表。（1）请用后悔值决策法确定哪个方案最优；（2）如假设乐观系数是 0.6，用折中决策法确定哪个方案最优。

方案/万元	高需求	中需求	低需求
A	100	80	−20
B	140	50	−40
C	60	30	10

4. 某企业为提高效率，针对未来三年不同的市场需求进行预测，拟订了三种方案，其中方案 A 需投资 80 万元，方案 B 需投资 60 万元，方案 C 需投资 30 万元，年收益值（单位：万元）如下表所示。请用决策树法分析哪个方案最好。

方案/万元	市场需求		
	高需求 0.5	中需求 0.3	低需求 0.2
A	160	100	−10
B	100	60	30
C	60	30	10

第六章 组　织

学习目标　本章从组织的含义和特点着手，围绕着组织结构设计的基本原理和基本方法，着重介绍了组织设计的基本原则和内容、组织结构的类型、组织变革等相关内容。通过学习，应了解组织设计的内容，掌握组织设计的原则、各种组织结构形式的特点，理解组织变革的内容和程序。

本章关键词　组织　管理幅度　管理层次　直线职能制组织结构　事业部制组织结构　矩阵制组织结构　集团控股型组织结构　团队型组织结构　网络型组织结构　无边界组织结构　组织变革

管理的载体是组织，每一项管理活动都是在组织中进行的，并且都需要运用组织这一基本职能。因此，组织设计与运行机制是否科学合理，直接关系到组织的生存与核心竞争力。只有科学合理地构建组织，才能保证组织高效运行，实现组织与环境的动态平衡。随着时间与环境的变化，必须对组织进行变革，才能保持组织旺盛的生命力。

第一节　组织概述

一、组织的含义

组织一般有两层含义：一是静态意义上的组织，就是指人们为实现一定的目标，互相协作结合而成的集体或团体，如党团组织、工会组织、企业、军事组织等。二是动态意义上的组织，从管理学的角度，它是管理的一项职能，是人与人之间或人与物之间资源配置的活动过程。目的在于通过建立适合组织成员相互合作、发挥各自才能的良好环境，消除由于工作或职责所引起的各种冲突，使组织成员都能在各自的岗位上为组织目标的实现作出应有的贡献。

（一）静态意义上的组织

从管理学的角度，管理的载体是"组织"。所谓组织就是在一定的环境中，为实现某种共同的目标，按照一定的结构形式、活动规律结合起来的，具有特定功能的开放系统。也就是说，组织是这样一个社会实体，它具有明确的目标导向和精心设计的结构与有意识协调的活动系统，同时又同外部环境保持密切的联系。这个定义具有以下三层含义：（1）组织必须是以人为中心，把人、财、物合理整合为一体，并保持相对稳定而形成的一个社会实体；（2）组织必须具有为本组织全体成员所认可并为之奋斗的共同目标，目标是组织存在的前提和基础；（3）组织必须保持一个明确的边界，以区别于其他组织和外部环境。

（二）组织职能

组织职能是指为了有效地实现共同目标和任务，管理者在组织内部各部门和员工间建立一种关系结构，合理地确定组织成员、任务及各项活动之间的关系，并对组织资源进行合理配置的过程。也就是说，组织职能是指所确定的任务由谁来完成以及如何管理和协调这些任务的过程。管理者要根据组织的战略目标和经营目标来设计组织结构、配备人员和整合组织力量，以提高组织的应变力。组织职能的基本内容包括：

1. 设计并建立组织结构。管理者应对为实现组织目标的各种工作内容进行划分和归类，成立相应的职能部门进行专业化管理，并根据适当的管理幅度来确定组织的纵向管理层次，最后形成一个完整的系统。

2. 适度分权和正确授权。适度分权和正确授权有利于组织内各层次、各部门为实现组织目标而协同工作。

3. 人员配备和人力资源开发。人员配备和人力资源开发包括人员的选聘和定岗、训练和考核、奖惩制度，以及对人的行为的激励等。

4. 组织文化的培育和建设。为创造良好的组织气氛而进行团体精神的培育和组织文化的建设。

5. 组织运作和组织变革。组织运作的目的是使设计好的组织系统围绕目标有效地运转，包括制定、落实各种规章制度和建立组织内部的信息沟通模式。组织变革是对组织工作进行必要的调整、改革与再设计。

6. 组织适应外部环境。组织的形态、功能、结构以及管理活动通常会受到环境的各种影响，如何使组织行为与外部环境保持一致是组织职能的重要内容。

二、组织的特点

(一)组织工作是一个过程

设计、建立并维持一种科学的、合理的组织结构,是为成功地实现组织目标而采取行动的一个连续的过程,这个过程由一系列逻辑步骤所组成:确定组织目标;对目标进行分解,拟定派生目标;明确为了实现目标所必需的各项业务工作或活动,并加以分类;根据可利用的人力、物力以及利用它们的最佳途径来划分各类业务工作或活动;授予执行有关各项业务工作或活动的各类人员以职权和职责;通过职权关系和信息系统,把各层次、各部门联结成为一个有机的整体。

管理者通过这一过程来消除人们在工作或职责方面的矛盾和冲突,建立起一种适合组织成员互相默契配合的组织结构。

(二)组织工作是动态的

组织结构并非一成不变,它是随着组织内外部要素的变化而变化的,即使组织的内外部要素的变化对组织目标影响不大,但随着社会的进步、科技的发展,当原有的组织结构已不能高效地适应实现目标的要求时,也需要进行组织结构的调整和变革。因此,组织工作是动态的。

(三)组织工作应重视非正式组织

随着组织结构的建立,正式组织形成的过程中也必然伴随着非正式组织的出现。非正式组织是为满足组织成员个人的心理和感情需要而形成的,形式灵活,稳定性弱,覆盖面广。因此,管理者在组织工作中应有意识、有计划地促进具有较多积极意义的非正式组织的形成和发展,使其成为组织结构的有机组成部分。

第二节 组织设计

一、组织设计的含义

组织设计,是指以组织结构为核心,管理者将组织内各要素进行合理组合,建立和实施一种特定组织结构的整体设计过程。具体包括设计清晰的组织结构,规划和设计组织中各部门的职能和职权,确定组织中职能职权、参谋职权和直线职权的活动范围并编制职务说明书。

二、组织设计的原则

设计和建立合理的组织结构，根据组织外部要素的变化适时地调整组织结构，其目的都是为了更有效地实现组织目标。进行有效的组织设计应遵循以下基本原则：

（一）目标明确化原则

目标明确化原则可以表述为：组织结构的设计和组织形式的选择必须有利于组织目标的实现。任何一个组织的存在，都是由它的特定的目标决定的，组织中的每一部分都应该与既定的组织目标有关系，否则，它就没有存在的意义。每一机构又有自己的分目标来支持总目标的实现，则这些分目标就又成为组织机构进一步细分的依据。

（二）分工协作原则

分工就是按照提高管理专业化程度和工作效率的要求，把组织的目标分成各级、各部门甚至各个人的目标和任务，明确其在实现组织目标中应承担的工作职责和职权。有分工就必须有协调，协调包括部门之间的协调和部门内部的协调。有效的组织结构设计和组织形式选择应该能够反映目标所必需的各项任务和工作的分工以及彼此间的协调。

（三）管理层次与管理幅度原则

管理层次是指组织中在职权等级链上所设置的管理职位的级数。管理幅度是指管理者有效地监督、指挥其直接下属的人数。由于管理幅度的大小影响和决定着组织的管理层次以及管理者的数量等一些重要的组织问题，所以，每一个管理者都应根据影响自身管理幅度的因素来慎重地确定自己合适的管理幅度。

（四）权责一致原则

权责一致原则是指组织在管理过程中职权和职责必须相对应。在进行组织结构的设计时，既要明确规定每一管理层次和各个部门的职责范围，又要赋予完成其职责所必需的管理权限。职责与职权必须协调一致，要履行一定的职责，就应该有相应的职权。

（五）统一指挥原则

统一指挥原则由亨利·法约尔首先提出，是指组织的各级机构以及个人必须服从一个上级的命令和指挥，只有这样，才能保证命令和指挥的统一，避免多头领导和多头指挥，使组织最高管理部门的决策得以贯彻执行。按照统一指挥原则，一级组织只能有一个负责人，实行首长负责制，正职领导副职，副职对正职负责。

（六）集权与分权相结合原则

为保证有效管理，组织必须实行集权与分权相结合的领导体制。高层管理者拥有组织最终决策权力和行动决定，但是过度集权的组织，可能使各个部门失去自我适应和自我调整的能力，从而削弱组织整体的应变能力。因此，组织设计必须集权与分权相结合，高层管理者应将与下属所承担的职责相应的职权授予他们，使下属有职、有责、有权，调动下属的积极性，以保证管理效率的提高，同时也可以减轻高层主管的负担，集中精力抓大事，加强组织的灵活性和适应性。

（七）精干高效原则

任何一种组织结构形式，都必须将精干高效原则放在重要地位。即在服从由组织目标所决定的业务活动需要的前提下，力求减少管理层次，精简管理机构和人员，充分发挥组织成员的积极性，提高管理效率，更好地实现组织目标。组织是否具备精干高效的特点，是衡量其组织结构是否合理的主要标准之一。

（八）稳定性与适应性相结合原则

组织结构及其形式既要有相对的稳定性，又必须随组织内外部环境的变化，根据长远目标做出相应的调整。通常，组织要进行实现目标的有效活动，就要求必须维持一种相对平衡的状态，组织越稳定，效率也越高。因此组织结构不宜频繁调整，应保持相对稳定。但不仅组织本身是在不断运动的，而且组织赖以生存的大环境也是在不断变化的，当组织结构相对地呈现僵化状态，组织内部效率低下，而且无法适应外部环境的变化或危及生存时，组织的调整与变革就是不可避免的了。因为只有调整和变革，才会给组织重新带来效率和活力。

三、组织设计的影响因素

影响组织设计的因素有很多，一般来说，主要有组织外部环境、组织战略、组织运用的技术、组织人力资源和组织规模等。

(一)组织外部环境

组织外部环境通常包括经济、技术、社会文化、政治等宏观外部环境和组织所处的竞争环境等微观外部环境。环境因素可以从两个方面影响组织结构的设计，即环境的复杂性和环境的稳定性。外部环境变化越快，管理者获取资源时面临的问题就越多，为加快决策和沟通的速度，往往需要给组织结构增加弹性，即管理者把职权分散化；相反，如果外部环境较稳定，资源可靠，那么决策和沟通容易，管理者就会倾向于在明确的职权等级体系中作出决策，并运用大量规章制度和标准运作程序进行管理。组织行为必须适应环境的要求，在经营环境瞬息万变的前提下，最能适应环境的组织往往是最成功的组织。

(二)组织战略

管理学者钱德勒指出，战略决定结构。组织结构是组织其实现经营战略的主要工具，不同的战略要求不同的组织结构。一方面，战略的制定必须考虑组织结构的实现；另一方面，一旦战略形成，组织结构应作出相应的调整，以适应战略实施的要求。而战略选择的不同，在两个层次上影响组织的结构：不同的战略要求开展不同的业务活动，这会影响管理职务的设计；战略重点的改变，会引起组织的工作重点转变，从而引起各部门与职务在组织中重要程度的改变，因此要求对各管理职务以及部门之间的关系作相应的调整。

(三)组织技术水平

组织的活动需要利用一定的技术和反映一定技术水平的特殊手段来进行。技术以及技术设备的水平，不仅影响组织活动的效果和效率，而且会作用于组织活动的内容划分、职务设置，会对工作人员的素质提出要求。通常一个组织所运用的技术越复杂，就越难以对技术施加严格有效的控制，就越需要一种弹性的结构来提高管理者对未曾预料的形势作出反应的能力，帮助他们找出解决所遭遇新问题的新方法。

(四)组织人力资源

在组织环境中，不确定性越大，组织战略和技术越复杂，劳动力素质越高，技能越高，管理者就越有可能设计弹性组织机构，即分权的组织结构；反之，组织环境越稳定，组织战略和技术越简单，劳动力技能要求越低，管理者就越有可能设计弹性较低的组织机构，即集权的组织结构。

(五)组织规模

组织规模是制约组织结构的又一重要因素。组织的规模往往与组织的发展阶段相互联系,伴随着组织活动的内容会日趋复杂,人数会逐渐增多,活动的规模会越来越大,组织结构也须随之调整,以适应变化了的情况。一般的规律是:组织规模小、管理工作量小,为管理服务的组织结构也相应简单;组织规模大、管理工作量大,需要设置的管理机构多,各机构间的关系也复杂。可以说,组织结构的复杂性是随着组织规模的扩大而相应增长的。

四、组织设计的内容

组织结构是一个复杂的系统,其内部既有自上而下的纵向管理层次结构,也有在各个管理层次基础上建立起来的横向管理职能部门结构,还有反映纵向管理层次之间、横向职能部门之间和纵横两套结构之间的权责关系的权力结构。这些结构的建立,既要符合组织发展的需要,也要符合组织结构内在运作规律的要求。组织设计的实质是通过对管理劳动的分工,将不同的管理人员安排在不同的管理岗位和部门中,通过他们在特定环境、特定相互关系中的管理作业来使整个管理系统有机运转起来。管理劳动的分工包括纵向和横向两个方面,因此组织结构设计也分为纵向和横向两个方面。

(一)纵向组织设计

纵向组织设计就是确定管理幅度,划分管理层次,是将管理权力在不同管理层次之间进行分配。组织不同部门之间拥有的权力范围不同,会导致部门之间、部门与最高管理者之间以及部门与下属单位之间的关系不同,导致组织的结构不同。

1. 管理幅度

(1)管理幅度的概念

管理幅度是指在一个组织结构中,管理者有效地监督、指挥其直接下属的人数。由于管理者的时间和精力是有限的,其管理能力也因个人的知识、经验、年龄、个性等的不同而有所差异。因而任何管理者的管理幅度都有一定的限度,超过一定限度,就不能做到具体、高效、正确的领导,管理的效率就会随之下降。

(2)影响管理幅度的因素

第一,管理者所处的管理层次。一般说来,高层管理者经常面临的是较复杂的问题或涉及方向性、战略性的问题,则直接管辖的人数不宜过多,因此,应设置较小的管理幅度；基层管理者面临的是大量日常事务，已有规定的程序和解决方法，则管辖的人数可以多一些，允许有较大的管理幅度。第二，组织计划制定的完善程度。组织有良好、完整的计划，工作人员都明确各自的目标和任务，清楚自己应从事的业务活动，则主管人员就不必花费过多的精力和时间来指导和纠正偏差，那么主管人员的管辖幅度就可以大一些；反之，计划不明确、不具体，就会限制一个管理人员的管辖范围，管理幅度就只能相对较小。第三，管理者和员工的素质和能力。当管理者的自身素质较强，管理经验丰富，在不降低效率的前提下，可适当增加其工作量，加大管理幅度。同样，下属员工训练有素，工作自觉性高，也可采用较大的管理幅度。反之，管理幅度应减小。第四，组织信息沟通状况。如果组织沟通渠道畅通，通信手段先进，信息传递及时，上下级意见能及时交流，管理幅度可适当加大；反之，如果组织缺乏一套健全的工作标准，信息沟通不畅，则必然只能选择较小的管理幅度。第五，组织授权程度。适当的和充分的授权可以减少管理者与员工之间的接触次数和密度，节约管理者的时间和精力，以及锻炼员工的工作能力和提高其积极性。所以，在这种情况下，管辖的人数可适当增加。不授权、授权不足、授权不当或授权不明确，都需管理者进行大量的指导和监督，效率不会高，因而管理幅度也不能过大。第六，组织环境的稳定性。组织环境稳定，组织与环境之间的适应性工作就相对简单，新问题比较少，经常性的问题可以按照既定的程序来解决，管理幅度就可以大一些；反之，环境变化快，新问题多，管理者的时间和精力就必须用来应对出现的各种问题，管理幅度就会受到限制。此外，工作对象的复杂性、下属人员的空间分布、组织自身的变革速度等因素也影响着管理幅度。

2. 管理层次

（1）管理层次的概念

管理层次是指在组织职权等级链上所设置的管理职位的级数。当组织规模相当有限时，一个管理者可以直接管理每一位作业人员的活动，这时组织就只存在一个管理层次。而当组织规模的扩大导致管理工作量超出了一个人所能承担的范围时，为了保证组织的正常运转，管理者就必须委托他人来分担自己的一部分管理工作，管理层次必然增加。随着组织规模的进一步扩大，受托者又不得不进而委托其他的人来分担自己的工作，依此类推，从而形成了组织的等级制或层次性管理结构。

（2）影响管理层次的因素

第一，组织规模。在规模大、技术复杂的大型组织中，组织纵向职能分工应该细一些，组织层次要多一些。反之，如果组织的规模小、技术简单，就可以实施集中管理，组织层次较少。第二，管理幅度。在下属员工数量相同的情况下，如果管理幅度大一些，那么组织层次就减少；如果管理幅度小一些，那么组织层次就会增加。第三，组织沟通。如果沟通有效程度高，上下级之间信息交流容量大，真实性好，则组织层次可以有效减少。第四，组织效率。如果管理层次太少，则管理者领导的员工人数过多，超过有效管理幅度，那就必然降低组织效率；反之，如果管理层次过多，工作的复杂性和费用将大大增加，也会降低组织效率。

3. 管理层次与管理幅度的关系

管理层次的多少与管理幅度的大小密切相关，当组织规模既定时，管理幅度与管理层次成反比关系。管理幅度越大，管理层次就越少；而管理幅度越小，管理层次就越多。

例如，一个组织有基层员工4 096人，假设该组织机构中各层次的管理幅度相同。现在有三个组织设计方案，管理幅度分别为4、8和16，我们来看看组织的管理层次有什么变化，所需的管理人员数有什么区别，所构成的组织结构形态又有什么不同（见图6-1）。

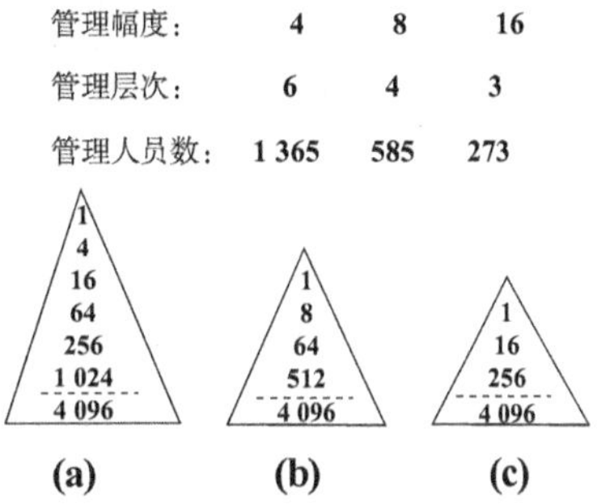

管理幅度：	4	8	16
管理层次：	6	4	3
管理人员数：	1 365	585	273

(a) 1/4/16/64/256/1 024/4 096
(b) 1/8/64/512/4 096
(c) 1/16/256/4 096

图6-1 管理幅度与管理层次的关系

4. 扁平式结构和高耸式结构

按照管理幅度和管理层次的不同，可以把组织结构分成两种类型——扁平式结构和高耸式结构。

扁平式结构是指管理幅度大而管理层次少的组织结构。扁平式结构有利于缩短上下级距离，密切上下级之间的关系，信息纵向流通速度快；由于管理幅度大，被管理者有较大的自主性和创造性，也有利于选择和培训下属人员。但由于不能严密地监督下级，使上下级的协调较差。管理幅度的加大，也增加了同级间相互沟通联络的困难。

高耸式结构也称直式结构，就是管理层次多而管理幅度小的组织结构。高耸式结构具有管理严密、分工细致明确和上下级易于协调的特点。但层次增多，需要的管理人员多，协调工作急剧增加，互相扯皮的事层出不穷。由于管理严密，影响了下级人员的积极性与创造性。因此应尽可能地减少管理层次。

随着经济的发展和社会的进步，特别是通信和计算机技术的广泛采用，各类组织对效率要求越来越高。从目前的组织结构的发展看，组织结构日益呈现扁平化的趋势。

课间案例 1

格拉丘纳斯的上下级关系理论

法国管理顾问格拉丘纳斯在 1933 年分析了上下级之间可能存在的关系，提出一个用来计算在任何管理幅度下可能存在的人际关系数的数学模型。他的理论把上下级关系分为三种类型：（1）直接的单一关系。指上级直接地、个别地与其直属下级发生联系。（2）直接的组合关系。存在于上级与其下属人员的各种可能组合之间的联系。（3）交叉关系。即下属彼此打交道的联系。

如果 A 有三个下属 B、C、D，那么他们之间存在的这三种关系如表 6-1 所示。

表 6-1　上下级之间可能存在的关系

直接的单一关系	直接的组合关系	交叉关系
A→B	A→B 和 C	B→C
A→C	A→B 和 D	B→D
A→D	A→C 和 D	C→B
	A→C 和 B	C→D
	A→D 和 B	D→B
	A→D 和 C	D→C
	A→B 和 C 及 D	
	A→C 和 B 及 D	
	A→D 和 C 及 D	

通过这三种上下级关系的分析，格拉丘纳斯认为，在管理幅度的算术级数增加时，主管人员和下属间可能存在的互相交往的人际关系数几乎将以几何级数增加。据此，他提出了一个可以用在任何管理幅度下计算上下级人际关系数目的经验公式：

$$C = n[2^{n-1} + (n-1)]$$

式中，C——各种可能存在的联系总数，即关系数；

n——一个管理者直接控制的下属人数，即管理幅度。

当 $n=1$，$C=1$；当 $n=2$，$C=6$；当 $n=3$，$C=18$；当 $n=10$，$C=5\,210$……

根据这一公式，不同下属人数的可能关系数可见表6-2。

表6-2　不同下属人数的可能关系数

n（下属人数）	C（关系数）
1	1
2	6
3	18
4	44
5	100
6	222
7	490
8	1 080
9	2 376
10	5 210
11	11 374
12	24 708
13	2 359 602

由此可见，随着管理幅度的增加，上下级之间的相互关系数量也在急剧上升。这说明管理较多下属的复杂性，因此主管人员在增加下属人数前一定要三思而后行。

（二）横向组织设计

在管理劳动横向分工的基础上进行的组织部门化的横向设计，其任务是将整个管理系统分解，并再分解成若干相互依存的基本管理单位。通常，分工标准不同，所形成的管理部门及各部门之间的相互关系也不同。

1. 部门的概念

部门，是指组织中管理者为完成规定的任务而有权管辖的一个特殊的领域。它是一个特定的工作领域，也是一个特定的权力领域。划分部门的目的在于确定组织中业务的分配和责任的归属，以求分工合理，职责明确。

2. 部门划分的形式

部门划分即活动分组，是指组织按照一定的方式将相关的工作活动予以划分和组合，形成易于管理的组织单位，如部、处、科、室、组等，这些通称为部门。部门划分，主要是对管理工作进行分工，解决组织的横向结构问题，目的在于确定组织中各项任务的分配与责任的归宿，以求分工合理、职责分明，有效地达到组织的目的。常见的部门划分方式有：

（1）职能部门化。职能部门化就是按照组织的职能为基础进行部门划分，即把具有相同职能的工作岗位放在同一个部门。这是现代组织最广泛采用的方法，如酒店根据职能化方法可以分为5个独立的部门：房务部、餐饮部、营销部、人事部和财务部。

（2）产品部门化。产品部门化是指根据产品来设立管理部门，划分管理单位，把同一产品的生产或销售工作集中在相同的部门组织进行。按产品划分部门的做法正在广泛地被应用，而且也越来越受到重视，适用于产品种类较多的大型企业。

（3）顾客部门化。顾客部门化又称用户部门化，就是根据目标顾客的不同利益需求来划分组织的业务活动。顾客部门化提供服务针对性强，便于组织从满足各类顾客的需求出发安排活动。在激烈的市场竞争中，顾客的需求导向越来越明显，企业应当在满足市场顾客需求的同时，努力创造顾客的未来需求，顾客部门化顺应了需求发展的这一趋势。

（4）区域部门化。区域部门化是根据地理因素来设立管理部门，把不同地区的经营业务和职责划分给不同部门的经理。当一个企业在空间分布上涉及地区广泛，并且各地区的政治、经济、文化、习俗等存在差别并影响到企业的经营管理，这时就要将某个地区或区域的业务工作集中起来，委派一位区域经理负责。

总之，设计组织的横向结构是保证组织目标实现的一种手段。所以实际运用中，每个组织应该根据自己特定的条件选择能取得最佳效果的方法。

第三节　组织结构

组织结构是指为了实现组织的目标，在组织理论指导下，经过组织设计形成的组织内部各个部门、各个层次之间固定的排列方式，即组织内部的构成方式。

一、传统组织结构

（一）直线制组织结构

1. 直线制组织结构的含义

直线制组织结构又称单线型组织结构，是指组织没有职能机构，从最高管理层到最基层，实行直线垂直领导的组织结构形式（见图6-2）。直线制组织结构是最早、最简单的一种组织结构形式。一般来说，这种组织结构形式只适用于那些没有必要按职能实行专业化管理的小型组织，或者是现场的作业管理。

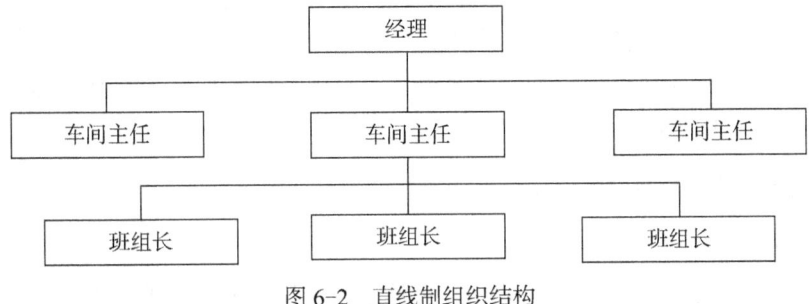

图 6-2　直线制组织结构

2. 直线制组织结构的优缺点

直线制组织结构的优点是结构简单，权力集中，责任分明，命令统一。其缺点是在组织规模较大的情况下，所有的管理职能都集中由一人承担，往往由于个人的知识及能力有限而难以应付，顾此失彼，可能会发生较多失误。此外，每个部门主要关心的是本部门的工作，因而部门间的协调比较差。

(二) 职能制组织结构

1. 职能制组织结构的含义

职能制组织结构是指按职能来组织部门分工，即从组织高层到基层，均把承担相同职能的管理业务及其人员组合在一起，设置相应的管理部门和管理职务的组织结构形式。职能制组织结构的特点是采用专业分工的管理者代替直线制组织中的全能型管理者（见图 6-3）。

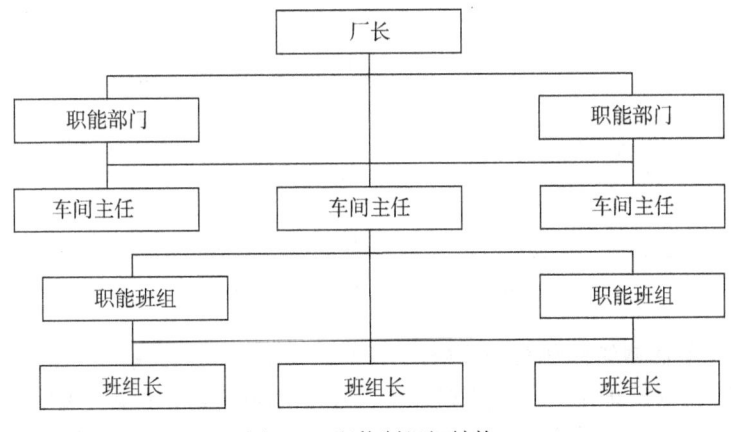

图 6-3　职能制组织结构

2. 职能制组织结构的优缺点

职能制组织结构的优点包括能够适应现代组织技术复杂和管理分工细的特点，发挥职能机构的专业管理作用，减轻上层管理者的负担。缺点主要有：违背了集中管理和统一指挥原则，多头领导、权责不明；各部门易过分强调本部门的利益而忽视与其他部门的配合及组织的整体目标，加大了最高管理层监督协调整个组织的难度。

（三）直线职能制组织结构

1. 直线职能制组织结构的含义

直线职能制组织结构是指在组织内部，既设置纵向的直线指挥系统，又设置横向的职能管理系统，以直线指挥系统为主体建立两维的组织结构形式。直线职能制组织结构吸取了直线制和职能制两种结构形式的优点，并克服其缺点。此组织结构形式适用于中、小型组织，对于规模过大、决策时需要考虑较多因素的组织，则不太适用。

直线职能制组织结构设置了两套系统：一套是按统一指挥原则组织的指挥系统，另一套是按专业化原则组织的管理职能系统。直线部门和人员在职责范围内有决定权，对其下级的工作实行指挥和命令，并负全责；而职能部门和人员只能对下级机构提供建议和业务指导，没有指挥和命令的权力。这种组织形式实行的是职能的高度集中化（见图6-4）。

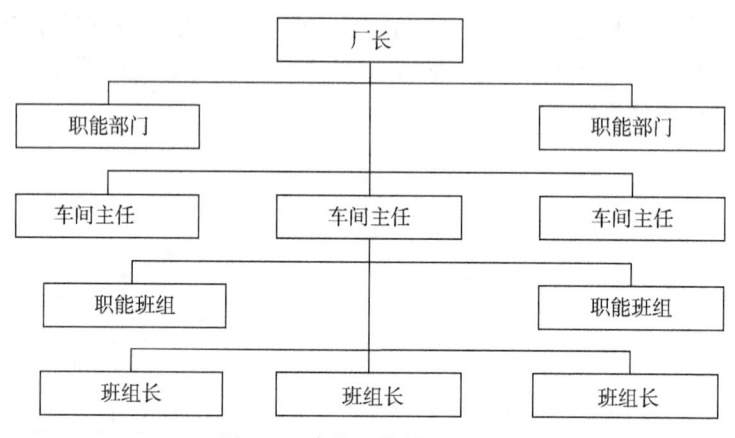

图6-4 直线职能制组织结构

2. 直线职能制组织结构的优缺点

直线职能制组织结构的优点是领导集中、职责清楚，保证了组织的统一指挥，又加强了专业化管理，秩序井然、工作效率较高，整个组织有较高的稳定性。而缺点为：权力高度集中，下级缺乏必要的自主权；职能人员之间横向联系较差，目标不易统一，缺乏全局观念；信息传递较慢，难以适应环境变化；领导者的横向协调工作负担较重。

二、现代组织结构

（一）事业部制组织结构

1. 事业部制组织结构的含义

事业部制组织结构也称分权事业部制组织结构，是指在直线职能制组织结构框架基础上，遵循"集中决策，分散经营"的总原则，按地区或所经营的各种产品、项目或地域设置独立核算、自主经营、自负盈亏的事业部的组织结构形式（见图6-5）。事业部制组织结构最早起源于美国的通用汽车公司。20世纪20年代初，通用汽车公司合并收买了许多小公司，企业规模急剧扩大，产品种类和经营项目增多，而内部管理却很难理顺。当时通用汽车公司新任总裁斯隆参考杜邦化学公司的经验，以事业部制的形式于1924年完成了对原有组织的改组，使通用汽车公司的整顿和发展获得了很大的成功，成为实行事业部制的典型。因而事业部制又称为"斯隆模型"，同时，也被称为"联邦分权制"。

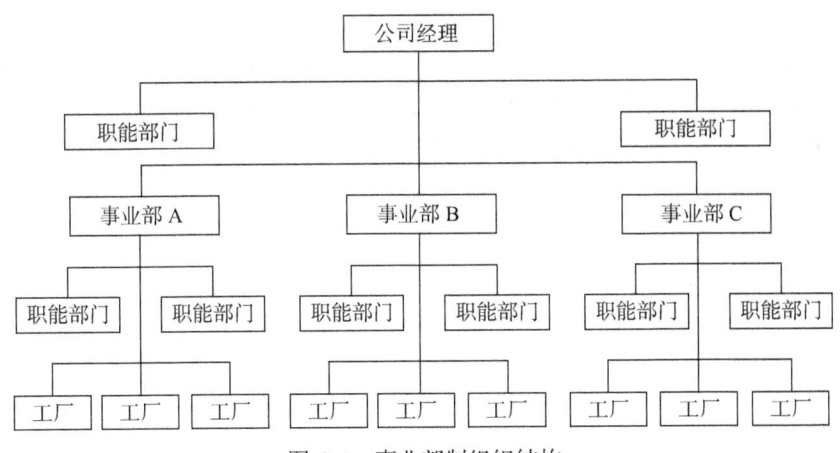

图6-5 事业部制组织结构

2. 事业部制组织结构的优缺点

事业部制组织结构的主要优点是：总公司领导可以摆脱日常事务，集中精力做好战略决策；各事业部独立核算，更能发挥经营管理的积极性，便于组织专业化生产，实现企业内部协调；各事业部有比较、有竞争，有利于企业发展。事业部制组织结构的主要缺点是：职能机构重叠，管理人员浪费；各事业部独立核算，影响事业部之间的协作，一些业务联系与沟通往往被经济关系取代；各事业部只考虑自身利益，容易忽视组织的整体利益。

在事业部制组织结构的基础上，20世纪70年代，在美国和日本的一些大公司又出现了一种新的组织结构形式——超事业部制组织结构。它是在组织最高管理层和各个事业部之间增加了一级管理机构，负责统辖和协调所属各个事业部的活动，使领导方式在分权的基础上又适当地集中。这样做的好处是可以集中几个事业部的力量共同研究和开发新产品，可以更好地协调各事业部的活动，从而增强组织活动的灵活性。

> **课间案例 2**
>
> **通用汽车公司的组织结构变革**
>
> 杜邦公司刚取得对通用汽车公司的控制权时，公司在董事长和总经理皮埃尔·杜邦以及他的继任者艾尔弗雷德·斯隆的主持下进行了组织结构重组，形成了后来为大多数美国公司和世界著名跨国公司所采用的事业部制组织结构。
>
> 在通用公司新形式的组织结构中，原来独自经营的各工厂依然保持各自独立的地位，总公司根据它们服务的市场来确定其各自的活动。这些部门均由企业的领导，即中层经理们来管理，它们通过下设的职能部门来协调从供应者到生产者的流动，即继续担负着生产和分配产品的任务。这些公司的中低管理层执行总公司的经营方针、价格政策和命令，遵守统一的会计和统计制度，并且掌握这个生产部门的生产经营管理权。最主要的变化表现在公司高层上，公司设立了执行委员会，并把高层管理的决策权集中在公司总裁一个人身上。执行委员会的时间完全用于研究公司的总方针和制定公司的总政策，而把管理和执行命令的负担留给生产部门、职能部门和财务部门。同时在总裁和执行委员会之下设立了财务部和咨询部两大职能部门，分别由一位副总裁负责。财务部担负着统计、会计、成本分析、审计、税务等与公司财务有关的各项职能；咨询部负责管理和安排除生产和销售之外的公司其他事务，如技术、开发、广告、人事、法律、公共关系等。职能部门根据各生产部门提供的旬报表、月报表、季报表和年报表等，与下属各企业的中层经理一起，为该生产部门制定出"部门指标"，并负责协调和评估各部门的日常生产和经营活动。同时，根据国民经济和市场需求的变化，不时地对全公司的投入产出作出预测，并及时调整公司的各项资源分配。

公司高层管理职能部门的设立,不仅使高层决策机构——执行委员会的成员们摆脱了日常经营管理工作的沉重负担,而且也使得执行委员会可以通过这些职能部门对整个公司及其所属各工厂的生产和经营活动进行有效的控制,保证公司战略得到彻底和正确的实施。这些庞大的高层管理职能机构构成了总公司的办事机构,也成为现代大公司的基本特征。另外,在实践过程中,为了协调职能机构、生产部门及高级主管三者之间的关系和联系,艾尔弗雷德·斯隆在生产部门间建立了一些由三者中的有关人员组成的关系委员会,加强了高层管理机构与负责经营的生产部门之间广泛而有效的接触。实际上这些措施进一步加强了公司高层管理人员对企业整体活动的控制。

(二)矩阵制组织结构

1. 矩阵制组织结构的含义

矩阵制组织结构,是指在原有直线职能制垂直管理的基础上,又建立了一个横向领导系统,使两者结合,形成一个矩阵式管理的组织结构形式。这是一种把按职能划分的部门同按产品、服务、活动、研究或工程项目划分的部门结合起来的组织形式(见图6-6)。矩阵组织和项目小组是在20世纪50年代开始出现的一种组织结构形式,其实质是,在同一个组织结构中,按职能划分部门的形式同按产品划分部门的形式相结合。矩阵组织也被称为"临时性的组织"。为了完成某一项目,由各职能部门抽调人员组成项目经理部(项目小组),项目完成之后,各类人员仍回原部门。这种组织结构主要应用在一些新兴行业(电子、航天)的工程部门、研究与发展部门。

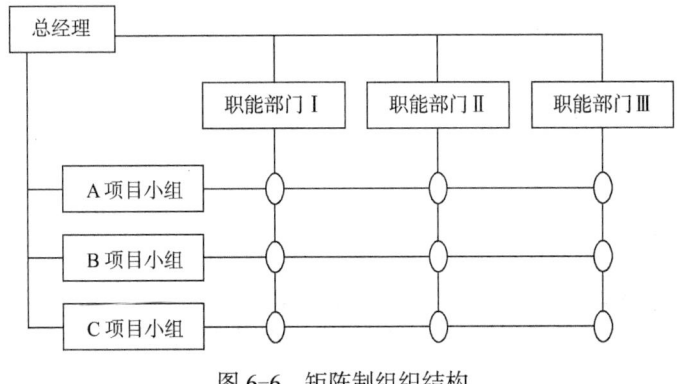

图6-6 矩阵制组织结构

2. 矩阵制组织结构的优缺点

矩阵制组织结构的特点是打破了传统的"一个员工只有一个头儿"的统一指挥原则，使一个员工属于两个甚至两个以上的部门。它的优点是：加强了各职能部门的横向联系；资源利用率高，组织灵活性和应变能力强；易于培养专业人员合作精神和全局观念；有利于创新。其缺点是：成员工作位置不固定，容易产生临时观念；二元命令系统，组织中存在双重职权关系，违背了统一指挥的原则，纵向、横向的双重领导处理不当，会由于意见分歧而造成工作中的扯皮现象和矛盾。

（三）多维立体型组织结构

多维立体型组织结构是由美国道科宁化学工业公司于1967年首创的。它是由职能制、矩阵制和事业部制组织结构形式综合发展而来的。

如图6-7所示，这种结构形式由三方面管理系统组成：一是按产品（项目或服务）划分的部门（事业部），是产品利润中心；二是按职能如市场研究、生产、技术、质量管理等划分的专业参谋机构，是职能利润中心；三是按地区划分的管理机构，是地区利润中心。在这种组织结构形式下，每一个系统都不能单独做出决策，而必须由三方代表共同组成产品事业委员会，作为最高权力机构，通过共同的协调才能采取行动。因此，多维立体制组织结构能够促使每个部门都能从整个组织的全局来考虑问题，从而减少了产品、职能、地区各部门之间的矛盾。

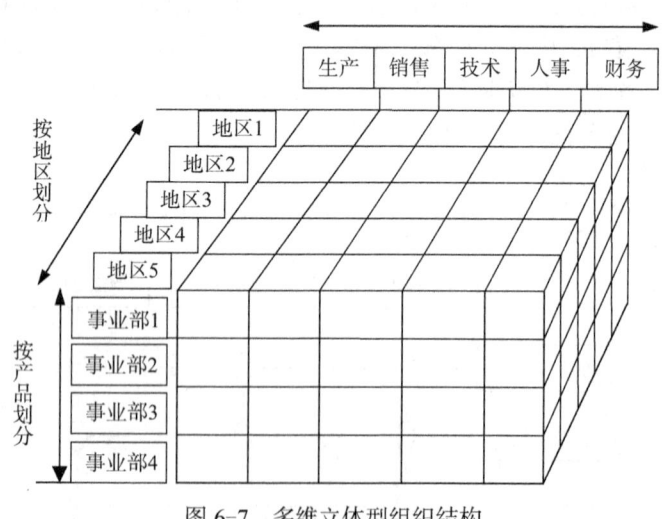

图6-7 多维立体型组织结构

多维立体型组织结构能够促使各部门从组织整体的角度来考虑问题，从而减少了产品、职能和地区各部门之间的矛盾，有利于形成群策群力、信息共享、共同决策的协作关系。该组织结构形式适用于跨国公司或规模巨大的跨地区公司，如金融类、保险类跨国企业。

三、新型组织结构

在 20 世纪 80 年代末到 90 年代初，随着组织内外部环境的变化，产生了一些新型的组织结构类型。这些组织结构与传统的组织结构相比，具有简化结构层次、人员和机构配置精干、组织运作效率提高等优点，同时也面临着内部稳定性差、经营风险压力加大等严峻考验。这些组织结构都在努力适应组织环境在复杂性和动态性方面的巨大变化，但并不排除传统的组织结构的存在。

（一）团队型组织结构

1. 团队型组织结构的含义

团队型组织结构是指以自我管理团队作为组织基本构成单位的组织结构形式。所谓自我管理团队，是以响应特定的顾客需求为目的，掌握必要的资源和能力，在组织平台的支持下，实施自主管理的单元。团队型组织结构中，管理者对团队实行放权，在团队内部打破部门界限与职位界限，鼓励团队成员的自主管理、自主决策和相互合作。有些小型组织可以完全采取团队结构，而在某些大型组织中，则常在一定层次、一定范围内采取团队结构，作为对整个组织结构的补充。

2. 团队型组织结构的特点

（1）团队把横亘在一个组织的上层和基层之间的职能部门进行分解和弱化，把决策权分散到工作小组也就是团队的层次上，从而形成了一个中间层细小的组织结构。

（2）团队成员既是专才，又是通才。在团队组织模式中，由于高层管理人员队伍的缩小，一线工作人员纵向提升的机会减少了，而横向流动却变得更加频繁。频繁的横向流动使一线工作人员的技能多样化，由专才变为通才。

（3）自我管理团队容纳了组织的基本资源和能力。在柔性生产技术和信息技术的基础上，团队被授权可以获得完成整个任务所需的资源，在充分重视员工积极性、主动性和能力的前提下，团队消除了部门之间、职能之间、科目之间、专业之间的障碍，其成员经过交叉培训可以获得综合技能，相互协作完成组织任务。

（4）"一站式"服务与团队的自主决策。自我管理团队具有动态和集成的特点，能针对变化的顾客需求进行"一站式"服务，从价值提供的角度看，自我管理团队独立承担了价值增值中一个或多个环节的全部工作。

（5）管理者角色转换，由高层管理者驱动转为市场驱动。最高管理层的精力主要集中在制定整体战略、驱动创新过程，扮演设计师和教练的角色；中层管理者转变为向基层管理者提供顾客和供应商信息、人员培训方案、绩效与薪酬系统设计等关键的资源，协助团队之间知识、技能和资源的横向整合；自我管理团队对本单位的经营绩效负责，其管理者从传统的执行者角色转变为创新活动的主要发起人，为公司创造和追求新的发展机会。

课间案例3

施乐公司的团队建设

20世纪70年代，施乐公司经营陷入低谷。从1980年开始，新总裁大卫开始塑造企业团队精神。施乐公司团队建设的一条重要原则就是鼓励员工之间"管闲事"，对同僚业务方面的困难积极给予帮助。为此，施乐公司经常派那些销售业绩良好的员工去帮助销售业绩不佳的员工，他们认为，合作应从"管闲事"开始。施乐团队建设的第二条重要原则就是强调经验交流和分享。任何一位员工有创意且成功的做法，都会得到施乐公司的赞美和推广。施乐团队建设的第三条重要原则是开会时允许参加者海阔天空地自由发挥，随意交流，并允许发牢骚、谈顾虑，即便是重要的会议也开得像茶话会那样热闹，经常是"说者无心、听者有意"，启发出旁听者的灵感，打开了大家的思路。

团队建设离不开人。施乐公司选拔人才特别强调合作精神，常常把骄傲的人拒之门外。他们认为，骄傲的人往往对一个团队具有破坏力，哪怕是天才也不接受。施乐公司需要的是强化彼此成就的人，即合作重于一切。施乐公司的团队建设并不排斥竞争，但强调竞争必须不伤和气，不但要公平，而且讲究艺术。例如，公司下属某销售区各小组间的竞争就显得幽默而有效率：每月底，累计营业额最低的小组将得到特殊的"奖品"——一个小丑娃娃，而且以后一月内必须放在办公桌上"昭示"众人，直到有新的"中奖者"。各小组自然谁也不愿"中奖"，为此，大家你追我赶，唯恐垫底"中奖"。至1989年，施乐公司扭亏为盈，以后逐渐在世界140个国家和地区建立了分公司。

(二)集团控股型组织结构

1. 集团控股制组织结构的含义

集团控股型组织结构,是指通过企业之间控股、参股,形成由母公司、子公司和关联公司组成的企业集团(见图6-8)。各个分部具有独立的法人资格,是总部下属的子公司,也是公司分权的一种组织形式。集团控股型组织结构是在非相关领域开展多种经营的企业常用的一种组织结构形式。一些大公司超越企业内部边界的范围,在非相关领域开展多种经营,对各业务经营单位不进行直接管理和控制,只在资本参与的基础上进行持股控制,形成具有产权管理关系的结构形式。

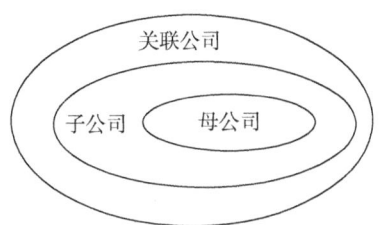

图6-8 集团控股制组织结构

集团控股型组织结构的股权可以是绝对控股、相对控股和一般参股,子公司、关联公司和母公司一起构成以母公司为核心的企业集团;集团公司或母公司与它所持股的企业单位之间不是上下级间的行政管理关系,而是出资人对被持股企业的产权管理关系。母公司作为大股东,对持股单位进行产权管理的主要手段是母公司凭借所掌握的股权向子公司派遣产权代表和董事、监事,通过这些人员在子公司股东会、董事会、监事会中发挥作用来影响子公司的经营决策。

2. 集团控股型组织结构的优缺点

集团控股型组织结构的优点包括:总公司对子公司具有有限的责任,风险得到控制;大大增加企业之间联合和参与竞争的实力。缺点主要有管理间接,战略协调、控制、监督困难,资源配置也较难,缺乏各公司间的有效协调。

(三)网络型组织结构

1. 网络型组织结构的含义

网络型组织结构是指一种只有很精干的中心机构,以合同(契约)关系的建立和维持为基础,依靠外部机构进行制造、销售或其他重要业务经营活动的组织结构形式(见图6-9)。网络型组织结构是基于当今飞速发展的现代信息技术手段而建立和发展起来的一种新型组织结构。被联结在这一结构中的各经营单位之间并没有正式的资本所有关系和行政隶属关系,只是通过相对松散的契约(正式的协议契约书)纽带,通过一种互惠互利、相互协作、相互信任和支持的机制来进行密切的合作。

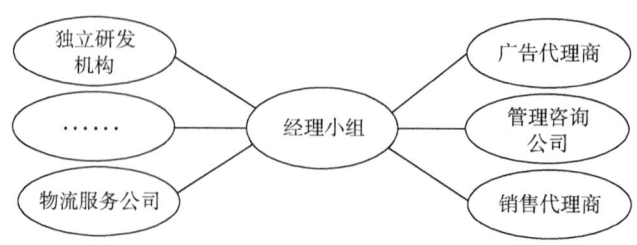

图 6-9　网络型组织结构

2. 网络型组织结构的特点

网络型组织结构的特点主要表现在组织结构上的网络化、虚拟化和柔性化。采用网络型结构的组织，他们所做的就是通过公司内联网和公司外联网，创设一个物理和契约"关系"网络，与独立的制造商、销售代理商及其他机构达成长期协作协议，使他们按照契约要求执行相应的生产经营功能。由于网络型组织的大部分活动都是外包、外协的，因此，组织的管理机构就只是一个精干的经理班子，负责监管组织内部开展的活动，同时协调和控制与外部协作机构之间的关系。

3. 网络型组织结构的优缺点

网络型组织结构的优点包括：一是降低管理成本，提高管理效益；二是实现了企业全世界范围内供应链的优化整合；三是简化了机构和管理层次，实现了企业充分授权式的管理。其缺点在于可控性太差，网络型组织结构需要科技与外部环境的支持。

（四）无边界组织结构

1. 无边界组织结构的含义

无边界组织结构是指寻求消除指挥链所带来的限制，让控制幅度无限扩大，用授权团队代替职能部门的组织结构形式。无边界组织结构也被称作谷仓式的组织结构，是由美国通用电气公司原董事长杰克·韦尔奇率先提出的。无边界组织结构的边界是指组织管理指挥链的边界和组织与它的供应商及顾客之间的边界（见图 6-10）。

传统的组织结构是一种自上而下的金字塔式的管理模式，管理机构恪守各自严格的边界，组织有着严格的组织和等级边界。这里的边界一般包括四种，即垂直边界、水平边界、外部边界和地理边界。垂直边界是指组织内部的层次和职业等级，水平边界是分割职能部门及规则的围墙，外部边界是组织与顾客、供应商、管制机构之间的隔离，地理边界是区分文化、国家市场的界限。

无边界组织原理认为，组织的管理模式不能恪守依据职权划分和层级管理来机械设置管理层次和职能部门的传统模式，而应充分体现组织对环境的适应性和应变力，信息、资源、构想、能量也应该能够快捷顺利地穿越组织的边界，使整个组织真正融为一体。也就是说，传统意义上，组织靠严格的边界制胜，未来的组织则要靠无边界赢得竞争。

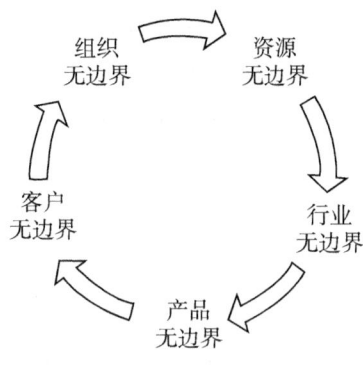

图 6-10　无边界组织结构

2. 无边界组织结构的特点

（1）扁平化层级制结构消除纵向结构的边界

无边界组织结构最大限度地减少地位和等级方面的差距，主要办法有建立跨层级的小组、决策参与制和全方位业绩评价体系等。跨层级小组成员包括高级经理、中层管理者、监督人员和第一线的工作人员等。决策参与制是指一个组织的重大决策的参与者不仅包括高级管理人员，也包括一些普通的组织成员。全方位业绩评价体系是指对组织成员工作业绩的评价人由同层级的人员、上级人员和下级人员组成。

（2）跨职能部门小组减少横向结构上的边界

用跨职能部门的小组代替职能部门。跨职能部门小组是围绕一种产品或一项服务的整个生产经营过程来安排各项活动，而不是按照局部的职能来组织各项活动，实行不同职能领域之间的人员的横向转移和轮换。组织内部的人员横向转移和轮换则可能将一些组织成员由"专才"变为"通才"。

（3）突破地理距离所带来的员工居住地和工作地之间的边界

目前，世界各国已有数千万人工作在公司大楼的物理空间之外，还有增长的趋势，经济的全球化甚至会使人们在不同的国家为同一家公司工作。实行家中上班制度，在一定程度上打破了公司在物理空间上的边界。

（4）尽力打破组织与组织环境之间的边界

全球化、战略联盟和组织—顾客之间的联系渠道都可以突破组织与外部环境之间的边界。其实，无边界组织结构的一个重要的技术基础是互联网和通信技术的进步。高度发达且功能强大的互联网及依托互联网发展起来的即时通信技术，能使人们打破组织内和组织间的边界进行通信联系，例如电子邮件和短信群发技术既可以使公司数百名员工能够同时分享某一信息，同时也可以让文件管理人员直接向高级经理人员传递信息。

3. 无边界组织结构的优缺点

无边界组织结构的优点有：通过运用诸如跨层级团队和参与式决策等结构

性手段，可以取消组织的纵向垂直边界，从而使层级结构扁平化；管理者还可以通过跨职能团队以及围绕工作流程而不是职能部门组织相关的工作活动这些方式，取消组织的横向边界；另外，可通过与供应商建立战略联盟，或者通过体现价值链管理思想的顾客与企业联系手段等削弱或取消组织的外部边界。无边界组织结构的缺点主要表现在这种结构存在对外界环境变化响应迟缓和压抑组织成员全面发展等弊端。

> **课间案例 4**
>
> ### 杰克·韦尔奇的无边界管理
>
> 杰克·韦尔奇从1981年执掌美国通用电气（GE）开始，在20年的时间里，使通用电气的市值达到了4 500亿美元，增长了30多倍，排名从世界第10位升到第2位。令韦尔奇获得巨大成功的关键就在于他突破了科学管理的模式，创造了扁平的、"无边界"的管理模式。可以说是无边界的管理模式再造了GE，无边界的管理思想渗透到GE管理的各个方面。
>
> 杰克·韦尔奇执掌GE时，公司的状况并不差：总资产250亿美元，年利润15亿美元，拥有40万名雇员，财务状况是3A级的最高标准，它的产品和服务渗透到国民生产的方方面面。然而在杰克·韦尔奇看来却存在着诸多的问题：许多业务部门不具备行业优势，竞争力不强，家电业务正面临着日本等国企业的严重冲击。最为严重的是，GE机构臃肿，管理层级复杂，层次过多，灵活性低，僵化的官僚气息令他头痛。正是僵化的体制使得员工习惯于以往的成就，循规蹈矩，看不到未来的危机，缺乏创新，很难有大的突破。离他想象的GE应该是"迅速而灵活，能够在风口浪尖之上及时转向的公司"相差太远。
>
> 于是杰克·韦尔奇开始再造GE，提出了"无边界"的理念，希望这一理念把GE与其他世界性的大公司区别开来。他预想中的无边界公司是：将各个职能部门之间的障碍全部消除，工程、生产、营销以及其他部门之间能够自由流通，完全透明；"国内"和"国外"的业务没有区别；把外部的"围墙"推倒，让供应商和用户成为一个单一过程的组成部分；推倒那些不易看见的种族和性别藩篱；把团队的位置放到个人前面。经过多年的硬件建设——重组、收购以及资产处理，无边界变成了GE社会结构的核心，也形成了区别于其他公司的核心价值。正是在无边界管理理念的指导下，GE才不断创新，如推行"六西格玛"标准、全球化和电子商务等，无一不走在其他公司的前面，使GE始终保持充沛的活力，取得了惊人的成就。

第四节　组织变革

任何一个组织，无论过去如何成功，都必须随着环境的变化而不断地调整自我并与环境相适应。组织变革的根本目的就是为了提高组织的效能，特别是在动荡不定的环境条件下，要想使组织顺利地成长和发展，就必须自觉地研究组织变革的内容、阻力及其一般规律，研究有效组织变革的具体措施和方法。

组织实施的任何变革，开始时都是少数人试图改变多数人，阻力一般很大，当多数人认可和接受变革后，就变成了多数人去改变少数人，阻力要小很多。推行任何变革，都需要组织管理者的坚持。

一、组织变革的含义

所谓组织变革，是指组织根据内外环境的变化，及时对组织中的要素及其关系进行调整、改进和创新，以适应组织未来发展的要求。正如杰克·韦尔奇所说，如果组织变革的速度比环境变化还要慢，那么这个组织将走向末路。在瞬息万变的环境中，组织只有根据外部环境和自身情况不断进行变革，才能不断突破生存和发展的瓶颈，立于不败之地。

二、组织变革的类型

（一）战略变革

战略变革是组织对其长期发展战略或使命所做的变革。如果组织决定进行业务收缩，就必须考虑如何剥离关联业务；如果组织决定进行战略扩张，就必须考虑购并的对象和方式，以及组织文化重构等问题。

（二）结构变革

结构变革是指组织需要根据环境的变化适时对组织的结构进行变革，并重新在组织内部进行权力、利益和责任的分配，使组织变得更为柔性灵活、易于合作。

（三）人员变革

组织中人的因素最为重要，组织如若不能改变人的观念和态度，组织变革就无从谈起。人员变革就是以人为中心的变革，是指组织必须通过对员工的培训、教育等引导，使他们能够在观念、态度和行为方面与组织保持一致。

（四）流程变革

流程变革是指组织紧密围绕其关键目标和核心，充分应用现代信息技术对业务流程进行重新构造。这种变革对组织结构、组织文化、用户服务、质量、成本等各个方面产生重大的影响。

课间案例 5

猴子和香蕉

心理学里有一个非常经典的试验：把 5 只猴子关在一个笼子里，笼子顶上挂一串香蕉，在笼子顶上同时安装了一个喷头，只要有猴子试图摘香蕉，喷头就会喷出水来。因为猴子都喜欢吃香蕉，因此几乎所有的猴子都试图去摘香蕉，但是无一例外都会被喷头喷出的水淋得浑身湿透。结果过了一段时间后，似乎所有的猴子都明白了这个"道理"——只要试图摘香蕉就会被水淋，于是没有任何一只猴子去摘挂在笼子顶上的香蕉，尽管它们都非常喜欢吃。后来，试验人员用一只新猴子（简称 A 猴子）换出原来的一只猴子，这只 A 猴子看到笼子顶上的香蕉，也和原来的猴子刚开始一样试图去摘，这时，所有原来的猴子都不约而同地冲上去把这只 A 猴子暴打一顿，以后只要这只 A 猴子想去摘，就会遭到其他猴子的暴打。如此经过一段时间，A 猴子也和原来的猴子一样放弃了摘香蕉的企图。试验人员又用另一只新猴子（简称 B 猴子）换出另一只原来的猴子，发生的情况与 A 猴子刚进来时一样，只要 B 猴子试图摘香蕉就会遭到暴打，而且 A 猴子打得最重。就这样，经过很长一段时间后，原来的猴子都被换出去了，笼子里的猴子已经更换了几个轮回，顶上的喷头也已经早就取消了，但只要有新进来的猴子试图去摘香蕉都会遭到其他猴子的暴打，至于为什么会遭到暴打，没有一个猴子知道原因，但每个猴子都很自觉地养成了这样的习惯。

三、组织变革的动因

（一）外部环境因素

组织的外部环境由政治法律环境、经济环境、社会文化环境、技术环境、自然环境等组成，任何一个环境因素的变化都会引起组织内部深层次的调整和变革。

1. 经济环境的变化。经济形势的变化，主要是指投资、贸易、税收、产业政策与企业政策的变化等，这些变化也许会给组织带来良好的机遇，也许会给组织带来极大的风险。这些都会引起组织内部深层次的调整和变革。

2. 技术进步的影响。工艺技术、信息技术和管理技术的发展日新月异，新产品、新工艺、新技术、新方法层出不穷，对组织的固有运行机制构成了强有力的挑战。比如通信和网络技术的发展，计算机使用的普及，使组织机构越来越扁平化和团队化；自动化生产设备和先进的生产工艺有效提高了劳动生产率；管理技术随着管理实践的积累不断推陈出新，组织再造、学习型组织、六西格玛管理法等给全球组织带来翻天覆地的变化。

3. 价值观念的影响。随着社会的发展，全球化的生产经营的展开以及竞争的不断加剧，社会和个人的价值观念不断随之调整。比如消费偏好的快速改变、产品寿命周期不断缩短等往往迫使组织转变经营方向和经营方式。此外，人们对知识的追求、美的向往、对人才的渴求等会要求人力资源管理方式的变革。这些都会影响和促使组织变革。

（二）内部环境因素

组织变革的内部原因主要是组织现有的内部条件和外部环境不相适应了，已经成为组织发展的障碍。

1. 决策失灵。当组织机构臃肿、人浮于事或组织机构明显漏缺、管理脱节时，为提高决策效率，组织必须对决策过程中各个环节进行梳理，保证决策迅速、真实和完整。

2. 沟通阻塞。信息沟通不畅，决策形成过程过于缓慢或时常做出错误的决策，导致组织常错失良机。

3. 机能失效。组织的主要制度不能有效运转或效率低下，组织成员的积极性无法充分发挥出来。比如组织内部不协调，部门间职责重叠，互相扯皮，推诿责任，组织内耗加剧，职工的责任感和积极性低落。

4. 缺乏创新。组织内部管理者和员工因循守旧，害怕创新给自己带来压力，往往抵制新观念、新战略、新措施，阻碍了组织的进一步发展。

四、组织变革的阻力

组织变革中的阻力是指人们反对变革、阻挠变革甚至对抗变革的制约力。这种制约组织变革的力量可能来源于个体、群体，也可能来自组织本身甚至外部环境。组织变革，会重新分配组织资源，必然会触犯一部分人的既得利益，肯定会有不支持或反对，也自然会有压力、阻力和冲突。

（一）个体和群体方面的阻力

来自个体的阻力，是因为其固有的工作和行为习惯难以改变、就业安全需要、经济收入变化、对未知状态的恐惧以及对变革的认知存在偏差等引起的。来自群体的阻力，主要由于组织结构变动的影响，原有人际关系可能因变革而受到改变和破坏，影响原有的已经适应的群体关系，并且有可能影响群体利益。

（二）组织的阻力

组织的阻力来自现行组织结构的束缚，组织运行的惯性，变革对现有责权关系和资源分配格局所造成的破坏和威胁以及追求稳定、安逸和确定性甚于革新和变化的保守型组织文化等。

（三）外部环境的阻力

组织的外部环境条件也往往是阻碍组织变革力量一个不可忽视的来源。比如，缺乏竞争性的市场往往造成组织成员的安逸心态，束缚组织变革的进程。

总之，组织变革过程是个破旧立新的过程，自然会面临推动力与制约力相互交错和混合的状态。组织变革管理者的任务，就是要采取措施改变这两种力量的对比，增加推动力，减少制约力，促进变革顺利地进行。

课间案例 6

戊戌变法的失败

戊戌变法，又称维新变法，是指 1898 年 6 月 11 日至 9 月 21 日以康有为、梁启超为主要领导人物的资产阶级改良主义者通过光绪帝进行倡导学习西方，提倡科学文化，改革政治、教育制度，发展农、工、商业等的政治改良运动。但戊戌变法因损害到以慈禧太后为首的守旧派的利益所以遭到强烈抵制与反对。1898 年 9 月 21 日，慈禧太后等发动戊戌政变，光绪帝被囚至中南海瀛台，维新派的康有为、梁启超分别逃往法国、日本，谭嗣同、康广仁、林旭、杨深秀、杨锐、刘光第共 6 人被杀，历时 103 天的变法失败。戊戌变法失败的根本原因是资产阶级维新派力量过于弱小，即资产阶级的软弱性。直接原因是守旧派势力强大，当时国家的最高领导权不在光绪皇帝手中，而为以西太后为首的王公、大臣所掌握。维新派只有少数几个人，没有实权。西太后最初曾指示"今宜专讲西学"，但是，当她感到变法触及她自己的权力和清廷王公贵族的利益时，就动手遏制、镇压。

五、组织变革的程序

（一）确定组织变革目标

管理者要始终保持较强的紧迫感、危机感，要对未来有明确的预见。除了从外部环境变动的信息中发现有利和不利因素外，更重要的是从组织内部信息中发现问题，如利润、成本、员工士气等。通过分析，提出组织变革的目标及任务。

（二）进行组织问题诊断

明确组织变革的目标之后就要寻找问题的根源。管理者要围绕问题广泛收集资料信息，对组织存在的问题进行透彻的分析，找出问题产生的真正根源，在此基础上制定出明确的、具体化的组织变革目标。

（三）提出组织变革方案

在组织诊断明确问题之后，就要根据问题产生的根源有针对性地制定相应的组织变革与创新方案。组织变革通常有三种方式：一是彻底革命的方式，这种变革方式往往涉及组织结构重大的甚至根本性质的改变，且变革期限较短；二是逐步演变的方式，这种变革方式主要是在原有的组织结构基础上修修补补，变动较小；三是系统发展的方式。这种变革方式是通过对组织结构的系统研究，制定出理想的改革方案，然后结合各个时期的工作重点，有步骤、有计划地加以实施。

（四）制订组织变革计划

在确定了组织变革方案以后，就要具体制订组织变革计划。要设计出组织变革的操作步骤，考虑到所需的费用或代价，可能遇到的问题及应对措施，对组织的运行可能产生的影响，员工对组织变革的认识及配合的程度等问题，使组织变革计划尽可能详细具体。

（五）实施组织变革计划

组织变革通常会因为影响一部分人的权力和利益而遇到来自变革对象的阻挠和抗拒。管理者、员工在充分认识、说服教育的前提下，组织有关人员参与变革方案的设计，对组织变革的因素进行认真分析，妥善处理好变革与稳定的关系，力求将组织变革的阻力降至最低，保证变革计划的顺利实施。

（六）评价组织变革效果

组织变革计划的实施过程中，管理者要对组织变革的效果进行检查、分析和评价，针对影响组织变革的因素进行相关调整，同时建立起良好的信息反馈系统，切实保证组织变革效果。

> **阅读小故事**
>
> ### 彼得原理
>
> 每个组织都是由各种不同的职位、等级或阶层的排列所组成，每个人都隶属于其中的某个等级。彼得原理是美国学者劳伦斯·彼得在对组织中人员晋升的相关现象进行研究后得出的一个结论：在各种组织中，雇员总是趋向于晋升到其不称职的地位。彼得原理也被称为向上爬的原理。这种现象在现实生活中无处不在，如一名称职的教授被提升为大学校长后却无法胜任，一个优秀的运动员被提升为主管体育的官员而无所作为。对一个组织而言，一旦相当部分人员被推到其不称职的级别，就会造成组织的人浮于事，效率低下，导致平庸者出人头地，发展停滞。因此，这就要求改变单纯的根据贡献决定晋升的企业员工晋升机制，不能因某人在某个岗位上干得很出色，就推断此人一定能够胜任更高一级的职务。将一名职工晋升到一个无法很好发挥才能的岗位，不仅不是对本人的奖励，反而使其无法很好地发挥才能，也给企业带来损失。

本章习题

一、单项选择题

1. 组织的一切工作的展开,均应围绕 （　　）
  A. 组织战略　　B. 组织目标　　C. 组织培训　　D. 组织创新

2. 组织能否生存取决于它能否 （　　）
  A. 提供市场满意的产品　　B. 适应环境的要求
  C. 创造利润　　D. 为其成员提供满意的报酬

3. 组织设计的目的是 （　　）
  A. 排除企业内不利于管理的人员　　B. 提高产品的市场占有率
  C. 响应政府的改革要求　　D. 企业的生存

4. 把生产要素按照计划的各项目标和任务的要求结合成为一个整体,把计划工作中制定的行动方案落实到每一个环节和岗位,以确保组织目标的实现,这是管理的 （　　）
  A. 计划职能　　B. 组织职能　　C. 领导职能　　D. 控制职能

5. 在一个组织结构中,管理者有效地监督、指挥其直接下属的人数称为
（　　）
  A. 组织规模　　B. 管理幅度　　C. 管理层次　　D. 组织效率

6. 若某企业的管理幅度是4,管理层次也是4,该公司的管理者人数是
（　　）
  A. 17　　B. 23　　C. 85　　D. 117

7. 当组织规模一定时,管理幅度和管理层次在数量上呈 （　　）
  A. 正比关系　　B. 指数关系　　C. 反比关系　　D. 相关关系

8. 组织理论上把管理层次多而管理幅度小的结构称为 （　　）
  A. 高耸式结构　　B. 扁平结构　　C. 直线结构　　D. 矩形结构

9. 组织中主管人员监督管辖其直接下属的人数越是适当,就越是能够保证组织的有效运行,这是遵循组织工作中的 （　　）
  A. 目标统一原理　　B. 责权一致原理
  C. 管理幅度原理　　D. 集权与分权相结合原理

10. 划分部门最普遍采用的一种划分方法为 （ ）
A. 按产品划分 B. 按地区划分
C. 按职能划分 D. 按时间划分

11. 直线制组织形式的优点主要有 （ ）
A. 统一领导 B. 集思广益 C. 组织稳定性高 D. 弹性好

12. 以下最直接体现管理劳动专业分工思想的组织形式是 （ ）
A. 直线制 B. 直线职能制 C. 矩阵制 D. 事业部制

13. 美国通用汽车公司总裁斯隆发明的组织结构形式是 （ ）
A. 直线制 B. 职能制 C. 直线职能制 D. 事业部制

14. 具有"纵横交错，集思广益"优势的组织结构是 （ ）
A. 直线制 B. 职能制 C. 直线职能制 D. 矩阵式

15. 矩阵制组织形式的采用容易破坏管理的 （ ）
A. 统一指挥原则 B. 权责一致原则 C. 跳板原则 D. 分工原则

16. 以自我管理团队作为组织基本构成单位的组织结构形式是 （ ）
A. 团队型组织结构 B. 事业部组织结构
C. 学习型组织结构 D. 无边界组织结构

17. 通过企业之间控股、参股，形成由母公司、子公司和关联公司组成企业集团的组织结构形式是 （ ）
A. 团队型组织 B. 集团控股型组织
C. 学习型组织 D. 无边界组织

18. 只有很精干的中心机构，以合同（契约）关系的建立和维持为基础，依靠外部机构进行制造、销售或其他重要业务经营活动的组织结构形式是 （ ）
A. 团队型组织 B. 集团控股型组织
C. 网络型组织 D. 无边界组织

19. 寻求消除指挥链所带来的限制，让控制幅度无限扩大，用授权团队代替职能部门的组织结构形式是 （ ）
A. 无边界组织 B. 团队型组织 C. 矩阵型组织 D. 网络型组织

20. 对企业而言，变革是 （ ）
A. 应该避免的 B. 可以避免的
C. 无法避免的 D. 引起混乱的根源

二、多项选择题

1. 影响组织设计的因素有 （   ）
A. 组织环境　　B. 组织战略　　C. 组织技术
D. 人力资源　　E. 组织规模

2. 影响管理层次的因素有 （   ）
A. 组织规模　　B. 管理幅度　　C. 组织沟通
D. 组织效率　　E. 组织创新

3. 按照管理幅度和管理层次的不同，组织结构可以分为 （   ）
A. 直线结构　　B. 职能结构　　C. 参谋结构
D. 扁平式结构　　E. 高耸式结

4. 部门划分的形式主要有 （   ）
A. 职能部门化　　B. 产品部门化　　C. 顾客部门化
D. 区域部门化　　E. 成本部门化

5. 组织工作的内容包括 （   ）
A. 设计组织结构　　B. 配备组织人员　　C. 控制组织行为
D. 实施组织变革　　E. 建设组织文化

6. 事业部制组织类型的原则是 （   ）
A. 集中决策　　B. 统一指挥　　C. 分散经营
D. 集思广益　　E. 集中经营

7. 网络型组织结构的特点表现为组织结构上的 （   ）
A. 刚性化　　B. 网络化　　C. 虚拟化
D. 柔性化　　E. 复杂化

8. 组织变革的外部原因有 （   ）
A. 经济环境变化　　B. 技术进步
C. 组织规模变化　　D. 价值观念影响
E. 经济利润下滑

9. 组织变革的内部原因有 （   ）
A. 决策失灵　　B. 沟通阻塞　　C. 机能失效
D. 缺乏创新　　E. 结构调整

10. 组织变革主要包括 （　　　）
A. 技术变革　　B. 结构变革　　C. 流程变革
D. 人员变革　　E. 战略变革

三、判断正误题

（　）**1.** 组织设计与运行机制是否科学合理，直接关系到组织的生存与核心竞争力。

（　）**2.** 组织是指为实现某一共同目标，经由分工与合作及不同层次的权力和责任制度而构成的人的集合。

（　）**3.** 组织运作的目的是使设计好的组织系统围绕目标有效地运转。

（　）**4.** 管理者在组织工作中应有意识、有计划地促进具有较多积极意义的非正式组织的形成和发展，使其成为组织结构的有机组成部分。

（　）**5.** 管理者在组织工作中应有意识、有计划地消灭非正式组织的存在，从而有利于组织的发展。

（　）**6.** 实行统一指挥原则，就是要把一切权力集中在组织最高一级管理层。

（　）**7.** 组织设计的实质是通过对管理劳动的分工，将不同的管理人员安排在不同的管理岗位和部门中，通过他们在特定环境、特定相互关系中的管理作业来使整个管理系统有机运转起来。

（　）**8.** 任何管理者的管理幅度都有一定的限度，超过一定限度，就不能做到具体、高效、正确的领导，管理的效率就会随之下降。

（　）**9.** 组织中主管人员监督管辖其直接下属的人数越是适当，就越是能保证组织的有效运行，这体现了组织工作的管理幅度原理。

（　）**10.** 组织规模一定的条件下管理幅度与管理层次成正比关系。

（　）**11.** 事业部制结构限制了组织资源的共享。

（　）**12.** 划分部门的目的在于确定组织中业务的分配和责任的归属，以求分工合理，职责明确。

（　）**13.** 工作内容多且复杂，则主管需要耗费的时间和精力就越多，此时应缩小管理幅度。

（　）**14.** 不是每一个管理者都同时拥有强制权、奖励权、合法权、专家权和感召权。

（　）**15.** 柔性组织特别强调标准化、规范化和规章制度。

（　）**16.** 直线职能制组织结构设置了两套系统：一套是按命令统一原则组织的指挥系统，另一套是按专业化原则组织的管理职能系统。

(　　) 17. 事业部制主要适用于那些工作内容变动频繁、每项工作的完成需要众多技术知识的组织，或者作为一般组织中安排临时性工作任务的补充结构形式。

(　　) 18. 矩阵结构实质是在同一个组织结构中，按职能划分部门的形式同按产品划分部门的形式相结合。

(　　) 19. 矩阵型结构有利于信息的纵向交流，却不利于横向交流。

(　　) 20. 矩阵制主要适用于那些工作内容变动频繁、每项工作的完成需要众多技术知识的组织，或者作为一般组织中安排临时性工作任务的补充结构形式。

(　　) 21. 团队把横亘在一个组织的上层和基层之间的职能部门进行分解和弱化，把决策权分散到工作小组也就是团队的层次上，从而形成了一个中间层细小的组织结构。

(　　) 22. 团队型组织结构是指管理者对团队实行放权，在团队内部打破部门界限与职位界限，鼓励团队成员的自主管理、自主决策和相互合作。

(　　) 23. 无边界组织结构的一个重要的技术基础是互联网和通信技术的进步。

(　　) 24. 对企业而言，如果企业决策正确，发展顺利，变革就可以避免。

(　　) 25. 制约组织变革的力量可能来源于个体、群体，也可能来自组织本身甚至外部环境。

四、名词解释题

1. 组织
2. 组织结构
3. 组织设计
4. 管理层次
5. 管理幅度
6. 直线制组织结构
7. 职能制组织结构
8. 矩阵制组织结构
9. 事业部制组织结构
10. 团队型组织结构
11. 集权控股型组织结构
12. 网络型组织结构

13. 无边界组织结构
14. 组织变革

五、简答题
1. 简述影响组织设计的因素。
2. 简述组织工作应遵循哪些原则。
3. 简述影响管理幅度的因素。
4. 简述管理幅度和管理层次的关系。
5. 简述矩阵组织结构的优缺点。
6. 简述直线职能制组织结构的优缺点。
7. 简述事业部制组织结构的优缺点。
8. 简述团队型组织结构的特点。
9. 简述集团控股型组织结构的优缺点。
10. 简述网络型组织结构的优缺点。
11. 简述无边界组织结构的优缺点。
12. 简述组织变革的动因和阻力。

六、论述题
1. 论述组织变革的含义与类型。
2. 结合组织发展的特点谈谈组织未来发展的方向。
3. 比较分析直线职能制和事业部制两种组织结构形式的特点及适用情况。

第七章 组织职权配置与人员配备

学习目标 本章主要介绍职权的类型，组织职权的配置，人员配备的原则与程序，管理人员的选聘、考评和培训。通过学习，应掌握职权的类型和集权与分权的影响因素，明确人员配备是组织设计的逻辑延续，了解人员配备的含义和要求，掌握管理人员配备的基本原则、过程和方法，外部招聘和内部提升的优缺点，理解并能解释管理人员考评的全过程，特别是考评的内容和方法，旨在学会职务分析和工作设计。

本章关键词 直线职权 职能职权 参谋职权 集权 分权 授权 人员配备 因事择人 外部招聘 内部提升 职务轮换

职权是一种制度权，是指组织中的某一个职位做出决策的权力。职权与组织中的管理职位有关，而与占据这个职位的人员无关。管理者必须拥有职权，才能发挥作用，一个组织要有效运转，就要将职权在组织中进行合理而有效的配置。

组织中任何一项管理职能的实施，任何一项任务或工作的完成都需要依靠人，可以说，人是组织目标实现的直接推动力。因此，从系统的观点来看，人员配备作为管理的一项职能，是构成管理系统不可缺少的组成部分，组织结构中各个职位的人员配备直接关系到组织的活动是否有效、组织目标能否实现。人员配备的直接任务是为组织结构中的各个职位配备合适的人员，其内容包括选拔、聘任、考评、培训等方面。

组织结构中需要配备的人员大体上可分为两类：一是各级管理人员，二是一般员工。本章将着重论述有关管理人员的选聘、考核和培训。

第一节　组织职权配置

一、组织职权概述

所谓职权，是指组织设计中由一定正式程序赋予某一管理职位做出决策、指挥他人工作以及发布命令的权力。职权与组织内某一职位有关，是一种职位的权力，而与任职者没有任何关系。员工一旦离职就不再享有该职位的任何权力，而职权仍保留在该职位中，并给予新的任职者。在组织内，最基本的信息沟通是通过职权实现的。通过职权关系上传下达，使下级按指令行事，上级及时得到反馈的信息，做出合理决策，进行有效控制。

（一）职权类型

组织职权按照性质不同，分为三种形式，即直线职权、参谋职权和职能职权。三种职权为组织内部不同的人所拥有，并在管理中起着不同的作用。

直线职权是指某项职位或某个部门给予管理者做出决策、发布命令、指挥其下属工作的权力，也就是通常所说的指挥权。直线职权是上级对下级行使直线指挥和监督的关系，这种职权从组织的高层一直延伸到组织的低层，形成一条所谓的指挥链。直线人员所拥有的是一种决策和行动的权力。显然，每一管理层的管理者都具有这种职权，不同在于其职权的大小及范围不同而已。

参谋职权是指管理者拥有的某种特定的建议权或审核权，可以评价直线管理方面的活动情况，进而提出建议或提供服务。专业参谋部门（如智囊团、顾问班子）的出现是现代发展的产物，它聚集了一些专家，运用集体智慧，协助直线主管工作。参谋职权属于顾问性质，纯粹的参谋人员只能是进行调查研究，并向直线管理人员提出建议。所以，参谋关系是一种服务和协助的关系，授予参谋人员的只是思考、筹划和建议的权利。

职能职权是指参谋人员或某部门的管理者所拥有的原属直线主管的那部分权力。在纯粹参谋的情形下，参谋人员所具有的仅仅是辅助性职权，并无指挥权。但随着管理活动的日益复杂，管理者仅依靠参谋的建议还很难作出最后的决定，为了改善和提高管理效率，管理者就可能将职权关系作某些变动，把一部分原属自己的直线职权授予参谋人员或某个部门的管理者，这便产生了职能职权。

职能职权大部分是由业务或参谋部门的负责人来行使的，这些部门一般都是由一些职能管理专家所组成。例如，一个公司的总经理统揽全局管理公司的职权，他为了节约时间，加速信息的传递，就可能授权财务部门直接向生产经营部门的负责人传达关于财务方面的信息和建议，也可能授予人事、采购、公共关系等顾问一定的职权，让其直接向直线组织发布指示等。由此可看出，职能职权是组织职权的一个特例，可以认为它介于直线职权和参谋职权之间。

（二）三种职权的关系

直线职权、参谋职权和职能职权分别由直线人员、参谋人员和职能人员行使。直线职权的特点是指挥权，参谋职权的特点是指导权，职能职权的特点是部分指挥权或者指导权。直线人员、参谋人员和职能人员的相互关系，本质上就是一种职权关系。在管理工作中应处理好三者之间的关系。参谋职权无限扩大，容易削弱直线人员的职权和威信；职能职权无限扩大，则容易导致多头指挥，甚至导致管理混乱、效率低下。因此，要注意发挥参谋职权的作用，同时适当限制职能职权的使用。从直线与参谋的关系来看，直线人员掌握的是命令和指挥的职权，而参谋人员拥有的则是协助和顾问的职权。参谋的职责是建议，而不是指挥，只是为直线主管提供信息、出谋划策，配合直线人员的工作。由此可知，两者之间的关系是直线指挥、参谋建议的关系。因此，发挥参谋作用时，应注意参谋应独立提出建议，直线人员不能为参谋所左右。同时，职能职权的存在是对直线决策和指挥权的限制。组织管理中要适当限制职能职权的使用，这就要求限制职能职权的使用范围。职能职权的使用将限于解决如何做、何时做等方面的问题，再扩大就会影响直线人员的工作。再者，职能职权要限制使用级别，下一级职能职权不应越过上一级直线职权。如组织中人事处长的职能职权不应越过副总经理这一级等等。

在组织中，参谋和直线之间的界限是模糊的。作为一个主管人员，他既可以是直线人员，也可能是参谋人员，这取决于他所起的作用以及行使的职权。当他处于自己所领导的部门中时，他行使直线职权，是直线人员，而当他同上级打交道或与其他部门发生联系时，他可能又成为参谋人员。例如，医院院长在医院内是直线人员，但当卫生局进行计划或决策而征求他的意见时，他便成为参谋人员。

（三）正确发挥参谋人员的作用

组织直线主管人员要合理利用和正确发挥参谋人员的作用。第一，要求明确直线与参谋的关系和性质，分清双方的职权关系与存在价值，形成相互尊重、相互配合的良好基础。第二，应该鼓励和要求直线部门的管理人员与参谋部门的人员进行充分协商，在直线部门必须听取参谋部门建议的地方，可以采用强制性接受参谋部门建议的做法，必要时授予参谋机构在一定专业领域内的职能职权。第三，直线主管要为参谋人员提供必要的信息条件，让参谋人员时刻了解组织的情况，否则参谋部门无法展开工作，直线部门也难以从参谋部门获得有价值的意见。第四，参谋部门应当成为问题的解决者，而不是制造者。当参谋部门人员的建议不明确、模棱两可或者错误时，他们就会成为问题的制造者。所以，参谋人员的工作应当脚踏实地，尽可能提出切实可行的建议，而不只是夸夸其谈。

二、集权与分权

（一）集权与分权的含义

职权在组织中的分布可以是集中的，也可以是分散化的。集权与分权是相对的，某种程度的分权和集权，对组织来说都是需要的。绝对的集权或绝对的分权，标志着组织都不复存在。

所谓集权，是指决策权在组织系统中较高层次的一定程度的集中。其特点主要有：决策权大多集中在高层管理者，中下层管理者只有日常的决策权限；对下级控制较多；统一经营；统一核算。集权的主要优点是便于提高决策效率，对市场作出迅速反应，容易实现目标的一致性，可以避免重复决策和资源的浪费。其缺点在于容易形成对高层管理者的个人崇拜，形成独裁，影响将来组织高管更替，也影响组织长远发展。

所谓分权，是指决策权在组织系统中较低管理层次的一定程度上的分散，组织的权力不是集中在某个成员，而是分散在组织内部。其特点主要有：组织中下层拥有较多的决策权；上级的控制较少，往往以完成规定的目标为限；在统一规划下可独立经营；实行独立核算，有一定的财务支配权。分权的优点在于可以让高层管理者将主要精力集中于重要事务，权力下放可以充分发挥下属的积极性和主动性，增加下属的工作满足感，便于发现和培养人才。而下属拥有一定的决策权，可以减少不必要的上下沟通，并可以对下属权限内的事情迅速作出反应。缺点是可能产生与组织整体目标不一致的委托—代理问题。

集权与分权是相对的概念。绝对的集权意味着组织中的全部权力集中在一个主管手中，组织活动的所有决策都由主管做出，主管直接面对所有的实施执行者，没有任何中间管理机构，这在现代社会经济组织中是不可能的。然而，绝对的分权则意味着全部权力分散在各个管理部门，甚至分散在各个执行、操作者手中，没有任何集中的权力，一个统一的组织也不复存在。所以，在现实的社会组织中，可能是集权的成分多一些，也可能是分权的成分多一些。

(二) 影响集权与分权的因素

一个组织的分权化程度宜高还是宜低，并没有绝对的定论。分权程度低，也即集权程度高，主要好处是便于从整个组织目标出发处理问题，避免局部利益行为，可使组织的有限资源得到更有效的利用，并有助于确保组织政策和行动的一致性，提高组织的控制力。分权程度提高，虽然可以克服集权的弊端，但相应地也丧失了集权的好处。因此，集权和分权的程度是依据条件的变化而变化的。影响集权和分权程度的因素如下：

1. 组织规模大小

组织规模小，决策数目少，分散程度较低，则宜于集权；组织规模大，要做的决策多，内容复杂，组织的层次和部门会因为管理幅度的限制不断增加，沟通控制难，为了加快决策速度，减少失误，高层管理者就要考虑适当的分权。

2. 组织政策统一性

如果组织是由小到大扩展而来，组织内部各个方面的政策是统一的，集权最容易达到管理目标的一致性，宜采用集权；如果组织是由联合或合并而来，组织内部各个部门多独立决策，则应多采用分权。

3. 管理者数量和管理水平

组织各级管理者数量充足，经验丰富，训练有素，管理能力较强，则可较多地分权。反之应趋向集权。

4. 组织所处的动态环境

处于迅速发展中的组织，面临复杂的外部环境，组织高层管理者需要做出很多的决策，在时间和精力、能力有限的条件下，不得不向下级管理者分权。处于稳定发展中的组织，一般趋向集权。如果问题的处理有很强的时间性，而且要随机应变，权力过于集中容易贻误时机，处理此类事项的权力应当分散，以便各管理环节机动灵活地解决问题。

5. 组织所处的成长阶段

一般来说，组织发展初期，绝大多数组织都采取高度集权的管理方式。随着组织的继续发展，规模扩大，集权的管理方式应逐渐转向分权的管理方式。

除此之外，管理者的管理哲学、决策的重要性、控制的有效性、职权的稳定性等也都是影响集权和分权程度的重要因素。

三、授权

（一）授权的含义

授权是指上级管理者把自己的职权授给下属，使下属在一定监督之下拥有相应的自主权和行动权。授权是一个过程，这个过程包括分派任务（向被授权者交代所要委派的任务）、委任职权（授予被授权者相应的职权，使之能有权履行原本无权处理的事务）、明确责任（要求被授权者对委派的工作负责）。授权可以把上级从日常事务中解脱出来，调动下级的工作热情，培养下级才能，发挥下属专长，弥补上级才能的不足。

授权者对于被授权者有指挥和监督之权，被授权者对授权者有报告及完成任务的责任。授权并不意味着完全授责，授权只是把一部分权力分散给下属，而不是把与"权"同时存在的"责"分散下去。换言之，当一级主管把某几种决策权授给二级部属时，虽然二级部属因而获得该决策权，但一级主管仍然负有相同的责任。例如，一个防疫站长，当他所属的某科室不能按期完成任务时，即使该科长觉得自己应负完全责任，但该站长还是避免不了要最后负责。

授权也不同于分权。授权是指组织中的管理者为更好地实现管理目标，在自己的职权范围内赋予其下属相应的责任和权力，并对组织承担最终责任的一种管理手段。分权则是根据组织发展总体目标的需要，为在组织中实现权力制衡，避免重大决策的失误，组织的上层将决策权分授予若干重要组织成员的管理手段。授权主要是指权力的授予和责任的建立，它仅指上、下级之间短期的权责授予关系；而分权则是授权的延伸，是在组织中有系统地授权，这种权力根据组织的规定可以较长时期地留在中、下级主管人员手中。

（二）授权应遵循的原则

1. 视能授权

一切依被授权者的才能大小和知识水平的高低为依据。授权前，必须仔细分析工作任务的难易程度，以便把权力授予最适合的人选。一旦授予下属职权而下属不能承担职责时，应明智地及时收回职权。授权和沟通相似，必须基于主管人员和部属之间相互信赖的关系。因此，主管人员如果把权力授予下属，就应该充分信任下属，也就是说，要"用人不疑"。

2. 明确授权事项

上级管理者授权时，授权者必须向被授权者明确授权事项的任务目标及权责范围。这样不仅有利于下属完成任务，更可避免下属推卸责任。

3. 不可越级授权

只有上级管理者才能对直接下属授权，不可越级授权。越级授权必然造成中层主管人员的被动，以及部门之间的矛盾。例如局长只能把所属的权力授给他所管辖的处长，而不能越过处长直接授予科长。

4. 适度授权

授予的职权是上级职权的一部分，而不是全部。对下属来讲，这是他完成任务所必需的。授权过度等于放弃权力。对于涉及有关组织全局的问题，例如决定组织的目标、发展方向、人员的任命和升迁、财政预算，以及重大决策问题等，不可轻易授权，更不可将不属于自己权力范围内的权力授予下属。

5. 适当控制

在授权过程中要适度地进行控制。如果主管人员授权后，仍不断地检查工作，是授权不足的表现。有效的主管人员在实施授权前，应先建立一套健全的控制制度，制定可行的工作标准和适当的报告制度，以及能在不同的情况下迅速采取补救的措施。

> **课间案例 1**
>
> **分权管理**
>
> 美国大型零售公司西尔斯·罗巴克公司是一家以向农民邮购起家的零售公司，它建立了高效的组织管理系统和分权管理体系，让管理人员既有应有的权力，又担负起明确的责任。西尔斯·罗巴克公司与各主要制造商还建立起了一种与其说是购买，不如说是代理的特殊关系，从而保证了将质高价廉的商品源源不断提供给消费者。在库存货物的选择上，对它们的商店管理人员授予了较大的决策权，这使得它们的商店可以更有效地与当地商店展开竞争。1900年，西尔斯·罗巴克的销售额达到1 000万美元，成为美国零售业销售额排行榜的第一名。
>
> 与之相似，蒙特利尔银行把它在加拿大的1 164家分行组合成236个社区，即在一个有限地域内的一组分行，每个社区设一名经理，经理在自己所辖各行之间可以自由巡视，各个分行之间最长距离不过20分钟的路程。他对自己辖区内的问题反应远远快于公司总部的高级主管，处理方式也会更得当。
>
> IBM的欧洲总监瑞纳托·瑞沃索采取类似的办法把欧洲大陆的公司分成200个独立自主的商业单位，每个单位都有自己的利润目标、员工激励方式、重点顾客。"以前我们习惯于自上而下的管理，像在军队中一样。"瑞纳托·瑞沃索说，"现在，我们尽力使员工学会自我管理。"

第二节 人员配备概述

一、人员配备的含义

从广义上说,人员配备就是组织的人力资源管理。人力资源管理是一个工作过程,它包括组织及其管理者为了获得、留住、激励与开发实现组织目标所需的人力资源而开展的一系列工作内容以及相应的要领和技术。狭义上的人员配备只含"选人、评人、育人",也就是根据组织结构中所规定的职务的数量和要求,对所需人员进行恰当而有效的选择、考评和培训,其目的是配备合适的人员去充实组织中的各项职务,以保证组织活动的正常进行,进而实现组织既定目标。

二、人员配备的作用

(一)人员配备是组织有效活动的保证

人是组织的最重要资源,在组织所有人员中,最重要的是组织管理人员。管理人员的基本任务是设计和维持一种环境,使身处其间的人们能在组织内一起工作,以完成预定的使命和目标。由此可见,管理人员在整个管理过程中起着举足轻重的作用,管理人员是组织活动取得成效的关键人物。因此,有效地为组织机构配备各级管理人员是组织活动取得成效的最好保证之一。

(二)人员配备是组织发展的准备

人员配备的另一个重要性,是在复杂多变的环境中为从事组织活动所需要的管理人员做好准备。计划是针对未来的情况,而未来的情况具有不确定性,未来的管理人员都必须能很好地面向社会,适应由于先进技术应用而产生的、不断增大的外部环境的变化及其对组织内部活动造成的复杂影响。因此,同其他管理职能一样,人员配备应有一个开放的系统方法,要着眼于未来,必须根据具体情况采取随机制宜的方法,对管理人员进行恰当而有效的选拔、培训和考评,以满足组织未来对管理人员的需要。

三、人员配备的原则

（一）因事择人原则

因事择人是指组织人员的选聘应该按照空缺职位和工作的实际要求，根据职位对任职者的资格要求为标准选拔、录用各类人员。即使暂时找不到符合职位要求的人员时，也不应该降低工作标准。要使工作卓有成效地完成，就要使选择的人员具备相应的知识和技能。

（二）因材施用原则

因材施用即根据人员的能力和素质，安排适合的工作。从满足员工个人需要角度去考察，只有让每个员工都从事与其特点相吻合的工作，才能最大限度地调动员工的积极性和发挥员工的潜能，进而可以维持和提高员工对组织的忠诚度。同时，在用人时，要注意扬长避短，用人所长，不要求全责备。有效的管理就是要能够发挥人的长处，使员工各得其所，人尽其才，才尽其用。

（三）程序化、规范化原则

员工的选拔必须遵循一定的标准和程序。科学合理地确定组织员工的选拔标准和聘任程序是组织聘任优秀人才的重要保证。只有严格按照规定的程序和标准办事，才能选聘到真正愿为组织的发展作出贡献的人才。

（四）动态平衡原则

组织所处的外部环境是不断变动的，处在动态环境中的组织，为适应环境，要不断地进行调整，组织中职务和工作会发生相应的调整和变化。因此，组织对其成员的要求也是在不断变动的。当然，工作中人的能力和知识也是在不断地提高和丰富的。因此，人与事的配合需要进行不断的协调平衡。所谓动态平衡，就是要使那些能力发展充分的人，去从事组织中更为重要的工作，同时也要使能力平平、不符合职位需要的人得到识别及合理的调整，最终实现人与职位、工作的动态平衡。

四、人员配备的程序

（一）确定人员需要量

确定人员需要量的主要依据是设计出的职务数量和类型。职务类型指出需要什么能力的人，职务数量则告诉我们每种类型的职务需要多少人。如果为一个新建的组织选配人员，只需要根据职务设计的分类数量表去直接向社会公开招用、选聘。如果对现有组织机构的人员配备重新调整，就应在进行组织重新设计后，检查和对照组织内部现有的人力资源情况，找出差额，确定需要从外部选聘的人员类别与数量。

（二）选配人员

为了保证担任职务的人员具备职务要求的知识和技能，必须对组织内外的候选人进行筛选，做出最恰当的选择。待聘人员可能来自企业内部，也可能来自外部社会。从外部新聘员工或从内部进行调整，各有其优势和局限性。

（三）制订和实施人员培训计划

组织成员在明天工作中表现出的技术和能力需要在今天培训，组织发展所需的管理人员的培养现在就要开始准备。维持成员对组织忠诚的一个重要方面是使他们看到自己在组织中的发展前途。人员特别是管理人员的培训无疑是人员配备中的一项重要工作。培训，既是为了适应组织技术变革、规模扩大的需要，也是为了实现成员个人的充分发展。因此，要根据组织的成员、技术、活动、环境等的特点，利用科学的方法，有计划、有组织、有重点地进行全员培训，特别是对有发展潜力的未来管理人员的培训。

课间案例2

丰田公司"全面招聘体系"内容

丰田公司全面招聘体系的目的就是招聘最优秀的有责任感的员工，为此公司做出了极大的努力。丰田公司全面招聘体系大体上可以分成六大阶段。

第一阶段，丰田公司通常会委托专业的职业招聘机构，对应聘人员进行初步甄选。应聘人员一般会观看丰田公司的工作环境和工作内容的录像资料，同时了解丰田公司的全面招聘体系，随后填写工作申请表。专业招聘机构也会根据应聘人员的工作申请表和其具体能力和经验做初步筛选。

第二阶段，是评估他们的技术知识和工作潜能。通常会要求他们进行基本能力和职业态度心理测试，评估他们解决问题的能力、学习能力和潜能以及职业兴趣爱好。通过第二阶段的应聘者的有关资料将转入丰田公司。

第三阶段，丰田公司接手有关的招聘工作。本阶段主要是评价他们的人际关系能力和决策能力。应聘人员在公司的评估中心参加一个4小时的小组讨论，讨论的过程由丰田公司的招聘专家即时观察评估，比较典型的小组讨论可能是应聘人员组成一个小组，讨论未来几年汽车的主要特征是什么。应聘者还需要参加5个小时的实际汽车生产线的模拟操作。在模拟过程中，应聘人员需要组成项目小组，负担起计划和管理的职能，比如在生产一种零配件时，对人员分工、材料采购、资金运用、计划管理、生产过程等一系列生产考虑因素的运用是否有效。

第四阶段，应聘人员需要参加一个1小时的集体面试，分别向丰田的招聘专家谈论自己取得过的成就，这样可以使丰田的招聘专家更加全面地了解应聘人员的兴趣和爱好，他们以什么为荣，什么样的事业才能使应聘者兴奋，从而更好地作出工作岗位安排和职业生涯计划。

第五阶段，一个25小时的全面身体检查。经过前四阶段，应聘者基本上被丰田公司录用，但是公司还需要了解他们身体的一般状况和特别情况，如是否酗酒、药物滥用等。

第六阶段，最后，新员工需要接受6个月的工作表现和发展潜能评估，新员工会接受监控、观察、督导等方面严密的关注和培训。

第三节　管理人员的选聘

一、管理人员选聘的重要性

由于管理人员在组织中居于十分重要的地位，所以选聘合适的管理人员，是提高组织管理效率的关键，对完成组织的任务、实现组织的目标有着十分重大的意义。

（一）正确选聘管理人员是实施管理的前提条件

管理是靠人来完成的，更确切地说，是靠管理人员来完成的。没有管理人员的行动，管理活动就只是一个抽象、空洞的概念。可以说，管理和管理人员是一个问题的两个方面，是相辅相成的。

（二）正确选聘管理人员是提高组织管理效率的关键

管理效率的高低受制于两个关键因素，一是管理体制，二是管理人员的素质。当管理体制确定时，管理者素质的高低就是决定性因素。正确选任管理人员，就是要把高素质的人才选任到管理岗位上去，合理地使用他们。当然，还包括在使用中对他们进行培养、训练，不断提高他们的素质和能力。

（三）正确选聘管理人员是保证组织长期稳定发展的关键

对于一个组织来说，要想获得长期稳定的发展，没有一支稳定的、素质高、能力强，并且不断吐故纳新、吸收新鲜血液的管理者队伍是不可能实现的。一个组织要想长期兴旺发达，必须保证拥有足够优秀的管理人员。因此，正确选聘管理人员，不断地获得优秀人才，是保证组织长期稳定发展的关键。

二、管理人员选聘的方式

一个组织要想长期兴旺发达，必须保证拥有合格优秀的管理人员。组织获得所需要管理人员的方式有外部招聘和内部提升两种途径。

（一）外部招聘

外部招聘是根据一定的标准和程序，从组织外部的众多候选人中选拔符合空缺职位工作要求的管理人员。

1. 外部招聘的优点

（1）被聘管理人员具有"外来优势"。所谓"外来优势"，主要是指被聘者没有"历史包袱"，组织内部成员（部下）只知其目前的工作能力和实绩，而对其历史特别是职业生涯中的失败记录知之甚少。因此，如果他确有工作能力，那么便可迅速地打开局面。相反，如果从内部提升，部下可能对新上司在成长过程中的失败教训有着非常深刻的印象，从而可能影响后者大胆地放手工作。

（2）有利于平息和缓和内部竞争者之间的紧张关系。组织中空缺的管理职位可能有好几个内部竞争者希望得到。每个人都希望有晋升的机会。如果员工发现自己的同事，特别是原来与自己处于同一层次、具有同等能力的同事提升而自己未果时，就可能产生不满情绪，工作懈怠，不听管理，甚至拆台。从外部选聘可能使这些竞争者得到某种心理上的平衡，从而利于缓和他们之间的紧张关系。

（3）能够为组织带来新鲜空气。外聘管理人员可以为组织带来新理念、新技术、新的管理方法与经验。他们没有太多的思想束缚，工作起来可以放开手脚，从而给组织带来较多的创新机会。此外，由于他们新近加入组织，没有与上级或下属有工作上的个人恩怨，从而在工作中可能很少顾忌复杂的人情网络。

2. 外部招聘的局限性

（1）外聘管理人员不熟悉组织的内部情况，同时也缺乏一定的人事基础，因此需要一段时期的适应才能进行有效的工作。

（2）组织对应聘者的情况不能深入了解。虽然选聘时可借鉴一定的测试、评估方法，但一个人的能力是很难通过几次短暂的会晤、几次书面测试而得到正确反映的。被聘者的实际工作能力与选聘时的评估能力可能存在很大差距，因此组织可能聘用一些不符合要求的管理人员。这种错误的选聘可能给组织造成极大的危害。

（3）外聘管理人员的最大局限性莫过于对内部员工的打击。大多数员工都希望在组织中有不断发展的机会，都希望能够担任越来越重要的工作。如果组织经常从外部招聘管理人员，且形成制度和习惯，则会堵死内部员工的升迁之路，从而会挫伤他们的工作积极性，影响他们的士气。同时，有才华、有发展潜力的外部人才在了解到这种情况后也不敢应聘，因为一旦应聘，虽然在组织中工作的起点很高，但今后提升的希望却很小。

由于这些局限性，许多成功的组织强调不应轻易地外聘管理人员，而主张采用内部培养和提升的方法。

（二）内部提升

内部提升是指组织成员的能力增强并得到充分证实后，被委以需要承担更大责任的更高职位作为填补组织中由于发展或"伤老病退"而空缺的管理职位。

1. 内部提升的优点

（1）有利于鼓舞士气，调动组织成员的积极性。内部提升制度给组织成员带来希望，每个组织成员都知道，只要在工作中不断提高能力、丰富知识，就有可能被分配担任更重要的工作，这种职业生涯中的个人发展对每个人都是非常重要的。因此，内部提升制度能更好地维持成员对组织的忠诚，使那些有发展潜力的员工能自觉地更积极地工作，以促进组织的发展，从而为自己创造更多的职务提升机会。

（2）有利于吸引外部人才。内部提升制度表面上是排斥外部人才，不利于吸收外部优秀的管理人员的。其实不然，真正有发展潜力的管理者知道，加入这种组织中，担任管理职务的起点虽然比较低，有时甚至需要一切从头做起，但是凭借自己的知识和能力，可以花较少的时间便可熟悉基层的业务，从而能迅速地提升到较高的管理层次。由于内部提升制度也为新来者提供了美好的发展前景，因此外部的人才会乐意应聘到这样的组织中工作。

（3）有利于保证选聘工作的正确性。已经在组织中工作若干时间的候选人，组织对其了解程度必然要高于外聘者。候选人在组织中工作的经历越长，组织越有可能对其作全面深入的考察和评估，从而可能使得选聘工作的正确程度越高。

（4）有利于被聘者迅速展开工作。管理人员能力的发挥要受到他们对组织文化、组织结构及其运行特点的了解。在内部成长提升上来的管理人员，由于熟悉组织中错综复杂的机构和人事关系，了解组织运行的特点，所以可以迅速地适应新的管理工作，工作起来要比外聘者显得得心应手，从而能迅速打开局面。

2. 内部提升的局限性

（1）可能造成"近亲繁殖"的现象。从内部提升的管理人员往往喜欢模仿上级的管理方法。这虽然可使老一辈管理人员的优秀经验得到继承，但也有可能使不良作风得以延续，从而不利于组织的管理创新，不利于管理水平的提高。要克服这种弊端，必须加强对管理队伍的教育和培训工作，特别是要不断组织他们学习管理的新知识。此外，在评估候选人的管理能力时，必须注意对他们创新能力的考察。

（2）引起组织内部关系的紧张。在若干个内部候选人中提升一个管理人员，可能会使落选者产生不满情绪，引起组织内部关系紧张，从而不利于被提拔者展开工作。避免这种现象的一个有效方法是不断改进管理人员考核制度和方法，正确地评价、分析、比较每一个内部候选人的条件，努力使组织得到最优秀的管理人员，并使每一个候选人都能体会到组织的选择是正确的、公正的。

课间案例 3

华为招聘七原则

原则 1：最合适的，就是最好的。标准要求是具体的、可衡量的，以作为招聘部门考察人、面试人、筛选人、录用人的标杆。

原则 2：强调"双向选择"。即树立"双向选择"的现代人才流动观念，与应聘者特别是重点应聘者（潜在的未来雇员）平等地、客观地交流，双向考察，看彼此是否真正适合。

原则 3：坚持条条都要有针对性的招聘策略。企业选人是讲求"实用性"还是为后期发展储备人才？不同的目的有不同的招聘策略。

原则 4：招聘人员的职责 = 对企业负责 + 对应聘者负责。招聘人员既要对企业负责，也应对应聘者负责，要树立"优秀≠合适，招进一名不合适的人才是对资源的极大浪费"的观念。

原则5：用人部门要参与招聘，现身现场。在传统观念中，招聘是人事部门的事，用人部门只管提出用人需求。实际上，只有用人部门对自己需要什么样的人最清楚，而且招进来的人的素质和能力直接关系到部门的工作成效。

原则6：设计科学合理的应聘登记表。有的企业会事先设计一张科学合理的应聘登记表，让应聘者填写企业需要特别关注的项目，通过面试前审查应聘者填写的资料，招聘企业可以淘汰大部分明显不符合企业要求的人员，筛选出意向对象邀请其参加面试。

原则7：人才信息储备就是给企业备足粮草。招聘实践中，常会发现一些条件不错且适合企业需要的人才，因为岗位编制、企业阶段发展计划等因素限制无法现时录用，但企业很可能在将来某个时期需要这方面的人才。华为人力资源中心会将这类人才的信息纳入企业的人才信息库（包括个人资料、面试小组意见、评价等），不定期地与之保持联系，一旦将来出现岗位空缺或企业发展需要，即可招入麾下，既提高了招聘速度也降低了招聘成本。

三、管理人员选聘的程序

（一）发布招聘信息

当组织中出现需要填补的管理职位时，应根据职位所在的管理层次，建立相应的选聘工作委员会或小组。工作小组既可以是组织中现有的人力资源管理部门，也可以是由各方面代表组成的专门或临时性机构。

选聘工作机构要以相应的方式，通过适当的媒介，公布待聘职务的数量、性质以及对候选人的要求等信息，向组织内外公开"招标"，以鼓励那些符合条件的候选人积极应聘。

（二）初选

管理人员的初选可以通过两种形式完成。一是对报名应聘者进行初步资格审查。对于组织内部选拔人员，可根据日常对重点培养对象和管理人员的工作业绩考核情况档案，由人力资源管理部门和领导初步决定候选人。对于外部招聘，要根据回收的应聘者填写的表格资料进行资格审查，初步认定合乎招聘条件的候选人。二是面谈。这是一种直观的初步鉴定、评价人员的形式。根据人力资源管理部门设定的谈话范围,目测候选人的仪表、举止、言谈,初步了解其语言表达能力、逻辑思维敏捷的程度,以及知识的广度和对问题认识的深度。面谈可以比较直观地接触了解对方,形成初步印象,但需注意,不要由第一印象产生偏见。

(三)对初选合格者的测定和考核

对初选合格者可以通过测验、竞聘演讲和答辩,以及实际能力考核等不同形式来测定和考核其综合素质。

1. 测验

测验主要是指通过考试和测试的方法评价候选人的智力、专业技术、适应性等基本水平和能力。一般包括智力测验和对受聘者必备条件的测试。智力测验的目的是衡量候选人的思维能力、记忆力、思想的灵敏度和观察复杂事物的能力等,以便日后委以更适当的工作。必备条件包括承担某项工作的人员必须具备的相关知识经验和技能。

2. 竞聘演讲与答辩

测验可能不足以完全反映一个人的基本素质,更不能完全表现一个人运用知识和智力的能力。发表竞聘演讲,介绍自己任职后的计划和打算,并就选聘工作人员或与会人员的提问进行答辩,是知识与智力测验的补充,可以为候选人提供充分展示才华的机会。

3. 候选人实际能力考核

竞聘演说使每个应聘者介绍了自己"准备怎么干",使每个人表明了自己"知道如何干"。但是"知道干什么或怎么干"与"实际干什么或会怎么干"不是一回事。因此,在竞聘演说与答辩以后,还需对每个候选人的实际操作能力进行分析。测试和评估候选人分析问题和解决问题的能力,可借助"情景模拟"或称"案例分析"的方法。这种方法是将候选人置于一个模拟的工作情景中,运用多种评价技术来观测、考察他的工作能力和应变能力,以判断他是否符合某项工作的要求。

(四)沟通信息

在招聘和挑选工作中,应注意充分沟通信息。沟通信息有两个方面:组织向求职者提供有关组织和职位的情况,求职者向组织提供有关他们自己工作能力的情况。

组织向求职者提供有关组织和职位的情况时,应该介绍自己有吸引力的好的方面,同时应该实事求是地谈论机会的问题,并指出工作的局限性,甚至不利的方面。另一方面，管理部门应该启发应聘者全面客观地显示他们的知识、才能、能力、天赋、动机以及过去的业绩。

（五）选定管理人员

挑选管理人员是从候选人中选出一个最符合职位要求的人。在上述各项工作的基础上，利用加权的方法，算出每个候选人知识、智力和能力的综合得分，同时考虑民意测验反映的受群众支持的程度，并根据待聘职务的性质，选择聘用既有工作能力又被同事和部属广泛接受的管理人员。对于决定录用的管理人员，应考虑由组织高层管理者再一次进行面试，并根据工作的实际与聘用者再作一次双向选择，最后决定选用与否。

> **课间案例 4**
>
> **GE 接班人的内部选拔**
>
> 杰克·韦尔奇的伟大之处，不仅在于对通用电气公司的管理革命，还在于他如何选择接班人。在选接班人这方面，韦尔奇坚持应从公司内部选择，并为此作了不懈的努力。
>
> 早在 1994 年 6 月，韦尔奇就开始与董事会一道着手遴选接班人的工作，而且几乎事必躬亲。在秘密敲定十几位候选人名单后，他会经常性地安排他们与董事会成员打高尔夫球，或聚餐跳舞，让董事们对他们有更多的感性认识。娱乐活动轻松活泼，看似不经意，但座次安排、组合配对等细节都是韦尔奇亲自安排的。当然，对候选人也有多种明察暗访的考核。经过 6 年零 5 个月的筛选，最后三名候选人是詹姆斯·麦克纳尼、罗伯特·纳尔代利、杰弗里·伊梅尔特，他们分别是通用电气公司下属飞机发动机、电气涡轮机、医疗设备业务的负责人，各自在辛辛那提、奥尔巴尼、南卡罗来纳办公。此前他们各自隐约知道自己是候选人之一，但并不知道还有多少竞争对手，因而并没有面对面的竞争机会，一直保持良好的同仁与朋友关系。这正是韦尔奇所需要的。
>
> 在宣布接班人之前的感恩节，韦尔奇的行踪显得有些神秘。周五，他邀请伊梅尔特和他的妻儿从南卡罗来纳飞到自己在佛罗里达棕榈滩的寓所共度感恩节，但并不让他乘坐通用电气公司的飞机，而是搭一架与其他公司合用的商务飞机绕一圈后才到达佛罗里达，以避免公司内部人员的议论。韦尔奇与伊梅尔特在周六谈了一整天，晚餐就在韦尔奇家中进行。周日上午，伊梅尔特一家坐上一架与他人合用的商务飞机直奔纽约。

下午，韦尔奇通知自己的飞行员改变飞往纽约的计划，改飞辛辛那提。在雨夜中着陆后，韦尔奇在飞机库一个隐秘的房间里与詹姆斯·麦克纳尼详谈了一会儿。回到飞机上后，令飞行员惊奇的是，下一站还不能去纽约。在奥尔巴尼和纳尔代利见了面，并交谈了一阵。晚上10点钟，韦尔奇终于飞到纽约。此时他百感交集："为我的继任者感到高兴，为把坏消息告诉朋友而伤心。同时也觉得松了口气。"

周一上午8点，通用电气公司在纽约宣布，44岁的杰弗里·伊梅尔特将成为全世界最有价值公司的下任CEO。三周后，通用电气公司董事、高级管理人员及其配偶在曼哈顿通用电气"彩虹室"聚餐和跳舞时，麦克纳尼和纳尔代利与伊梅尔特一样，得到大家的掌声鼓励。

第四节 管理人员的考评

一、管理人员考评的必要性

考评管理人员的工作绩效，对一个组织来说是非常必要的。管理人员的考评不仅是人员配备工作的一项十分重要的内容，而且也是组织其他管理活动中必不可少的环节。

（一）考评是选拔和培训管理人员的需要

通过考评，上级可以了解下属的实际工作能力以及执行任务情况的好坏，下属也可以知道上级对他们工作的认可或满意程度。对管理人员的考评可以说既是管理人员培训的基础，又是管理人员培训的终结，因为只有客观地考核和评价了一个人的长处和短处之后，才有可能因材施教，取长补短，而考评又是衡量培训是否收到预期效果的唯一尺度。

（二）考评是奖励的合理依据

对在工作上作出成就的人及时奖励，会给人们的行动起到增强的作用，这是众所周知的最有力的激励因素，因为这可使人看到了自己的工作成效，心底会油然而生一种成就感和满足感。奖励的直接依据就是考评，只有通过对管理人员工作进行准确的考核和评价，才有可能真正起到鼓励先进、鞭策后进的作用。而且，对管理人员的考评也只有和奖励制度紧紧结合起来，才能使考评工作切实有效。

二、管理人员考评的要求

（一）考评指标要客观

考评，是以考评的内容为基础的，在内容的基础上，需要设计一系列指标，才能具体地衡量管理人员在各方面的工作绩效。指标设计的重要标准之一就是客观。要做到考评指标客观，一是指标的含义要准确、具体，不能含糊不清，更不能用一些抽象的概念来作为衡量的标准。二是指标尽可能定量化。考评指标可以分为定性指标和定量指标，指标的定量化，使一些数学方法得以运用到考评之中，增加了考评工作的科学性和准确性。

（二）考评方法要可行

方法可行是指考评的方法要为人们所接受并能长期使用，这一点对于考评是否能真正取得成效是很重要的。考评方法的可行与否，同方法本身的难易繁简有很大关系。要做到方法可行，一是考评项目要适中，既不要太多，过于繁杂，也不要太少，达不到全面考评的要求。应根据各层次不同管理人员所在职位的重要性去选择。二是考评的结果要客观可靠，使人信服，这也是方法可行的一条重要要求。否则的话，不但起不到考评的积极作用，反而会产生消极作用。三是要明确所采用考评方法的目的与意义。人们只有了解了所采用考评方法的真正意义，才会接受它并自觉地配合，才不会使之流于形式。

（三）考评时间要适当

考评时间这个问题不可能有一个整齐划一的界限，因为组织内处于不同层次、不同职务的主管人员，他们的活动和要求，以及与上下左右的关系等都不一样。因此，考评的时间也不可能相同。但是，具体确定考评时间的长短，需视管理人员个人情况以及管理职位的相对重要性而定。由于管理的效果要经过一段较长的时间才能表现出来，如果时间太短，则两次考评结果可能没有什么差别。而时间太长，则既不利于纠正偏差，也不利于鼓励工作出色的主管人员。一般来说，大部分组织为了方便起见，对组织各级主管人员的正式考评多是一年1~2次，对新选聘上来担任管理职务的人员考评次数要多一些。

（四）考评结果要反馈

考评的结果应该告诉被考评者，这是为了使被考评者能够及时知道自己的优缺点，知道自己在哪些方面做得比较好，在哪些方面还有欠缺，以便能在今后的工作中发扬长处，克服不足。此外，反馈也可促使被考评者通过别人的考评，对自己有一个正确的评价，知道自己欠缺的方面，在以后的工作中通过培训、学习等来提升。

三、管理人员考评的内容

（一）传统的个人素质考评

传统的个人素质考评是把管理人员的素质（其中也包括一些工作方面的特征，例如与人友好共事的能力、领导能力、分析能力、勤奋、首创精神、完成任务的能力及计划和执行命令的情况等等）逐一列出，并划分为若干等级标准，然后逐一对管理人员进行衡量。

（二）管理人员管理效果的考评

对管理人员管理效果的考评，即对管理人员按可考核的目标进行考评，这是管理人员考评的一项重要内容。管理人员在组织中的角色，就是从整体上促使组织目标以及各层次和部门分目标的实现。同传统的按个人素质考评相比较，这一考评内容不脱离管理人员所从事的工作，而是在以被考评者个人所同意的合理的指标来衡量他已经做了哪些工作和做得如何。显然，这一考评内容是适宜的，它为考评提供了合理的和客观的依据，从而减少了单凭主观判断的因素。考评的具体内容一般就是一个管理人员能否适当地、合理地确定在一定时间内要实现的目标，采取什么措施实现这些目标，以及目标的最终实现程度如何。

（三）管理人员管理过程的考评

管理人员管理过程的考评主要包括：一是对管理人员的管理工作方面的考评。就是按照管理的诸项职能，用一系列能够反映管理工作中各种职能范围内最主要的问题来说明每一种职能，用这些问题来逐项考核和评定管理人员在管理方面的成就。二是管理人员工作效率方面的考评。就是考评管理人员思维与决策的效率、知人用人的效率、处理事务的效率以及时间控制的效率。

四、管理人员考评的方式

管理人员考评可以分为自我考评、上级考评、同事考评和下级考评四种方式。

（一）自我考评

自我考评就是管理人员根据组织的要求定期对自己工作的各个方面进行评价。自我考评的优点是有利于管理人员自觉地提高自己的素质和能力，它是上级考评的参考。自我考评的缺点是被考评的管理人员由于担心上级管理人员不能客观地评价自己，有时会过多地谈论自己所取得的成绩，而较少涉及自己的不足。

（二）上级考评

上级考评是由上级对下级进行考评，这是管理人员考评中最常见的一种方式。一方面由于他是被考评者的直接上级，与考评者的直接联系较多，因而能够从对被考评者的直接经常性的接触和观察中了解其各方面的状况；另一方面，作为上级来讲，一般比较理解考评的目的，熟悉考评的标准，而且责任心也比较强。

上级考评的优点是由于大家比较熟悉，如果上级不徇私，对考评者的评价就会比较客观而公正。上级考评的缺点是可能带有主观成分。由于培养下属的能力是影响本人晋升的一个重要因素，所以在考评上，上级往往打分过宽。这种考评方法还有可能促成管理人员"唯上"的坏作风，只愿求得上司的赏识，拍上司的马屁，只做上司能看得到的表面文章，而忽视部下和关系部门的要求，不做扎扎实实的工作。

（三）同事考评

同事考评，即与被考评者一起工作的同事对其进行考评。同事考评的优点是同事彼此间接触多，了解深，所做评价比较客观可信。但同事考评的缺点是受人缘好坏的影响较大。

（四）下级考评

下级考评是从另一个角度对管理人员进行评价。即他们更熟悉被考评者的领导方式、领导作风等等方面，因而在这些方面的评价也是比较客观和准确的。我们常说的"民意测验"就是这种考评方式的一种具体形式。下级考评的优点是熟悉被考评者的领导方式、领导作风，评价比较客观和准确。但下级考评的不足之处是由于怕被"穿小鞋",不愿讲真话。

课间案例 5

松下电器公司对管理层的考评

在松下电器公司,评价对象主要是决策层、管理层和执行层,对管理层的评价是重要的一环。松下电器公司对管理层的考核和评价主要是从以下五个方面进行的:

1. 计划统率力。在松下电器公司,评价一个管理人员是否具有统率力,主要看他会不会作计划,该部门所有的管理是否建立在事前管理上。据说世界上办公室使用铅笔和橡皮最多的是日资企业,管理人员要不断地作计划,不断地修改。曾有一位松下电器公司的管理人员在考虑良久后,对"管理"下的定义是"就是作计划"。

2. 预见力。再好的计划执行中也会遇到各种各样的问题,一个好的管理人员就必须有问题意识,每天要不断地思考还有什么问题。松下电器公司认为,"着火"了知道找盆水,什么人都可以做到,而管理者的责任在于不"着火"。

3. 协调配合力。各部门之间是平级的,平级能不能主动配合,是考核中层管理人员是否具有管理水平的重要标准。两个平级的管理人员遇到问题总让上级裁决,就是没有协调配合力的表现。松下电器公司曾经有一个管理人员工作很努力,但这人有一个特点,就是拿到有价值的资料就锁到抽屉里,有时宁可回家加班也不愿意在办公室与大家共享资料,结果就被辞退了。松下电器公司坚信:现在社会竞争激烈,没有群体合作,什么事都做不好。

4. 培育部下的能力。松下电器公司有一个规定,权力必须下放,但责任不能下放。比如一个部门有7个人,每个人都能代表这个部门出去联系业务,但出了问题,责任是部门负责人一个人的。别人看一个部门也是看群体能力,部门负责人有责任使每个人的工作能力不断提高。

5. 全局观和创新力。这一点是要求所有的中层管理人员能站在公司总经理的角度看问题,一切工作都要从公司的大局出发,而在工作中又要有所创新,不循规蹈矩。

第五节　管理人员的培训

一、管理人员培训的对象

管理人员作为培训对象，根据其培训特点的不同，可以分为以下两大类：

（一）现任管理人员的培训

因为管理理论和实践在不断地发展，各个组织及其环境也在不断地变化，管理人员要想在其职位上不断地解决新问题，胜任工作，就必须不断地得到培训。而且管理能力的提高是一个循序渐进的过程，只有不断地学习，不断地接受培训，才能积累起必要的知识和技能。因此，即使是现任管理人员，也有一个不断学习、不断提高的过程。所以说，管理人员的培训应该是人员配备工作中一项长期的日常任务。现任管理人员培训的重点是提高现有各方面的素质和能力，圆满地做好工作。

（二）后备管理人员的培训

刚刚选拔出来准备任职的管理人员，他们虽然也可能现在任职，但却是准备提升到更高的职位上的。他们即将离开熟悉的现任职位，奔赴新的、责任更重大、风险和机会也更多的新职位上。对这部分管理人员进行培训，让他们在培训过程中得到锻炼和提高，以达到合格的新职位管理人员的要求。后备管理人员培训的重点是尽快地了解和熟悉新的环境，以使他们能够迅速地胜任新的工作。

二、管理人员培训的内容

（一）政治思想教育

政治思想教育包括马克思主义基本原理的学习，党和国家基本路线、方针政策的学习，社会伦理道德的学习，以及爱国主义教育，社会主义教育等。

（二）管理理论与业务知识培训

作为一位管理人员，对管理的基本理论知识及与组织业务活动有关的知识要深入了解，对其他与管理有关的知识要有一定的认识。管理人员的知识结构应该是T字形的，T字形的知识结构也可以称为通才的知识结构，即具有这种知识结构的人才是一位"多面专家"。

(三) 管理能力培训

管理能力包括决策能力、组织协调能力、领导活动能力等。管理者的管理能力可以通过科学的培训而得到提高。对基层管理人员培训的重点，应该是技术培训和管理基本理论及方法的学习。对中层管理人员培训的重点，应该是领导艺术和管理技能的提高。对高层管理人员培训的重点，应该是提高战略分析和规划决策的能力。

三、管理人员培训的方法

培训的主要方法有理论培训、职务轮换、晋升、在"副职"上培训等方法。具体形式有在职学习、脱产学习等，一般以在职学习为主。

(一) 理论培训

管理人员即使在学校里已受过系统的理论学习，也还必须接受多方面的理论培训。这种培训可以是脱产的，也可以是业余的；可以是教员直接授课，也可以是函授教育。脱产培训的具体形式有短期训练班、专题讨论会等形式，主要学习某一学科的基本理论和新的进展，学习一些新兴的学科，或针对某一问题进行探讨。业余培训的形式有在函授、业余学校或电视大学学习，时间一般较长，主要是为了比较系统地学习有关学科的理论和方法。理论培训有助于学员较深入地了解有关学科的基本理论及其发展状况，有助于提高管理人员的理论水平。不足之处在于对管理人员提高解决实际问题的能力帮助不大。

(二) 职务轮换

职务轮换是指组织中有计划地按照大体确定的期限，通过横向交换，让管理人员依次分别担任同一层次不同管理职务或不同层次相应职务，从而考察管理人员适应性和全面培养管理人员能力的方法。它有助于提高部门运作效率以及打破部门横向间的隔阂和界限，使他们在逐步学会多种工作技能的同时，也增强其对工作之间、部门之间相互依赖关系的认识，给协调配合打好基础，并拓宽视野。管理者通过职务轮换，全面了解整个组织的不同工作内容，得到各种不同的经验，为其今后在较高层次上任职打好基础。

职务轮换包括非管理工作的轮换、管理职位间的轮换等。非管理工作的轮换主要是在生产和服务的第一线进行。目的在于使受训者了解组织最基层的各类业务活动，了解这些活动的基本特点、基本过程，了解基层非管理人员的工作情况和精神状况。这种轮换的时间一般不要求太长。管理职位间的轮换是在组织同一层次上各个不同部门的职务上进行。这种轮换的目的是使得被提拔到较高层次的管理人员在不同职务上获得在不同情况下从事管理工作的经验。这种方法不要求管理人员对某些专业有很深的了解，而是强调管理人员全面管理技能的提高，使他们积累在不同部门管理的经验，以胜任较高层次上的管理工作。

（三）提升

提升是指组织中管理者从较低层次提拔到较高层次。它的意义决不体现在职位的高低上，而在于管理人员由低到高晋升的过程中可以学到不同层次的管理方法。如果将职务轮换看作是一个横向的培训的话，则提升可称为垂直的培训。提升包括有计划的提升和临时提升两种情况。

有计划的提升就是管理人员按计划的途径，经过锻炼，由低层到较高层次的管理位置。这种方法的目的在于重点培养那些有发展前途的管理人员。这种方法不仅有利于上级领导对下级进行有目的的培养和观察，也有利于受训人员通过各级"台阶"逐级上升，基础较为扎实。临时性提升是指，当组织中某个管理人员因某些原因，例如度假、生病或因出差而出现职务空缺时，组织指定某个下级管理人员为代理人。这种提升的原因虽然主要不是为了培训，但对作为代理人的下级管理人员来说，却是一个很好的实践机会。同时，组织亦可借此机会考察其潜能。

（四）在"副职"上培训

让下级管理人员担任"副职"是一种常用的培训方法。这里的"副职"可以是组织原来一直就有的、永久性的职务，也可以是原来没有的、特为培训而设置的临时性职务。一般包括"助理""秘书"等。在"副职"上接受培训的管理人员有的仅限于观察上级管理如何行事，有的则被授予一定的权限。在"副职"位置上，受训者可通过对上级管理人员工作的密切观察，了解和学到上级管理人员工作的主要内容以及他们处理各种问题所采用的不同方法。上级管理人员必须根据在"副职"上的受训者的经历和特点对他们进行培训，不仅要让他们知道应该处理些什么，怎么处理，也要让他们知道为什么要这样处理，不仅要让他们看你处理，而且也要适当地放手让他们处理一些具体问题。

除了以上介绍的几种方法之外，管理人员培训还有许多具体的方法，例如集体研讨会、参观考察、案例研究、深造培训等。总之，各类组织在具体的培训工作中，要因地制宜，根据自己组织的特点以及培训人员的特点来选择合适的方法，使培训工作真正取得预期的成效。

> **课间案例 6**
>
> ### 别具一格的杜邦培训：为员工量体裁衣
>
> 作为化工界老大的杜邦公司在很多方面都独具特色。其中，公司为每一位员工提供独特的培训尤为突出。因而杜邦的"人员流动率"一直保持在很低的水平，在杜邦总部连续工作30年以上的员工随处可见，这在"人才流动成灾"的美国是十分难得的。
>
> 杜邦公司拥有一套系统的培训体系。虽然公司的培训协调员只有几个人，但他们却把培训工作开展得有声有色。每年，他们会根据杜邦公司员工的素质、各部门的业务发展需求等拟出一份培训大纲。上面清楚地列出该年度培训课程的题目、培训内容、培训教员、授课时间及地点等，并在年底前将大纲分发给杜邦各业务主管。各业务主管根据员工的工作范围，结合员工的需求，参照培训大纲为每个员工制订一份培训计划，员工会按此计划参加培训。
>
> 杜邦公司还给员工提供平等的、多元化的培训机会。每位员工都有机会接受像公司概况、商务英语写作、有效的办公室工作等内容的基本培训。公司还一直很重视对员工的潜能开发，会根据员工不同的教育背景、工作经验、职位需求提供不同的培训。培训范围从前台接待员的"电话英语"到高级管理人员的"危机处理"。此外，如果员工认为社会上的某些课程会对自己的工作有所帮助，就可以向管理层提出，公司就会合理地安排人员进行培训。
>
> 为了保证员工的整体素质，提高员工参加培训的积极性，杜邦公司实行了特殊教员制。公司的培训教员一部分是公司从社会上聘请的专业培训公司的教师或大学的教授、技术专家等，而更多的则是杜邦公司内部的资深员工。在杜邦公司，任何一位有业务或技术专长的员工，小到普通职员，大到资深经理，都可作为知识教师给员工们讲授相关的业务知识。

阅读小故事

两熊赛蜜

黑熊和棕熊喜食蜂蜜，都以养蜂为生。它们各有一个蜂箱，养着同样多的蜜蜂。有一天，它们决定比赛看谁的蜜蜂产的蜜多。

黑熊想，蜜的产量取决于蜜蜂每天对花的"访问量"。于是它买来了一套昂贵的测量蜜蜂访问量的绩效管理系统。在它看来，蜜蜂所接触花的数量就是其工作量。每过完一个季度，黑熊就公布每只蜜蜂的工作量。同时，黑熊还设立了奖项，奖励访问量最高的蜜蜂。但它从不告诉蜜蜂们它是在与棕熊比赛，它只是让它的蜜蜂比赛访问量。

棕熊与黑熊想得不一样。它认为蜜蜂能产多少蜜，关键在于它们每天采回多少花蜜，花蜜越多，酿的蜂蜜也越多。于是它直截了当告诉众蜜蜂：它在和黑熊比赛看谁的蜜蜂产的蜜多。它花了不多的钱买了一套绩效管理系统，测量每只蜜蜂每天采回花蜜的数量和整个蜂箱每天酿出蜂蜜的数量，并把测量结果张榜公布。它也设立了一套奖励制度，重奖当月采花蜜最多的蜜蜂。如果一个月的蜜蜂总产量高于上个月，那么所有蜜蜂都受到不同程度的奖励。

一年过去了，两只熊查看比赛结果，黑熊的蜂蜜不及棕熊的一半。

本章习题

一、单项选择题

1. 管理者指挥其下属工作的权力,也就是通常所说的指挥权,即 （   ）
A. 直线职权　　B. 参谋职权　　C. 职能职权　　D. 决策职权

2. 管理者拥有某种特定的建议权或审核权,可以评价直线方面的活动情况,进而提出建议或提供服务,即 （   ）
A. 直线职权　　B. 参谋职权　　C. 职能职权　　D. 决策职权

3. 参谋人员或某部门的管理者所拥有的原属直线主管的那部分权力即（   ）
A. 直线职权　　B. 参谋职权　　C. 职能职权　　D. 决策职权

4. 权力的分散可以通过两个途径来实现,一是组织设计中的权力分配,二是主管人员在工作中的 （   ）
A. 分权　　B. 授权　　C. 指挥　　D. 协调

5. 管理人员配备中,选人的目的在于使其担当一定的职务,要求其从事与职务相应的工作,这遵循的原则是 （   ）
A. 服务　　B. 管理　　C. 因人择事　　D. 因事择人

6. 在招聘中测试和评估候选人能力,可以借助_____模拟或案例分析的方法。 （   ）
A. 情景　　B. 上岗　　C. 沙盘　　D. 实战

7. 述职报告是对管理人员进行考评的一种方式,属于 （   ）
A. 上级考评　　B. 群众考评　　C. 专家考评　　D. 自我考评

8. 最大优点是有助于增强受训者综合管理能力的培训方式是 （   ）
A. 情景培训　　B. 上岗锻炼　　C. 职务轮换　　D. 沙盘模拟

9. 有计划地安排管理人员担任同一层次不同的管理职务,以此全面培养管理人员的能力,这是管理人员在职培训的方法之一,即 （   ）
A. 有计划的提升　　B. 职务轮换　　C. 委以助手职务　　D. 临时提升

10. 为了得到正确的考评结果,首先要分析考评表的 （   ）
A. 预见性　　B. 科学性　　C. 直接性　　D. 可靠性

二、多项选择题

1. 企业内部的各种权力按照性质不同，分为三种形式，即　　（　　）
A. 直线职权　　B. 参谋职权　　C. 职能职权
D. 决策职权　　E. 个人权力

2. 影响组织分权程度的因素主要有　　（　　）
A. 政策统一性　　B. 管理者数量　　C. 组织可控性
D. 组织规模　　E. 管理者基本素质

3. 授权主要包括　　（　　）
A. 明确目标　　B. 分派任务　　C. 委任职权
D. 明确责任　　E. 加强沟通

4. 授权应遵循的原则主要有　　（　　）
A. 视能授权　　B. 明确授权事项　　C. 不可越级授权
D. 适度授权　　E. 适当控制

5. 合理进行人员配备工作必须遵循的原则是　　（　　）
A. 因事择人　　B. 人事动态平衡　　C. 量才使用
D. 程序化　　E. 规范化

6. 管理人员外部招聘的优点主要包括　　（　　）
A. 被聘管理人员具有"外来优势"
B. 被聘者可以迅速展开工作
C. 保证选聘工作的准确性
D. 有利于平息和缓和内部竞争者之间的紧张关系
E. 能够为组织带来新鲜空气

7. 管理人员内部提升机制的优点主要包括　　（　　）
A. 调动内部成员的工作积极性　　B. 吸引外部人才
C. 保证选聘工作的准确性　　D. 被聘者可以迅速展开工作
E. 能够为组织带来新鲜空气

8. 管理人员内部提升机制的缺点主要包括　　（　　）
A. 不熟悉组织的内部情况
B. 可能造成"近亲繁殖"的现象
C. 组织对应聘者的情况不能深入了解
D. 引起组织内部关系的紧张

E. 打击组织内部员工的积极性

9. 管理人员考评的方式主要有 （   ）
A. 自我考评　　B. 上级考评　　C. 同事考评
D. 下级考评　　E. 专家考评

10. 管理人员考评的要求主要有 （   ）
A. 考评过程要统一　　　　B. 考评指标要客观
C. 考评方法要可行　　　　D. 考评时间要适当
E. 考评结果要反馈

三、判断正误题

(   ) **1.** 选人的目的在于使其担当一定的职务，要求其从事与该职务相应的工作。这指的是因人择事的原则。

(   ) **2.** 管理人员的工作主要是从事资源协调和管理，没有必要掌握具体的业务知识。

(   ) **3.** 可能造成"近亲繁殖"的现象是外部招聘的局限性之一。

(   ) **4.** 采用外部招聘的方式选择管理人员，有利于鼓舞士气，调动组织成员的积极性。

(   ) **5.** 采用内部提升的方式选择管理人员，能够为组织带来新鲜空气。

(   ) **6.** 采用外部招聘的方式选择管理人员，有利于被聘者迅速展开工作。

(   ) **7.** 采用外部招聘的方式选择管理人员，有利于平息和缓和内部竞争者之间的紧张关系。

(   ) **8.** 考评方法和考评系统设计得合理与否，直接影响管理人员考评结果的合理与否。

(   ) **9.** 管理人员考评时，由上级人员填写的考评表主要是考核领导能力和影响能力。

(   ) **10.** 下级考评的优点是熟悉被考评者的领导方式、领导作风，评价比较客观和准确。但下级考评的不足之处是由于怕被"穿小鞋"，不愿讲真话。

(   ) **11.** 同事考评的优点是同事彼此间接触多，了解深，所做评价较客观可信。

（　　）12. 职务轮换有利于管理人员熟悉业务经营管理各方面的情况，提高从事各项管理工作的能力，是培养组织高层管理人员的有效方法。

四、名词解释题
1. 职权
2. 直线职权
3. 参谋职权
4. 授权
5. 人员配备
6. 动态平衡
7. 因事择人
8. 职务轮换
9. 外部招聘
10. 内部提升

五、简答题
1. 简述影响集权与分权的因素有哪些。
2. 简述授权的优点。
3. 简述人员配备应遵循的原则。
4. 确定组织管理人员需要量时应考虑哪些因素？
5. 简述管理人员考评的内容。
6. 简述外部招聘和内部提升的优缺点。
7. 简述管理人员考评的作用。

六、论述题
1. 论述组织直线主管人员如何正确发挥参谋人员的作用。
2. 论述集权的含义、特点与优缺点。
3. 论述分权的含义、特点与优缺点。
4. 有效的管理要求适度的集权与分权，怎样使得集权与分权合理地组合？
5. 要得到一匹好马，有两种方法：一是让所有的马都跑起来，选择跑在最前面的；二是先从这些马中指定一匹，然后着力培养，使之成为好马。你认为哪种方法更好？为什么？

第八章 激　励

学习目标　本章主要介绍激励的概念、特点和过程，激励理论的应用，激励的原则和方式。通过学习，应掌握各种激励理论的特点，理解各种激励理论在管理中的应用，掌握各种激励模式的优缺点和适用范围。

本章关键词　激励　权力需要　归属需要　成就需要　正强化　负强化　公平激励　差别激励　目标激励

激励是管理的重要职能之一，在组织管理过程中，激励具有广泛的适应性。人是组织发展的最重要因素，任何组织的成功，都要使得组织中各成员的行为符合组织的要求。因此，管理者除了合理计划、正确进行组织设计以外，还应在激励理论的指导下，通过科学的方法激发人的内在潜力，充分发挥员工的积极性和创造性，使之在组织活动中发挥更大的潜能，从而有效实现组织的目标。

第一节　激励概述

一、激励的概念

顾名思义，激励就是激发和鼓励的意思。从宏观角度分析，激励是指通过影响人们的内在需求或动机，从而引导、维持和加强某种行为的过程。从管理学角度分析，所谓激励，就是组织通过设计适当的外部奖酬形式和工作环境，以一定的行为规范和惩罚性措施来激发、引导、保持和规范组织成员的行为，以有效地实现组织及其成员个人目标的系统活动。激励的实质就是通过目标导向，使人们产生有利于组织目标的优势动机并按组织所需要的方向行动。

对激励的理解包括以下几点内容：一是激励的出发点是满足组织成员的需要。激励的出发点是通过系统设计适当的外部奖酬形式和工作环境，来满足组织员工的外在性需要和内在性需要。二是科学的激励工作需要奖励和惩罚并举。科学的激励既要对员工表现出来的符合组织期望的行为进行奖励，又要对不符合员工期望的行为进行惩罚。三是激励贯穿于组织发展的全过程。激励包括对员工个人需要的了解、个性的把握、行为过程的控制和行为结果的评价等。四是信息沟通贯穿于激励工作的始末。从对激励制度的宣传、组织员工个人的了解，到对员工行为过程的控制和对员工行为结果的评价等，都依赖于一定的信息沟通。组织中信息沟通是否通畅、及时、准确、全面，直接影响着激励制度的运用效果和激励工作的成本。五是激励的最终目的是实现组织目标。激励的最终目的是在实现组织预期目标的同时，也能让组织成员实现其个人目标，即达到组织目标和员工个人目标在客观上的统一。

二、激励的特点

（一）内在驱动性

内在驱动性是指通过驱动员工的内在动机或满足其个人需求而达到激励的目的。激励表现为外界所施加的吸引力与推动力，通过多种形式对个体的需求予以不同程度的满足或限制，即激发个人自身的动机，变组织目标为个人目标。这种过程可以概括为外界推动力（要我做）—激发—内部自动力（我要做）。个体的行为必然会受到外界推动力的影响，这种推动力，只有被个体自身消化和吸收，才会产生出一种自动力，才能使个体由消极的"要我做"转化为积极的"我要做"，而这种转化正是激励的本质所在。

（二）自觉自愿性

自觉自愿性是指激励的过程是通过被管理者内心受激励而使其自觉自愿去实现目标的方法，不带有任何强制性。因为激励是激发员工的内在动力，使人的行为建立在人的愿望的基础上。这样人的行为就不再是外在的强制，而是一种自觉自愿的行为。

> **课间案例 1**
>
> ### 表演大师系鞋带
>
> 有一位表演大师上场前，他的弟子告诉他鞋带松了。大师点头致谢，蹲下来仔细系好。等到弟子转身后，又蹲下来将鞋带解松。有个旁观者看到了这一切，不解地问："大师，您为什么又要将鞋带解松呢？"大师回答道："因为我饰演的是一位劳累的旅者，长途跋涉让他的鞋带松开了，可以通过这个细节表现他的劳累憔悴。""那你为什么不直接告诉你的弟子呢？""他能细心地发现我的鞋带松了，并且热心地告诉我，我一定要保护他这种热情的积极性，及时地给他鼓励，至于为什么要将鞋带解开，将来会有更多的机会教他表演，可以下一次再说啊。"

三、激励的过程

心理学研究表明，人的行为是由动机支配的，动机是由需要引起的，行为的方向是寻求目标、满足需要（见图 8-1）。

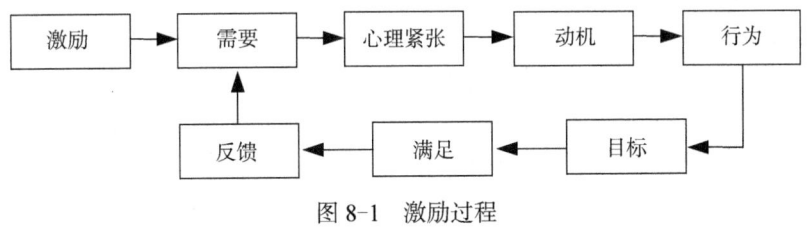

图 8-1 激励过程

（一）需要

需要是指个体由于缺乏某种生理或心理的因素而产生的与周围环境的某种不平衡状态，也即个体对某种目标的渴求和欲望。

人的需要，既可以是生理或物质上的（如对食物、水分、空气等的需要），也可以是心理或精神上的（如追求社会地位或事业成就等）。在现实生活中，人的需要往往不只有一种，而是同时存在多种需要。这些需要的强弱也随时会发生变化。在任何时候，一个人的行为动机总是由其全部需要结构中最重要、最强烈的需要所支配、决定的，这种最重要、最强烈的需要就是主导需要。

（二）动机

动机是引起和维持个体行为，并将此行为导向某一目标的愿望或意念。动机是人们行为产生的直接原因,它引起行为、维持行为并指引行为去满足某种需要。动机是由需要产生的。当人们产生的某种优势需要未能得到满足时,会产生一种紧张不安的心理状态,在遇到能够满足需要的目标时,这种紧张不安就成为一种内在的驱动力,促使个体采取某种行动。

(三)行为

行为是指在环境影响下所引起的个体内在生理和心理变化的外在反应。人的行为是人的内在因素和外在因素相互作用的函数。一般情况下,内在因素是根本,起着决定作用;外在因素是条件,起着导火线的作用。

当人们通过某种行为实现了目标,获得了生理和心理的满足后,紧张的心理状态就会消除。这时又会产生新的需要,引起新的动机,指向新的目标,这是一个循环往复、连续不断的过程。

(四)需要、动机、行为与激励

人的任何动机与行为都是在需要的基础上产生的,没有需要,也就无所谓动机和行为。人们产生某种需要后,只有当这种需要具有某种特定目标时,需要才会产生动机,动机才会成为引起人们行为的直接原因。但并不是每个动机都必然引起行为,在多种动机下,只有优势动机才会引发行为。要使员工产生组织所期望的行为,可以根据员工的需要设置某些目标,并通过目标导向使员工产生有利于组织目标的优势动机,并按照组织所需要的方式行动。管理者实施激励,即是想方设法做好需要引导和目标引导,强化员工的动机,刺激员工的行为,从而实现组织目标。

四、激励的作用

美国心理学家和哲学家、哈佛大学教授威廉·詹姆斯在对员工激励研究中发现,按时计酬的分配制度仅能让员工发挥20%～30%的能力,如果受到充分激励的话,员工的能力可以发挥出80%～90%,两种情况之间60%的差距就是有效激励的结果。对组织而言,科学的激励制度至少具有以下几个方面的作用:

(一)激励有助于组织吸引和留住优秀人才

彼得·德鲁克认为,每一个组织都需要三个方面的绩效:直接的成果、价值的实现和未来的人力发展。缺少任何一方面的绩效,组织非垮不可。因此,每一位管理者都必须在这三个方面有所贡献,在这三方面的贡献中,对"未来的人力发展"的贡献就是来自激励工作。

知识经济时代,组织间的竞争已不仅仅是产品的竞争、服务的竞争,更多地表现为技术、人才的竞争。组织若想在日益激烈的竞争中立于不败之地,吸引和留住优秀人才至关重要,激励有助于组织吸引和留住优秀人才。

(二)激励有助于提高员工工作效率

激励的过程直接涉及员工的个人利益,直接影响到能否调动员工的积极性。一般来说,每一位员工总是由一种动机或需求而激发自己内在的动力,努力去实现某一目标。当达到某一目标后,他就会自觉或不自觉地衡量自己为达到这个目标所做的努力是否值得。因此,绝大多数人总是把自己努力的过程看作是为获得某种报酬的过程。如果努力得到了相应的报酬,那么就有利于巩固和强化他的这种努力。因此,通过激励可以充分挖掘、调动员工的工作积极性和创造性,使他们始终保持高昂的工作热情,自觉自愿地为实现组织目标而努力,充分地发挥其技术和才能,从而保持工作的有效性和高效率。

(三)激励有助于增强组织凝聚力

个人目标及个人利益是职工行动的基本动力。它们与组织的整体目标和整体利益之间既有一致性,又存在着诸多差异。当二者发生背离时,个人目标往往会干扰组织目标的实现。激励的功能就在于以组织利益和需要的满足为基本作用力,诱导员工把个人目标统一于组织的整体目标,推动职工为完成工作任务做出贡献,从而促进个人目标与组织目标共同实现,增强组织的凝聚力和向心力。

(四)激励有助于造就良性竞争环境

在激烈的竞争条件下,组织要想生存和发展,就要不断地提高自己的竞争力。而提高竞争力就必须最大限度地激励组织中的全体成员,充分挖掘出其内在的潜力。科学的激励制度包含一种竞争精神,它的运行能够创造出一种良性的竞争环境,进而形成良性的竞争机制。在具有竞争性的环境中,组织成员就会受到环境的压力,这种压力将转变为员工努力工作的动力。正如麦格雷戈所说,"个人与个人之间的竞争,才是激励的主要来源之一"。组织中,员工工作的动力和积极性成了激励工作的间接结果。

> **课间案例 2**
>
> **卡耐基的故事**
>
> 卡耐基小时候是一个公认的坏男孩。在他 9 岁的时候,父亲把继母娶进家。当时他们还是居住在乡下的贫苦人家,而继母则来自富有的家庭。父亲一边向继母介绍卡耐基,一边说:"亲爱的,希望你注意这个全郡最坏的男孩,他已经让我无可奈何。说不定明天早晨以前,他就会拿石头扔向你,或者做出你完全想不到的坏事。"
>
> 出乎卡耐基意料的是,继母微笑着走到他面前,托起他的头认真地看着他,接着她回来对丈夫说:"你错了,他不是全郡最坏的男孩,而是全郡最聪明最有创造力的男孩。只不过,他还没有找到发泄热情的地方。"继母的话说得卡耐基心里热乎乎的,眼泪几乎滚落下来。就是凭着这一句话,他和继母开始建立友谊。也就是这一句话,成为激励他一生的动力,使他日后创造了成功的 28 项黄金法则,帮助千千万万的普通人走上成功和致富的道路。在继母到来之前,没有一个人称赞过他聪明,他的父亲和邻居认定他就是坏男孩。但是,继母就只说了一句话,便改变了他一生的命运。激发了卡耐基的想象力和创造力,帮助他和无穷的智慧发生联系,使他成为美国的富豪和著名作家,成为 20 世纪最有影响的人物之一。

第二节 激励理论的应用

激励理论,即研究如何调动人的积极性的理论。激励理论认为,工作效率和劳动效率与员工的工作态度有直接关系,而工作态度则取决于需要的满足程度和激励因素。自从 20 世纪二三十年代以来,许多管理学家、心理学家和社会学家结合现代管理的实践,提出了许多激励理论。这些理论按照形成时间及其所研究的侧面不同,可分为内容型激励理论和过程型激励理论。内容型激励理论主要研究人具有哪些不同类型的需要,它决定了组织应该给员工提供什么方面的刺激或者激励因素,主要包括马斯洛的需要层次理论、赫茨伯格的双因素激励理论、奥德弗的 ERG 理论和麦克利兰的成就需要理论。过程型激励理论主要研究以什么样的方式来满足员工的需要,使得员工产生组织所期望的行为,主要包括弗鲁姆的期望理论、亚当斯的公平理论、斯金纳的强化理论和洛克的目标设置理论。

管理归根到底是人的管理，现代管理理论都以人性假设为前提，不同的人性假设在实践中体现为各种不同的管理观念和管理行为。由于人性假设不仅决定着管理理论的形成与发展，同时还制约着人类的管理实践活动，因此对人性的认识，对于管理效果好坏、管理成败的意义十分重要。

一、沙因关于人类特性的四种假设

人性假设，管理学上是指对人的本性的根本看法。每一种管理理论的提出都是建立在一定的人性假设基础之上的。美国管理大师麦格雷戈说过，在每一个管理决策或每一项管理措施的背后，都一定会有某些关于人性本质以及人性行为的假定。关于人性假设，古今中外学者均从不同角度进行了论述。美国心理学家和行为科学家埃德加·沙因在1965年出版的《组织心理学》一书中，总结出以下四种人性假设：

（一）经济人假设

经济人假设的基本观点是：人是由经济诱因来引发工作动机的，目的在于获得最大的经济利益；经济诱因在组织的控制之下，人被动地在组织的操纵、激励和控制之下从事工作；人以一种合乎更理性的、精打细算的方式行事；人的情感是非理性的、会干预人对经济利益的合理追求，组织必须设法控制个人的感情。

（二）社会人假设

社会人假设的基本观点是：人类工作的主要动机是社会需要；工业革命和工作合理化的结果，使得工作变得单调而无意义，必须从工作的社会关系中去寻求工作的意义；非正式组织的社会影响比正式组织的经济诱因对人有更大的影响力；人们对领导者的期望是能承认并满足他们的社会需要。

（三）自我实现人假设

自我实现人假设的基本观点是：人的需要有低级和高级区别，其目的是为达到自我实现的需要，寻求工作上的意义；人们力求在工作上有所成就，实现自治和独立，发展自己的能力和技术，以适应环境；人们能够自我激励和自我控制，外来的激励和控制会对人产生一种威胁，造成不良后果；个人的自我实现同组织目标的实现是一致的。

（四）复杂人假设

复杂人假设的基本观点是：人的工作动机是复杂的，变动性很大；一个人在组织中可以学到新的需求和动机；人在不同的组织和不同的部门中可能有不同的动机模式；一个人是否感到满足，是否愿为组织尽力决定于他本身的动机构造和他同组织之间的相互关系；人可以依自己的动机、能力及工作性质对不同的管理方式做出不同的反应。

二、马斯洛的需要层次理论

（一）马斯洛需要层次理论的内容

美国著名社会心理学家马斯洛认为人的需要从低到高可分为五个层次，即生理需要、安全需要、社会需要、尊重需要和自我实现需要。

通常，生理需要和安全需要属于较低层次的物质方面的需要，社会需要、尊重需要和自我实现需要则属于较高层次的、精神方面的需要。马斯洛认为，人的需要遵循递进规律，在较低层次的需要得到满足之前，较高层次的需要的强度不会很大，更不会成为主导的需要。当低层次的需要获得相对满足后，下一个较高层次的需要就占据了主导地位，成了驱动行为的主要动力。也就是说，只有低层次的需要得到部分满足以后，高层次的需要才有可能成为行为的重要决定因素。五种需要是按次序逐级上升的。当下一级需要获得基本满足以后，追求上一级的需要就成了驱动行为的动力。但这种需要层次逐渐上升并不是遵照"全"或"无"的规律，即并不是一种需要100%满足后，另一种需要才会出现。事实上，社会中的大多数人在正常的情况下，他们的每种基本需要都是部分地得到满足。

（二）马斯洛需要层次理论在管理中的应用

马斯洛的需要层次理论由于直感逻辑性强，易于理解，得到了广泛的应用，在西方管理领域中有相当的影响。

1. 满足不同层次的需要

组织的管理者应该主动了解并掌握员工不同层次的需要及其变化发展规律，采取相关措施，引导员工的行为，使之最大限度地与组织或社会的需要相一致。如当个体需要处在自我实现层次时，成长、成就和提升就成为一般激励因素，就应该采取诸如选择挑战性的工作、在组织中提升、取得工作的成就等激励措施。

2. 满足不同员工的需要

马斯洛的需要层次仅是一般人的要求,实际上组织中员工的个人需要并非都是严格地按其顺序由低到高发展的,这需要组织管理者具体情况具体分析,因为在不同情况下人们需要的强烈程度是不同的。如经济收入较低的人,对衣食住行方面的需要较强烈,对尊重和自我实现需要不太重视。有些知识分子对穿衣和吃饭要求不高,而对尊重和自我实现的需要却很强。有些老年人,生理需要和自我实现需要并不强烈,但避免孤独的需要和得到儿女、社会尊重的需要却很强烈。即使同一人在不同的时候和不同的情况下,需要层次也不一样。对于管理人员来说,了解这些情况是非常重要的,针对不同的需要应采取不同的激励措施。

三、赫茨伯格的双因素激励理论

20世纪50年代末,美国心理学家赫茨伯格对匹兹堡地区11个企业、203名工程师和会计师进行了调查,调查发现工作中令他们满意的因素与不满的因素是不同的:使职工感到满意的都是属于工作本身或工作内容方面的,使职工感到不满的都是属于工作环境或工作关系方面的。赫茨伯格在研究了调查结果后,于1959年提出双因素激励理论,他把前者叫做激励因素,后者叫做保健因素。

(一)双因素激励理论的内容

赫茨伯格认为并非所有的工作要素都对员工产生激励作用。激励因素使人们感受到内部的回报,对员工具有激励作用,使员工产生工作满意感;保健因素只能安抚员工,没有激励作用,它们不能使员工产生工作满意感。

激励因素是指能让组织员工感到满意的因素,这是能满足个人较高层次需要的因素,赫茨伯格认为激励因素主要有六个:工作本身具有挑战性、奖励、晋升、成长、负有较大的责任、成就感。激励因素的改善使员工感受到满意的结果,能够极大地激发员工工作的热情,提高劳动生产效率。但即使管理层不给予员工激励因素方面的满足,员工往往也不会因此感到不满意,所以就激励因素来说,"满意"的对立面应该是"没有满意"。

保健因素是指预防组织员工不满意的因素。赫茨伯格发现保健因素主要有十个:公司的政策和行政管理、技术监督系统、与监督者个人之间的关系、与上级的关系、与下级的关系、工资、工作安全性、个人的生活、工作环境、地位。保健因素不能得到满足,则容易使员工产生不满情绪、消极怠工,甚至引起罢工等对抗行为。但在保健因素得到一定程度改善以后，无论再如何进行改善的努力往往也很难使员工感到满意，因此也就难以再由此激发员工的工作积极性。所以就保健因素来说，"不满意"的对立面应该是"没有不满意"。

（二）双因素激励理论在管理中的应用

管理者在对员工实施激励时，应注意区别保健因素和激励因素，前者的满足可以消除不满，后者的满足可以产生满意。应注意不要忽视保健因素，避免职工产生不满情绪，影响劳动效率的提高。同时，也没有必要过分地改善保健因素，因为这样做只能消除职工对工作的不满情绪，不能直接提高工作积极性和工作效率。管理者若想持久而高效地激励职工，必须用内在因素来调动人的积极性，才能起更大的激励作用并维持更长的时间。

四、奥德弗的 ERG 理论

美国耶鲁大学的克雷顿·奥德弗在马斯洛提出的需要层次理论的基础上，进行了更接近实际经验的研究，提出了一种新的人本主义需要理论。奥德弗认为，人们共存在三种核心的需要，即生存（existence）需要、相互关系（relatedness）需要和成长（growth）需要，因而这一理论被称为"ERG"理论。

（一）ERG 理论的内容

这一理论系统地阐述了一个关于需要类型的新模式，它发展了赫茨伯格和马斯洛的理论，把马斯洛的需要层次压缩为三种需要，即生存需要、相互关系需要和成长需要。

1. 生存需要：指的是全部的生理需要和物质需要，如衣、食、住、组织中的报酬、对工作环境和条件的要求等。这类需要大体上和马斯洛需要层次中的生理需要、部分安全需要相对应。

2. 相互关系需要：是指人与人之间的关系、联系的需要。这一需要类似于马斯洛需要层次中的部分安全需要、全部社会需要，以及部分尊重需要。

3. 成长需要：是指一种要求得到提高和发展的内在欲望。不仅要求充分发挥个人的潜能有所作为和成就，而且还包含开发创新能力的需要。这一需要与马斯洛的需要层次中部分尊重需要和整个自我实现需要相对应。

与马斯洛需要层次理论不同的是，奥德弗提出了一种叫做"受挫—回归"的思想。即当一个人在某一更高等级的需要层次受挫时，那么作为替代，他的某一较低层次的需要可能会有所增加。例如，如果一个人相互关系需要得不到满足，可能会增强他对得到更多金钱或更好的工作条件的愿望。

（二）ERG 理论在管理中的应用

奥德弗认为这三种需要之间没有明显的界线，它们是一个连续体。这一理论限制性较少，易于应用。ERG 理论并不强调需要层次的顺序，认为某种需要在一定时间内对行为起作用，而当这种需要得到满足后，可能去追求更高层次的需要，也可能没有这种上升趋势；当较高级需要受到挫折时，可能会退而求其次。管理者如果发现员工的成长需要受到组织中不可克服的局限性障碍时，就应该重新指导员工的行为，以期朝着满足生存需要和相互关系需要的方向努力。因此，管理措施应该随着人的需要结构的变化而做出相应的改变，并根据每个人不同的需要制定出相应的管理策略。

五、麦克利兰的成就需要理论

成就需要理论也被称为激励需要理论，是美国哈佛大学教授戴维·麦克利兰集中研究了人在生理和安全需要得到满足后的需要状况，特别对人的成就需要进行了大量的研究，从而提出的一种新的内容型激励理论。麦克利兰对成就需要这一因素做了大量研究，认为成就需要具有挑战性，引发人的快感，激发奋斗精神，对行为起主要影响作用。

（一）成就需要理论的主要内容

成就需要理论认为，人类许多需要都不是生理性的，而是社会性的，人的社会需要不是先天的，而是后天的，来自环境、经历和培养教育，特别是在特定行为得到报酬后会强化这种行为模式，形成需要倾向。麦克利兰把人在工作中的需要分为三种类型，包括权力需要、归属需要和成就需要。

1. 权力需要：权力需要是指影响和控制别人的一种愿望或驱动力。不同人对权力的渴望程度也有所不同，权力需求较高的人对影响和控制别人表现出很大的兴趣，注重争取地位和影响力。他们性格坚强、头脑冷静、敢于表达意见、喜爱公开讨论和演讲。权力需要是管理成功的基本要素之一。

2. 归属需要：归属需要就是寻求被他人喜爱和接纳的一种愿望。注重归属需要的管理者，通常从友爱、情谊、人与人之间的社会交往中得到快乐和满足，并总是设法避免因被某个组织或社会团体拒之门外而带来的痛苦。他们喜欢保持一种融洽的社会关系，享受亲密无间和相互谅解的乐趣，随时准备安慰和帮助危难中的伙伴。麦克利兰指出，注重归属需要的管理者容易因为讲究交情和义气而违背或不重视管理工作原则,从而会导致组织效率下降。

3. 成就需要:有成就需要的人渴望将工作做得更为完美,对胜任和成功有强烈的要求。他们乐意甚至热衷于接受挑战,追求的是在争取成功的过程中克服困难、解决难题、努力奋斗的乐趣以及成功之后的个人的成就感,他们并不看重成功所带来的物质奖励。个体的成就需要与他们所处的经济、文化、社会、政府的发展程度有关,社会风气也制约着人们的成就需要。

(二)成就需要理论在管理中的应用

麦克利兰通过研究得出的结论有:组织中拥有越多的高成就需要者,组织就发展得越快,而且高成就需要者可以通过后天的教育获得。管理者在管理过程中应注意以下几点:提供能够发挥个人能力的工作环境;尽可能为高成就需要的人提供具有挑战性的工作环境,且对其工作成果及时反馈;注意培养员工的成就需要;由于成就需要可以后天培养,因此组织应当为员工创造良好的工作环境,培养员工的成就需要;高成就需要的人未必会成为优秀的管理者。

六、弗鲁姆的期望理论

期望理论是由美国耶鲁大学教授、心理学家弗鲁姆首先提出的,他于1964年在《工作与激励》一书中提出了这个理论。这种理论一出现,就受到管理学家和实际管理工作者的普遍重视。目前,期望理论是管理者采用最多的激励理论之一。

(一)期望理论的内容

期望理论是一种通过考察人们的努力行为与其所获得的最终奖酬之间的因果关系,来说明激励过程并以选择合适的行为达到最终的奖酬目标的理论。期望理论认为,某一活动对于调动某人的积极性,激发出人内部潜力的激励(motivation)强度,取决于达成目标后对于满足个人需要价值的大小——效价(valence)与他根据以往的经验进行判断能导致该结果的概率——期望值(expectancy)。激励水平取决于期望值和效价的乘积。其公式是激励水平(M)=效价(V)×期望值(E)。

(二)期望理论在管理中的应用

根据期望理论,在对组织员工的激励中,既要给员工设置效价高的激励目标,又要适当控制期望概率和实际概率。

1. 确定适宜的目标

根据期望理论，人的行为总是指向一定的目标，因此管理者必须设立适宜的目标。该目标不仅要有一定的挑战性，而且要有实现的可能性，经过努力可以达到，同时也必须帮助成员正确认识组织目标与个人目标之间的关系，以此提高目标的效价。

2. 提高员工的期望值

根据期望理论，人们对自己的行动能带来工作绩效提高和最终实现目标的期望值越大，他们的激励水平就越高。因此，管理人员可以通过各种办法，比如指导、培训等，明确提高下属对于实现预期目标的期望，从而充分调动他们的积极性。

3. 增强工作绩效与所得报酬之间的关联性

关联性强意味着成员的高工作绩效将导致报酬的提高，因此完成工作任务在成员心目中的效价将会提高，进而提高成员的激励水平。为此，一方面要明确完成什么工作得什么奖酬，另一方面要使职工认识这种奖酬与工作绩效有联系，此外还要使员工相信只要努力工作，绩效就能提高。

4. 正确认识报酬在员工心中的效价

人们对其从工作中得到报酬的评价（效价）是不同的，有人重视薪金，有人则更重视挑战性工作。因为每个人的价值观、需要与动机以及文化水平、道德观念、知识能力、个性特点的差异，所以即使目标相同，在人们心目中的效价也可能不同。所以管理者要全面地评价效价，重视组织的特定报酬同职工的需要相符合，更多地关注被组织成员认为效价最大的激励措施。

七、亚当斯的公平理论

员工在组织工作过程中，希望获得公平。只有身处公平氛围，才能有效促进员工工作效率的提高。

（一）公平理论的内容

公平理论又称社会比较理论，是由美国心理学家亚当斯于1965年提出的，主要研究的是奖励与满足的关系问题。公平理论认为，人能否通过某种行为得到满足和满意，除了取决于自身所得到的结果，还取决于和他人的对比程度。

亚当斯认为，员工的工作动机，不仅受其所得的绝对报酬的影响，而且受到相对报酬的影响。即一个人不仅关心自己所得的绝对值（自己的实际收入），而且也关心自己收入的相对值。每个人会不自觉地把自己付出劳动的所得报酬与他人付出劳动的所得报酬进行种种比较来确定自己所获报酬是否合理,比较的结果将直接影响今后工作的积极性。如果当他发现自己的报酬与劳动比例与他人的报酬与劳动比例相等,或者现在的报酬与劳动比例与过去的报酬与劳动比例相等时,便认为是应该的、正常的,因而心情舒畅、努力工作。但如果他发现自己的报酬与劳动比例低于他人的报酬与劳动比例,或者现在的报酬与劳动比例低于过去的报酬与劳动比例时,就会产生不公平感,就会满腔怨气。

报酬与劳动比例的比较有两种,一种比较称为横向比较,另一种比较称为纵向比较。

1. 横向比较

所谓横向比较,即一个人要将自己获得的"报酬"(包括金钱、工作安排以及获得的赏识等)与自己的"投入"(包括教育程度、所做努力、用于工作的时间、精力和其他无形损耗等)的比值与组织内其他人作社会比较,只有相等时他才认为公平。如下式所示:

$$OP/IP = OC/IC$$

其中,OP 表示自己对所获报酬的感觉;OC 表示自己对他人所获报酬的感觉;IP 表示自己对个人所做投入的感觉;IC 表示自己对他人所做投入的感觉。

一是前者小于后者。他可能要求增加自己的收入或减少自己今后的努力程度,以便使左方增大,趋于相等;第二种办法是他可能要求组织减少比较对象的收入或让其今后增大努力程度以便使右方减少,趋于相等。此外,他还可能另外找人作为比较对象以便达到心理上的平衡。二是前者大于后者。他可能要求减少自己的报酬或在开始时自觉多做些工作,久而久之他会重新估计自己的技术和工作情况。

2. 纵向比较

所谓纵向比较,即把自己目前投入的努力与目前所获得报酬的比值,同自己过去投入的努力与过去所获报酬的比值进行比较,只有相等时他才认为公平。如下式所示:

$$OP/IP = OH/IH$$

其中,OH 表示自己对过去所获报酬的感觉;IH 表示自己对个人过去投入的感觉。当上式为不等式时,人也会有不公平的感觉,这可能导致工作积极性下降。当出现这种情况时,人不会因此产生不公平的感觉,但也不会感觉自己多拿了报酬从而主动多做些工作。调查和实验的结果表明,不公平感的产生绝大多数是由于经过比较认为自己目前的报酬过低而产生的,但在少数情况下也会由于经过比较认为自己的报酬过高而产生。

(二)公平理论在管理中的应用

1. 公平奖励员工

管理者在工作任务分配、工作绩效考核、工资奖金评定以及待人处世等方面，能否做到公正合理，这既是衡量工作水平高低的重要因素，又是保证组织安定、人际关系良好、员工积极性充分发挥的重要因素。所以管理者在激励工作中不应用孤立的眼光看待某个人，而应该考虑其参照对象，充分运用公平理论原理，坚持绩效与奖酬挂钩的原则，公平奖励员工。

2. 建立公平竞争机制

合理的奖酬应该以公正科学的评价为基础，科学地建立系统的评价指标体系，形成公平的竞争机制。管理者必须坚持"各尽所能，按劳分配"的原则，把员工所做的贡献与他应得的报酬紧密挂钩，打破平均主义，调动员工的积极性。

3. 引导员工正确认识公平

公平理论表明公平与否都源于个人感觉，个人判别报酬与付出的标准往往都会偏向于自己有利的一方。也就是说，人们在心理上会自觉不自觉地产生过低估价别人的工作绩效，过高估计别人的工资收入倾向，而且也常常选择一些比较性不强的比较对象，这些情况都会使员工产生不公平感，这对组织是不利的。因此，管理者应以敏锐的目光察觉员工认识上可能存在的偏差，适时做好引导工作，确保员工工作积极性的发挥。

八、洛克的目标设置理论

(一)目标设置理论的内容

目标设置理论是由美国马里兰大学管理学兼心理学教授埃德温·洛克首先提出的。洛克和休斯在研究中发现，外来的刺激（如奖励、工作反馈、监督的压力）都是通过目标来影响动机的。目标能引导活动指向与目标有关的行为，使人们根据难度的大小来调整努力的程度，并影响行为的持久性。于是，在一系列科学研究的基础上，洛克于1967年最先提出"目标设置理论"。洛克认为目标本身就具有激励作用，能把人的需要转变为动机，使人们的行为朝着一定的方向努力，并将自己的行为结果与既定的目标相对照，及时进行调整和修正，从而能实现目标。这种使需要转化为动机，再由动机支配行动以达成目标的过程就是目标激励。目标设置理论认为要使目标能切实影响组织成员的行为，就必须根据具体性、难度、认同三个标准对目标进行设置。

（二）目标设置理论在管理中的应用

1. 确定适合的目标难度

组织设置的目标应当具有挑战性，同时员工又能通过努力达到。目标设置理论认为有一定难度的目标比太容易实现的目标能带来更高的个人绩效。相对于员工的能力，有适当难度，但通过一定的努力又可以实现的目标，能给员工提供一种挑战性，对员工有一定的吸引力，从而使员工在原有的基础上获得更高的工作绩效。正如美国当代著名心理学家班杜拉总结的那样，"相当容易的目标不足以引起很大的兴趣和努力；适当困难程度的目标可以维持高的努力和通过该目标成就产生满足感；而超过个人所达到的目标会通过产生失望和非效能感而降低动机"。

2. 目标应明确、具体

目标设置理论认为，具体而明确的目标可以提高员工的工作绩效。明确且具体的目标体现在工作任务的内容和方向、最后完成期限和应达到的绩效标准等方面。因员工有希望了解自己行为的结果和目标的认知倾向，这种倾向可以减少行为的盲目性，提高行为的自我控制程度。明确的目标比模糊或总体性的目标能导致更高的绩效水平，具体而明确的目标，可以使员工知道他们要完成什么工作，为此需要付出多大的努力。

3. 目标应得到员工认同

员工认同目标可以提高目标本身的被接受程度和员工工作积极性。确定目标前要多与员工沟通，让员工参与目标的制定过程，这样加深他们对目标的理解和认同。当员工意识到他们的每一项工作将如何影响公司、同事和客户时，他们会更有动力和热情去实现他们承担的目标。即使这一目标完成的困难程度较大，相对来说，也更容易被员工所接受并为之而努力，工作的绩效就相对更高。

九、斯金纳的强化理论

强化理论是由美国心理学家和行为科学家、哈佛大学教授伯尔赫斯·弗雷德里克·斯金纳提出的一种理论，也叫操作条件反射理论、行为修正理论。强化是心理学术语，是指通过不断改变环境的刺激因素来达到增强、减弱或消失某种行为的过程。强化的主要功能在于按照人的心理过程和行为的规律，对人的行为予以导向，并加以规范、修正、限制和改造。

斯金纳所倡导的强化理论是以学习的强化原则为基础的关于理解和修正人的行为的一种学说。这个理论特别重视环境对行为的影响作用，认为人的行为只是对外部环境刺激所做的反应。当这种行为的后果对他有利时,这种行为就会在以后重复出现;不利时,这种行为就减弱或消失。因此只要创造和改变外部的环境,人的行为就会随之改变。对于管理者来说,这种理论的意义在于用改造环境(包括改变目标和完成工作任务后的奖惩)的办法来保持和发挥积极行为,减少或消除消极行为,把消极行为转化为积极行为。

(一)强化的类型

正强化是用于加强所期望的个人行为,负强化和自然消退的目的是减少和消除不期望发生的行为。这三种类型的强化相互联系、相互补充,构成了强化的体系,并成为一种制约或影响人的行为的特殊环境因素。

1. 正强化

正强化又称积极强化。当人们采取某种行为时,能从他人那里得到某种令其感到愉快的结果,这种结果反过来又成为推进人们趋向或重复此种行为的力量。通常正强化的因素有奖酬,如表扬,赞赏,增加工资、奖金和奖品,分配干有意义的工作等。例如,企业用某种具有吸引力的结果(如奖金、休假、晋级、认可、表扬等),以表示对员工积极提出合理化建议行为的肯定,从而进一步激发员工参与组织管理、积极献计献策的行为。

2. 负强化

负强化又称消极强化。它是指通过某种不符合要求的行为所引起的不愉快的后果,对该行为予以否定。若职工能按所要求的方式行动,就可减少或消除令人不愉快的处境,从而也增大了职工符合要求的行为重复出现的可能性。例如,企业不允许在工作时间打个人电话,如果员工有这种习惯,这种行为一经出现就会受到指责,但一旦他停止这种行为了,就应立即停止对他的指责。消极强化与积极强化两者采用的手段不同,但是目的是一致的。

惩罚是负强化的一种典型方式,即在消极行为发生后,以某种带有强制性、威慑性的手段(如批评、降薪、降职、罚款、开除等)创造一种令人不愉快乃至痛苦的环境,给人带来不愉快的结果,或者取消现有的令人愉快和满意的条件,以表示对某种不符合要求的行为的否定。

3. 自然消退

自然消退又称衰减,是指撤销对原来可以接受的行为的正强化,即对这种行为不予理睬,以表示对该行为的轻视或某种程度的否定。研究表明,一种行为长期得不到正强化,此行为将自然下降并逐渐消退。例如,企业曾对职工加班加点完成生产定额给予奖酬,后经研究认为这样不利于职工的身体健康和企业的长远发展,因此不再发给奖酬,从而使加班加点的职工逐渐减少。

(二)强化理论在管理中的应用

1. 因人制宜，多形式强化

由于人的个性特征及其需要层次不尽相同，需要不同，所以强化方式也应不一样。不同的强化机制和强化物所产生的效应会因人而异，对一部分人有效的，对另一部分人却不一定有效。因此，在运用强化手段时，要依照强化对象的不同需要采用不同的强化措施，形式多样，只有这样才能起到激励的效果。

2. 分解目标，不断强化

组织在激励员工时，要设立鼓舞人心而又切实可行的总目标，并且将总目标分解成许多具体目标。这是因为对于庞大的、复杂的（一般也是远期的）目标，不是一次性强化就了事，在实现目标过程中职工不能经常得到成功结果的反馈和强化，积极性会逐渐消退。相反，应把这个庞大目标分解成若干阶段性目标，通过许多"小步子"逐渐完成。对每一小步取得的成功结果，管理者都应予以及时强化，以长期保持员工奔向长远目标的积极性。

3. 及时反馈，及时强化

采用强化的时间对于强化的效果有较大的影响。所谓及时反馈就是通过某种形式和途径，及时将工作结果告诉行动者，无论结果好与坏，对行为都具有强化的作用。好的结果能鼓舞信心，继续努力；坏的结果能促使其分析原因，及时纠正。但须注意及时强化并不意味着随时都要进行强化，不定期的非预料的间断性强化，往往可取得更好的效果。

4. 奖惩结合，以奖为主

强化理论认为，一种行为长期得不到正强化，就会逐渐消退。根据这个规律，一些成功的组织，都十分注意采用以奖励为主的正强化办法调动员工积极性。采用负强化（尤其是惩罚）手段要慎重，在运用负强化时，应尊重事实，讲究方式方法，处罚依据准确公正，这样可尽量消除其副作用。而当有改正的表现时，应该随即给以正强化。大量实践证明，奖惩结合的方法优于只奖不罚或只罚不奖的方法。

课间案例 3

鸭子只有一条腿

某王爷手下有个著名的厨师，他的拿手好菜是烤鸭，深受王府里的人喜爱，尤其是王爷，更是倍加赏识。不过这个王爷从未给予过厨师任何鼓励，使得厨师整天闷闷不乐。

> 有一天，王爷有客从远方来，在家设宴招待贵宾，点了数道菜，其中一道是王爷最喜爱吃的烤鸭。厨师奉命行事，然而，当王爷夹了一鸭腿给客人时，却找不到另一条鸭腿，他便问身后的厨师说："另一条腿到哪里去了？"厨师说："禀王爷，我们府里养的鸭子都只有一条腿！"王爷感到诧异，但碍于客人在场，不便问个究竟。饭后，王爷便跟着厨师到鸭笼去查个究竟。时值夜晚，鸭子正在睡觉。每只鸭子都只露出一条腿。厨师指着鸭子说："王爷你看，我们府里的鸭子不都是只有一条腿吗？"王爷听后，便大声拍掌，吵醒鸭子，鸭子当场被惊醒，都站了起来。王爷说："鸭子不全是两条腿吗？"厨师说："对！对！不过，只有鼓掌拍手，才会有两条腿呀！"

第三节 激励的原则与方式

一、激励原则

没有适用于一切人和一切环境的激励制度和激励方法。在管理中，激励是充分展示管理者管理艺术的管理活动。在管理过程中，激励必须因时、因人、因地而异。但这并不等于说激励就没有一定的规律可循。同其他管理职能一样，激励也必须遵循一些基本原则。

（一）坚持个人目标与组织目标相结合的原则

在激励机制中，设置目标是一个关键环节。目标设置必须同时体现组织目标和员工目标。目标是员工产生动力的源泉，人们一旦确立了目标，就会在行动的过程中不断地将自己的行为和目标进行比照，所以目标是最好的激励。尤其是当个人目标和组织目标一致性越高的时候，激励程度越高，激励效果越明显。

（二）坚持物质奖励与精神奖励相结合的原则

物质激励是指通过物质刺激的手段，鼓励职工的积极性。物质利益是人们行为的基本动力，但不是唯一的动力。任何人都不可能仅为物质利益而活着。现实生活中，人们的需要是多方面的，既有物质层面的，也有精神层面的，只是对于不同的人而言，两种需要的强度有所不同。所以，奖励必须注意物质奖励与精神奖励相结合。就某一件事、某一个人来说，一次奖励，可能只是物质的，也可能只是精神的，或者是二者相结合的。例如，在海尔的奖励制度中有一项叫"命名工具"，即用一线的普通工人的名字来命名他所改革的创新工具。工人李启明发明的焊枪被命名为"启明焊枪"，杨晓玲发明的扳手被命名为"晓玲扳手"。这一措施大大激发了普通员工在本岗位创新的激情，员工以此为傲。对员工创造价值的认可，就是对他们最好的激励。及时的激励，能让员工觉得工作起来目标明确，有奔头，进而创造出更大的价值。

（三）坚持公平公正的原则

公平公正是组织管理的重要原则之一。不公的待遇，会使员工产生消极的情绪，影响工作效率，危害组织的利益。管理者在处理员工问题时，一定要大公无私，不抱任何偏见或喜好，不能有任何不公的言语和行为。对取得同等成绩的员工，一定要获得同等层次的奖励；对犯同等错误的员工，也应受到同等层次的处罚。如果做不到这一点，管理者宁可不奖励或者不处罚，否则，你的奖罚措施会适得其反。

（四）坚持奖惩相结合的原则

奖励是对员工符合组织目标期望的行为进行肯定，使这种积极向上的行为更多地出现，更好地调动员工的积极性。惩罚是对员工违背组织目标非期望的行为进行的处罚，以使这种负面行为不再出现。惩罚使人产生内疚感，认识到自己的错误，并改正自己的行为，使错误的倾向朝正确的方向转变。管理中只有两者有效配合使用，才能达到良好的管理效果。

一奖一罚的激励机制，树立了正反两方面的典型，从而产生无形的压力，在组织内部形成良好的风气。这两种手段，虽性质不同，但殊途同归。在实际工作中，必须坚持奖惩结合。只奖不惩，就降低奖的价值，奖的效果就会打折扣；只惩不奖，会使人不知所措，人们只知道不该做什么。所以，奖惩必须兼用。

（五）坚持差别激励的原则

激励的起点是满足员工的需要，但员工的需要因人而异、因时而异，并且只有满足最迫切需要（主导需要）的措施，其效价才高，其激励强度才大。为了提高员工工作的积极性，组织要根据员工不同的类型和特点制定激励制度。在制定激励机制时一定要因人而异，充分尊重个体差异，不断了解员工需要层次和需要结构的变化趋势，有针对性地采取激励措施，才能收到实效。

（六）坚持时效性的原则

所谓坚持时效性原则就是指激励必须及时，不能拖延。"雪中送炭"和"雨后送伞"的效果是不一样的。激励越及时，越有利于将人们的激情推向高潮，使其创造力连续有效地发挥出来。而一旦时过境迁，激励就会失去作用。柳宗元在《断刑论》中就指出："赏务速而后有劝，罚务速而后有惩。"实践也一再证明，应该受表扬的行为得不到及时的鼓励，会使人气馁，丧失积极性；错误的行为受不到及时的惩罚，会使错误行为更加泛滥，造成积重难返的局面。

> **课间案例 4**
>
> **IBM 的激励机制**
>
> IBM 公司市场部副经理兼发言人佛拉西斯基伊·罗杰斯说："IBM 所拥有的最大财富是人，我们就是要让他们在市场部中成为最出色的人物，正是由于他们的努力，我们的工作才能够做好，所以我们认为他们在全部的工作中起着良好的作用，如果给他们目标、条件及其奖励，那么几乎所有的目标都是能够达到的。"IBM 公司每年邀请公司全国市场部的明星协同配偶在夏威夷的日光下休假 3 天。这些人掌握着公司的全部生产线，由于他们都超额完成了全年销售指标，被吸收到金环俱乐部中。
>
> 罗杰斯 20 多年来一直这样做，公司强调对员工的多方面尊重，哪怕你干得不出色，在当你处于低潮时，公司也和你在一起。现在，公司已经使之成为一种传统，一种向其雇员传达观念和价值的主要渠道。员工们感慨地说："我感到只要他们坚持尊重个人的原则和他们的高尚道德，公司就会办好，他们所提供的一切技术和其他，只不过是让个人很好的合作的副产品。"

二、激励方式

激励的方式是指在关怀、尊重、体贴、理解的基础上，以诚挚的感情、入情入理的分析、实事求是的科学态度、恰如其分的手段，对受激励的对象以启发和开导，调动其内在积极因素，促使其振奋精神、积极向上、努力进取的方式。激励的方式可以分为精神激励方式和物质激励方式两大类。

（一）物质激励方式

物质激励方式指的是通过满足人们对物质利益的需求来激励人们的行为，

调动人们工作积极性的方法。物质利益是人们生存和发展的基础，是最基本的利益。当然，不同的人对物质利益的要求是不同的，但总的来说，它仍是现阶段最重要的个人利益之一，所以物质激励方法也是管理中重要的常见激励方法。

1. 晋升工资

工资是人们工作报酬的主要形式，它与奖金的主要区别在于工资具有一定稳定性和长期性。工作有成效的职工如果获得晋升工资的奖励，毫无疑问是重大的物质利益。因此，晋升工资的激励方法一般是用于一贯表现好、长期以来工作成绩突出的职工。

2. 颁发奖金

奖金是针对某一件值得奖励的事情给予的奖赏。奖金与工资不同，它的灵活性大，不具有长期性、稳定性。一件事情该奖，目标达到了，奖金发放了，也就结束了，所以说奖金也是一种重要的物质型激励手段，适用于特殊事情的激励。

3. 其他物质奖赏

除了货币性的工资与奖金之外，常用的还有住房、轿车、带薪休假等可为人们提供其他物质利益的激励手段。特别是有些激励方法是带有物质激励与精神激励相结合的特征，如高尔夫球俱乐部会员证，对个人来说，参加高尔夫球运动不仅是一种享受，而且在一定的社会中它还代表着一种地位和身份，给人以自尊需求的满足感。

（二）精神激励方式

1. 目标激励

目标激励就是通过目标的设置来激发人的动机、引导人的行为，达到调动人积极性的目的，使被管理者的个人目标与组织目标紧密地联系在一起，以激励被管理者的积极性、主动性和创造性。目标作为一种诱因，具有引发、导向和激励的作用。每个人实际上除了金钱目标外，还有如权力目标或成就目标等。管理者就是要将每个人内心深处的这种或隐或现的目标挖掘出来，并协助他们制订详细的实施计划，在随后的工作中引导和帮助他们努力实现目标。当每个人的目标强烈并迫切地需要实现时，他们就对组织的发展产生热切的关注，对工作产生强大的责任感，平时不用别人监督就能自觉地把工作搞好。这种目标激励会产生强大的效果。

2. 尊重激励

尊重激励是指管理者以平等的态度和情感对待组织中每一位员工，包括信任、尊重和支持。尊重激励是一种基本的激励方式，是加速组织员工自信力爆发的催化剂。上下级之间的相互尊重是一种强大的精神力量，有助于组织员工之间的和谐，有助于组织团队精神和凝聚力的形成。如果管理者不尊重员工，不重视员工的感受，不信任和支持员工，就会大大打击员工的积极性，使他们的工作仅仅是为了获取报酬，激励效果也会大大减弱。这时，懒惰和不负责任等情况将随之发生。

3. 参与激励

参与激励是指员工参与管理，在不同程度上让员工参与组织决策，参加各级管理工作的研究和讨论。人力资源管理的实践经验和研究表明，现代员工都有参与管理的要求和愿望，创造和提供一切机会让员工参与管理是调动他们积极性的有效方法。这样做可以使下级感受到上级主管的信任，从而体验到自己的利益同组织的利益、组织的发展密切相关而产生强烈的责任感。多数人由于参加商讨与自己有关的问题而受到激励，这也为实现组织目标提供了保证。因此，让员工恰当地参与管理，既能激励员工，又能为组织的成功获得有价值的知识。通过参与管理，形成员工对组织的归属感、认同感，可以进一步满足员工的自尊和自我实现的需要。

4. 工作激励

工作本身就具有激励作用。为了更好地发挥员工工作的积极性，管理者要考虑如何才能使工作本身更有意义和挑战性，给员工一种自我实现感。管理者要进行"工作设计"，使工作内容丰富化和扩大化，并创造良好的工作环境。还可通过员工与岗位的双向选择，使员工对自己的工作有一定的选择权。

工作设计问题主要是组织向其成员分配工作任务和职责的方式问题，也包括创造一个良好的工作环境和生活环境。工作设计是否得当对激发员工的工作动机、增强员工的工作满意感以及提高生产率都有重大的影响。

5. 培训和发展机会激励

当今世界日趋信息化、数字化、网络化，知识更新速度不断加快，使员工知识结构不合理和知识老化现象日益突出。他们虽然在实践中不断丰富和积累知识，但仍需要对他们采取等级证书学习、进高校深造、出国培训等激励措施。培训意味着为自身素质的提高、自身人力资本的增值以及为将来更好地发展提供机会和条件，给员工提供进一步发展的机会，满足他们自我实现的需要。

6. 荣誉和提升激励

荣誉是公众或组织对个体或群体的崇高评价，是满足人们自尊需要，激发人们奋力进取的重要手段。从人的动机看，人人都具有自我肯定、争取荣誉的需要。对于一些工作表现比较突出、具有代表性的先进员工，给予必要的荣誉奖励，是很好的精神激励方法。荣誉激励成本低廉，但效果很好。当然我们在荣誉激励上存在着评奖过滥过多的不正确现象。如评优中的"轮庄法""抓阄法"等，都使荣誉的"含金量"大大降低，使典型的榜样示范作用大打折扣，这是必须要大力加以纠正的。另外，提升激励是对表现好、素质高的员工的一种肯定，应将其纳入"能上能下"的动态管理制度。

7. 情感激励

古人云："感人心者，莫先乎情。"情感是人们对于客观事物是否符合人的需要而产生的态度和体验，是人类所特有的心理机能。当客观事物符合人的需要，就会产生满意、欢乐等情感。反之，就会产生忧郁、沮丧等消极情感。管理激励工作必须注重"情感投资"，晓之以理，动之以情，鼓励人情、人爱、人性，要讲人情味，给人以亲切感、温暖感，用真挚的感情去感染人，满足人的感情需要。

8. 表率激励

表率激励主要是指管理者的品行给员工带来的激励效果。组织中的管理者是员工的表率，是员工行为的指示器。如果管理者清正廉洁、严于律己，就能直接鼓舞员工的士气；如果管理者具有较强的工作能力，能带给组织更高的效益和更好的发展，则对员工会产生更大的激励作用。榜样的力量是无穷的，在我国古代十分推崇领导的榜样作用。孔子指出："其身正，不令而行；其身不正，虽令不从。"管理者个人的举止行动其实就是下属模仿的对象，是无声的命令。"大禹治水三过家门而不入"的故事以及"身先士卒"的成语都说明了表率的重要意义。

课间案例5

没有吃完的牛排

素有"经营之神"之称的日本松下电器总裁松下幸之助有一次在一家餐厅招待客人，一行六个人都点了牛排。等六个人都吃完主餐，松下让助理去请烹调牛排的主厨过来，他还特别强调："不要找经理，找主厨。"助理注意到，松下的牛排只吃了一半，心想下面的场面可能会很尴尬。

主厨来时很紧张，因为他知道请自己的客人来头很大。"是不是牛排有什么问题？"主厨紧张地问。"烹调牛排，对你已不成问题。"松下说，"但是我只能吃一半。原因不在于厨艺，牛排真的很好吃，你是位非常出色的厨师，但我已80岁了，胃口大不如前。"主厨与其他的五位用餐者困惑得面面相觑，大家过了好一会儿才明白怎么一回事。"我想当面和你谈，是因为我担心，当你看到只吃了一半的牛排被送回厨房时，心里会难过。"客人在旁听见松下如此说，更佩服松下的人格并更喜欢与他做生意了。

阅读小故事

士为"赞赏"者死

美国著名女企业家玛丽·凯曾说过："世界上有两件东西比金钱和性更为人们所需要——认可与赞美。"公司清洁工，本来是一个最容易被人忽视、最不起眼的角色，但某公司的一个普通清洁工，却在一天晚上公司保险箱被窃时，与小偷进行了殊死搏斗。事后，有人为他请功并问他的动机时，答案却出人意料。他说，每次公司总经理从他身旁经过时，总会停下脚步，赞美他："你扫的地真干净。"就这么一句简简单单的话，就使这个员工受到了感动，为了公司的利益他愿以命相搏。这也正合了中国的一句老话"士为知己者死"。

本章习题

一、单项选择题

1. 激励过程的出发点是 （ ）
A. 紧张感 B. 目标
C. 未得到满足的需要 D. 不满意

2. 激励是否有效，关键在于 （ ）
A. 领导的艺术 B. 目标设置是否合理
C. 激励方式是否正确 D. 被激励者的配合

3. 在激励工作中，最为重要的是发现职工的 （ ）
A. 安全需要　　B. 生理需要　　C. 主导需要　　D. 自我实现需要

4. ERG 理论的代表人物是 （ ）
A. 马斯洛　　B. 奥德弗　　C. 麦格雷戈　　D. 麦克利兰

5. ERG 理论中的互相关系需要对应着马斯洛需要层次理论中的 （ ）
A. 生理需要　　B. 安全需要　　C. 社会需要　　D. 自尊需要

6. 成就需要理论的代表人物是 （ ）
A. 马斯洛　　B. 奥德弗　　C. 麦格雷戈　　D. 麦克利兰

7. 通过和参照对象进行比较以获得激励的理论是 （ ）
A. 马斯洛的需要层次理论 B. 麦克利兰的成就需要理论
C. 洛克的目标设置理论 D. 亚当斯的公平理论

8. 如果某人认为，和别人相比，自己报酬偏低，根据公平理论，他会
（ ）
A. 增加自己的投入 B. 减少自己的投入
C. 努力增加别人的报酬 D. 努力使他人投入减少

9. 目标设置理论的代表人物是 （ ）
A. 洛克　　B. 奥德弗　　C. 麦格雷戈　　D. 麦克利兰

10. 强化理论的代表人物是 （ ）
A. 马斯洛　　B. 奥德弗　　C. 麦格雷戈　　D. 斯金纳

二、多项选择题

1. ERG 理论中，奥德弗把人的需要分为　　　　　　　　　（　　　）
A. 生存　　　　B. 安全　　　　C. 相互关系
D. 尊重　　　　E. 成长

2. 成就需要理论中，麦克利兰认为，个体在工作环境中表现出的需要有
（　　　）
A. 权力需要　　B. 归属需要　　C. 成就需要
D. 生理需要　　E. 自尊需要

3. 斯金纳的强化理论认为，强化类型有　　　　　　　　　（　　　）
A. 正强化　　　B. 递增强化　　C. 自然消退
D. 负强化　　　E. 递减强化

三、判断正误题

（　　）**1.** 激励是通过影响人们的内在需要或动机，从而加强、引导和维持行为。

（　　）**2.** 激励的实质就是通过目标导向，使人们产生有利于组织目标的优势动机并按组织所需要的方向行动。

（　　）**3.** 激励的最终目的是只需要实现组织目标，不需要考虑员工个人目标。

（　　）**4.** 内容型激励理论主要研究以什么样的方式来满足员工的需要，促使员工产生组织所期望的行为。

（　　）**5.** 管理者实施激励，即是想方设法做好需要引导和目标引导，强化员工的动机，刺激员工的行为，从而实现组织目标。

（　　）**6.** 工作丰富化是激励的一种形式。

（　　）**7.** 组织中拥有越多的高权力需要者，组织就发展得越快；而且高成就需要者可以通过后天的教育获得。

（　　）**8.** 根据公平理论，当获得相同结果时，员工会感到他们是被公平对待的。

（　　）**9.** 当两人拿到同样报酬后，两人的反映不同，一个人相当满足，另一个人很不满足，这一现象可以运用需要层次理论进行有效解释。

（　　）**10.** 在建立激励制度时，应执行以奖为主、以罚为辅的原则。

四、名词解释题

1. 激励
2. 成就需要
3. 权力需要
4. 归属需要
5. 正强化
6. 负强化

五、简答题

1. 简述激励的作用。
2. 简述激励的原则。
3. 简述常见的激励方式。
4. 简述强化的类型及强化理论在管理中的应用。
5. 简述期望理论在管理中的应用。
6. 简述马斯洛需要层次理论在管理中的应用。
7. 简述公平理论在管理中的应用。
8. 简述目标设置理论在管理中的应用。

六、论述题

1. 论述沙因关于人类特性的四种假设。
2. 请结合实际谈谈如何运用综合激励模式提高激励水平。
3. 联系实际，根据你所学的管理理论，谈谈在企业管理中如何以人为本，充分调动职工的积极性，增强凝聚力。

第九章 沟 通

学习目标 本章主要介绍沟通的概念和过程、沟通的类型和方法、沟通的障碍与克服。通过学习，应掌握沟通的基本概念和重要性、沟通的过程、沟通的类型及方法，认知沟通的障碍及克服障碍的措施，能够有效运用沟通技巧，提升管理效能。

本章关键词 沟通 沟通渠道 正式沟通 非正式沟通 平行沟通 单向沟通 双向沟通 直接沟通 间接沟通 有效沟通

信息沟通是组织中的基本过程之一，组织管理过程就是组织成员进行信息沟通的过程。管理者所做的每件事情都包含着沟通，沟通是计划、组织、激励和控制等管理职能得以实施和完成的基本条件。著名的未来学家约翰·奈斯比特说过，"未来的竞争将是管理的竞争，竞争的焦点在于每个社会组织内部成员之间及其与外部组织的有效沟通上"。最好的想法、最有创意的建议、最优秀的计划，不通过沟通都无法实施。有效沟通不仅仅是信息在组织成员之间的沟通，更需要在一个相互信任、相互理解的组织环境中进行。

第一节 沟通概述

一、沟通的概念

对于"沟通"的定义，可以说是众说纷纭。托马斯·S.贝特曼认为，沟通就是"信息和意图通过公用的符号从一方传递到另一方的过程"；《韦氏大辞典》认为，沟通是"文字、文句或消息的交流，思想或意见的交换"；赫伯特·西蒙认为，沟通就是"可视为任何一种程序，借此程序，组织中的某一成员，将其所决定的意见或前提传送给其他成员"。也就是说，沟通是两人或多人之间进行的在事实、思想、意见和情感等方面的交流。

作为管理职能，沟通是指组织和管理者为了实现组织目标，履行管理职能中有计划地在组织成员中传递信息，并力求获得理解的过程。沟通是组织的生命线。没有沟通，就没有管理，没有沟通，管理只是一种设想和缺乏活力的机械行为。

沟通是管理的一项重要职能，重要性至少体现在三个方面：第一，沟通是计划、组织、激励和控制等管理职能得以实施和完成的基本条件，协调各个体、各要素，使组织成为一个整体的凝聚剂。例如，组织目标的确定和理解需要沟通，计划的下达与执行需要沟通，奖惩制度、薪酬福利制度需要沟通，目标实现的标准以及如何测量需要沟通。只有保持信息的传递畅通，并得以理解和反馈，才能更好地实现各管理职能。第二，沟通也是管理者的重要工作，是管理者激励下属、实现管理职能的基本途径。通过沟通，管理者把组织内部的成员联结起来实现组织的目标，没有沟通不可能进行群体或组织的活动；沟通的效率以及沟通的效果将对组织的整体绩效有重要影响。第三，沟通还为组织建立起了同外界联系的桥梁，任何组织只有通过与外界的沟通才有可能成为一个与外部环境发生相互作用的开放系统。

二、沟通的要素

沟通主要包括信息发送者、信息接受者、信息和沟通渠道四个要素。

（一）信息发送者

信息发送者就是信息的来源，是沟通的启动者。必须充分了解信息接受者的情况，选择合适的沟通渠道以利于信息接受者的理解。信息发送者在沟通中居于主动的地位，首先要确定沟通的目标，明确要传送的内容，考虑采用什么形式进行传送，然后把所要传送的思想、情报、情感等内容，通过转换变成对方所能理解的信息传送出去，经过一定的渠道让对方接受。因而信息发送者是首要的沟通者。

（二）信息接受者

信息接受者是指获得信息的人。接受者必须从事信息解码的工作，即将信息转化为他能了解的想法和感受。这一过程要受到信息接受者的经验、知识、才能、个人素质以及对信息输出者的期望等因素的影响。信息接受者要经过接收、译码、理解才能了解所收到信息的内涵和意义。

（三）信息

信息是指在沟通过程中信息发送者传给信息接受者的消息（包括口语和非口语）。同样的信息，发送者和接受者可能有着不同的理解，这可能是发送者和接受者的差异造成的，也可能是由于发送者传送了过多的不必要信息。

（四）沟通渠道

沟通渠道是信息得以传送的载体，是信息从沟通主体传达给沟通客体的途径。沟通渠道很多，如文件、报告、会议、打电话、写信、谈话、电视和互联网等。组织根据信息的重要性和复杂程度不同，选择不同的沟通渠道。有些重要和复杂的信息通常采取多种沟通渠道进行传递，如将绩效评估的结果告诉员工时，管理者会在面谈之后再提供一封总结信。选择什么样的沟通渠道，既与沟通的场合、沟通双方所处的环境等有关，也与沟通渠道的成本有关。选择适当的渠道对实施有效的信息沟通是极为重要的。

三、沟通的过程

沟通过程是指沟通主体（信息发送者）对沟通客体（信息接受者）进行有目的、有计划、有组织的思想、观念、信息交流，使沟通成为双向互动的过程。沟通的过程如下：信息发送者将需要发送的信息编译成接受者能够理解的一系列符号，通过特定的沟通渠道将上述符号传递给信息接受者，信息接受者根据信息发送者发送来的符号的传递方式，选择相应的接受方式，将这些符号编译为具有特定含义的信息，理解信息的内容，并通过反馈让信息发送者了解他想传递的信息是否被准确无误地接受。一般来说，由于沟通过程中存在着许多干扰和扭曲信息传递的因素（通常把这些因素称为障碍或者噪声），这使得沟通的效率大为降低。因此，信息发送者了解信息被理解的程度也是十分必要的。沟通过程中的反馈，构成了信息的双向沟通。信息沟通过程如图 9-1 所示。

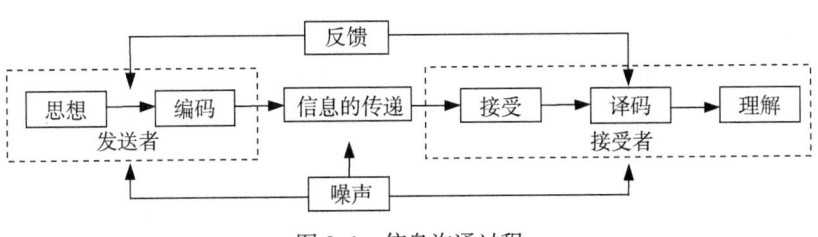

图 9-1　信息沟通过程

> **课间案例 1**
>
> **通天塔**
>
> 《圣经·旧约》上说,人类的祖先最初讲的是同一种语言。他们在底格里斯河和幼发拉底河之间发现了一块异常肥沃的土地,于是就在那里定居下来,修起城池,建造起了繁华的巴比伦城。后来,他们的日子越过越好,人们为自己的业绩感到骄傲,他们决定在巴比伦修一座通天的高塔,来传颂自己的赫赫威名,并作为集合全天下弟兄的标记,以免分散。因为大家语言相通,同心协力,阶梯式的通天塔修建得非常顺利,很快就高耸入云。上帝耶和华得知此事,立即从天国下凡视察。上帝一看,又惊又怒,因为上帝是不允许凡人达到自己的高度的。他看到人们这样统一强大,心想,人们讲同样的语言,就能建起这样的巨塔,日后还有什么办不成的事情呢?于是,上帝决定让人世间的语言发生混乱,使人们互相言语不通。
>
> 人们各自操起不同的语言,感情无法沟通,思想很难统一,就难免出现互相猜疑,各执己见,争吵斗殴。这就是人类之间误解的开始。修造工程因语言纷争而停止,人类的力量消失了,通天塔最终半途而废。

第二节 沟通的类型与方法

沟通的目的主要是传递和获得信息以及改善人际关系,实现组织目标。沟通有很多种类型,沟通效果不仅取决于沟通内容,也取决于沟通方法的选择。

一、沟通的类型

在管理系统中进行沟通,根据不同的标准进行划分,有以下几种不同的类型:

(一)按沟通渠道不同,沟通分为正式沟通和非正式沟通

信息在组织中可能通过组织规定的正式渠道流动,也可能通过非正式的渠道流动。

1. 正式沟通

所谓正式沟通是指按照组织设计中事先规定好的结构系统和信息流动的路径、方向、媒体等进行的信息沟通,如公函、会议、情报调查研究等。正式沟

通的优点在于正规、严肃、有权威性,参与沟通的人员普遍具有较强的责任心和义务感,从而易保持所沟通信息的准确性及保密性。缺点在于正式沟通过于刻板,缺乏灵活性,信息传播范围受限制,传播速度比较慢。

2. 非正式沟通

非正式沟通是指正式组织途径以外的信息沟通方式,如私下交换意见、传播信息、谈话、聊天等。非正式沟通能够发挥作用的基础是组织中良好的人际关系。与正式沟通相比,非正式沟通的特点是:非正式沟通信息交流速度较快;非正式沟通的信息比较准确;非正式沟通效率较高;非正式沟通可以满足职工的感情需求;非正式沟通有一定的片面性,可能会出现某些信息被夸大、曲解的问题。

非正式沟通一般有四种方式:单线式沟通是通过一长串的人把信息传递给最终的接受者;流言式沟通是人积极主动地寻找和告诉任何人;偶然式沟通是一个不规则的过程,信息的某发送者在这个过程中随机地把信息传递给别人,然后这些接受者又按同一方式告诉别人;集束式沟通是某发送者把信息告诉经过选择的人,此人又依次把信息转告其他经过选择的人。非正式沟通的特点在于沟通方式比较灵活方便,但也伴随着随意性强、信息扭曲和失真可能性大等缺点。

非正式沟通的优点主要是沟通形式不拘,直接明了,速度很快,容易及时了解到正式沟通难以提供的"内幕新闻"。其缺点表现在:非正式沟通难于控制,传递的信息不确切,容易失真,而且它可能导致小集团、小圈子的形成,影响组织的凝聚力和人心稳定。非正式沟通是客观存在的,并且在组织里扮演着重要的角色。因此,管理人员必须认识到它是一种重要的沟通方式,否认和消灭都是不可取的;可以充分利用非正式沟通为自己服务;非正式沟通中的错误信息必须通过非正式渠道进行更正。

课间案例 2

小道消息

曼德力公司最近在员工中流传一系列消息:公司总经理彼得想出卖自己的股票,但又想保住自己总经理的职务。彼得为公司制定了两个战略方案:一个是把公司的附属单位卖掉;另一个是利用现有的基础,向其他领域拓展业务。他本人对这两个方案的利弊进行了认真的分析,并委托副总经理焦恩起草方案供董事会决策用。焦恩完成了方案的起草工作,叫秘书安德鲁打印。安德鲁拿着打印稿在办公室走廊遇见另一位副总经理尼特,并把这一秘密告诉了他。

安德鲁悄悄地对他说:"我刚刚得到一个最新消息,彼得和焦恩准备成立另外一个公司。他们虽没有说会裁减职工,但是,我们应该联合起来,要有所准备啊!"这话又被办公室职员罗伯特听到了,罗伯特立即把这消息告诉办公室主任那拉提。那拉提听说此事大为震惊,立刻汇报给人力资源部的副总经理理查,接下来职员马丁也加入了他们的联合阵线,并认为公司应保证兑现其不裁员的诺言。第二天,安德鲁正在打印两份文件,文件又被路过办公室探听消息的摩罗看见了。摩罗随即跑到办公室说:"我真不敢相信公司会做出这样的事来。我们要被公司卖给别人了,现在公司要大量削减职工呢!名单都已经打印出来了。"

这消息传来传去,三天后又传回到总经理彼得的耳朵里。彼得也接到了许多极不友好,甚至敌意的电话和信件。人们纷纷指责他企图违背诺言,大批解雇员工。当然也有部分人认为和别的公司合并是一件好事情。此时的彼得不知道公司究竟发生了什么事情,百思不得其解。

(二)按信息流向不同,沟通分为上行沟通、下行沟通和平行沟通

组织中的信息流向可能是自下而上,也有可能是自上而下或者是在同一层级流动。

1. 上行沟通

上行沟通即自下而上的沟通,是指在组织职权层级链中,信息由下而上流动,如下级向上级提出自己的意见或建议等。它通常存在于参与式或民主式管理的组织环境之中。

自下而上的沟通一般有两种形式:一是上级对下级征求意见,包括调查,召开座谈会、汇报会,设置意见箱,建立来信来访的接待制度,设立接待日制度,同下级进行不拘形式的交谈等;二是下级主动向上级反映情况,提出意见或建议。下级对上级主动汇报和反映情况,是下级对上级沟通的重要组成部分,各种报表就是典型的汇报工具。

2. 下行沟通

下行沟通即自上而下的沟通,是指信息从上级逐层地向下级传递的沟通,这是组织下达指令、发布指示、表达愿望的通道。其通常的表现形态是,在组织职权层级链中,信息由高层成员向低层成员流动,如上级向下级发布各种指令、指示、命令、指导文件和规定等。这种自上而下的沟通在实行专制式领导

的组织中尤为突出。

因此,组织内部下行沟通主要包括以下几个方面:(1)对分配给员工的任务及其工作方法给予明确、详细的工作描绘和指导;(2)从组织的整体出发,向员工说明如何和为什么要使其工作与组织总目标相一致;(3)向员工介绍有关组织过去、现在、将来的各方面情况,同时说明组织的有关规章制度和工作程序;(4)对员工的绩效的评估应着眼于完成工作的好坏,排除性别、年龄、资历、社会背景(即势力)等其他因素的干扰;(5)组织理念要着重于培养员工为组织目标的实现而努力的意愿。

3. 平行沟通

平行沟通,又称横向沟通,是指组织内同层级的沟通,包括员工间的沟通、同层次管理者间的沟通、部门间的沟通。平行沟通具有很多优点:它可以使办事程序、手续简化,节省时间,提高工作效率;它可以使企业各个部门之间相互了解,有助于培养整体观念和合作精神,克服本位主义倾向;它可以增加员工之间的互谅互让,培养员工之间的友谊,满足员工的社会需要,使员工提高工作兴趣,改善工作态度。平行沟通的缺点表现在,平行沟通头绪过多,信息量大,易于造成混乱。此外,平行沟通尤其是员工之间的沟通也可能成为员工发牢骚、传播小道消息的一条途径,造成团体士气涣散的消极影响。

(三)按是否进行信息反馈,沟通分为单向沟通和双向沟通

沟通的过程中有的有信息反馈的通道,有的不具有信息反馈的通道。

1. 单向沟通

单向沟通是指不具有反馈渠道的信息沟通。它比较适用于以下情况:问题简单但时间比较紧,下属易于接受方案时,下属没有了解问题的足够信息时,上级缺乏处理负反馈的能力。单向沟通信息传递速度快、安静、压力小,但是不易被理解,计划要求高。

2. 双向沟通

双向沟通是指具有反馈渠道的信息沟通。它比较适用于以下情况:时间充裕,但问题棘手;下属对方案的接受程度至关重要;下属能提供有价值的信息和建议;上级能建设性地处理负反馈。双向沟通信息传递速度慢、吵闹、容易理解,但缺点在于沟通中随时会受到对方的挑剔或批评,因而心理压力大,同时对应变能力的要求较高。表9-1为单向沟通与双向沟通的比较。

表9-1 单向沟通与双向沟通的比较

因素	结果
时间	单向沟通比双向沟通需要更少的时间
信息和理解的准确程度	在双向沟通中，接受者理解信息和发送者意图的准确程度大大提高
接受者和发送者的置信程度	在双向沟通中，接受者和发送者都比较相信自己对信息的理解
满意	接受者比较满意双向沟通，发送者比较满意单向沟通
障碍	由于与问题无关的信息较易进入沟通渠道，双向沟通的障碍比单向沟通要大得多

（四）按沟通网络不同，沟通分为链式沟通、轮式沟通、Y式沟通、环式沟通和全通道式沟通

在沟通中，信息的流动总是要经过某些人和机构进行传递，这就形成了一个由各种通道构成的网络，因此包括以下五种类型的沟通：

1. 链式沟通

链式沟通属于控制型结构，它严格按照直线职权关系和指挥链系统逐级传递信息，信息容易失真，参与成员的联系面窄，平均满意度低。

2. 轮式沟通

在轮式沟通中，主管人员分别对下级进行沟通联系，而下级之间无沟通。轮式沟通集中化程度高，解决问题速度较快，是加强组织控制、争时间、抢速度的一个有效方法。

3. Y式沟通

这是一种只有纵向沟通的模式，是一个有多个层次的组织结构。它比较适用于主管人员的工作任务十分繁重，需要有人选择信息，提供决策依据，同时又要对组织进行有效控制。

4. 环式沟通

组织成员只能与相邻的成员进行沟通，即沟通只能发生在同一部门成员之间或直接上下级之间。环式沟通集中化程度低，组织成员具有比较一致的满意度。如果组织需要创造出一种高昂的士气来实现组织目标，它是一种行之有效的措施。

5. 全通道式沟通

每个成员都可以自由地与其他成员沟通，因此沟通速度较快，成员合作气氛浓厚，士气高昂，但是达成一致意见的效率较低。它一般适用于解决复杂问

题，增强组织合作精神，提高士气。

以上五种沟通网络的比较如表 9-2 所示。

表 9-2　五种沟通网络的比较

比较项目	链式	轮式	Y 式	环式	全通道式
命令明确性	中等	高	高	低	低
成员满意度	中等	低	低	中等	高
复杂任务	中等	低	低	中等	高
简单任务	中等	高	高	中等	中等

二、沟通的方法

沟通方法可以分为书面沟通、口头沟通、非语言文字沟通以及电子媒介沟通。

（一）口头沟通

口头沟通是以口语为媒介的信息传递，如演讲、面对面交谈、报告、讲座、研讨会等。传递消息最主要的方式是进行口头沟通。口头沟通缩短了沟通的距离，其优点是信息传递速度快、简单灵活，信息接收者能够直接得到反馈。口头沟通最大的缺点是当消息传递需要经过一大群人的时候，信息往往容易失真。消息经过的人越多，歪曲原意的可能性就越大。

（二）书面沟通

书面沟通是指借助文字进行的信息传递与交流，主要包括文件、报告、信件、书面合同等。其优点是以书面方式进行沟通，比较规范、严肃，有可查性，有利于长期保存，同时信息传递准确性较高，传递的范围比较广泛。缺点是沟通效果受文化修养的影响较大，对情况变化的适应性较差。

（三）非语言文字沟通

非语言沟通是指借助于非正式语言符号的形式所进行的信息传递，如交通路口的红绿灯信号、警察的手势等。非语言沟通中，最常用的是体态语言和副语言。体态语言包括手势、面部表情和其他身体动作。副语言又称"类语言"，主要包括音速、语顿和重音、笑声、叹息声等（表 9-3）。

表 9-3 常见的非语言信息及其含义

非语言信息	典型含义
目光接触	友好、真诚、自信、果断
不做目光接触	冷淡、紧张、害怕、说谎、缺乏安全感
挠头	迷惑不解
咬嘴唇	紧张、害怕、焦虑
跺脚	紧张、不耐烦、自负
双臂交叉在胸前	生气、不同意、防卫、进攻
抬一下眉毛	怀疑、吃惊
眯眼睛	不同意、反感、生气
鼻孔张大	生气、受挫
手发抖	紧张、焦虑、恐惧
身体前倾	感兴趣、注意
懒散地坐在椅子上	厌倦、放松
摇椅子	厌倦、自以为是、紧张
驼背坐着	缺乏安全感、消极

（四）电子媒介沟通

电子媒介沟通是指由计算机技术和电子通信技术组合而产生的以信息技术交流为基础的沟通，如电报传真、闭路电视、可视电话、计算机网络、电子邮件等有效地传递、保存、处理信息。信息时代，我们依赖于各种各样的电子传输媒介来传递发送信息。表 9-4 为不同沟通方法的比较。

表 9-4 不同沟通方法的比较

沟通方式	举例	优点	缺点
口头沟通	交谈、讲座、讨论会、电话、演说等	快速传递、快速反馈、信息量很大	传递中经过层次越多信息失真越严重、核实越困难
书面沟通	报告、备忘录、信件、内部期刊、布告等	持久、有形、可以核实	效率低、缺乏反馈
非语言文字沟通	声信号、光信号、体态、语调、动作、表情等	信息意义十分明确，内涵丰富，含义隐含灵活	传递距离有限、界限模糊、只能意会不能言传
电子媒介沟通	传真、闭路电视、计算机网络、电子邮件等	快速传递、信息容量大、一份信息可同时传递给多人、廉价	单向传递、电子邮件可以交流但看不见表情

> **课间案例 3**
>
> **耕柱与墨子的沟通**
>
> 春秋战国时期,耕柱是一代宗师墨子的得意门生,不过,他老是挨墨子的责骂。有一次,墨子又责备了耕柱,耕柱觉得自己非常委屈,因为在众多门生之中,大家都公认耕柱是最优秀的,但又偏偏常遭到墨子指责,让他没面子。耕柱决定和老师好好沟通一下,一天,耕柱问墨子:"老师,难道在这么多学生当中,我竟是如此的差劲,以致要时常遭您老人家责骂吗?"墨子听后,毫不动肝火:"假设我现在要上太行山,依你看,我应该要用良马来拉车,还是用老牛来拖车?"耕柱回答说:"再笨的人也知道要用良马来拉车。"墨子又问:"那么,为什么不用老牛呢?"耕柱回答说:"理由非常的简单,因为良马足以担负重任,值得驱遣。"墨子说:"你答得一点也没有错,我之所以时常责骂你,也只因为你能够担负重任,值得我一再地教导与匡正你。"听完后,耕柱明白了老师的良苦用心。

第三节　沟通的障碍与克服

所谓沟通障碍,是指信息在传递和交换过程中,由于信息意图受到干扰或误解,而导致沟通失真的现象。在人们沟通信息的过程中,常常会受到各种因素的影响和干扰,使沟通受到阻碍。

一、沟通的障碍

组织中的沟通障碍主要来自三个方面:信息发送者的障碍、信息接受者的障碍和沟通渠道的障碍。

1. 信息发送者的障碍

在沟通过程中,信息发送者的情绪、倾向、个人感受、表达能力、判断力等都会影响信息的完整传递。障碍主要表现在表达能力不佳,信息传送不全,信息传递不及时或不适时,知识经验的局限,对信息的过滤等。

2. 信息接受者的障碍

从信息接受者的角度看,影响信息沟通的因素主要有五个方面:信息译码不准确,对信息的筛选不准确,对信息的承受力不够,心理上的障碍和过早地评价情绪。

3. 信息沟通渠道的障碍

信息沟通渠道的问题也会影响到沟通的效果。沟通渠道障碍主要有以下几个方面：（1）选择沟通媒介不当。比如对于重要事情而言，口头传达效果较差，因为接受者会认为"口说无凭""随便说说"而不加重视。（2）几种媒介相互冲突。当信息用几种形式传送时，如果相互之间不协调，会使接受者难以理解传递的信息内容。如领导表扬下属时面部表情很严肃甚至皱着眉头，就会让下属感到迷惑。（3）沟通渠道过长。组织机构庞大，内部层次多，从最高层传递信息到最低层，从低层汇总情况到最高层，中间环节太多，容易使信息损失较大。（4）外部干扰。信息沟通过程中经常会受到自然界各种物理噪声、机器故障的影响或被另外事物干扰所打扰，也会因双方距离太远而沟通不便，影响沟通效果。

除以上因素外，沟通双方文化差异、沟通双方心理差异、社会因素方面的差异以及组织结构因素等也会影响沟通的效果。

> **课间案例 4**
>
> **巴顿将军的故事**
>
> 巴顿将军为了显示他对部下生活的关心，搞了一次参观士兵食堂的突然袭击。在食堂里，他看见两个士兵站在一个大汤锅前。"让我尝尝这汤！"巴顿将军向士兵命令道。"可是，将军……"士兵正准备解释。"没什么'可是'，给我勺子！"巴顿将军拿过勺子喝了一大口，怒斥道："太不像话了，怎么能给士兵喝这个？这简直就是刷锅水！""我正想告诉您这是刷锅水，没想到您已经尝出来了。"士兵答道。

二、沟通障碍的克服

一次有效的沟通包括许多要素和步骤，在每一个要素或者步骤中都可能存在沟通障碍。管理者如何克服沟通障碍，成为有效沟通者所必须解决的问题。消除组织内部沟通障碍，实现有效沟通的方法有以下几种：

（一）充分认识沟通的重要性

组织管理者必须真正地认识到与员工进行沟通对实现组织目标十分重要，要领导组织建设良好的沟通文化，营造健康的沟通环境。如果领导者通过自己的言行认可了沟通，这种观念会逐渐渗透到组织的各个环节中去。同时，沟通要有认真的准备和明确的目的性,沟通者自己首先要对沟通的内容有正确、清晰的理解。沟通不仅是下达命令、宣布政策或规定,还是为了统一思想的协调行动,所以沟通之前应对问题的背景、解决问题的方案、决策的理由和组织成员的要求等做到心中有数。

(二)提高沟通的心理水平

要克服沟通的障碍必须注意以下心理因素的作用:第一,在沟通过程中要认真感知,集中注意力,以便信息准确而又及时地传递和接受,避免信息错传和接受时减少信息的损失。第二,增强记忆的准确性是消除沟通障碍的有效心理措施,记忆准确性水平高的人,传递信息准确,接受信息也准确。第三,提高思维能力和水平是提高沟通效果的重要心理因素。高的思维能力和水平对于正确地传递、接受和理解信息起着重要的作用。第四,培养稳定的情绪和良好的心理气氛,创造一个相互信任、有利于沟通的小环境,有助于人们真实地传递信息和正确地判断信息,避免因偏激而歪曲信息。

(三)选择良好的沟通方式

美国曾对"选择良好的沟通方式"进行调查,45%的经理认为直接听口头汇报最好,27%喜欢下去检查,15%喜欢定期会议,13%喜欢下级写汇报。这说明倾向于面对面的直接沟通、口头沟通者居多。一个组织的领导者每天应到车间、科室转转,主动询问有无问题,多与当事者沟通。

组织沟通提倡直接沟通、口头沟通。使用书面沟通时,语言文字运用是否恰当,将直接影响沟通的效果。使用语言文字时,要简洁、明确,叙事说理要言之有据,条理清楚,富有逻辑性,措辞得当,通俗易懂;不要滥用词藻,不要讲空话、套话。非专业性沟通时,少用专业性术语。还可以借助手势语言和表情动作,以增强沟通的生动性和形象性,使对方容易接受。

(四)沟通双方学会有效倾听

有效的倾听能增加信息交流双方的信任感,是克服沟通障碍的重要条件。要提高沟通效率,必须诚心诚意地去倾听对方的意见,这样对方才能把真实想法说出来。要提高倾听的技能,可以从以下几方面去努力:一是专注于沟通者,使用目光接触;二是展现赞许性的点头和恰当的面部表情;三是避免分心的举动或手势;四是要提出意见,以显示自己充分聆听;五是复述,用自己的话重述对方所说的内容或重点,澄清疑问;六是要有耐心,不要随意插话;七是不要妄加批评和争论;八是反复和说者验证对信息的理解;九是转换听者与说者的角色。

（五）缩短信息传递链，拓宽沟通渠道

信息传递链过长，会减慢流通速度并造成信息失真。因此，一方面要减少组织机构重叠，拓宽信息渠道；另一方面，管理者应引导员工自下而上地沟通。此外，在利用正式沟通渠道的同时，可以开辟非正式的沟通渠道，让领导者走出办公室，亲自和员工们交流信息。坦诚、开放、面对面的沟通会使员工觉得领导者理解自己的需要和关注，取得事半功倍的效果。

（六）重视双向沟通，加强信息反馈

在沟通过程中，最后一个步骤是信息反馈。在沟通过程中，没有反馈的信息，沟通就不完善，因为信息过去了却没有回来，是一种单向的行为。所以说，没有反馈就不能称为完整的沟通。反馈，就是给对方一个建议，目的是帮助对方把工作做得更好。

（七）提倡平行沟通，提高沟通效率

所谓平行沟通指车间与车间、科室与科室、科室与车间等在组织系统中同一个层次之间的相互沟通。平行沟通可以使办事程序、手续简化，节省时间，提高工作效率，可以使组织各个部门之间相互了解，有助于培养整体观念和合作精神。领导的重要职能是协调，这里的协调主要是目标的协调、计划的协调，日常活动的协调应尽量鼓励在平级之间进行，从而提高沟通效率。

> **课间案例 5**
>
> **沟通的障碍**
>
> 有一个秀才去买柴，他对卖柴的人说："荷薪者过来！"
>
> 卖柴的人听不懂"荷薪者"（担柴的人）三个字，但是听得懂"过来"两个字，于是把柴担到秀才面前。
>
> 秀才问他："其价如何？"
>
> 卖柴的人听不太懂这句话，但是听得懂"价"这个字，于是就告诉秀才价格。
>
> 秀才接着说："外实而内濡，烟多而焰少，请损之。"（你的木材外表是干的，里面却是湿的，燃烧起来，会浓烟多而火焰小，请减些价格吧。）
>
> 卖柴的人因为听不懂秀才的话，担着柴就走了。

阅读小故事

林克莱特的采访

美国知名主持人林克莱特有一天访问一名小朋友,问他说:"你长大后想要当什么呀?"小朋友天真地回答:"嗯……我要当飞机的驾驶员!"林克莱特接着问:"如果有一天,你的飞机飞到太平洋上空时所有引擎都熄火了,你会怎么办?"小朋友想了想:"我会先告诉坐在飞机上的人绑好安全带,然后我挂上我的降落伞跳出去。"当在场的观众笑得东倒西歪时,林克莱特继续注视着这孩子,想看他是不是自作聪明的家伙。没想到,接着孩子的两行热泪夺眶而出,这才使得林克莱特发觉这孩子的悲悯之心远非笔墨所能形容。于是,林克莱特问他说:"你为什么要这么做呢?"小孩的答案透露了这个孩子真挚的想法:"我要去拿燃料,我还要回来的!!!"

本章习题

一、单项选择题

1. 沟通是指可理解的（　　）或思想在两个人或两人以上的人之中传递或交换的过程。（　　）

A. 要求　　　　B. 信息　　　　C. 意见　　　　D. 文字

2. 行为过程中对沟通具有最大影响的是（　　）

A. 领导方式　　B. 知识　　　　C. 动机　　　　D. 态度

3. 下述关于信息沟通的认识中，错误的是（　　）

A. 信息传递过程中经历的层次越多，信息的失真度就越大

B. 信息量越多，越有利于进行有效的沟通

C. 善于聆能够有效地改善沟通效果

D. 信息的发送者和接收者在地位上的差异也是一种沟通障碍

4. 如果一个组织中小道消息很多，而正式沟通的信息较少，这意味着该组织（　　）

A. 非正式沟通渠道中信息传递顺畅，运作良好

B. 有相当多的人好搬弄是非，传播小道消息

C. 充分发挥了非正式沟通通道的作用，促进了信息交流

D. 正式沟通通道中信息传递存在问题，需要调整

5. 不同管理层次之间的联系，我们称之为（　　）

A. 横向联系　　B. 纵向联系　　C. 非正式联系　　D. 斜向联系

6. 沟通过程中存在许多干扰和扭曲信息传递的因素，这些因素称为（　　）

A. 译解　　　　B. 反馈　　　　C. 障碍　　　　D. 译码

二、多项选择题

1. 沟通的要素包括（　　）

A. 信息发送者　　B. 信息接受者　　C. 信息

D. 沟通渠道　　　E. 动机

2. 按照沟通的渠道不同，沟通可分为（　　）

A. 正式沟通　　　B. 单向沟通　　　C. 双向沟通

D. 非正式沟通　　E. 平行沟通

3. 非正式沟通方式主要有　　　　　　　　　　　　　　（　　）
　　A. 单线式　　　　B. 流言式　　　　C. 偶然式
　　D. 集束式　　　　E. 团队式

4. 按照信息流向，沟通可以分为　　　　　　　　　　　（　　）
　　A. 单向沟通　　　B. 双向沟通　　　C. 上行沟通　　　（　　）
　　D. 下行沟通　　　E. 平行沟通

5. 按照是否进行反馈，沟通可以分为　　　　　　　　　（　　）
　　A. 单向沟通　　　B. 双向沟通　　　C. 电子媒介沟通
　　D. 体语沟通　　　E. 书面沟通

6. 比较适合双向沟通的情况有　　　　　　　　　　　　（　　）
　　A. 时间较充裕，且问题较棘手
　　B. 下属对解决问题的接受程度至关重要
　　C. 上级缺乏处理负反馈的能力，容易感情用事
　　D. 下属对解决问题可提供有价值的建议
　　E. 问题较简单，且时间较紧

7. 比较适合单向沟通的情况有　　　　　　　　　　　　（　　）
　　A. 问题较简单，但时间较紧
　　B. 下属对解决问题的接受程度至关重要
　　C. 上级缺乏处理负反馈的能力，容易感情用事
　　D. 下属对解决问题可提供有价值的建议
　　E. 时间较充裕，但问题较棘手

8. 按照信息沟通的网络不同，沟通可分为　　　　　　　（　　）
　　A. 链式沟通　　　B. 轮式沟通　　　C. Y 式沟通
　　D. 环式沟通　　　E. 全通道式沟通

9. 按照方法划分，沟通可分为　　　　　　　　　　　　（　　）
　　A. 口头沟通　　　B. 书面沟通　　　C. 电子媒介沟通
　　D. 非语言沟通　　E. 正式沟通

三、判断正误题

（　　）**1.** 沟通为组织建立起了同外界联系的桥梁，任何组织只有通过与外界的沟通才有可能成为一个与外部环境发生相互作用的开放系统。

(　　) 2. 沟通是计划、组织、激励和控制等管理职能得以实施和完成的基本条件，协调各个体、各要素，使组织成为一个整体的凝聚剂。

(　　) 3. 沟通是指人们在互动过程中通过某种途径或方式将一定的信息从发送者传递给接受者的过程。

(　　) 4. 选择什么样的沟通渠道，既与沟通的场合、沟通双方所处的环境等有关，也与沟通渠道的成本有关。

(　　) 5. 正式沟通的缺点在于正式沟通过于刻板，缺乏灵活性，信息传播范围受限制，传播速度比较慢。

(　　) 6. 非正式沟通能够发挥作用的基础是正式沟通出现了问题。

(　　) 7. 非正式沟通具有很大的消极作用，因此在管理实践中不提倡非正式沟通。

(　　) 8. 平行沟通可以使企业各个部门之间相互了解，有助于培养整体观念和合作精神，克服本位主义倾向。

(　　) 9. 正确利用非正式组织的沟通渠道，有时可以起到比正式组织沟通更好的效果。

(　　) 10. 沟通障碍仅仅发生在信息沟通的传递过程中。

四、名词解释题

1. 沟通
2. 沟通渠道
3. 平行沟通
4. 正式沟通
5. 双向沟通
6. 全通道式沟通
7. 沟通障碍
8. 有效沟通

五、简答题

1. 简述非正式沟通的优缺点。
2. 简述组织中单向沟通和双向沟通分别适用于什么情况。
3. 简述组织如何克服沟通障碍？
4. 什么情况下适合使用双向沟通？
5. 什么情况下适合使用单向沟通？

六、论述题

1. 非正式沟通有什么特点?管理者应如何对待组织中的非正式沟通?

2. 结合你所在单位管理的实际情况,联系你所学的管理理论,谈谈为实现良好的沟通应该注意哪些方面。

第十章 控 制

学习目标 本章主要介绍控制的概念、特点和作用,控制的原则,控制的类型和控制的过程。通过学习,应掌握控制的概念、特点及作用,掌握控制的原则、方法及实施过程,在管理中能够进行全面控制,减少组织运作的损失。

本章关键词 控制 集中控制 分散控制 分级控制 前馈控制 现场控制 反馈控制 控制关键点原理 控制例外性原理 直接控制 间接控制 预算控制 库存控制

控制是管理的一项重要职能,贯穿于管理的全过程。控制是指组织在动态环境中,通过检查、监督、纠偏等过程,使组织实际运行与计划一致,促使组织目标实现的过程。控制方法因控制的类型、模式、目的、内容等因素的不同而不同,这些控制方法相互联系,相互作用,构成了整套控制方法体系。

第一节 控制概述

一、控制的概念

"控制"一词最初来源于希腊语"掌舵术",意指领航者通过发号施令将偏离航线的船只拉回到正常的轨道上来。从广义的角度来理解,控制工作实际上应包括纠正偏差和修改标准这两方面内容。这是因为积极、有效的控制工作,不能仅限于针对计划执行中的问题采取"纠偏"措施,它还应该能促使管理者在适当的时候对原定的控制标准和目标做适当的修改,以便把不符合客观需要的活动拉回到正确的轨道上来。

从管理角度看,控制职能是指为组织在动态环境中按照计划标准衡量计划的执行情况和纠正执行中的偏差以确保计划目标实现的过程。控制的这一定义主要包括如下三点内容：控制有很强的目的性，即控制是为了保证组织中的各项活动按计划进行；控制是通过"监督"和"纠偏"来实现的；控制是一个过程。

控制主要包括以下五个方面的内容：（1）对人员的控制：管理者是通过他人来实现其目标的，包括巡视和评估；（2）对财务的控制：企业的首要目标是获得利润，包括审核、预算；（3）对作业的控制：主要指对作业过程的控制，一个组织的成功，很大程度上取决于它在生产产品或提供服务方面的效率和效果；（4）对信息的控制：建立管理信息系统，管理者需要信息来完成他们的工作；（5）对组织绩效的控制：科学评价和衡量组织绩效，许多研究部门为衡量一个机构的整体绩效或效果做着不懈的努力。

二、控制的目标

控制作为一项管理的重要职能，其主要的目标可以概括为以下两点：

（一）限制偏差的累积

一般来说，组织在工作中出现偏差是不可避免的。但小的偏差失误在较长时间里会积累放大并最终对计划的正常实施造成威胁，甚至给组织酿成灾难性的后果。因此管理控制应当能够及时地获取偏差信息，防微杜渐，及早地发现潜存的错误和问题并进行处理，就有助于确保组织按预定的计划运行下去。

（二）适应环境的变化

组织计划和目标在实施过程中，组织内外部环境可能会发生变化，这些变化的内外环境不仅会妨碍计划的实施进程，甚至可能影响计划本身的科学性和现实性。因此，任何组织都需要构建有效的控制系统，帮助管理人员预测和把握内外环境的变化，并对这些变化带来的机会和威胁作出正确、有力的反应。

三、控制的原因

控制作为管理职能的最后一环，使管理成为一个持续的过程。有效的控制系统可以保证管理者向员工授权后提供信息反馈，减少潜在的问题。任何组织、任何活动都需要进行控制，管理控制的必要性是由以下几个原因决定：

（一）环境的变化

管理环境的复杂多变，必然会影响到组织管理活动，导致管理系统运行偏离原有的方向。为了适应这种变化，从而确保组织能实现既定的目标和计划，必须加强控制，促使管理活动随着环境的改变而不断变化。

（二）管理权力的分散

组织分权管理导致管理权力分散到各级管理人员手中，为了保证这些分散的权力得到正确的使用，管理者必须采用相应的控制活动，以促进组织目标的实现。

（三）工作能力的差异

组织中每个人工作能力的差异导致计划可能不能按照既定方案执行或者预计目标不能实现。为了保证既定目标的实现，管理者必须采用控制活动对不同工作能力下属的工作进行相应的监督和调整。

四、控制的特点

管理控制的特点，主要表现在以下几个方面：

（一）目的性

管理控制无论是着眼于纠正执行中的偏差还是适应环境的变化，都是紧紧地围绕组织的目标进行的。同其他管理工作一样，控制工作也具有明确的目的性特点。同时控制也必须是客观的、符合实际的。

（二）整体性

组织全体成员共同参与控制，控制组织管理的各个方面。管理控制的整体性特点体现在两个方面：首先，控制的主体是组织全体成员；其次，控制的对象覆盖组织活动的各个方面，包括人、财、物、时间、信息等资源。

（三）动态性

任何组织都处于不断变化的环境中，其外部环境和内部条件随时都在发生着变化，从而决定了控制标准和方法不可能固定不变，控制的标准和方法应与环境的变化相适应。组织应制定弹性的计划和弹性的衡量标准。

五、控制的原理

（一）反映计划要求原理

控制是组织实现计划的保证，控制的目的是实现计划，计划越是明确、全面、完整，所设计的控制系统越是能反映这样的计划，则控制工作也就越有效。确定什么标准，控制哪些关键点和重要参数，收集什么信息，采用何种方法评定成效以及由谁来控制和采取纠正措施等，都必须按不同计划的特殊要求和具体情况来设计。

（二）组织适应性原理

组织适应性原理是指组织控制系统和控制方法应当与组织的特点相适应。控制工作越多地考虑到组织运行和组织结构的特点，就越能充分地发挥作用。控制应当能够反映一个组织的结构状况并通过健全的组织结构予以保证，否则，控制就只是空谈。组织结构越明确、全面和完整，控制工作就会越高效。

（三）控制关键点原理

控制关键点原理是指组织为了进行有效控制，需要特别注意在根据各种计划来衡量工作成效时具有关键意义的那些因素。按照"次要的多数、关键的少数"原理，管理者不能也没有必要事无巨细地对组织活动的方方面面都进行控制，而是要针对重要的、关键的"少数"实施重点控制。对一个管理人员来说，应当也只能够将注意力集中于计划执行中的一些主要影响因素上。事实上，控制住了关键点，也就控制住了全局。有效的控制方法是指那些能够以最低的费用或其他代价来探查和阐明实际偏离或可能偏离计划的偏差及其原因的措施。

（四）控制例外性原理

控制例外性原理是指管理者将控制工作的重点放在计划实施中出现的特别好或特别坏的"例外"情况上，可以使他们把有限的精力集中于真正需要引起注意和重视的问题方面。在控制过程中，管理者应该只注意一些重要的例外偏差，也就是说，把主要注意力集中在那些超出一般情况的特别好或特别坏的情况，这样控制工作就会更有效。事实上，控制例外性原理必须与控制关键点原理相结合，即要多注意关键点的例外情况。

（五）控制趋势原理

控制趋势原理是指对控制全局的管理者来说，重要的是现状所预示的趋势,而不是现状本身。一般来说,趋势是多种复杂因素综合作用的结果,是在一段较长的时期内逐渐形成的,并对管理工作成效起着长期的制约作用。趋势往往容易被现象所掩盖,控制趋势的关键在于从现状中揭示倾向,特别是在趋势刚显露苗头时就觉察到,并给予有效的控制。

(六)直接控制原理

直接控制原理是指控制者与被控制对象直接接触,由控制者直接调节、干预被控制对象,从而纠正偏差的一种形式。它是相对于间接控制而言的,其特点是直接性,即控制指令跳过中间环节,直接作用于被控制对象。广大员工在生产和业务活动的第一线,是各种计划、决策的最终执行者。所以,员工进行自我控制是提高控制有效性的根本途径。与直接控制相对的是间接控制,是指在出现了偏差后,通过分析偏差产生的原因,然后才去追究其个人责任,并使他们在今后的工作中加以改正。

(七)灵活性、及时性和经济性原理

灵活性原理是指控制系统能适应主客观条件的变化,持续地发挥作用。控制工作是动态变化的,控制所依据的标准、衡量工作所用的方法等都可能随着情况变化而调整、变化。在控制中应建立信息反馈控制系统,通过该系统使被控制对象能够实现自我控制,灵敏适应环境。

及时性原理是指控制中应及时发现偏差和及时纠正偏差两个方面。及时发现偏差,包括及时收集信息和及时传递信息,只有这样才能及时掌握实时信息,提高控制时效;控制工作必须坚持对已发现的偏差及时采取纠正措施,减少时滞,避免更大失误,保证控制的有效性。只有通过适当的计划调整、组织安排、人员配备、现场指导等办法来纠正偏差,才能保证组织的目标实现。

经济性原理是指将控制所需的费用同控制所产生的结果进行比较,当通过控制所获得的价值大于它所需要的费用时,才有必要实施控制。组织控制活动需要一定的经费,是否进行控制,控制到什么程度,都要考虑费用问题。所以,控制工作必须注重经济性,既要实行有选择的控制,又要努力降低控制的各种耗费来提高控制效果。

六、控制与计划的关系

控制与计划的关系可以简单概述为计划是控制的前提,控制是计划目标实现的保证。

计划和控制是一个问题的两个方面。计划是基础，为控制工作提供标准，没有计划，控制也就没有依据。但如果只编制计划，不对其执行情况进行控制，计划目标就很难得到圆满实现。计划越明确、全面和完整，控制的效果也就越好。控制工作意指按计划、标准来衡量所取得的成果并纠正所发生的偏差，以保证计划目标的实现。控制职能使管理工作成为一个闭路系统。在多数情况下，控制工作既是一个管理过程的终结，又是一个新的管理过程的开始，它使计划的执行结果与预定的计划相符合，并为计划提供信息。

在管理工作的实际过程中，很难区分出计划与控制究竟哪个是开始、哪个是结束。而且，计划与控制工作的内容还常常相互交织并联系在一起。因此，管理工作本质上就是由计划、组织、沟通、激励、控制等职能有机地联系而构成的一个不断循环的过程。

课间案例 1

破窗效应

美国斯坦福大学心理学家菲利普·津巴多于 1969 年进行了一项实验，他找来两辆一模一样的汽车，把其中的一辆停在加州帕洛阿尔托的中产阶级社区，而另一辆停在相对杂乱的纽约布朗克斯区。停在布朗克斯的那辆，他把车牌摘掉，把顶棚打开，结果当天就被偷走了。而放在帕洛阿尔托的那一辆，一个星期也无人理睬。后来，菲利普·津巴多用锤子把那辆车的玻璃敲了个大洞。结果，仅仅过了几个小时，车就不见了。以这项实验为基础，政治学家威尔逊和犯罪学家凯琳提出了一个"破窗效应"理论，认为如果有人打坏了一幢建筑物的窗户玻璃，而这扇窗户又得不到及时的维修，别人就可能受到某些示范性的纵容去打烂更多的窗户。久而久之，这些破窗户就给人造成一种无序的感觉，结果在这种公众麻木不仁的氛围中，犯罪就会滋生、猖獗。

20 世纪七八十年代纽约以脏乱差闻名，环境恶劣，同时犯罪猖獗，地铁的情况尤为严重，被认为是"可以为所欲为、无法无天的场所"，平均每 7 个逃票的人中就有一个通缉犯，每 20 个逃票的人中有一个携带武器者。受到了"破窗效应"的启发，1994 年，纽约市新任警察局长布拉顿开始治理纽约。他采取的措施是号召所有的交警认真推进有关"生活质量"的法律，从地铁的车厢开始治理。车厢干净了，站台跟着也变干净了，站台干净了，阶梯也随之整洁了，随后街道也干净了，然后旁边的街道也干净了，后来整个社区干净了，最后整个纽约变了样，变整洁漂亮了。现在纽约是全美国治理得最出色的都市之一，这件事也被称为"纽约引爆点"。

> 破窗效应理论和中国古语"千里之堤,溃于蚁穴"带给我们同样的启示:仅仅只是一次微小的错误,如果不能及时纠正就会很快引起一连串的恶性反应。第一扇破窗常常是事情恶化的起点,如不及时控制,会诱使人们仿效,甚至变本加厉,会导致不良现象的无限扩展。破窗效应理论对组织管理有着很深的借鉴意义。第一,曲突徙薪,尽量避免出现第一块破窗;第二,防微杜渐,尽快修复破窗;第三,亡羊补牢,避免更多破窗出现。如果你是管理者,请及时修补第一块被打破的窗户玻璃。

第二节 控制的类型

一、按控制反馈时间的不同划分

根据控制反馈时间的不同,控制可以分为前馈控制、现场控制和反馈控制三种类型。

(一)前馈控制

前馈控制又称预先控制,是指通过观察情况、收集整理信息、掌握规律,正确预计组织未来可能出现的问题,提前采取措施,将可能发生的偏差消除在萌芽状态而事先采取措施的控制活动。前馈控制是在组织活动开始之前进行的控制,其目的是防止问题的发生而不是当问题出现时再补救,防患于未然。前馈控制旨在获取有关未来的信息,依此进行反复认真的预测,将可能出现的执行结果与计划要求的偏差预先确定出来(此为负前馈),或者事先察觉内外环境条件可能发生的变化(此为正前馈),以便提前采取适当的处理措施预防问题的发生。前馈控制由于未雨绸缪地采取了防患于未然的行动,从而可以克服反馈控制系统的滞后性。

(二)现场控制

现场控制是指组织活动开始以后,管理者对活动中的人和工作进行指导和监督,以保证活动按照规定的程序和要求进行的控制活动。现场控制就是在工作正在进行的过程中进行控制,如生产进度控制、生产报表、工序质量控制等。它是一种同步、实时控制,即在活动进行的同时实施控制。现场控制是一种主要为基层主管人员所采用的控制方法。管理者亲临现场进行指导和监督,是一种最常见的现场控制活动。

(三) 反馈控制

反馈控制又称事后控制，是在活动完成之后，通过对实际结果的测定来发现偏差和纠正偏差（此为负反馈），或者是在组织内外环境条件已经发生了重大变化，导致原定标准和目标脱离现实，采取措施调整计划（此为正反馈）的控制活动。反馈控制为管理者提供了关于计划效果究竟如何的真实信息，但反馈控制的最大弊端在于实施矫正措施之前，偏差就已经产生。但是人们可以利用已经认识的规律和特点，为进一步实施前馈控制和现场控制创造条件。

课间案例 2

亡羊补牢

战国时期，楚国的楚襄王即位后，重用奸臣，政治腐败。大臣庄辛一再进谏，但是楚襄王只顾享乐，根本不听。有一天，庄辛实在忍不住了，对楚襄王说："你在宫里和一些人奢侈淫乐，不管国家大事，国家迟早有一天会灭亡啊！"

楚襄王听了大怒，骂庄辛是在蛊惑人心。庄辛不慌不忙地回答说："我实在感觉事情一定要到这个地步的，不敢故意说楚国有什么不幸。你既然不信我的话，请允许我到赵国躲一躲，看事情究竟会怎样。"就这样，庄辛见楚襄王不纳忠言，只好躲到了赵国。

庄辛到赵国才住了五个月，秦国果然派兵攻打楚国，楚国几乎没有什么抵挡就让秦国攻陷了楚国的都城郢城。楚襄王惶惶如丧家之犬，逃到城阳城。到这时，他想到庄辛的忠告，才觉得庄辛的话有道理，于是，又悔又恨，便派人把庄辛迎请回来，说："过去因为我没听你的话，所以才会弄到这种地步，现在，你看还有办法挽救吗？"

庄辛看到楚襄王确有悔改之意，便说："那我给你讲一个故事吧。"于是，庄辛就讲道：从前，有人养了一圈羊。一天早晨，他发现少了一只羊，仔细一查，原来羊圈破了个窟窿，夜间狼钻进来，把羊叼走了一只。邻居劝他说："赶快把羊圈修一修，堵上窟窿吧！"那个人不肯接受劝告，回答说："羊已经丢了，还修羊圈干什么？"第二天早上，他发现羊又少了一只。原来，狼又从窟窿中钻进来，叼走了一只羊。他很后悔自己没有听从邻居的劝告，便赶快堵上窟窿，修好了羊圈。从此，狼再也不能钻进羊圈叼羊了。

> 楚襄王一听到这个故事就明白了庄辛的意思，于是，庄辛给楚襄王分析了当时的形势，认为楚国都城虽被攻陷，但只要振作起来，改正过错，秦国是灭不了楚国的。楚襄王听了，便遵照庄辛的话去做，果真度过了危机，振兴了楚国。

二、按控制组织结构的不同划分

根据控制组织结构的不同，控制可以分为集中控制、分散控制和分级控制。

（一）集中控制

集中控制是指整个组织只有一个集中的控制中心，所有的控制信息都流入或流出这个控制中心。在集中控制中，信息处理、偏差检测、纠偏措施等都是由一个中心统一完成的。因此，集中控制最大的优点就是能够保证组织的整体一致性，信息完整、集中，控制目标容易统一。但是，集中控制容易造成下层管理人员缺乏积极性，出现官僚主义，甚至导致组织反应迟钝，也可能出现控制中心失误带来整个组织的坍塌。

集中控制是一种较低级的控制，只适合于结构简单的系统，组织规模和信息量不大，且控制中心对信息的取得、存储、加工效率及可靠性都很高，有利于实现整体优化控制。如小型企业、家庭作坊等。

（二）分散控制

分散控制是指系统中的控制部分表现为若干个分散的、有一定相对独立性的子控制机构，这些机构在各自的范围内各司其职，各行其是，互不干涉，各自完成自己的目标。当然这些目标是整个系统目标中的分目标。分散控制是指日常的一般性、常规性事务由各部门、各岗位及全体员工自行控制。分散控制对信息存储和处理能力要求相对较低，易于实现，即使个别控制环境出现失误或故障也不会引起整个系统的瘫痪。

分散控制的优点是信息针对性强，信息传递效率高，系统适应性强；缺点是信息不完整，整体协调困难，容易影响整体目标的实现。分散控制适合系统组织较松散的部门，如城市各交叉路口的交通管理、企业集团的一些外围企业等。

（三）分级控制

分级控制是指将管理组织分为不同的层级，各个层级在服从整体目标的基础上,相对独立地开展控制活动,是将集中控制和分散控制相结合的控制方式。一方面,各子系统都具有各自独立的控制条件和控制能力,要求对子系统的管理实施独立的控制;另一方面,整个管理系统分为若干层次,上一层次的控制机构对下一层次子系统的活动进行指导性、导向性的间接控制。

分级控制的优点是信息传递有详略,使各部门快速了解情况,迅速作出反应,整体目标易协调,组织适应性强。缺点是组织设计要求高。分级控制适用于系统庞大、管理复杂的组织。

三、按控制目的和对象角度的不同划分

根据控制目的和对象角度的不同,控制可以分为负馈控制与正馈控制。

(一)负馈控制

负馈控制是使执行结果符合控制标准的要求。为此需要将管理循环中的实施环节作为控制对象。"负馈"意味着使偏差得到缩小。

(二)正馈控制

正馈控制是为了使控制标准发生变化,以便更好地符合内外现实环境条件的要求。其控制作用的发生主要体现在管理循环中的计划环节,说明这种控制的对象包括了控制标准本身。"正馈"意味着使控制标准和目标发生振荡。

四、按控制力量的来源不同划分

根据控制力量的来源不同,控制可以划分为内在控制和外在控制。

(一)内在控制

内在控制即自我控制,指组织中成员自觉地内化组织规范,依靠内在力量约束自己的思想和行为以实现组织目标的控制活动。内在控制不是"他人"控制(它既不是来自上级主管的"人治",也不是来自程序规则的"法治"),而是一种自动控制或自我控制(称之为"自治")。内在控制的单位或个人不仅能自己检测、发现问题,还能自己订立标准并采取行动纠正偏差。

(二)外在控制

外在控制是指组织为了保证组织目标的实现,制定工作标准和规范,以及用标准和规范来约束员工行为的控制活动。外在控制是由其他单位或组织中的

他人来承担，自己只负责检测、发现问题和报告偏差。例如，上级主管的行政命令监督、组织程序规则的制约等都是外在强加的控制。外在控制与内在控制的界限是相对的，两者相互渗透和转化。

五、按控制方式的不同划分

根据控制的方式不同，可以划分为直接控制和间接控制。

（一）直接控制

直接控制是指通过提高主管人员素质，使他们改善管理工作，从而防止出现因管理不善而造成不良后果的一种控制方式。直接控制可以直接对操作者的行为和工作过程加以控制，可以减少偏差的发生，但在实际经济管理活动中，由于信息反馈引起时滞现象，直接控制的办法往往不能使整个系统的效果最优。

（二）间接控制

间接控制是指根据计划和标准考核工作的实际结果，分析出现偏差的原因，并追究责任者的个人责任以使其改进未来工作的一种控制方法。多见于上级管理者对下级人员工作过程的控制。间接控制的优点在于它能纠正管理人员由于缺乏知识、经验和判断力所造成的管理上的失误和偏差，并能帮助主管人员总结吸取经验教训，增加他们的知识经验和判断能力，提高他们的管理水平。

课间案例 3

最好的医术

魏文王问名医扁鹊："你们家兄弟三人都精于医术，到底哪一位最好呢？"

扁鹊答："长兄最好，中兄次之，我最差。"

魏文王再问："那么为什么你最出名呢？"

扁鹊回答说："我长兄治病，是治病于病情发作之前。由于一般人不知道他事先能铲除病因，所以他的名气无法传出去，只有我们家的人才知道。我中兄治病，是治病于病情初起之时。一般人以为他只能治轻微的小病，所以他的名气只及于本乡里。而我扁鹊治病，是治病于病情严重之时。一般人都看到我在经脉上用针管来放血、在皮肤上敷药等大手术，所以以为我的医术高明，名气因此响遍全国。"

魏文王说："你说得好极了。"

第三节 控制的过程

控制工作作为管理工作中相对独立的一个环节，它也是由若干活动步骤组成的。管理工作中的控制过程可以划分为如下三步：制定控制标准，衡量实际绩效，分析并纠正偏差。如图10-1所示。

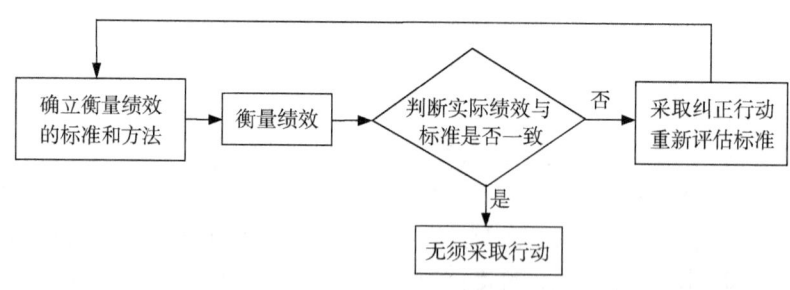

图10-1 控制过程示意图

一、制定控制标准

标准是控制的前提条件，目标和计划是控制的总标准。为了对各项业务活动实施控制，还必须以总标准为依据设置更加具体的标准，计划方案的每个目标，这些方案所包括的每项活动、每项政策、每项规程以及每项预算，都可以成为衡量实际业绩或预期业绩的标准，如实物标准、成本标准、资本标准、收益标准、计划标准等。在实际工作中，不管采用哪种类型的标准，都需要按照控制对象的特点来决定。

控制标准的订立对计划工作和控制工作实际上起着承上启下或连接的作用。计划是控制的依据，但各种计划的详尽程度是不一样的。有些计划已经制定了具体的、可考核的目标或指标，这些指标就可以直接作为控制的标准。但大多数的计划是相对比较抽象、概括的，这时需要将计划目标转换为更具体的、可测量和可考核的标准，以便于对所要求的行为结果加以测评。

二、衡量实际绩效

衡量实际绩效就是找出实际工作情况与标准之间的偏差信息，据此评估实际工作的优劣，就是按照标准衡量工作实绩达到标准的程度，其实也是控制当中信息反馈的过程。在确定了标准以后，为了确定实际工作的绩效究竟如何，管理者首先需要收集必要的信息，考虑如何衡量和衡量什么。当工作实绩与标准产生差异时，就说明工作出现了偏差。

对照标准衡量实际工作绩效是控制过程的第二步，它分为两个小步骤：一是测定或预测实际工作成绩，二是进行实绩与标准的比较。掌握实绩可以通过两种方式：一是测定已产生的工作结果，另一是预测即将产生的工作结果。无论哪种方式，都要求搜集到的信息能为控制工作所用。

三、纠正偏差

采用必要的措施纠正偏差是控制过程的关键。纠正偏差就是在发现偏差的基础上，分析偏差产生的原因，制定并实施必要的纠正措施。

（一）找出偏差产生的主要原因

解决问题首先需要找出产生差距的原因，要判断偏差的严重程度。看它是否足以构成对组织活动效率的威胁，看它是否值得分析原因并采取矫正措施。然后找出偏差产生的主要原因，不同原因的偏差要采取不同的矫正措施，要通过现象找到其本质、根源。

（二）确定纠偏措施的实施对象

在纠偏过程中，需要纠正的可能不仅是企业的实际活动，还可能是指导这些活动的计划或衡量活动的标准。因此，纠偏的对象可能是进行的活动，也可能是衡量的标准，甚至是指导活动的计划。计划目标或标准的调整是由两种原因决定的：一种原因是最初制定的计划或标准不科学，过高或过低，有必要对标准进行修正。另一种原因是所制定的计划或标准本身没有问题，但由于客观环境发生了变化，或一些不可控制因素造成的大幅度偏差，使原本适用的计划或标准变得不合时宜，必须重新调整原有的计划或标准。

（三）采取纠偏措施

针对产生偏差的主要原因，在纠偏工作中采取的方法主要有：对于由工作失误而造成的问题，控制工作主要是加强管理、监督，确保工作与目标接近或吻合；计划或目标不切实际，控制工作主要是按实际情况修改计划或目标；若组织的运行环境发生重大变化，使计划失去客观依据，控制工作主要是启动备用计划或重新制订新的计划。

管理人员可以运用组织职能重新分派任务来纠正偏差，也可以采用增加人员，更好地选拔和培训下属人员，或是最终解雇、重新配备人员等办法来纠正偏差。此外，管理人员还可以对工作作出更全面的说明和采用更为有效的领导方法来纠正偏差。

第四节 控制的方法与实施

组织管理实践中运用了多种控制方法，管理人员除了利用现场巡视、监督或分析下属的工作报告等手段进行控制外，还经常借助预算控制、比率分析、审计控制、盈亏控制等方法进行控制。控制方法因控制的类型、模式、目的、内容等因素的不同而不同，这些控制方法相互联系，相互作用，构成了整套控制方法体系。

一、预算控制

（一）预算的含义

组织未来的几乎所有活动都可以利用预算进行控制。所谓预算就是用财务数字的形式来描述组织未来的活动计划，它预估了组织在未来时期的经营收入和现金流量，同时也为各部门或各项活动规定了在资金、劳动、材料、能源等方面的支出的额度。预算是以财务术语（如收入、费用以及资金等），或者以非财务术语（如直接工时、材料、实物销售量和生产量等）来表明组织的预期成果，它是用数字编制的、反映组织在未来某个时期的综合计划。预算可以称作是"数字化"或"货币化"的计划，它通过财务形式把计划分解落实到组织的各层次和各部门中去，使主管人员能清楚地了解哪些资金由谁来使用，计划将涉及哪些部门和人员、多少费用、多少收入，以及实物的投入量和产出量等。

（二）预算的种类

预算的种类很多，概括起来可以分为以下几种：
1. 按预算控制的力度不同，预算分为刚性预算和弹性预算
（1）刚性预算：刚性预算是指在执行进程中没有变动余地的预算，执行人在执行中无活动余地。一般来说，刚性预算不利于发挥执行人的积极性和不适应环境变化。刚性预算只能在重点项目上采用。常见的刚性预算是控制上限或控制下限的预算，如有严格要求的财政支出预算和财政收入预算。
（2）弹性预算：弹性预算是指预算指标有一定的调整余地，执行人可灵活地执行预算。这种预算的控制力稍弱，但有较强的环境适应性，能较好地适应

控制的要求，在预算控制中弹性预算比较常见。

2. 按财务角度的不同，预算分为支出预算和收入预算

（1）支出预算：支出预算指为完成组织活动所支付货币多少的预算。一个组织，可以没有收入预算，但不可能没有支出预算。因为一切活动都有投入，世上没有不花钱的午餐。所以做好支出预算是一项十分重要的工作。

（2）收入预算：收入预算指对组织活动可带来货币收入进行的预算。一般来说，只有企业性质的组织和政府才有收入预算。收入预算与支出预算是密切相关的。一般原则应是以收定支，在收入预算的基础上确定支出预算。

收支预算是指组织在预算期内以货币单位表示的收入和经营费用支出的计划预算，收入预算必须尽可能准确地估计各项收入的数量和时间，并努力提高其实现的可靠性。

3. 按编制预算的主体不同，预算分为总预算和部门预算

（1）总预算：总预算是指以组织整体为范围，由组织的最高管理机构批准的预算。预算汇总表可以用于公司的全面业绩控制。它把各部门的预算集中起来，反映了公司的各项计划，从中可以看到销售额、成本、利润、资本的运用、投资利润及其相互关系。总预算可以向最高管理层反映出各个部门为了实现公司总的奋斗目标而运行的具体情况。

（2）部门预算：部门预算是指各部门在保证总预算的前提下，根据本部门的实际情况安排的预算。

总预算与部门预算不是简单的总体与部分的关系，而是相互支持、相互补充的关系。有的部门预算是全部包含在总预算之中的，有的并不全部包括在总预算之中。并且，不同的组织对预算的分类也不一样，如企业常常把财务预算称为总预算。

> **课间案例 4**
>
> **华润公司预算体系**
>
> 为了使华润的管理模式与集团股权复杂和业务繁多等具体情况相适应，华润建立了6S管理体系。6S既是一个全面预算管理体系，也是一个多元化的信息管理系统。在利润中心行业分类和发展战略的基础上，推行全面预算管理，将发展战略细化为年度经营目标，并层层分解，落实到每个业务单元的日常经营上，借以进行过程控制。推行全面预算管理，将竞争战略所要实现的中长期财务目标值，如营业额、利润、资产回报率等通过预算层层分解，成为年度指标、季度指标，最终落实到利润中心中的

> 每个单位、每个人身上,确保战略目标的实现。全面预算以战略为导向,兼顾长期发展战略目标和短期业务经营目标,为了上下结合不断反复修正,成为保证战略实现的重要环节。在对待预算的态度上,公司强调过程的重要性,业绩结果与预算越接近,说明对市场和内部运营的把握越准确,说明该企业的专业判断力和专业化管理水平越高。

二、非预算控制

(一) 审计法

审计是一种常用的控制方法,财务审计与管理审计是审计控制的主要内容。所谓财务审计是以财务活动为中心内容,以检查并核实账目、凭证、财物、债务以及结算关系等客观事物为手段,以判断财务报表中所列出的综合的会计事项是否正确无误,报表本身是否可以信赖为目的的控制方法。通过这种审计还可以判明财务活动是否符合财经政策和法令。所谓管理审计是检查一个单位或部门管理工作的好坏,评价人力、物力和财力的组织及利用的有效性。其目的在于通过改进管理工作来提高经济效益。

(二) 统计报告法

统计报告法是使用统计方法对大量的数据资料进行汇总、整理、分析,以各种统计报表及分析报告的形式,自下而上向组织中有关管理者提供控制信息。使用这种方法,要求企业具备良好的基础工作,有健全的原始记录和统计资料。管理者通过阅读和分析统计报表及有关资料,找出问题、分析问题并解决问题。

(三) 财务报表分析

财务报表是用于反映企业经营的期末财务状况和计划期内的经营成果的数字表。财务报表分析,也称经营分析,就是以财务报表为依据来判断企业经营的好坏,并分析企业经营的优劣势。它主要包括:利润率分析,指分析企业收益状况的好坏;流动性分析,指分析企业负债与支付能力是否相适应,资金的周转状况和收支状况是否良好等;生产率分析,指分析企业在计划期间内生产出多少新的价值,又是如何进行分配将其变为人工成本、应付利息和净利润的。

三、作业控制

作业控制是为了保证各项作业计划的顺利进行而做的一系列工作。一般包括成本控制、质量控制、采购库存控制等。

（一）成本全面控制

成本全面控制是在对系统的所有工作做全面详细分析后，层层分解成本指标，以其作为衡量控制的标准。也就是说，以成本为控制主线，确保在预定成本下获得预期目标利润。

（二）库存控制

库存控制是对供应商的控制。一是把供应商当作竞争对手，减弱其讨价还价的能力，使本企业获得更大的收益；二是把供应商当作合作伙伴，维持长期、稳定和互利的关系。

企业的生产要正常连续地进行，供应流不能断，需要一定的库存，但库存占用了大量的流动资金。库存增加，不仅占用生产面积，还会造成保管费用上升、资金周转减慢、材料腐烂变质等；库存过少，又容易造成生产过程因停工待料而中断，产成品因储备不足而造成脱销损失等。所以，做好库存控制是非常重要的。

（三）质量控制

质量控制是指接收抽样对已经存在或外购的材料或产品进行评估，决定接受还是拒绝。为保证产品质量符合规定标准要求和满足用户使用目的，企业需要在产品设计、试制、生产制造直至使用的全过程中，进行全员参加的、事后检验和预先控制有机结合的、从最终产品的质量到产品赖以形成的工作的质量控制，全方位抓好质量管理。

20世纪80年代，随着国际竞争的加剧和顾客期望值的提升，许多企业采用全面质量管理（TQM）的方法来控制质量，把质量观念渗透到企业的每一项活动中，以实现持续的改进。全面质量管理有四大特征：（1）全过程的质量管理。即质量管理不仅仅在生产过程，而且应"始于市场，终于市场"，从产品设计开始，直至产品进入市场，以及售后服务等，质量管理都应贯穿其中。（2）全企业的质量管理。质量管理不仅仅是质量管理部门的事情，它和全企业各个部门都息息相关，因为产品质量是做出来的，不是检验出来的，故每项工作都与质量相关。（3）全员的质量管理。即每个部门的工作质量，决定于每个职工的工作质量，所以每个职工都要保证质量，为此，由职工成立了很多质量小组，专门研究部门或工段的质量问题。（4）全面科学的质量管理方法。它以统计分析方法为基础，综合应用各种质量管理方法，工作步骤按"计划—执行—检查—处理"（PDCA）四步循环进行。

> **课间案例 5**
>
> 戴尔公司的控制
>
> 一般的商业惯例是供应商将供应的零部件运送到买方那里，经过开箱、检验、重新包装、经验收合格后，产品组装商便将其存放在仓库中备用。为确保供货不出现脱节，公司往往要贮备未来一段时间内可能需要的各种零部件。
>
> 创建于 1984 年的戴尔公司，是美国一家以直销方式经销个人电脑的电子计算机制造商，2013 年其经营规模已发展到年 569 亿美元销售额的水平。戴尔公司是以网络型组织形式来运作的企业，它联结有许多为其供应计算机硬件和软件的厂商。戴尔公司有一家电脑显示屏供应厂商，戴尔公司先是花很大的力气和投资使这家供应商做到每百万件产品中只能有 1 000 件瑕疵品，并通过绩效评估确信这家供应商达到要求的水准后，戴尔公司就完全放心地让他们的产品直接打上"Dell"商标，并取消了对这种供应品的验收、库存。类似的做法也发生在戴尔其他外购零部件的供应中。
>
> 因此，当戴尔公司对这家电脑显示屏供应商说"这种显示屏我们今后会购买 400 万到 500 万台左右，贵公司可以让我们的人随时需要随时提货"的时候，商界人士无不感到惊讶，甚至以为戴尔公司疯了。戴尔公司的经理们则这样认为，开箱验货和库存零部件只是传统的做法，并不是现代企业运营所必要的步骤，遂将这些"多余的"环节给取消了。戴尔公司的做法就是，当物流部门从电子数据库得知公司某日将从自己的组装厂提出某型号电脑的数量时，便在早上向这家供应商发出配额多少数量显示屏的指令信息，这样等到当天傍晚时分，一组组电脑便可打包完毕分送到顾客手中。如此，不但可以节约了检验和库存成本，也加快了发货速度，提高了服务质量。

四、控制方法的发展趋势

未来，控制方法具有以下几个发展趋势：

（一）控制理念的变革

随着信息技术的快速发展，可以更经济地实现全方位、全过程的控制。但控制不等于"监控",考虑到人的主观能动性,最好的控制方法是能够让受控系统中的人实现自我控制,也就是目前除了传统的利用标准、过程等进行控制以外,更重要的是能够利用文化、责任感等方面来促使员工实现自我控制。

(二)控制方法的系统性

随着管理环境变化的复杂性和剧烈性加剧、系统理论的不断完善以及信息技术的快速发展,简单地将控制看作一个点的控制或者一个过程的控制,都不能符合现代管理的要求。目前控制方法都体现出一定的系统性,要求对整个管理系统进行系统控制。

(三)控制手段的信息化

随着信息在经济发展中的作用越来越突出,管理控制对于信息的依赖性也越强,而控制方法的进步也基本上依靠信息技术的发展。

阅读小故事

哈勃望远镜

经过长达15年的精心准备,耗资15亿美元的哈勃太空望远镜终于在1990年4月发射升空。但是,美国国家航天局(NASA)仍然发现望远镜的主镜片存在缺陷。由于直径达94.5英寸的主镜片的中心过于平坦,导致成像模糊。因此望远镜对遥远的星体无法像预期那样清晰地聚焦,结果造成一半以上的实验和许多观察项目无法进行。

事后航天管理局中一个6人组成的调查委员会的负责人说:"至少有三次明显的证据说明问题的存在,但这三次机会都失去了。"美国国家航天局(NASA)中负责哈勃项目的官员,对望远镜制造中的细节根本不关心。因为如果有一点更细心的控制,这些是完全可以避免的。镜片的生产商珀金斯—埃默公司使用了一个有缺陷的光学模板来生产如此精密的镜片。具体原因是,在镜片生产过程中,进行检验的一种无反射校正装置没设置好。校正装置上的1.3毫米的误差导致镜片研磨、抛光成了误差形状。但是没有人发现这个错误。具有讽刺意味的是,与其他许多NASA项目所不同的是,这一次并没有时间上的压力,而是有足够充分的时间来发现望远镜上的错误。实际上,镜片的粗磨在1978年就开始了,直到1981年才抛光完毕,此后,由于"挑战者号"航天飞机的失事,完工后望远镜又在地上待了两年。

本章习题

一、单项选择题

1. 为了保证目标及为此制订的计划得以实现，需要的管理职能是（ ）
A. 计划　　　　　B. 领导　　　　　C. 组织　　　　　D. 控制

2. 在篮球比赛中，教练员根据场上的局势及时调整战术，并更换队员。从管理职能上讲，教练员行使的职能是（ ）
A. 计划职能　　　B. 领导职能　　　C. 组织职能　　　D. 控制职能

3. 组织中执行控制职能的人员主要是（ ）
A. 所有管理人员　　　　　　B. 高层管理人员
C. 中层管理人员　　　　　　D. 基层管理人员

4. 强调要进行有效控制，应该也只能将主要精力集中于计划执行中的一些主要因素上的原理是（ ）
A. 控制趋势原理　　　　　　B. 控制关键点原理
C. 控制例外性原理　　　　　D. 直接控制原理

5. 管理者及其下属素质越高，越能胜任所承担的职务，这个控制原理是（ ）
A. 控制例外性原理　　　　　B. 控制关键点原理
C. 组织适宜性原理　　　　　D. 直接控制原理

6. 任何控制都需要一定的费用，这要求有效控制要注意（ ）
A. 适时控制　　　B. 适度控制　　　C. 客观控制　　　D. 弹性控制

7. 现场控制成效的好坏主要取决于（ ）
A. 高层管理者　　B. 中层管理者　　C. 基层管理者　　D. 操作人员

8. 按控制方式的不同，控制可分为（ ）
A. 事后控制、现场控制和前馈控制　　B. 直接控制和间接控制
C. 集中控制、分散控制和分级控制　　D. 内在控制和外在控制

9. 强调预防作用的控制方法是（ ）
A. 现场控制　　　B. 反馈控制　　　C. 前馈控制　　　D. 间接控制

10. 注重于对已发生的错误进行检查改进属于（ ）
A. 事前控制　　　B. 过程控制　　　C. 事后控制　　　D. 直接控制

11. 控制工作得以展开的前提是 （　　）

A. 建立控制标准　　　　　　　B. 分析偏差原因

C. 采取矫正措施　　　　　　　D. 明确问题性质

12. 实施控制的关键性步骤是 （　　）

A. 选择关键点　　　　　　　　B. 拟定标准

C. 选择控制技术　　　　　　　D. 建立控制系统

二、多项选择题

1. 分级控制的优点有 （　　）

A. 信息传递效率高　　　　　　B. 信息传递有详略

C. 整体目标易协调　　　　　　D. 系统组织适应性强

E. 信息完整集中

2. 从功能角度讲，控制过程在整个管理活动中的作用是 （　　）

A. 导向作用　　B. 检验作用　　C. 激励作用

D. 调整作用　　E. 辐射作用

3. 按预算控制的力度划分，预算可以分为 （　　）

A. 刚性预算　　B. 支出预算　　C. 收入预算

D. 弹性预算　　E. 负债预算

4. 按财务角度的不同，预算可以分为 （　　）

A. 刚性预算　　B. 支出预算　　C. 收入预算

D. 弹性预算　　E. 负债预算

5. 按编制预算的主体不同，预算可以分为 （　　）

A. 总预算　　　B. 支出预算　　C. 收入预算

D. 部门预算　　E. 负债预算

三、判断正误题

（　　）**1.** 计划是控制的前提，控制是计划目标实现的保证。

（　　）**2.** 控制的主体是组织全体成员。

（　　）**3.** 强调要进行有效控制，应该也只能将主要精力集中于计划执行中的一些主要因素上的原理是控制例外性原理。

（　　）**4.** 控制的目的是提高效益，所以会得到所有员工的支持。

(　　) 5. 直接控制原理是指对控制全局的管理者来说，重要的是现状所预示的趋势，而不是现状本身。

(　　) 6. 控制工作本是动态变化的，控制所依据的标准、衡量工作所用的方法等都可能随着情况变化而调整、变化。

(　　) 7. 按控制组织结构的不同，控制可分为集中控制、分散控制和分级控制。

(　　) 8. 按控制反馈时间结构不同，控制可分为事后控制、现场控制和前馈控制。

(　　) 9. 纵向看，越是基层的管理者，控制的时效性越强，控制的定量化程度也越高。

(　　) 10. 反馈控制通过总结过去的经验和教训，为未来计划的制订和活动的安排提供借鉴。

(　　) 11. 集中控制是一种较低级的控制，只适合于结构简单的系统，如小型企业、家庭作坊等。

(　　) 12. 间接控制是指根据计划和标准考核工作的实际结果，分析出现偏差的原因，并追究责任者的个人责任以使其改进未来工作的一种控制方法。

(　　) 13. 管理者为了使自己部门的经营状况最好，必须用预算目标取代组织目标，从而使经营状况符合预算要求。

(　　) 14. 目前在企业管理中非常流行的闭环控制也就是反馈控制，是一个良好的控制系统所必须具备的条件。

四、名词解释题

1. 控制
2. 集中控制
3. 分散控制
4. 分级控制
5. 前馈控制
6. 现场控制
7. 反馈控制
8. 直接控制
9. 间接控制
10. 内在控制
11. 外在控制

12. 预算
13. 控制关键点原理
14. 控制例外性原理
15. 控制趋势原理

五、简答题

1. 简述控制应遵循的原理。
2. 简述控制的过程。
3. 简述控制的分类。
4. 简述集中控制的优缺点。
5. 简述分散控制的优缺点。
6. 简述分级控制的优缺点。
7. 简述控制的方法。
8. 简述控制的类型。
9. 简述计划与控制的关系。

六、论述题

1. 在当今的管理活动中,前馈控制与反馈控制各自起到什么作用?你认为哪种类型的控制更重要?为什么?
2. 预算作为重要的控制方法在控制系统中起到哪些重要作用?它具有哪些优缺点?
3. 联系实际谈谈在管理工作中如何有效控制。

第十一章 创 新

学习目标 本章主要介绍创新的含义、特征和策略,创新职能的基本内容,创新活动的组织引导与风险管理。通过学习,应掌握创新职能的内容和策略,技术创新的含义、特征和决定因素,制度创新的含义和类型,管理创新的含义和要求,掌握创新活动的组织引导和风险管理。通过学习,要能够运用创新思维去分析与处理实际管理中存在的问题,能够从创新的角度认识和理解我国的经济改革。

本章关键词 创新 首创型创新 改仿型创新 模仿型创新 技术创新 制度创新 管理创新 自主创新

管理是组织发展永恒的主题,是组织发展的基石。计划、组织、激励、沟通、控制等职能是保证计划目标的实现所不可能缺少的,从某种角度讲,它们是管理的"维持职能",其任务是保证系统按预定的方向和规则进行。但是管理是在动态环境中生存的社会经济系统,仅维持是不够的,还必须不断调整系统活动的内容和目标,以适应环境变化的要求,这就需要发挥管理的创新职能。创新,是组织进步的原动力,是组织增强核心竞争能力、获得跨越式发展、实现持续成长的决定性因素。

第一节 创新概述

一、创新的含义

创新,最通俗的理解就是创造新的事物。对于创新的概念,一般有狭义和广义两个层次的理解。广义理解的创新概念是指以现有的思维模式提出有别于常规或常人思路的见解为导向，利用现有的知识和物质，在特定的环境中，本着理想化需要或为满足社会需求，而改进或创造新的事物、方法、元素、路径、环境，并能获得一定有益效果的行为。创新活动的核心是"新"，它或者是产品的结构、性能和外部特征的变革，或者是造型设计、内容的表现形式和手段的创造，或者是内容的丰富和完善。因而，广义上的创新行为可以表现在技术、制度、组织机构、管理等不同的层面。狭义理解的创新概念立足于把技术和经济结合起来，即创新是一个从新思想的产生到产品的设计、试制、生产、营销和市场化等一系列活动。

从管理学意义上说，创新是指组织为了适应变化的环境，通过形成一种创造性思维，不断调整系统活动的内容，从而更有效地实现组织目标的过程。

美籍奥地利政治经济学家约瑟夫·熊彼特首先从技术与经济相结合的角度，探讨技术创新在经济发展过程中的作用。美国管理大师彼得·德鲁克在20世纪50年代首次把创新引进管理领域，认为创新就是赋予资源以新的创造财富能力的行为。

约瑟夫·熊彼特认为，所谓创新就是要"建立一种新的生产函数"，就是要把一种从来没有的关于生产要素和生产条件的"新组合"引进生产体系中去，以实现对生产要素或生产条件的"新组合"。具体地说，创新包括以下五种情况：（1）产品创新：生产一种新产品，产品既包括有形的产品也包括无形的产品。（2）工艺创新：采用一种新的生产方法，就是在有关的制造部门中未曾采用过的方法。这种新的方法并不需要建立在新的科学发现基础之上，可以是商业上处理一种产品的新的方式。（3）市场创新：开辟一个新的市场，就是该产品进入以前不曾进入的市场，不管这个市场以前是否存在过。（4）资源配置创新：获得一种原材料或半成品的新的供给来源，不管这种来源是已经存在的，还是第一次创造出来的。（5）组织创新：实行一种新的组织形式，例如造成一种垄断地位或打破一种垄断地位。

课间案例 1

尼龙搭扣

1948年的一天，瑞士发明家乔治·德·梅斯特拉尔带着狗外出散步，回家发现自己裤腿上和狗身上都粘满了一种草籽。草籽粘在狗毛上很牢，要花一定功夫才能把草籽拉下来。乔治感到很奇怪，他运用了敏锐的观察力，用放大镜仔细观察这种草籽。终于发现，草籽的纤维与狗毛是交叉在一起的，他想，如果采用这两种形状的结构不就可以发明一个搭扣吗？

> 8年后，世界上第一个尼龙搭扣最终在梅斯特拉尔手上诞生。尼龙搭扣实际上是两条尼龙带，它们共同扮演苍耳的角色，其中一条涂有涂层，上有类似芒刺的小钩，另外一条的上面则是数千个小环，钩与环能够牢牢地粘在一起。

二、创新的策略

一般来说，根据创新程度的不同，创新策略包括首创型创新、改仿型创新和模仿型创新三种。

（一）首创型创新

首创型创新是指观念上和结果上有根本突破的创新，通常是首次推出但对经济和社会发展产生重大影响的全新的产品、技术、管理方法和理论。首创型创新是创新度最高的一种创新活动。其基本特征在于首创。例如，率先推出全新的产品，率先开辟新的市场销售渠道，率先采用新的广告媒介，率先改变销售价格，等等，所有这些行为都可称为首创型创新。

对于企业来说，进行首创型创新，可以开辟新的市场领域，提高企业的市场竞争力，获得高额利润。对于处于市场领先地位的企业来说，要想保持自己的市场领先地位，也必须不断地进行首创型创新。首创型是一种高成本、高风险、高报酬的创新活动。由于市场需求的复杂性和市场环境的多变性，以及生产、技术、市场等方面的不确定性，首创型创新活动具有较大的不确定性和风险性。另外，要开辟一个全新的市场，企业必须先进行大量的市场开发投资，包括市场调查、产品开发、设备更新、组织变动、人员培训、广告宣传等市场开发费用。当然，如果首创型创新获得成功，企业便会因此获得巨大的市场利益。

（二）改仿型创新

改仿型创新就是指在借鉴别人的先进管理的基础上，充分利用组织自身的实力和创新条件，对现有首创型创新进行再创新，探索出新的管理思路、方式、方法。简单地说，就是在别人已有的先进成果上进行有创意的提高，从而提高首创型创新的市场适应性。改仿型创新介于首创型创新与模仿型创新之间，改创性是改仿型创新的基本特征。改创者不必率先创新，而只需对首创者所创造的进行改良或改造，因此，改创者所承担的创新成本和风险比较小，而所获创新收益却不一定比首创者少。即改仿型创新的特征是低成本、低风险、高收益。

(三) 模仿型创新

模仿型创新是创新度最低的一种创新活动,既可以模仿首创者,也可以模仿改创者,其创新之处仅仅表现在自己原有市场的发展和变化。一些缺乏首创能力和改创能力的中小型组织可以采用模仿型创新策略。一般来说,模仿型创新承担的市场风险和创新成本都较小,但收益相对也较小。模仿型创新有利于创新的扩散,任何一个首创型或者改仿型组织,无论拥有多大的实力,也无法在较短的时间内占领所有的市场。因此,一旦市场上首创型创新或改仿型创新取得成功,一大批模仿者必然出现。

因此,组织在制定创新策略时,既要根据市场需求,又要联系本组织的特点,充分考虑各种创新条件的影响,选择适当的创新策略、时机和方式,及时进行创新,即适度创新。

三、创新的过程

创新源于知识发现、知识创造,离不开组织对知识资产的有效管理;它是新思想、新发明、新知识的商业化过程,不能独立于组织的商业战略和竞争环境而存在;它会引发并伴随着组织的变革,不能脱离组织结构、组织机制进行研究;它是组织有目的、有意识的活动,需要组织的事先规划;它是一个总体线性、局部反复性的周期过程,需要从创新过程和具体的创新阶段入手,才能得到全面和深入的理解。

创新的过程分为六个阶段:知识创造、技术开发、匹配、生产开发、市场开发和评估反馈。创新过程强调创新的选择能力、匹配能力、执行能力和评估能力,以及在知识创造和市场匹配阶段中思想发散和收敛的重要性。

课间案例 2

你替我搬

英国有一家大型图书馆要搬迁,由于该图书馆藏书量巨大,所以搬运成本算下来非常惊人。就在这时,有一个图书管理员想出了办法,那就是马上对读者们敞开借书,并延长还书日期,只要求读者们增加相应押金,并把书还入新的地址。这一措施得到了采纳。结果不但大大降低了图书搬运成本,还受到了读者们的欢迎。

四、维持职能与创新职能的关系

作为管理的两个基本职能,维持与创新是相互联系、不可或缺的,有效的管理在于适度的维持与适度的创新的组合。维持是保证组织各项活动顺利进行的基本手段,也是组织中最常见的工作。组织管理的维持职能便是要严格地按预定的规划来检视和修正组织系统的运行,尽力避免各子系统之间的摩擦,或减少因摩擦而产生的结构内耗,以保证系统的有序性。

但是,仅有维持是不够的。组织作为一个社会经济系统,它是由众多要素构成的,它要不断地与外部发生物质、信息、能量的交换。而外部环境是在不断地发生变化的,这些变化必然会对组织的活动内容、活动形式和活动要素产生不同程度的影响。同时,组织内部的各种要素也是在不断发生变化的。组织内部某个或某些要素在特定时期的变化必然要引起组织内其他要素的连锁反应,从而对组织原有的目标、活动要素间的相互关系等产生一定的影响。组织若不及时根据内外变化的要求,适时进行局部或全局的调整,则可能被变化的环境所淘汰,或为改变了的内部要素所不容。这种为适应组织内外变化而进行的局部或全局的调整,便是组织管理的创新职能。

综上所述,作为组织管理的两个基本职能,维持与创新对企业的生存和发展都是非常重要的。它们相互联系、不可或缺,表现为以下几点:

(一)创新与维持在逻辑上表现为相互连接、互为延续的链条

创新是在维持基础上的发展,而维持则是创新的逻辑延续;维持是为了实现创新的成果,而创新则是为更高层次的维持提供依托和框架。只有创新没有维持,系统会呈现时时刻刻、无所不变的无序的混乱状态;而只有维持没有创新,系统则缺乏活力,最终会被环境淘汰。卓越的管理是实现维持与创新最优组合的管理。

(二)有效的管理是实现维持与创新最优组合的管理

维持与创新在逻辑上的相互连接、互为延续的关系意味着两者在空间和时间上的分离。事实上,企业管理活动是维持与创新的相互融合。有效的管理就是要根据组织的结构维度和关联度来确定维持与创新的组合。过度维持会导致组织僵化和保守,抑制人能力的发展,也会忽视市场竞争和技术的变化,导致组织反应能力下降,使组织失去发展机会;过度维持往往只是注重组织短期利益,忽视组织长期发展战略。另一方面,过度创新和对创新的采纳将消耗大量的物力、财力资源,并不能从创新收益中得到补偿;过度创新会导致组织规章制度权威性减弱、结构体系紊乱、专业化程度削弱;严重的过度创新还会导致

组织凝聚力的下降,乃至组织的消亡。

(三)维持与创新在目标和方向上的不同表现在其基本职能上的差异

就管理使命来说,创新是力图突破现状,率领所领导的组织抛弃一切不适宜的传统做法;而维持则致力于维持秩序和守业。在计划上,创新是确定组织未来的经营方向或目标,包括远景目标和实现远景目标的战略;而维持一般是编制短期的、周密的计划方案和预算。在组织上,创新组织联合所有相关者,形成组织内外相互密切配合的关系网络;而维持一般是设计体现合理的工作分工和协作、汇报关系的结构体系,并配备合适的人员执行结构设计所规定的角色任务。在控制上,创新表现为尽量减少计划执行中的偏差,确保主要绩效指标的实现;而维持应因环境变化的需要而适时、适度地调整计划目标。总体上来说,维持与创新在风格上表现出较大的差异性。在组织中,一个管理者往往难以承担起两方面的角色任务。

> **课间案例 3**
>
> **三个和尚故事新说**
>
> 中国有一句老话,叫"一个和尚挑水吃,两个和尚抬水吃,三个和尚没水吃"。如今,这个观点过时了,现在是"一个和尚没水吃,三个和尚水多得吃不完"。
>
> 有三个庙,这三个庙离河边都比较远。怎么解决吃水问题呢?
>
> 第一个庙,和尚挑水路比较长,一天挑一缸水就累了,他就不干了。于是三个和尚商量,咱们来个接力赛吧,每人挑一段路。第一个和尚从河边挑到半路停下来休息,第二个和尚继续挑,又转给第三个和尚,挑到缸里灌进去,空桶回来再接着挑,大家都不累,水很快就挑满了。
>
> 第二个庙,老和尚把三个徒弟都叫来,说我们立下了新的庙规,要引进竞争机制。三个和尚都去挑水,谁挑得多,晚上吃饭加一道菜;谁挑得少,吃白饭,没菜。三个和尚拼命去挑,一会儿水就挑满了。
>
> 第三个庙,三个和尚商量,天天挑水太累,咱们想想办法。山上有竹子,把竹子砍下来连在一起,竹子中心是空的,然后买了一个辘轳。第一个和尚把一桶水摇上去,第二个和尚专管倒水,第三个和尚在地上休息。三个人轮流换班,一会儿水就灌满了。
>
> 由三个和尚没水喝,到三个和尚通过不同的办法达到共同的目的,关键在于不局限于固有的思维,而是发扬了团结协作、良性竞争、开拓创新的精神。

第二节　创新职能的基本内容

任何社会系统都是一个由众多要素构成的，与外部环境不断发生物质、信息、能量交换的动态、开放的非平衡系统。而系统的外部环境是在不断地发生变化的，这些变化必然会对系统的活动内容、活动形式和活动要素产生不同程度的影响。同时，系统内部的各种要素也是在不断发生变化的。系统若不及时根据内外环境条件变化的要求，适时进行局部或全局的调整，则可能被变化的环境所淘汰，或为改变了的内部要素所不容。这种为适应系统内外变化而进行的局部和全局的调整，便是创新。根据上述特点，接下来从技术创新、制度创新以及管理创新三个层面分析创新的过程。

一、技术创新

（一）技术创新的含义

技术创新是指以创造新技术为目的的创新或以科学技术知识及其创造的资源为基础的创新，包括开发新技术，或者将已有的技术进行应用创新。技术创新主要表现在要素（材料及手段）创新、要素组合方法（工艺）创新以及要素组合成果（产品）创新等方面。

1. 要素（材料及手段）创新

要素创新包括材料创新和设备创新，要素组合创新包括生产工艺和生产过程的时空组织创新。例如前些年，美国农产品过剩，农场主负债累累，政府补贴农业的财政负担沉重。堪萨斯、卡罗来纳等农业州的农民与大学合作，从环保角度，以农产品作原料生产工业产品，比如用玉米生产一次性水杯、餐具和包装盒，从玉米中提取燃烧用的乙醇，从大豆中提取润滑油替代石油产品等，这些产品受到市场欢迎，政府决定给予减税和强制推行等支持。

2. 要素组合方法（工艺）创新

要素组合方法创新包括工艺路线创新和工艺装备创新等。工艺路线创新是生产方式思路的改变。例如用精密铸造、精密锻造、粉末冶金代替金属切削生产复杂的机械零件，可大大缩短生产周期，降低成本。工艺装备创新的例子很多，例如用电脑绣花机代替手工绣花，用数控机床代替手动操作机床等。

3. 要素组合成果（产品）创新

产品创新是企业技术创新的核心内容，包括了品种创新、产品结构创新等。品种创新要求企业根据市场需求的变化和消费者偏好的转移及时调整企业的生产方向和生产结构，不断地开发出受用户欢迎的适销产品。产品结构创新是企业不断改变原有品种的基本性能，对现在生产的各种产品进行改进和改造，找出更加合理的产品结构，从而具有更强的市场竞争力。

技术创新和产品创新有密切关系，又有所区别。技术创新可能带来但未必带来产品创新，产品创新可能需要但未必需要技术创新。一般来说，运用同样的技术可以生产不同的产品，生产同样的产品可以采用不同的技术。产品创新侧重于商业和设计行为，具有成果的特征，因而表现得更加外在；技术创新具有过程的特征，往往表现得更加内在。产品创新可能包含技术创新的成分，还可能包含商业创新和设计创新的成分。技术创新可能并不带来产品的改变，而仅仅带来成本降低、效率提高。同时，新技术的诞生往往可以带来全新的产品，技术研发往往对应于产品或者着眼于产品创新；而新的产品构想，往往需要新的技术才能实现。

（二）技术创新的决定因素

根据技术创新理论的代表人物莫尔顿·卡曼和南赛·施瓦茨的研究，决定技术创新的因素有三个：

1. 竞争程度

竞争必然引起技术创新。竞争是一种优胜劣汰的机制，技术创新可以给企业带来降低成本、提高产品质量和经济效益的好处，帮助企业在竞争中占据优势。因此，每个企业只有不断进行技术创新，才能在竞争中击败对手，得以生存和发展自己，获得更大的超额利润。

2. 企业规模

企业规模的大小从两方面影响技术创新的能力，因为技术创新需要一定的人力、物力和财力，并承担一定的风险。规模越大，这种能力越强。同时，企业规模的大小影响技术创新所开辟的市场前景的大小，一个企业规模越大，它在技术上的创新所开辟的市场也就越大。

3. 垄断程度

垄断程度影响技术创新的持久性。垄断程度越高，垄断企业对市场的控制力就越强，别的企业难以进入该行业，也就无法模仿垄断企业的技术创新，垄断厂商技术创新得到的超额利润就越能持久。一般来说，"中等程度的竞争"即垄断竞争下的市场结构最有利于技术创新。在这种市场结构中，技术创新又可分为两类：一是垄断前景推动的技术创新，指企业由于预计能获得垄断利润而采取的技术创新；二是竞争前景推动的技术创新，指企业由于担心自己目前的产品可能被竞争对手模仿或在创新的条件下丧失利润而采取的技术创新。

（三）技术创新的目标定位

一个组织面对自己的内部和外部环境，要想获得技术创新的成功，必须结合自身的特性、价值观、核心专长等，在为组织总战略服务的基础上给技术创新战略定位，这种定位不宜过于具体，以便使企业在动态的环境中游刃有余，克服过于刚性、缺乏灵活性的弊端。对企业来说，技术创新按其创新目的的不同可分为以下四种不同的目标定位：

1. 低成本领先目标定位

企业在确立以低成本领先目标为其技术创新的目的时，必须围绕降低成本、简化工艺流程、进行相关产品开发和应用及先进设备创新、改进与引进方面下功夫。企业要注重控制技术、产品技术、工艺技术，尽可能降低制造成本，生产标准化产品。总之企业要降低生产成本，保持市场最低价，获得成本领先地位。一般要求企业本来就是成本领先者，除非一些小企业通过重大的技术变革彻底改变地位。低成本领先需要企业不断地关注产品的设计以便于制造，引进先进设备，同时应具备较高的相对市场份额的低成本的分销系统。

2. 差异领先目标定位

企业在确立以差异领先目标为其技术创新的目的时，必须围绕优质原材料购进，产品独特的工艺、性能、功能、设计及包装上下功夫，注重工艺技术即尽量使产品工艺精细，注重产品技术即尽量设计具有独特风格、性能、功能的产品等，使顾客从产品中获得独特的需求满足。差异领先目标一般要求原材料购进质量好，产品性能好，有较好的工艺，具有独特的个性，总之产品对于消费者来说，要有与众不同的价值感受和独特的消费享受。

3. 先发制人目标定位

先发制人目标是指企业面对竞争对手，第一个采取行动方案，凭借其较强的研发能力，通过对新产品的革新与开发或改变游戏规则等而获得竞争优势。它要求企业具有较雄厚的资金和研发能力，对市场具有较强的洞察、反应能力。采取先动战略可以在产品技术、工艺技术、控制技术等某一技术或多个技术上进行突破与创新。

4. 范围经济目标定位

范围经济是指企业通过对核心技术、无形产品的拥有及对有形产品的生产，形成一条创新链，进行一系列的产品研制与开发，获得规模经济优势，增强企业竞争力，为企业获取高额利润。采用这种创新战略，要求企业在产品核心技术上进行研究与开发，同时注重产品技术的扩散与应用。例如，在家电行业中如果攻克了制冷核心技术，则不仅可以将其技术应用于家用制冷，还可以应用于工业制冷,生产出一系列产品,形成一定的规模,产生范围经济。

(四)技术创新的方式

企业实施技术创新的方式多种多样,总的说来有以下几种:

1. 自主创新

自主创新是指企业依靠自身的资源,通过研究、探索产生技术突破,攻克技术难关,并在此基础上推动创新的后续环节,完成技术的商品化,获取商业利润,达到预期目标的创新活动。自主创新是一种"先动"行为,它可以是一种根本性的变革,也可以是一种渐进的改变,是一种对领先企业较为适用的方式。它是领导行业发展、垄断市场、获得丰厚利润、实现成本领先战略的有效方法,同时也可达到获得高差异的目的,是带动我国经济发展的有效途径。企业要想在全球经济中占有一席之地,最终必须依靠自主创新。自主创新要求企业有很强的研发能力、较雄厚的经济实力及管理组织能力。它有投资大、周期长、风险大、收益大等特点,一旦获得成功,就能奠定企业在行业中的领导地位。

2. 内部转移

一般而言,这是一个企业或更多的是一个进行相关多元化发展的集团公司所采用的方法。当公司在某一个产品、某一个领域,特别是企业核心技术方面有所突破,形成某一技术在行业中领先地位时,公司不仅可以在某一范围内受益,还可以将技术转移到集团的子公司或其他领域而受益。各子公司或事业部可以分享技术创新成果,这样既可以形成集团公司在市场上的整体竞争实力,也分摊了研发中高昂的投资成本,降低研发费用。如一个集团公司在电冰箱的制造中突破了制冷技术,则不仅在电冰箱的生产中获得领先地位,得到丰厚的超额利润,而且可以把制冷技术转移到空调或者工业制冷技术上,在集团公司内共享研发成果。同时,研发费用也可以分摊到空调、工业制冷技术产品上,从而降低了研发成本,产生规模效益。

3. 学习/模仿

学习/模仿创新是指企业通过学习/模仿率先创新者的创新思路和创新行为,吸取率先者成功的经验和失败的教训,引进、购买或破译率先者的核心技术秘密,实行对产品功能、生产工艺等改进的一系列活动。它是一种"跟进"行为,是一种从渐进走向根本性变革的技术创新过程。它具有模仿跟随性、开拓性、资源投入的中间聚积性等特点。学习/模仿创新是企业在研发技术相对落后的情况下,通向自主创新、面对国际化竞争的一种有效方式。学习/模仿创新可以通过技术的积累将知识和能力内化于企业组织结构之中,形成企业的一种重要的无形资源,提高企业的基础竞争力。

4. 合作/联盟

合作/联盟创新是指企业间或企业、科研机构、高等院校之间的联合创新行为。它通常以合作伙伴的共同利益为基础，以资源共享或优势互补为前提，有明确的合作目标、合作期限和合作规则，合作各方在技术创新的全过程或某些环节共同投入，共同参与，共享成果，共担风险。合作的成员之间可以是供需关系，也可以是相互竞争关系。它是在全球性技术竞争不断加剧，企业创新活动越来越复杂的情况下做出的必然选择。合作创新可以缩短创新时间，增强企业的研究能力，分散企业创新风险，一般集中在高新技术产业。

5. 外购或购并

外购创新是指企业为了更加有效地建立和发挥核心专长，获得商业利润，提高企业在市场上的竞争能力，通过合法手段购买一个研究机构或另外企业的专利技术，建立自己的核心专长，获得市场竞争优势。购并创新则是通过购并一个企业而获得这个企业的技术创新成果和能力。外购方式相对投资较少，掌握技术较快，有利于企业缩短研制周期，减少风险，缩小竞争中的差距。但外购的技术往往是别的企业已经采用的技术，它们会给企业开发新产品带来一定的困难，且经常依赖外购来实现创新容易使其内部创新能力减退。一般情况下，外购技术可以产生良好的短期回报，但在不知不觉中，企业会减少对新技术研究开发的投资，包括研发费用和人力的投入，特别是某些技术诀窍只有在研究开发的过程中才能学会。如果企业过分依赖技术外购，这势必影响企业的技术创新能力，从而最终损害企业的长远利益。

> **课间案例 4**
>
> ### 科龙公司的技术创新
>
> 科龙公司生产的容声牌冰箱、科龙牌空调和三洋科龙牌冷柜享誉全国并出口海外。作为中国家电产业领头羊的科龙公司，为了应对国内外竞争，采取的措施是加快自己的技术创新，提高产品的技术含量，提高产品的档次。科龙集团成立了香港科龙发展有限公司，加快了技术研发的步伐，加大了对技术更新的投入。
>
> 在激烈的市场竞争中，科龙人不断集中独特的技术，开发优质新产品、引导新潮流成了科龙精品的一大特色。在国内，首创电子除臭旋转功能的是科龙容声冰箱；首先开发出无氟电冰箱，率先推出全自动除霜功能的是科龙容声冰箱；首家推出大圆弧门、太空流线型冰箱外观的是科龙容声冰箱；花费3 000万日元，从日本引进风靡世界的热转式冰箱外观，又一次带动我国冰箱外观革命和产业升级的还是科龙容声冰箱。

二、制度创新

（一）制度创新的含义

制度创新是指组织引入一项新的制度安排来代替原来的制度，如组织的结构、组织运行规范等。制度创新意味着对原有组织制度的否定，是一个破旧立新的过程。组织制度的发展过程也是组织制度的创新过程。制度创新是把思维创新、技术创新和组织创新活动制度化、规范化，同时又具有引导思维创新、技术创新和组织创新的功效。组织制度创新的目的是建立一种更优的制度安排，调整组织中所有者、经营者、劳动者的权力和利益关系，使组织具有更高的活动效率。

（二）制度创新的类型

制度创新是组织创新的最高层次，是组织创新实现的根本保证。组织制度创新主要包括以下三种创新：

1. 产权制度创新

产权制度是指产权关系和产权规则结合而成的且能对产权关系实现有效组合、调节和保护的制度安排。产权制度是企业制度的核心，它不仅决定着企业的性质和方向，而且影响着企业其他制度的制定及运行方式。产权制度最主要的功能在于降低交易费用，提高资源配置效率。建立归属清晰、权责明确、保护严格、流转顺畅的现代产权制度，是市场经济存在和发展的基础，是完善基本经济制度的内在要求。当前我国经济社会发展中出现的一些矛盾和问题，都直接或间接地涉及产权问题。建立健全现代产权制度，是实现国民经济持续快速健康发展和社会有序运行的重要制度保障。

2. 经营制度创新

经营制度是企业在生产经营活动中有关经营权归属及其行使条件、范围、限制等方面的原则规定，约束和规范企业所有部门及成员的日常生产经营活动。合理、合法、符合企业当前发展要求的企业经营制度可以显著提升企业的整体运营效率，因此企业在不同的发展阶段应该适时解除旧的经营制度，建立并施行与企业发展相适应的经营制度。经营制度的创新方向应该是不断寻求企业生产资料最有效的利用方式。

3. 管理制度创新

管理制度是对企业管理活动的制度安排，包括企业经营目的和观念、企业目标与战略、企业的管理组织以及各业务职能领域活动的规定（包括对材料、设备、人员及资料等各种要素的取得和使用的规定等）。

产权制度、经营制度、管理制度这三者之间的关系是错综复杂的（实践中相邻的两种制度之间的划分甚至很难界定）。一般来说，一定的产权制度决定了相应的经营制度。但是，在产权制度不变的情况下，企业具体的经营方式可以不断进行调整。同样，在经营制度不变时，具体的管理规则和方法也可以不断改进。而当管理制度改进到一定程度，则会要求经营制度作相应的调整。经营制度的不断调整，则必然会引起产权制度的革命。因此，反过来，管理制度的变化会反作用于经营制度，经营制度的变化会反作用于产权制度。

制度创新的方向是不断调整和优化企业所有者、经营者、劳动者三者之间的关系，使各个方面的权力和利益得到充分的体现，使组织各成员的作用得到充分的发挥。

三、管理创新

（一）管理创新的含义

管理创新是指组织把新的管理要素（如新的管理方法、新的管理手段、新的管理模式等）或要素组合引入组织管理系统，改变组织的管理流程、业务运作流程和组织形式，以期更有效地实现组织目标的创新活动。管理创新是创造一种新的更有效的资源整合范式，这种范式既可以是新的有效整合资源以达到组织目的和责任的全过程管理，也可以是新的具体资源整合及目标制定等方面的细节管理。管理创新至少可以包括下列五种情况：提出一种新经营思路并加以有效实施，创设一个新的组织机构并使之有效运转，提出一种新的管理方式方法，设计一种新的管理模式，采用一项新的制度模式。

（二）管理创新的基本条件

管理创新是一个组织长期而艰巨的工作内容，并能为组织的发展提供持续动力，所以这项工作应是全员的，应该创造适宜的条件才能有效推进。为使管理创新能有效地进行，必须创造以下基本条件：

1. 创新主体应具有良好的心智模式

这是实现管理创新的关键。创新主体包括组织中的企业家、管理者和员工。心智模式是指由于过去的经历、习惯、知识素养、价值观等形成的基本固定的思维认知方式和行为习惯。创新主体具有良好的心智模式是指一要有远见卓识，二要具有较好的文化素质和正确的价值观。

2. 创新主体应具有较强的能力结构

管理创新主体必须具备一定的能力才可能完成管理创新。管理创新主体应具有核心能力、必要能力和增效能力。核心能力突出地表现为创新能力，必要能力包括将创新转化为实际操作方案的能力和从事日常管理工作的各项能力，增效能力是控制协调、加快进展的各项能力。

3. 组织应具备良好的基础管理条件

组织的基础管理主要是指一般的最基本的管理工作，如基础数据、技术档案、统计记录、信息收集归档、工作规则、岗位职责标准等。管理创新往往是在基础管理较好的组织里才有可能产生。因为只有基础管理好，才能提供许多必要且准确的信息、资料、规则等，这本身有助于管理创新的顺利进行。

4. 组织应营造良好的管理创新氛围

组织中创新主体能有创新意识，能有效发挥创新能力，与拥有一个良好的创新氛围有关。在良好的组织氛围下，人们思想活跃，新点子产生得多而快，而不好的氛围则可能导致人们思想僵化，思路堵塞，头脑空白。

5. 管理创新应结合本组织的特点

组织管理创新的目的都是为了更有效地整合本组织的资源以完成本组织的目标和任务。因此，其管理创新就不可能脱离本组织和所在地域的特点。组织创新首先根据本组织实际情况，选择适合的管理创新目标；其次，管理创新的方式方法的选择应与组织结构和组织运行状态相适应。

课间案例 5

温柔乞讨

从前，有位失明的男孩子，他坐在一栋大厦前的台阶上乞讨，脚边放着一顶破帽子，他的手里举着一个牌子，上面写着："我是一个盲人，请你帮帮我。"

一个男子从他身旁走过，他看见帽子里只有很少的几枚硬币，于是掏出些钱放进他的帽子里。然后，他取出笔，在男孩手中牌子的反面写上了一行字，让他把牌子反过来举着。没想到这样一改，很多从男孩身边经过的人都给他捐钱。下班时，那个男子再次从男孩身边走过，看见他的帽子里面的钱已经满了。男孩听出了他的声音，问道："您是今天中午那个改我牌子的人吗？您在上面写了些什么？"

男子答道："我写的其实和你的实质一样，但我却用了不同的表达方式。我写的是：今天是美好的一天，我却无法看见！"

第三节　创新活动的组织引导和风险管理

管理者素质的核心是创新。创新的灵魂是观念创新，管理者必须紧跟时代步伐，抢抓机遇，大胆创新，不断创造和拥有更新的思想、更新的观念，不断增强组织核心技术优势，优化、调整组织内部资源配置，充分发掘组织内部潜力，增强竞争实力，促进组织的长远发展。组织只有在不断的创新中才会走得更高、更远、更稳。

一、创新活动的组织引导

组织中的管理者不仅要对自己的工作进行创新，而且更主要的是进行组织创新，为组织中员工的创新提供条件、创造环境，有效地进行组织系统内部的创新。

（一）管理者要充分认识到创新的必要性

管理本身就有创新性这一特点，由此决定了创新是现代管理者素质的核心。要想让组织发展壮大，适应日新月异的外部环境，就要不断地为组织注入"生命"源泉，在各个方面，比如产品本身、生产工艺以及物资设备等方面都应有创造性的见解，或者说为组织带来创造性的新元素。管理人员必须意识到，创新是组织管理的一项重要内容，是决定组织发展方向、发展规模、发展速度的关键要素，是一个组织可持续发展的必备条件。从整个组织管理到具体业务运行，组织创新贯穿在每一个部门、每一个细节中。

（二）大力促进创新组织氛围的形成

促进创新的最好方法是大张旗鼓地宣传创新、鼓励创新、激发创新，树立"无功便是有过"的新观念，使每一个成员都能努力进取、大胆尝试。管理人员必须自觉地带头创新，并努力为组织成员提供有利于创新的氛围与环境，积极鼓励、支持、引导组织成员不断进行创新。要造成一种人人谈创新、时时想创新、无处不创新的组织氛围，使那些无创新欲望或有创新欲望却无创造行动从而无所作为者自己感觉到在组织中无立身之处，使每个人都认识到组织聘用自己的目的，不是要自己简单地用既定的方式重复那些操作，而是希望自己去探索新的方法、找出新的程序，只有不断地去探索、去尝试，才有继续留在组织中的资格。

(三)制订有弹性的计划

创新意味着打破旧的规则,意味着时间和资源的计划外占用,因此,创新要求组织的计划必须具有弹性。创新需要思考,思考需要时间。把每个人的每个工作日都安排得非常紧凑,对每个人在每时每刻都实行"满负荷工作制",则创新的许多机遇便不可能被发现,创新的构想也没有条件产生。同时,创新需要尝试,而尝试需要物质条件和试验的场所。如果要求每个部门在任何时间都严格地制订和执行严密的计划,则创新会失去基础,而永无机会尝试的新构想,就只能留在人们的脑子里或图纸上,不可能给组织带来任何实际效果。因此,为了使人们有时间去思考、有条件去尝试,组织制订的计划必须具有一定的弹性。

(四)正确地对待失败

创新的过程是充满着失败的过程。创新者应该认识到这一点,创新的组织者更应该认识到这一点。只有认识到失败是正常的,甚至是必需的,管理人员才可能允许失败,支持失败,甚至鼓励失败。当然,支持尝试,允许失败,并不意味着鼓励组织成员去马马虎虎地工作,而是希望创新者在失败中取得有用的教训,学到一点东西,变得更加明白,从而使下次失败到创新成功的路程缩短。

(五)建立合理的奖酬制度

组织要激发每个人的创新热情,还必须建立合理的评价和奖酬制度。创新的原始动机也许是个人的成就感、自我实现的需要,但是如果创新的努力不能得到组织或社会的承认,不能得到公正的评价和合理的奖酬,则持续创新的动力会渐渐削弱甚至消失。

课间案例6

总统促销

从前,有位美国出版商,他的手中有一批滞销书,久久不能脱手。一天,他想出了一个主意。

他给总统寄去一本书,并三番五次地征求总统的意见。忙于政务的总统不堪其烦,于是便敷衍道:"你这本书不错。"于是,他立刻打出一则广告:"我处现有一本总统认为不错的好书,欲购从速。"人们蜂拥而至,书被抢购一空。

> 不久后,这位出版商又有一批书卖不动了,他又给总统寄去一本书。这回,总统有心奚落他,便说道:"你这本书简直糟透了。"出版商知道后,随即打出广告:"本处现有一批总统先生认为糟透了的书,欲购从速。"结果,书又被人们抢购一空。
>
> 第三次,这位出版商又故技重演。这次,总统接受了前两次的教训,于是不置可否。这位出版商灵机一动,又打出一则广告:"我处现有一本连我国总统也难以下结论的书,欲购从速。"结果书还是被抢购一空。

二、创新活动的风险管理

创新风险是指由于组织外部环境的不确定性或组织内部对创新过程难以有效控制而造成创新活动失败的可能性。在创新过程中,风险总是客观存在、不可避免的,风险可能会导致创新活动达不到预期目标。创新要敢于冒险,但这并不意味着盲目冒险。因此,组织必须建立有效的风险管理机制。

(一)降低合作创新风险

创新组织要从能力、责任、制度、技术和财务等方面对创新合作伙伴进行详尽的风险考核,选择发展稳健的合作者,降低合作创新的风险。在合作者的数量上,以精简为原则,尽量缩短合作链条,以减少合作创新中的不确定性。

(二)提高早期风险评估能力

创新组织应加强对研发成果商业潜力的早期风险评估能力,或者与专业的风险评估机构进行合作,充分评价"流出"和"流入"组织的创意的潜在商业价值,从而避免造成损失。

(三)吸引组织内外创新人才

通过改善组织内部的人力资源管理方式、规范人事规章制度、建立合理的创新激励机制,保持对组织内外人才的吸引力,稳定组织内部研发组织结构,避免组织核心研发人员过多离职出走,从而避免组织内部创意流失。

(四)不断变革商业模式

创新主要强调的是组织整合创新资源的能力,从本质上来说,创意与技术本身是没有任何价值的,它们的价值是由将其市场化的商业模式决定的。商业模式相当于中介机构，从而把技术领域和经济领域连接起来。一项普通的创意或技术配以非常先进的商业模式可能会比非常先进的创意或技术配以普通的商业模式更能创造价值。

（五）建立健全内部控制体系

明确组织内部管理层以及具体操作人员的职权和责任，实行严格的问责制。加强对创新的激励约束机制建设，建立足以监控、管理和报告创新产品交易风险的管理信息系统，实施全面的内部控制与稽核制度，有效发挥内部监管职能。

阅读小故事

牛顿和万有引力的故事

1666年的秋天，24岁的牛顿还是剑桥大学圣三一学院三年级的学生。牛顿一直被这样的问题所困惑：是什么力量驱使月球围绕地球转，地球围绕太阳转？为什么月球不会掉落到地球上？为什么地球不会掉落到太阳上？在英国北部林肯郡一个名叫乌尔斯索普的村庄里，发生了这样一件"小事"：一天傍晚，学习了一天的牛顿信步来到自家的苹果园里，坐在一棵苹果树下，欣赏着满园的果实。面对这美妙和谐的大自然，牛顿总是隐隐约约地感到，在神秘的自然界后面，一定有某种规律在支配着它的运动，可是这个规律是什么呢？苹果的阵阵幽香，不知不觉又使牛顿沉浸于天体运动之谜的思考之中。一个苹果恰好从树上落下来并打在牛顿的头上。这时候，他忽然想到，为什么苹果总是垂直落向地面呢？为什么苹果不向外侧或向上运动，而总是向着地球中心运动呢？无疑，这是地球向下拉着它，有一个向下的拉力作用在物体上，而且这个向下的拉力总和必须指向地球中心，而不是指向地球的其他部分。所以苹果总是垂直下落，或者总是朝向地球的中心。苹果向着地球，也可看成是地球向着苹果，物体和物体之间是相互朝着对方运动的。物体之间的作用力必须正比于它们的质量。这个力，就是我们后来所称的万有引力。

本章习题

一、单项选择题

1. 最先给出创新定义的是 （ ）
A. 麦克利兰　　B. 茨维基　　C. 戈登　　D. 熊彼特

2. 首次把创新引进管理领域，认为创新就是赋予资源以新的创造财富能力的行为的管理学家是 （ ）
A. 亨利·法约尔　B. 巴纳德　　C. 弗鲁姆　　D. 彼得·德鲁克

3. 本身没有某种特有的表现形式，总是在与其他管理职能的结合中表现自身存在与价值的管理职能是 （ ）
A. 计划　　B. 组织　　C. 控制　　D. 创新

4. 高成本、高风险、高报酬的创新活动是 （ ）
A. 首创型创新　B. 改仿型创新　C. 模仿型创新　D. 被动型创新

5. 低成本、低风险、高收益的创新活动是 （ ）
A. 首创型创新　B. 改仿型创新　C. 模仿型创新　D. 被动型创新

6. 低成本、低风险、低收益的创新活动是 （ ）
A. 首创型创新　B. 改仿型创新　C. 模仿型创新　D. 被动型创新

7. 企业技术创新的核心内容是 （ ）
A. 产品创新　B. 管理创新　C. 服务创新　D. 流程创新

8. 用新的更有效的方式方法来整合组织资源，以期更有效地达成组织的目标与责任的创新活动是 （ ）
A. 技术创新　B. 管理创新　C. 组织创新　D. 制度创新

二、多项选择题

1. 维持与创新的关系是 （ ）
A. 维持是为了实现创新的成果
B. 创新是维持的逻辑延续
C. 维持是创新基础上的发展
D. 创新为更高层次的维持提供依托和框架
E. 有效的管理是实现维持与创新最优组合的管理

2. 创新的形式主要有 （   ）
  A. 产品创新　　B. 工艺创新　　C. 市场创新
  D. 资源配置创新　　E. 组织创新

3. 根据创新程度的不同，企业的创新策略通常包括 （   ）
  A. 产品创新　　B. 工艺创新　　C. 首创型创新
  D. 改仿型创新　　E. 模仿型创新

4. 首创型创新的特点有 （   ）
  A. 高成本　　B. 低成本　　C. 高收益
  D. 低收益　　E. 高风险

5. 改仿型创新的特点有 （   ）
  A. 高成本　　B. 低成本　　C. 高收益
  D. 低收益　　E. 低风险

6. 模仿型创新的特点有 （   ）
  A. 高成本　　B. 低成本　　C. 高收益
  D. 低收益　　E. 低风险

7. 企业技术创新的主要表现是 （   ）
  A. 服务创新　　B. 要素创新　　C. 工艺创新
  D. 产品创新　　E. 目标创新

8. 企业技术创新的决定因素是 （   ）
  A. 组织目标　　B. 竞争程度　　C. 企业规模
  D. 垄断程度　　E. 企业性质

9. 企业技术创新的目标定位有 （   ）
  A. 销量领先　　B. 低成本领先　　C. 差异领先
  D. 先发制人　　E. 范围经济

10. 技术创新的方式有 （   ）
  A. 自主创新　　B. 内部转移　　C. 学习与模仿
  D. 合作与联盟　　E. 外购或并购

11. 制度创新主要包括 （   ）
  A. 激励制度创新　　B. 产权制度创新　　C. 经营制度创新
  D. 管理制度创新　　E. 沟通制度创新

12. 管理创新的形式主要包括 （　　　　）
A. 提出一种新经营思路并加以有效实施
B. 创设一个新的组织机构并使之有效运转
C. 提出一种新的管理方式方法
D. 设计一种新的管理模式
E. 进行一项新的制度的管理

三、判断正误题

（　）**1.** 对于任何企业来说，要想取得高额利润，必须不断进行首创型创新。

（　）**2.** 对于企业来说，进行首创型创新，可以开辟新的市场领域，提高企业的市场竞争力，获得高额利润。

（　）**3.** 模仿型创新者不用承担市场风险，市场开发成本低，因此模仿型创新是想取得市场领先地位企业的首要选择。

（　）**4.** 意外的成功往往可以揭示创新，而意外的失败则意味着无法进行创新。

（　）**5.** 技术创新可能带来但未必带来产品创新，产品创新可能需要但未必需要技术创新。

（　）**6.** 自主创新有投资大、周期长、风险大、收益大等特点。它一旦获得成功，就奠定自身在行业中的领导地位。

（　）**7.** 制度创新意味着对原有企业制度的否定，是一个破旧立新的过程。企业制度的发展过程也是企业制度的创新过程。

（　）**8.** 管理创新是创造一种新的更有效的资源整合范式，这种范式既可以是新的有效整合资源以达到组织目的和责任的全过程管理，也可以是细节管理。

（　）**9.** 企业进行技术创新的主要动力是获取高额利润。

（　）**10.** 自主创新是企业发展的根本。

四、名词解释题

1. 创新
2. 技术创新
3. 管理创新
4. 制度创新

5. 自主创新

6. 创新风险

7. 首创型创新

8. 改仿型创新

9. 模仿型创新

10. 适度创新

五、简答题

1. 简述维持职能与创新职能的关系。
2. 简述创新的特征。
3. 简述创新的五种形式。
4. 简述决定技术创新的因素。
5. 简述管理创新的基本条件。
6. 简述组织如何提高管理创新能力。
7. 简述组织如何对创新活动进行组织引导。
8. 简述组织如何对创新活动进行风险管理。

六、论述题

1. 联系实际谈谈企业家为什么愿意投入大量人力物力进行创新，以及如何进行有效创新。
2. 企业的创新与经济效益之间存在必然联系吗？为什么？
3. 论述技术创新、制度创新与管理创新的关系。

第十二章　管理理论应用专题

学习目标　本章有所选择地给大家介绍一些当代管理理论应用的几个专题：目标管理、战略管理、危机管理、标杆管理、学习型组织和数字化管理。通过学习，应掌握目标管理的概念及其应用程序，理解并能掌握目标管理的实际应用；掌握战略管理的概念及其应用，运用战略管理知识分析实际管理问题；掌握危机管理的概念、原则及其应用步骤，学会组织遭遇危机的化解方法；掌握标杆管理的概念及其应用；理解学习型组织的概念及其五项修炼，掌握学习型组织的创建过程；掌握数字化管理的概念及其应用，运用数字化思维分析实际管理问题。

本章关键词　目标　目标管理　危机管理　战略管理　标杆管理　学习型组织　成本领先战略　差异化战略　专一化战略　数字化管理　数字文化

第一节　目标管理

美国著名管理大师彼得·德鲁克于1954年在其著作《管理的实践》中最先提出了"目标管理"的概念，随后他又提出"目标管理和自我控制"的主张。彼得·德鲁克认为，企业的目的和任务必须转化为目标，企业的各级主管必须通过这些目标对下级进行领导，以此来达到企业的总目标。目标管理被称为"管理中的管理"，一方面强调完成目标，实现工作成果，另一方面重视人的作用，强调员工自主参与目标的制定、实施、控制、检查和评价。

目标管理是彼得·德鲁克所发明的最重要、最有影响的概念，并已成为当代管理学的重要组成部分。时值第二次世界大战后西方经济由恢复转向迅速发展的时期，企业急需采用新的方法调动员工积极性以提高竞争能力，目标管理的出现可谓应运而生。目标管理提出以后，便在美国迅速流传，遂被广泛应用,并很快为日本、西欧国家的企业所仿效,在世界管理界流行开来。

一、组织目标体系

(一) 目标的含义

目标是指组织中期望未来要达到的一种理想状态,是个人、部门或组织整体付出了所选择的努力之后想得到的成果。因此,组织目标对组织的全部活动起指导和制约作用,组织中的目标既可用于校验人们的业绩水平,更是制定各种行动方案的前提和依据。组织目标是多重的而不是单一的,在组织的总目标之下常常有好几个层次的分目标,构成分层次目标的体系。各个层次的目标相互联系、相互制约,共同反映组织的整体特征。一般情况下,各类组织成员都处于试图实现组织目标的努力与期待之中。不同组织有不同的目标,组织目标是识别组织的性质、类别和职能的基本标志,任何组织都把确定组织目标作为最重要的工作。

(二) 组织制定目标的原则

1. 目标明确化。从某种意义上说,管理是一个为了达到同一目标而协调集体所做努力的过程,如果不是为了达到一定的目标就无须管理。目标的作用首先在于为管理指明了方向。所以,目标明确化是组织制定目标的首要原则。

2. 目标富于挑战性。目标是一种激励组织成员的力量源泉。要使目标对组织成员产生激励作用,一方面要符合他们的需要,另一方面要有挑战性。目标富于挑战性应当作为组织制定目标的另一项原则。

3. 个人目标与组织目标一致。组织凝聚力的大小受到多种因素的影响,其中的一个重要因素就是组织目标。特别是当组织目标充分体现了组织成员的共同利益,并能够与组织成员的个人目标取得最大程度的和谐一致时,就能够极大地激发组织成员的工作热情、奉献精神和创造力。因此,使组织目标与群体或组织成员个人目标一致是组织制定目标的又一项原则。

4. 目标可以考核。目标是组织考核管理者和员工绩效的客观标准,正确的考核方法应当是根据明确的目标进行考核。为此,目标本身必须是可以考核的,这也是组织制定目标的一项主要原则。

(三) 组织目标体系

组织目标是一个体系,它是由战略目标、长期目标、中期目标和短期目标组成的,每种目标的产生和作用都是不相同的。

1. 战略目标。战略目标是组织的灵魂和活动的宗旨，它规定组织成员活动的方向，并把组织和环境联系起来。战略目标是抽象的、有原则性的，即没有明确规定达成的标准，也没有明确规定在多长时期内实现，它只是指明这个组织活动的方向。战略目标不便于直接实施，所以要把它具体化为长期目标、中期目标和短期目标，才能付诸实施。

2. 长期目标。长期目标是根据组织的战略目标，结合对主客观条件的分析，给组织的发展提出一项基本任务，这项任务是要在今后一个相当长的时期内才能完成的。长期计划的作用在于它能够给组织的活动指明一个具体的前进方向和奋斗目标，它是通向战略目标的里程碑和航标。没有长期计划，最终目标就会变得渺茫，前进便会失去方向。长期目标一经制定，便具有相对稳定性，不可随便更改。长期目标的年限根据各组织活动的周期而定，一般来说，5 年以上的目标大多是长期目标。

3. 中期目标。中期目标是指在一定的目标体系中受长期目标所制约的子目标，是达成长期目标的一种中介目标。中期目标是把长期目标提出的基本任务划分，使之具体化，便于实现。可以说，中期目标是长期目标的一份清单，没有中期目标，长期目标也是不具体的，是不能实现的。

4. 短期目标。短期目标是中、长期目标的具体化，也称为操作目标。这种目标把任务落实到每一个基层单位，甚至每一个成员，对他们所要完成的任务的数量、质量、技术要求和工作程序都作了具体规定，并且在物资和设备上给予保证，责任、权限和利益也都作了明确的划分。组织活动的大部分内容是组织成员完成短期目标，但如果组织过分重视中短期目标而忽视战略目标、长期目标，组织的发展将会受到影响。

长期目标、中期目标和短期目标是对战略目标的划分，规定每个时期要达到的水平。长期目标、中期目标和短期目标，在完成时间上的区别，当然是一个比一个短，但是时间上的划分并不是绝对的。比如对于一个国家来说，5 年计划就可以算作中期目标。但是对一个企业来说，5 年计划就可能成为长期目标，而年度计划就可能是它的中期目标。

课间案例 1

目标的作用

曾有人做过这样的实验。组织三组人，让他们沿着公路向 10 千米以外的村庄步行前进。第一组不知道去的村庄叫什么名字，也不知道有多远，只告诉他们跟着向导走就行了。结果这个组刚走了两三千米时就有人叫苦，走到一半，就有人抱怨，有的人甚至再也不肯走了，越往后，人的情绪越低落。第二组知道去哪个村庄，也知道它有多远，但路边没有里程碑，他们只凭经验估计需要走两个小时。这个组走到一半时开始有人叫苦，走到四分之三的路程时，大家情绪低落了，觉得疲惫不堪，路程太远了。当有人说快到了的时候，大家又都振作起来，加快了脚步。第三组不仅知道路程有多远，去的村庄叫什么名字，而且路边每千米都有一个里程碑。人们一路走一路留心看里程碑，每看到一个里程碑，大家心里便有一阵小小的快乐。当他们走了五千米之后，每再看到一个里程碑，便爆发一阵欢呼声。这个组的情绪一直很高。走了七八千米之后，大家确实累了，但他们不仅不叫苦，反而大声唱歌、说笑。最后两千米，他们的情绪越来越高，因为他们知道胜利就在眼前了。

二、目标管理的概念

目标管理是指使管理活动围绕和服务于目标中心，以分解和执行目标为手段，以圆满实现目标为宗旨的一种管理方法。目标管理的基本内容是动员全体员工参与制定目标并保证目标实现，即由组织中的上级与下级一起商定组织和个人的共同目标，将组织的整体目标逐级转化为下属单位和个人的子目标，并把其具体化展开到组织的各个部门、各个层次、各个成员。

目标管理与组织内每个单位、部门、层次和成员的责任和成果相互密切联系，在目标执行过程中要根据目标决定上下级责任范围，上级权限下放，下级实现自我管理。目标管理的目的是通过目标的激励来调动广大员工的积极性，从而保证实现组织总目标。

三、目标管理的特点

目标管理指导思想是以 Y 理论为基础的，即认为在目标明确的条件下，人们能够对自己负责，可实行自我管理。它与传统管理方式相比有鲜明的特点，可概括为：

（一）全员参与目标管理

目标管理是一种组织全员参与的、民主的、自我控制的管理制度，目标由上下级共同商定，依次确定各种目标，也是一种把个人需求与组织目标结合起来的管理制度。在这一制度下，上级与下级的关系是相互平等、尊重、依赖、支持的，下级在承诺目标和被授权之后是自觉、自主和自治的。

（二）建立完整目标体系

目标管理通过专门设计的过程，将组织的整体目标逐级分解，转换为各单位、各部门、各员工的分目标。从组织目标到经营单位目标，再到部门目标，最后到个人目标，在目标分解过程中，权、责、利三者已经明确，而且相互对应。这些目标方向一致，环环相扣，相互配合，形成协调统一的目标体系。只有每个组织成员完成了自己的分目标，整个组织的总目标才有完成的希望。

（三）以自我管理为中心

目标管理的基本精神是以自我管理为中心。目标的实施，由目标责任者自我进行，通过自身监督与衡量，不断修正自己的行为，以达到目标的实现。目标管理强调自我对工作中的成绩、不足、错误进行对照总结，经常自检自查，不断提高效益。

（四）重视管理工作成果

目标管理以制定目标为起点，以目标完成情况的考核为终结。工作成果是评定目标完成程度的标准，也是人事考核和奖评的依据，成为评价管理工作绩效的唯一标志。至于完成目标的具体过程、途径和方法，上级并不过多干预。所以，在目标管理制度下，监督的成分很少，而控制目标实现的能力却很强。

四、目标管理的过程

目标管理产生以后，随着一些具有标杆作用的著名大企业采用后效果突出，而引起诸多企业的兴趣，越来越多的企业尝试应用。一般来说，目标管理法应用的基本过程如下：

（一）建立一套完整的目标体系

实行目标管理，首先要建立一套完整的目标体系。这项工作总是从组织的最高主管部门开始，然后由上而下地逐级确定目标。上下级的目标之间通常是一种"目的—手段"的关系，某一级的目标，需要用一定的手段来实现，这些手段就成为下一级的次目标，按级顺推下去，直到作业层的作业目标，从而构成一种锁链式的目标体系。

（二）实现目标过程管理

目标管理重视结果，强调自主、自治和自觉，完成目标主要靠执行者的自我控制。目标既定，主管人员就应放手把权力交给下级成员，自己则去抓重点的综合性管理。上级的管理应主要表现在指导、协助。首先进行定期检查，利用双方经常接触的机会和信息反馈渠道自然地进行；其次要向下级通报进度，便于互相协调；最后要帮助下级解决工作中出现的困难或问题，当出现意外、不可预测事件而严重影响组织目标实现时，也可以通过一定的程序，修改原定的目标。

（三）测定与评价所取得的成果

对各级目标的完成情况，要事先规定出期限，定期进行检查，检查的依据就是事先确定的目标。达到预定的期限后，下级首先进行自我评估，提交书面报告；然后上下级一起检查目标完成情况，决定奖惩；同时讨论下一阶段的目标，开始新循环。如果目标没有完成，应分析原因、总结教训，切忌相互指责，以保持相互信任的组织氛围。

五、目标管理的评价

彼得·德鲁克曾表示，目标管理只是一个管理工具，并非包治百病的灵丹妙药，它只有在组织真正知道自己的目标时才会发生作用，但百分之九十的情况是，组织并不真正知道自己的目标是什么。因此，目标管理虽然在全世界产生很大影响，但实施中也可能出现许多问题。因此必须客观分析其优劣势，才能扬长避短，收到实效。

（一）目标管理的优点

1. 目标管理有利于提高组织管理效率。因为目标管理是一种以结果导向为主要手段、以过程监控为辅助手段的参与式管理模式。相对于计划管理方式，目标管理在推进工作进展、保证组织战略目标实现方面更胜一筹。这种管理方式促使组织的每个部门和每位成员不得不考虑目标的实现，以完成目标为工作使命。由于这些分目标是组织总战略目标的分解，因此，当组织的分目标实现时，便意味着组织已实现了总战略目标。此外，在实施目标管理时，由于只确定分目标，并不规定每个部门和每个成员完成分目标的方式和手段，这便给员工在完成目标方面提供了一个自由驰骋的空间，从而有效地提高了组织管理的效率。

2. 目标管理有利于强化员工自我管理意识。目标管理实际上是一种自我管理的方式，或者说是引导组织成员自我管理的方式。由于在目标设定阶段，员工参与了目标的制定，并对目标作出承诺，因而员工不再只是被动地执行上级的指示，而是成为有明确工作使命的主动工作者。从这个意义上看，目标管理使下级目标明确，强化员工自我管理意识，促使其积极主动工作。

3. 目标管理有利于对组织整体运行实现有效控制。目标管理的进程并不是终止于总目标分解的阶段，而是需要组织的管理者对目标实现的过程经常进行检查，对比工作实际执行情况与既定目标的差距，从而及时地给予纠正偏差。可以这么说，目标管理强调自我控制、自我调节，如果一个组织已经有了一套明确的可考核的目标体系，那么其本身就是进行监督控制的最好依据。

4. 目标管理有利于改善组织人际关系。在组织目标分配过程中，需要员工和部门领导之间的沟通，因为只有这样才能了解部门的目标完成进度和个人的指标完成状况。目标汇总则是一个信息反馈的过程，利用目标管理不但加强了组织人际交往，还促进了员工之间、部门之间的磨合，改善了组织人际关系，提高了工作效率。

（二）目标管理的缺点

在实际操作中，目标管理也存在许多明显的缺点，主要表现在：

1. 目标难以准确确定。组织实际上等同于一个产出联合体，因此很难界定出每个人贡献的大小，组织内的许多目标难以定量化、具体化，往往组织有些部门的目标只能定性地描述出来。组织环境的可变因素越来越多，变化越来越快，组织的内部活动日益复杂，使组织活动的不确定性也越来越大。这些都使得组织的许多活动要制定量化目标是很困难的。

2. 目标管理的哲学假设不一定都存在。Y 理论对于人类的动机作了过分乐观的假设，实际中的人是有"机会主义本性"的，尤其在监督不力的情况下。因此许多情况下，目标管理所要求的承诺、自觉、自治的组织氛围难以形成。

3. 目标商定可能增加管理成本。目标管理需要将组织总目标逐层分解，来确定每个部门、员工需要实现的目标。上下级、各部门和员工需要多次沟通、统一思想、共同商定目标，是很费时间和精力的，从而增加管理成本；每个单位、部门和个人都关注自身目标的完成，很可能忽略了相互协作和组织目标的实现，滋长本位主义、临时观点和急功近利倾向，协调各部门之间的关系也会增加管理成本。

4. 组织容易只注重短期目标。大多数目标管理中的目标通常是一些短期目标，如年度目标、季度目标、月目标等。短期目标一般比较具体、易于分解，而且容易迅速得到实现。而长期目标则不然，不仅比较抽象，难以分解，而且通常需要较长的验证期。基于长短期目标的上述特征，组织在实施目标管理时，惯于强调短期目标的实现，而对长期目标漠不关心。这种认知和做法自然偏离了目标管理的真正内涵，使目标管理的功能大打折扣。

第二节　战略管理

战略管理的奠基人伊戈尔·安索夫被管理学界称为"战略管理的鼻祖"。伊戈尔·安索夫在1976年出版的《从战略规划到战略管理》一书中首次提出"企业战略管理"这一概念，他认为，企业的战略管理是指将企业的日常业务决策同长期计划决策相结合而形成的一系列经营管理业务。

一、战略管理的概念

对一个组织来说，战略是为了实现组织的总目标对所要采取的行动方针和资源使用方向的一种总体规划。战略管理是指组织确定其使命，根据内外部环境设定组织的战略目标，为保证目标的实现和实施过程的合理性，依靠组织内部资源在实施过程中进行动态控制的管理过程。

二、战略管理的特点

（一）战略管理具有全局性

战略管理是以组织的全局为对象，根据组织总体发展的需要而制定的。它所管理的是组织的总体活动，所追求的是组织的总体效果。虽然这种管理也包括组织的局部活动，但是这些局部活动是作为总体活动的有机组成在战略管理中出现的。具体地说，战略管理不是强调组织某一事业部或某一职能部门的重要性，而是通过制定组织的使命、目标和战略来协调组织各部门自身的表现，这样也就使战略管理具有综合性和系统性的特点。

（二）组织高层管理人员是战略管理的主体

由于战略决策涉及一个组织活动的各个方面，虽然它也需要组织上、下层管理者和全体员工的参与和支持，但组织的最高层管理人员必须是战略管理的主体，负责制定和管理战略规划过程。这不仅是由于他们能够统观组织全局，了解组织的全面情况，而且更重要的是他们具有对战略实施所需资源进行分配的权力。

（三）战略管理涉及组织大量资源的配置问题

组织的资源，包括人力资源、实体财产和资金等，或者在组织内部进行调整，或者从组织外部来筹集。在任何一种情况下，战略决策都需要在相当长的一段时间内致力于一系列的活动，而实施这些活动需要有大量的组织资源作为保证。因此，这就需要对组织的资源进行统筹规划、合理配置。

（四）战略管理从时间上来说具有长远性

战略管理中的战略决策是对组织未来较长时期（一般5年以上）内，就组织如何生存和发展等进行统筹规划。虽然这种决策以组织外部环境和内部条件的当前情况为出发点，并且对组织当前的生产经营活动有指导、限制作用，但是这一切是为了更长远的发展，是长期发展的起步。从这一点上来说，战略管理也是面向未来的管理，战略决策要以管理人员所期望或预测将要发生的情况为基础。在迅速变化和竞争性的环境中，组织要取得成功，必须对未来的变化采取预应性的态势，这就需要组织作出长期性的战略计划。

（五）战略管理需要考虑组织外部环境中的诸多因素

组织作为一个与外界环境保持密切联系的开放系统，需要与外界环境不断地进行各种资源、信息和能量的交换，其运行和发展不可避免地要受到外部环境中诸多因素的影响。因此，在竞争的环境中，组织要使自己占据有利地位并取得竞争优势，就必须考虑与其相关的因素，这包括竞争者、顾客、资金供给者、劳动力供给者、政府以及其他社会组织等外部因素，要研究与选择对待不同外部环境的办法，以使组织的行为适应不断变化的外部环境，组织才能够可持续发展。

三、战略管理的过程

从战略管理内容看，战略管理包括三大阶段，即战略设计、战略实施和战略评估。

（一）战略设计

战略设计是战略管理的基础与核心，是指确认一个组织的外界机会和威胁，确定组织内部的强项和弱势，建立一个长远目标，形成可供选择的几种战略和选择可操作的战略方针。对企业来说，战略设计问题包括决定一个企业什么样的业务要拓展、什么样的业务将放弃，如何有效地利用现有的资源，是否扩大业务或多种经营，是否进入国际市场，是否要兼并企业或举办合资企业，以及如何避免被竞争对手吞并等。

（二）战略实施

战略实施是战略管理的第二个阶段，通常称之为战略管理的行动阶段，也是战略管理的关键阶段。战略实施要求组织确定一个年度目标，制定相应的政策，激励员工和有效调配资源，以保证组织的战略能够实施。战略实施包括制定出战略支撑文化，创造一个有效的组织机构，调整市场，准备预算，开发和利用信息支持系统并调动每一位员工参与战略实施的积极性。

（三）战略评估

战略评估是战略管理的最后一个阶段。评估战略规划，是指在战略实施过程中不断修改变化着的目标，因为组织外部和内部环境的因素通常是要改变的。评估工作包括，回顾和评价外部和内部的因素，作为战略方针选择的基础，判断战略实施的成绩和争取正确的行动解决实施过程中所出现的未曾预料的各种问题。

战略管理的三个阶段相辅相成，融为一体。战略设计是战略实施的基础，战略实施又是战略评估的依据，而战略评估反过来又为战略设计和实施提供经验和教训。三个阶段的系统设计和有效衔接可以保证企业取得整体效益和最佳结果。

四、战略选择

所谓战略选择，就是要确定组织应采取的战略类型。从根本上说，组织战略的基本类型主要有以下三种：

（一）成本领先战略

成本领先战略也称低成本战略，是指企业通过有效途径降低成本，使企业的成本低于竞争对手的成本，甚至是同行业中最低的成本，从而获取竞争优势的一种战略。处于成本领先地位的战略经营单位能够防御竞争对手的进攻，因为较低的成本可使其通过低价与对手进行激烈竞争后，仍然能够获得盈利，从而在市场竞争中站住脚跟。这种战略的主导思想是以低成本取得行业中的领先地位，要求坚决建立起大规模的高效生产设施，利用经验曲线全力以赴降低成本，尽量压缩各项管理费用。尽管质量、服务以及其他方面不容忽视，但贯穿于整个战略之中的是单位产品成本低于竞争对手。

成本领先的优势有利于建立起行业壁垒，有利于企业采取灵活的定价策略，将竞争对手排挤出市场。为了成功地实施成本领先战略，所选择的市场必须对某类产品有稳定、持久和大量的需求，产品的设计要便于制造和生产，要广泛地推行标准化、通用化和系列化。

（二）差异化战略

差异化战略也称特色优势战略，就是使企业在行业中别具一格，具有独特性，并且利用有意识形成的差异化建立起差异竞争优势，以形成对"入侵者"的行业壁垒，并利用差异化带来的较高的边际利润补偿因追求差异而增加的成本。

实施差异化战略可以建立起顾客对企业的忠诚，形成强有力的产业进入障碍，增强企业对供应商讨价还价的能力和削弱购买商讨价还价的能力。

实施差异化战略有时会与争取占有更大的市场份额相矛盾。实施差异化战略往往要求企业对于这一战略的排他性有思想准备，这一战略与提高市场份额两者不可兼顾。在建立企业差异化战略的活动中总是伴随着很高的成本代价，有时即便全产业范围的顾客都了解企业的独特优点，也并不是所有顾客都愿意或有能力支付企业要求的高价格。

（三）专一化战略

专一化战略也称集中化战略，是指企业主攻某一特殊的客户群或某一产品线的细分市场。专一化战略的核心是取得某种对特定顾客有价值的专一性服务，侧重于从企业内部建立竞争优势。这一战略依据的前提是，企业业务的专一化能够以更高的效率、更好的效果为某一狭窄的战略对象服务，从而在某一方面或某一点上超过那些有较宽业务范围的竞争对手。专一化战略常常是成本领先战略和差异化战略在具体特殊顾客群范围内的体现。或者说，专一化战略实施的结果是企业或者通过满足特殊对象的需要而实现了差别化，或者在为这一对象服务时实现了低成本，或者两者兼得。这样的企业可以使其盈利的潜力超过产业的普遍水平，这些优势保护企业抵御各种竞争力量的威胁。

虽然成本领先战略与差异化战略都是要在全产业范围内实现其目标，专一化战略的整体却是围绕着很好地为某一特殊目标服务这一中心建立的，它所开发推行的每一项职能化方针都要考虑这一中心思想。

课间案例 2

农夫山泉的差异化竞争

农夫山泉股份有限公司成立于 1996 年,是中国饮料企业 20 强之一,是在中国市场上同时具备规模性、成长性和盈利能力的饮料龙头企业。2022 年 8 月 24 日,农夫山泉港交所公告称,其上半年总收益为 165.99 亿元,同比增长 9.4%。差异化竞争战略是农夫山泉公司永葆生命力的正确选择,即通过品牌差异化、市场差异化和营销方式差异化,实现三者之间的互动,最终成功塑造一个个性化品牌。

1. 品牌差异化

农夫山泉现在的品牌宣传一直秉承"天然、安全、健康"的理念,水源一直是农夫山泉宣传的主题,但是在品牌定位上,根据市场变化调整品牌定位。在农夫山泉起步之初,"农夫山泉有点甜"迅速让人记住并使产品在市场上站稳脚跟。后来提出的"从好水喝出健康来"更加突出水源品质。当纯净水市场竞争白热化时,农夫山泉抓住对手的软肋,宣布纯净水对身体无益,提出"天然水"概念,对之前的品牌定位进行颠覆。品牌定位从此不断强调"我们不生产水,我们只做大自然的搬运工"。"天然水"概念一下子得到消费者的广泛认可,让农夫山泉迅速位居饮料行业的前三名。

2. 市场差异化

农夫山泉从市场细分着手,确定要进入的那些特定目标市场,然后制定市场营销组合来适应各个目标市场。广告需要定位,需要区别不同客户,准确传达给目标受众。为了满足不同消费者的需求,最大限度地占有市场,农夫山泉对产品进行细分,如水类、茶类、鲜果类、功能类、果汁类等,还研发、生产了高端天然矿泉水和婴儿水。比如,水溶 C100 被定性为潮流饮料,主要针对的消费人群是都市白领。

3. 营销方式差异化

当大家都在比谁的水更纯的时候,农夫山泉则与众不同地说:"农夫山泉有点甜。"于是在众多的瓶装水中脱颖而出。在当今污染越来越严重、竞争压力越来越大的社会里,人们渴望回归自然,渴望回归到最本真、最自然的状态。人们对大自然有天生的情感。"有点甜"唤起人们回到感觉本身,以口感承诺作为差异化诉求,借以暗示水源的优质,使农夫山

> 泉形成了感性偏好、理性认同的整体策略，同样也使农夫山泉成功地建立了品牌记忆点。针对消费者，要让他们感觉美好。"有点甜"无疑是会让人感觉美好的，"甜"意味着甜蜜、幸福、欢乐，这是中国人终身的追求，这样的中国人必定会追求感觉甜美的产品。

第三节 标杆管理

20世纪70年代末至80年代初，在美国学习日本的运动中，美国施乐公司于1979年开辟标杆管理的先河，后经美国生产力与质量中心进行了系统化和规范化。标杆管理法是现代西方发达国家企业管理活动中支持企业不断改进和获得竞争优势的最重要的管理方式之一，通常西方管理学界将其与企业再造、战略联盟一起并称为20世纪90年代三大管理方法。

标杆管理方法较好地体现了现代知识管理中追求竞争优势的本质特性，因此具有巨大的实效性和广泛的适用性。如今，标杆管理已经在市场营销、成本管理、人力资源管理、新产品开发、教育部门管理等各个方面得到广泛的应用。

一、标杆管理的概念

标杆管理又称基准管理，是指一个组织不断寻找和研究同行一流组织的最佳实践，并以此为基准与本组织进行比较、分析、判断，从而使本组织得到不断改进，以求进入或赶超一流组织，创造优秀业绩的良性循环过程。

标杆管理的过程由立标、对标、达标、创标四个环节构成，前后衔接，形成持续改进、围绕"创建规则"和"标准本身"的不断超越、螺旋上升的良性循环。立标有两重含义：其一是选择业内外最佳的实践方法，以此作为基准和学习对象；其二是在组织内部培养、塑造最佳学习样板，可以是具体方法、某个流程、某个管理模式，甚至是某个先进个人，成为组织内部其他部门或个人的榜样，即试点工作。对标即对照标杆测量分析，发现自身的短板，寻找差距，并分析与尝试自身的改进方法，探索达到或超越标杆水平的方法与途径。达标即改进落实，在实践中达到标杆水平或实现改进成效。创标即运用标杆四法创新并实施知识沉淀，超越最初选定的标杆对象，形成新的、更先进的实践方法，进入标杆环，直至成为行业标杆。

标杆管理的核心是向业内或业外的最优秀的组织学习。通过学习，组织重新思考和改进经营实践，创造自己的最佳实践，这实际上是模仿创新的过程。

由以上标杆管理的定义可以看出，标杆管理主要包括三个要素：一是标杆管理实施者，即发起和实施标杆管理的组织；二是标杆伙伴，也称标杆对象，即定为"标杆"被学习借鉴的组织，是任何乐于通过与标准管理实施者进行信息和资料交换而开展合作的内外部组织或单位；三是标杆管理项目，也称标杆管理内容，即存在不足、通过标杆管理向他人学习借鉴以谋求提高的领域。

二、标杆管理的类型

根据标杆伙伴选择的不同，通常可将标杆管理分为五种类型。

（一）内部标杆管理

内部标杆管理是指标杆伙伴是组织内部其他单位或部门，主要适用于大型多部门的企业集团或跨国公司。由于不涉及商业秘密的泄露和其他利益冲突等问题，容易取得标杆伙伴的配合，简单易行。另外，通过开展内部标杆管理，还可以促进内部沟通和培养学习气氛。但是其缺点在于视野狭隘，不易找到最佳实践，很难实现创新性突破。

（二）竞争性标杆管理

竞争性标杆管理是指标杆伙伴是行业内部直接竞争对手。由于同行业竞争者之间的产品结构和产业流程相似，面临的市场机会相当，竞争对手的作业方式会直接影响企业的目标市场，因此竞争对手的信息对于企业进行策略分析及市场定位有很大的帮助，收集的资料具有高度相关性和可比性。但正因为标杆伙伴是直接竞争对手，信息具有高度商业敏感性，难以取得竞争对手的积极配合，很难获得真正有用或是准确的资料，从而极有可能使标杆管理流于形式或者失败。

（三）非竞争性标杆管理

非竞争性标杆管理是指标杆伙伴是同行业非直接竞争对手，即那些由于地理位置不同等原因虽处同行业但不存在直接竞争关系的企业。非竞争性标杆管理在一定程度上克服了竞争性标杆管理资料收集和合作困难的弊端，继承了竞争性标杆管理信息相关性强和可比性强的优点。但是非竞争性标杆管理可能由于地理位置等原因而造成资料收集成本增大。

(四)功能性标杆管理

功能性标杆管理是指标杆伙伴是不同行业但拥有相同或相似功能、流程的组织。其理论基础是任何行业均存在一些相同或相似的功能或流程，如物流、人力资源管理、营销手段等。跨行业选择标杆伙伴，双方没有直接的利害冲突，更加容易取得对方的配合。另外可以跳出行业的框框约束，开阔视野，随时掌握最新经营方式，成为强中之强。但是投入较大，信息相关性较差，最佳实践需要较为复杂的调整转换过程，实施较为困难。

(五)通用性标杆管理

通用性标杆管理是指标杆伙伴是不同行业具有不同功能、流程的组织，即看起来完全不同的组织。其理论基础是，即使完全不同的行业，功能、流程也会存在相同或相似的核心思想和共通之处。从完全不同的组织学习和借鉴会最大限度地开阔视野，突破创新，从而使企业绩效实现跳跃性的增长，大大提高企业的竞争能力，这是最具创造性的学习。而其信息相关性更差，企业需要更加复杂的学习、调整和转换过程才能在本企业成功实施学到的最佳实践，因此困难更大。

企业最好的选择就是根据需要实施综合标杆管理，即将各种标杆管理方式根据企业自身条件和标杆管理项目的要求相结合，取长补短，以取得高效的标杆管理。

三、标杆管理的应用

标杆管理具体的实施步骤是指以下一个完整的内外部综合程序，通常分为五步：

(一)制订标杆管理计划

实施标杆管理的企业首先组建项目小组，担当发起和管理整个标杆管理流程的责任；明确标杆管理的目标；通过对组织的衡量评估，确定标杆项目；选择标杆伙伴；制订数据收集计划，如设置调查问卷，安排参观访问，充分了解标杆伙伴并及时沟通；开发测评方案，为标杆管理项目赋值以便于衡量比较。

(二)内部数据收集与分析

其主要工作包括收集并分析内部公开发表的信息，遴选内部标杆管理合作伙伴，通过内部访谈和调查收集内部一手研究资料，通过内部标杆管理可以为进一步实施外部标杆管理提供资料和基础。

（三）外部数据收集与分析

其主要工作有：收集外部公开发表的信息；通过调查和实地访问收集外部一手研究资料；分析收集的有关最佳实践的数据，与自身绩效计量进行相互比较，提出最终标杆管理报告。标杆管理报告揭示标杆管理过程的关键收获，以及对最佳实践调整、转换、创新的见解和建议。

（四）标杆管理实施与调整

这一步是前几步的归宿和目标之所在。根据标杆管理报告，确认正确的纠正性行动方案，制订详细实施计划，在组织内部实施最佳实践，并不断对实施结果进行监控和评估，及时作出调整，以最终达到增强企业竞争优势的目的。

（五）持续改进

标杆管理是持续的管理过程，不是一次性行为。因此，为便于以后继续实施标杆管理，企业应维护好标杆管理数据库，制订和实施持续的绩效改进计划，以利于组织不断学习和提高。总之，要想更好地学习标杆组织的先进的管理经验，要结合自身组织的实际情况，灵活运用，不断创新，切忌生搬硬套。

标杆管理是站在全行业甚至更广阔的全球视野上寻找比较基准，突破了组织的职能分工界限和组织性质与行业局限，它重视实际经验，强调具体的环节、界面和流程，因而更具有特色。同时，标杆管理也是一种直接的、中断式的、渐进的管理方法，其思想是组织的业务、流程、环节都可以解剖、分解和细化。组织可以根据需要，或者寻找整体最佳实践，或者发掘优秀"片断"进行标杆比较，或者先学习"片断"再学习"整体"，或者先从"整体"把握方向，再从"片断"具体分步实施。

课间案例 3

施乐公司的标杆管理

1976 年前后，一直保持着世界复印机市场实际垄断地位的施乐公司遇到了国内外特别是日本竞争者的全方位挑战，如佳能、NEC 等公司以施乐的成本价销售产品且能够获利，产品开发周期、开发人员也比施乐公司缩短或减少约 50%，于是施乐公司的市场份额从约 82% 直线下降到 35%。

面对竞争威胁，施乐公司从生产成本、周期时间、营销成本、零售价格等领域中找出一些明确的衡量标准或项目，然后将施乐公司在这些项目的表现与佳能等主要的竞争对手进行比较，找出了其中的差距，弄清了这些公司的运作机理，全面调整了经营战略、战术，改进了业务流程，很快收到了成效，把失去的市场份额重新夺了回来。

施乐公司在提高交付订货的工作水平和处理低值货品浪费大的问题上，同样应用标杆管理方法，以交付速度比施乐快3倍的比恩公司为标杆，并选择14个经营同类产品的公司逐一考察，找出了问题的症结并采取措施，使仓储成本下降了10%，年节省低值货品费用数千万美元。

第四节 危机管理

危机是指一种使组织遭受严重损失或面临严重损失威胁的突发事件，具有突发性、破坏性、不确定性、紧急性和舆论关注性等特征。危机是组织发展过程中必然会面临的问题，虽然组织都会竭力避免，但是危机又无所不在，一旦发生，会在很短时间内波及很广的社会层面，对组织或品牌会产生恶劣影响。加强危机管理是组织管理者的重要任务，为使组织在危机中生存，并将危机所造成的损害降至最低限度，管理者必须在有限的时间里作出关键性决策和具体的危机应对措施。

一、危机管理的概念

危机管理是指组织面对危机情境，有组织、有计划地进行预测、防范、分析和化解以消除或降低危机对组织的威胁和损失的活动过程。危机管理也称为危机沟通管理，加强信息的披露与公众的沟通，争取公众的谅解与支持是危机管理的基本对策。

二、危机管理的要素

（一）危机监测

危机管理的首要一环是对危机进行监测。在组织顺利发展时期，组织就应该有强烈的危机意识和危机应变的心理准备，建立一套危机管理机制，对危机进行检测。组织越是风平浪静的时刻越应该重视危机监测，在平静的背后往往隐藏着危机。

（二）危机预警

许多危机在爆发之前都会出现某些征兆，危机管理关注的不仅是危机爆发后各种危害的处理，而且要建立危机警戒线。组织在危机到来之前，把一些可以避免的危机消灭在萌芽之中，对于另一些不可避免的危机通过预警系统能够及时得到解决。这样，组织才能从容不迫地应对危机带来的挑战，把组织的损失减少到最低的程度。

（三）危机决策

组织在进行实际调查的基础上，制定正确的危机决策。危机决策要根据危机产生的来龙去脉，拟订出几种应对方案，并对几种可行方案进行比较后选择出最佳方案。并且，危机应对方案定位要准确，推行要迅速。

（四）危机处理

首先，组织确认危机。确认危机包括将危机归类，收集与危机相关信息确认危机程度以及找出危机产生的具体原因，辨认危机影响的范围和影响的程度及后果。其次，控制危机。控制危机需要在确认某种危机后，遏止危机的扩散，使其不影响其他事物，紧急控制如同救火，刻不容缓。最后，处理危机。在处理危机中，关键的是速度。危机发生后，组织一定要迅速作出反应，及时、有效地将危机决策运用到实际中化解危机，可以避免危机给组织造成更为严重的损失。

三、危机管理应遵循的原则

在危机管理中，组织应如何迅速反应，及时沟通，运用针对性强的策略，有效地解决危机？这是组织在危机管理实践中应当掌握的重要方面，我们称之为危机管理原则。

（一）制度化原则

在组织发展过程中，很多危机发生的具体时间、地点、规模、具体态势和影响程度是难以完全预测的。这种突发事件往往会在很短的时间内对组织或品牌产生严重的负面影响。因此，组织内部应该有制度化、系统化的有关危机管理和灾难恢复方面的业务流程和组织机构。或许，这些流程在业务正常时不起作用，但是危机发生时会及时启动并有效运转，对危机的处理发挥重要作用。因此，组织应建立成文的危机管理制度、有效的组织管理机制、成熟的危机管理培训制度，逐步提高危机管理的能力。

（二）诚信形象原则

组织的诚信形象是组织的生命线。矫正形象、塑造形象是组织危机管理的基本思路。在危机管理的全过程中，组织要努力减少对企业诚信形象带来的损失，争取公众的谅解和信任。对于企业来说，只要顾客或社会公众是由于使用了本企业的产品而受到了伤害，企业就应立即在第一时间向社会公众公开道歉以示诚意，并且给受害者相应的物质补偿。对于那些确实存在问题的产品应该不惜代价迅速收回，立即改进企业的产品或服务，尽力挽回影响，以赢得消费者的信任和忠诚，维护企业的诚信形象。

（三）信息应用原则

伴随着科学技术的迅速发展，以及信息技术和通信技术越来越普遍地被应用于各种类型的组织管理，良好的管理信息系统对组织危机管理的作用也日益明显。在当前这样的信息社会中，组织只有持续获得准确、及时、新鲜的信息资料，才能保证自己的生存和发展。预防危机必须建立高度灵敏、准确的信息监测系统，随时搜集各方面的信息，及时加以分析和处理，从而把隐患消灭在萌芽状态。在处理危机时，信息系统有助于有效诊断危机原因，及时汇总和传达相关信息，并有助于组织各部门统一口径，协调作业，及时采取补救的措施。

（四）预防为主原则

防患于未然永远是危机管理最基本和最重要的要求。危机管理的重点应放在危机发生前的预防，建立一套规范、全面的危机管理预警系统是必要的。现实中，危机的发生具有多种前兆，几乎所有的危机都是可以通过预防来化解的。以企业为例，危机的前兆主要表现为产品、服务等存在缺陷，企业高层管理人员大量流失，企业负债过高长期依赖银行贷款，企业销售额连续下降和企业连续多年亏损等。因此，企业要从危机征兆中透视企业存在的危机，企业越早认识到存在的威胁，越早采取适当的行动，越可能控制住危机的发展。

（五）领导重视与参与原则

组织高层的直接参与和领导是有效解决危机的重要措施。危机处理工作对内涉及从后勤、生产、营销到财务、法律、人事等各个部门，对外不仅需要与政府、媒体打交道，还要与消费者、客户、供应商、渠道商、股东、债权银行、工会等方方面面进行沟通。如果没有组织高层领导的统一指挥协调，很难想象这么多部门能做到口径一致、步调一致、协作支持并快速行动。因此，组织应组建危机管理领导小组，担任危机领导小组组长的一般应该是组织最高管理者，或者是具备足够决策权的高层领导。

（六）快速反应原则

危机的解决，速度是关键。当危机发生时，组织与当事人应当冷静下来，采取有效的措施，隔离危机，要在第一时间查出原因，找准危机的根源，以便迅速、快捷地消除公众的疑虑。同时，组织必须以最快的速度启动危机应变计划并立刻制定相应的对策。如果是内因，就要下狠心处置相应的责任人，给舆论和受害者一个合理的交代；如果是外因，要及时调整组织战略目标，重新考虑组织发展方向。在危机发生后要时刻同新闻媒体保持密切的联系，借助公证、权威性的机构来帮助解决危机，承担起给予公众精神和物质的补偿责任，做好恢复组织的事后管理，从而迅速有效地解决组织危机。

（七）及时沟通原则

沟通是危机管理的中心内容。如果组织发生危机，及时与员工、媒体、相关组织、股东、消费者、产品销售商、政府部门等利益相关者进行沟通是组织不可或缺的工作。沟通对危机带来的负面影响有最好的化解作用。组织必须树立强烈的沟通意识，及时将事件发生的真相、处理进展传达给公众，以正视听，杜绝谣言、流言，稳定公众情绪，争取社会舆论的支持。

（八）创新求变原则

现在人类社会已经进入知识经济时代，创新求变已日益成为组织发展的核心因素。危机处理既要充分借鉴成功的处理经验，也要根据危机的实际情况，尤其要借助新技术、新信息和新思维，进行大胆创新。组织危机意外性、破坏性、紧迫性的特点，更需要组织采取超常规的创新手段处理危机。

四、危机管理的过程

虽然危机具有偶然性，但是危机管理的过程主要包括如下几个方面：

（一）做好危机预防工作

预防危机是危机管理的首要环节。如果组织管理人员有敏锐的洞察力，根据日常收集到的各方面信息，能够及时采取有效的防范措施，完全可以避免危机的发生或使危机造成的损害和影响尽可能减少到最小程度。

第一，组织要树立强烈的危机意识，对员工进行危机管理教育，开展危机管理培训。第二，建立危机预警系统。预防危机必须建立高度灵敏、准确的预警系统。信息监测是预警的核心，随时搜集各方面的信息，及时加以分析和处理，把隐患消灭在萌芽状态。第三，建立危机管理机构。这是组织危机管理有效进行的组织保证，不仅是处理危机时必不可少的组织环节，而且在日常危机管理中也是非常重要的。第四，制订危机管理计划。组织应该根据可能发生的不同类型的危机制订一整套危机管理计划，明确怎样防止危机爆发，一旦危机爆发立即做出针对性反应等。

（二）果断处理危机

如果危机已经发生，第一时间建立由组织最高管理者担任负责人的危机处理专门机构，对危机事件进行调查，危机调查一般侧重调查下列内容：第一，危机事件（突发事件）的基本情况，包括事件发生的时间、地点、原因、事件周围的环境等。第二，事件的现状和发展趋势，包括事态的目前状况，是否还在发展，朝什么方向发展，已经采取了什么危机处理措施，这些措施的实施效果等。第三，事件产生的原因和影响，包括引发事件的原因，人员伤亡情况，损坏的财产种类、数量及价值，事件涉及的范围以及在舆论上、经济上、社会上甚至政治上会带来什么影响等。第四，查明导致事件发生的当事人与责任人，特别要关注是否存在故意破坏行为，这样有助于了解事件的真相与性质。第五，查明事件涉及的公众对象，包括直接与间接的受害者，与事件有直接和间接关系的组织和个人，与组织有利害关系的部门和个人，与事件的处理有关的部门及新闻界、舆论界的人士等，还要与事件的见证人保持密切的联系。

对危机事件进行调查、提交了调查报告后，组织应及时会同有关部门进行分析、决策，针对不同公众确定相应的对策，制定消除危机影响的处理方案。组织会同有关部门制定出对策后，就要积极组织力量，实施既定的解决危机、消除影响的活动方案，这是危机管理工作的中心环节。

（三）做好危机善后工作

危机的善后工作主要是消除危机处理后的遗留问题和影响。危机发生后，组织形象受到了影响，公众对组织会非常敏感，要靠一系列危机善后管理工作来挽回影响。对危机管理工作进行全面的评价，包括对预警系统的组织和工作程序、危机处理计划、危机决策等各方面的评价，要详尽地列出危机管理工作中存在的各种问题。多数危机的爆发与组织管理不善有关，通过总结评估提出改正措施，责成有关部门逐项落实，完善危机管理内容。危机给组织制造了另外一种环境，组织管理者要善于利用危机探索经营的新路子，进行重大改革。这样，危机可能会给企业带来宣传组织形象的机会。

总之，组织危机并不等同于组织失败，危机之中往往孕育着转机。危机管理是一门艺术，是组织发展战略中的一项长期规划。组织在不断谋求技术、市场、管理和组织制度等一系列创新的同时，应将危机管理创新放到重要的位置上。一个组织在危机管理上的成败能够显示出它的整体素质和综合实力。成功的组织不仅能够妥善处理危机，甚至可能化危险为机会。

课间案例 4

小天鹅的"末日管理"

"末日管理"是指企业经营者和所有员工面对着市场和竞争，都要理解竞争，时刻充满危机感，都要理解企业有末日、产品有末日，既不能把宏观的"不景气"作为自己搞不好的理由，也不要陶醉在一度的"卓越"里。

"末日管理"是无锡小天鹅公司的高层管理者自我策划的一种管理模式。无锡小天鹅始建于1958年，从1978年中国第一台全自动洗衣机的诞生到2010年品牌价值达150.16亿元，成为世界上极少数能同时制造全自动波轮、滚筒、搅拌式全种类洗衣机的全球第三大洗衣机制造商，2012年推出国内首创、达国际先进水平的热泵干衣机，首台iAdd自动投放洗衣机，全球首台物联网自动投放洗衣机。可以说，作为中国洗衣机市场发展最早也是唯一还处在市场领军行列的企业，小天鹅的发展成长史就是一部中国洗衣机产业的创新做强史。小天鹅在企业内部推行"末日管理"，以建立全球性的"横向比较"的信息体系手段，以全员化、立体化、规范化的营销管理体系为支柱，以强有力的人才开发机制为保证，从追求卓越到追求完善。小天鹅员工的忧患意识和艰苦奋斗的精神正是"末日管理"理念的生动体现。

小天鹅推行"末日管理"后，经济效益大幅度增长，1994年销售收入达到7.6亿，实现利润1.3亿，比1993年分别增长38%、69%；1995年销售收入达到10亿，实现利润1.7亿，分别比1993年增长81%、12%；1996年销售收入达14.66亿，实现利润2.1亿，分别比1993年增长166%、173%。

第五节 学习型组织

学习型组织最初的构想源于美国麻省理工学院的佛瑞斯特教授,他的学生美国麻省理工学院斯隆管理学院教授彼得·圣吉是学习型组织理论的奠基人。彼得·圣吉在 1990 年完成的代表作《第五项修炼——学习型组织的艺术与实务》一书中提出学习型组织的管理观念,认为企业应建立学习型组织,其含义为面临剧烈的外在环境,组织应力求精简、扁平化、弹性化、终身学习、不断自我组织再造,以维持竞争力。

一、学习型组织的概念

学习型组织是指通过培养弥漫于整个组织的学习气氛、充分发挥员工的创造性思维能力而建立起来的一种有机的、高度柔性的、扁平的、符合人性的、能持续发展的组织。当今世界上所有的组织,不论遵循什么理论进行管理,主要有两种类型:一类是等级权力控制型;另一类是非等级权力控制型,即学习型组织。

学习型组织不存在单一的模型,它是关于组织的概念和员工作用的一种态度或理念,是用一种新的思维方式对组织的思考。学习型组织的基础是团结协作,核心是在组织内部建立完善的"自学习机制",组织成员在工作中学习,在学习中工作,组织学习的核心是团队学习,通过团队学习、全员学习,组织全体成员能够系统思考,把握全局。其中,系统思考是学习型组织的关键特征。

学习型组织的基本价值在于解决问题,每个人都要参与识别和解决问题,使组织能够不断地进行尝试,改善和提高它的能力。这意味着组织要以一种独特的方式将一切因素综合起来考虑以促进组织的发展。组织因此通过新的观念和信息而不是物质的产品来实现组织价值的提高。

二、创建学习型组织的意义

(一)学习型组织解决了传统组织的缺陷

传统组织的主要问题是分工、竞争、冲突、独立,降低了组织整体的力量,更为重要的是传统组织注意力仅仅关注于眼前细枝末节的问题,而忽视了长远的、根本的、结构性的问题,这使得组织的生命力在急剧变化的世界面前显得十分脆弱。学习型组织理论分析了传统组织的这些缺陷,并开出了医治的

"良方"——"五项修炼"。

(二) 学习型组织为组织创新提供了一种操作性较强的技术手段

学习型组织提供的每一项修炼都由许多具体方法组成,这些方法简便易学。此外,彼得·圣吉和他的助手还借助系统思考软件创建起实验室,帮助组织管理者在其中尝试各种可能的构想、策略和意境的变化及种种可能的搭配。

(三) 学习型组织理论解决了组织生命活力问题

学习型组织实际上还涉及组织中人的活力问题。在学习型组织中,人们能够充分发挥生命的潜能,创造出超乎寻常的成果,从而由真正的学习感悟出工作的意义,追求心灵的成长与自我实现,并与组织产生一体感。

(四) 学习型组织有助于提升组织的核心竞争力

过去讲的组织竞争力是指人才的竞争,学习型组织理论讲的组织竞争力是指组织的学习力。在知识经济时代,获取知识和应用知识的能力将成为竞争能力高低的关键。一个组织只有通过不断学习,拓展与外界信息交流的深度和广度,才能立于不败之地。人们可以运用学习型组织的基本理念,去开发各自所置身的组织创造未来的潜能,反省当前存在于整个社会的种种学习障碍,使整个社会早日向学习型社会迈进。或许,这才是学习型组织所产生的更深远的影响。

尽管学习型组织的前景十分迷人,但如果把它视为一贴万灵药则是危险的。事实上,学习型组织的缔造不应是最终目的,重要的是通过迈向学习型组织的种种努力,引导一种不断创新、不断进步的新观念,从而使组织日新月异,不断创造未来。

三、学习型组织的创建过程

彼得·圣吉在《第五项修炼——学习型组织的艺术与实务》中指出,学习型组织的建立与发展需要具备五项新技术,并把这五项新技术称为五项修炼,被管理学界称为圣吉模型。第一项是自我超越,第二项是改善心智模式,第三项是建立共同愿景,第四项是团队学习,第五项是系统思考。

(一) 自我超越

通过学习扩展自身的能力,从而获取最理想的结果,创造一种组织环境,激励组织成员发展自我,追求自己选择的目标。自我超越是一项关注个人成长的修炼。追求自我超越,是学习不断厘清并加深个人的真正愿望,集中精力,培养耐心,并客观地观察现实,是鼓励人们做事要精益求精,努力实现心灵深处的愿望。它是学习型组织的精神基础。不断"自我超越"的人,能够不断实现他们内心深处最想实现的愿望。组织整体对于学习的意愿与能力是基于个别成员对于学习的意愿与能力。

(二)改善心智模式

心智模式是指那些深深固结于人们心中,影响人们认知周围世界,以及采取行动的许多假设、成见和印象,是思想的定势反映。心智模式不仅决定我们如何认知世界,也影响我们如何采取行动。不同的心智模式导致不同的行为方式。当我们的心智模式与认知事物发展的情况相符,就能有效地指导行动;反之,当我们的心智模式与认知事物发展的情况不相符,就会使自己好的构想无法实现。所以,我们要保留心智模式中科学的部分,纠正不科学的部分,以取得好的成果。在组织中,心智模式具有多方面的体现,对心智模式的检视是学习型组织的重要工具。

(三)建立共同愿景

共同愿景是组织成员共同勾勒出为之奋斗的将来,确定原则和指导方法,从而在组织中建立起一种奉献精神,是组织中全体成员个人愿景的整合,是能成为员工心中愿望的远景,它遍及组织全面的活动,并使各种不同的活动融会起来。建立共同愿景的核心工作,就是设计和发展出持续的工作流程,使组织中不同阶层岗位上的人们都可以由衷地说出他们最关心的事情,同时高级主管和其他人也都能听到他们所说的话。

(四)团队学习

在现代组织中,学习的基本单位是团队而不是个人,其目的是使团队智商大于个人智商,使个人成长的速度更快,从而激发群体的智慧。团队学习的关键是要克服个人的心理障碍,使每个人都能真实地谈出自己心中的设想,真正做到一起学习和思考。团队学习同时强调终身学习、全员学习、全过程学习,提倡工作学习化、学习工作化。团队学习的修炼,是指改变交谈和集体思考的技巧,从而发展出超出成员才能总和的集体智慧和能力。

(五)系统思考

系统思考是五项修炼的核心,是指对影响系统行为的力量和相互关系进行思考的方式，也是用以描述和理解这种力量和关系的语言。这一项修炼让我们知道如何更有效地改变系统，如何行动才能和世界自然及经济发展过程保持一致。

学习是心灵的正向转换，组织如果能够顺利创建学习型组织，不仅仅能够取得更高的组织绩效，更能够保持组织长久的生命力。

> **课间案例5**
>
> ### 华为的学习之道
>
> 创立于1987年的华为，历经30多年的成长，从小作坊成长为行业领头羊。有人说，正是学习型组织的构建，使华为公司成长为有竞争实力的世界级公司。学习的主体是人，"人力资本增值的目标优先于财务资本增值的目标"一条明确写进了公司相关规程。任正非曾经说过，建设学习型团队一直是华为最重要的工作。华为公司通过推进这些"一"，成功创建了学习型组织。
>
> 1. 每年至少学习一个标杆企业
>
> 保持开放的学习系统，向标杆企业学习。华为就有向外学习的习惯，并且是要真的学习，不只是看别人表面做了什么，就跟着做什么，而是要去思考，他们为什么要这样做，他们是如何走到今天的，其底层的思维模式是什么样的，并且学习要真正落地，不能只停留在表面上。
>
> 2. 管理者每年要讲一次课
>
> 管理者要想组建一个学习型组织，最好的方法就是以身作则，用"人人都是知识贡献者"的姿态来表达自己建立学习型组织的决心。管理者通过在讲台上讲授知识或故事的过程，能让自己的思路更加清晰，同时也让组织文化和战略更加清晰，能够推动组织战略思维的落地执行。
>
> 3. 设置一个首席学习官职位
>
> 任何一个企业都应该有自己的首席学习官或首席知识官，最低要求也要有一个兼职的，因为这是打造一个学习型组织不可缺少的重要事项。首席学习官必须是高层管理者，因为只有紧密接触战略和业务，才能推动学习型组织的打造。
>
> 4. 每个项目至少开展一次知识收割
>
> 在华为，会将知识萃取称为"知识收割"，在每个项目结束时，都会开展复盘工作，在复盘中进行知识收割，知识收割需要输出三类成果：干货、文档和视频。其中视频这一项，指的是由项目经理现身说法，对操作过程的重点环节进行详细说明，华为往往会拍摄一个5～10分钟的视

频,让当事人将关键点讲透彻。

5. 每个月团队要开展一次集体学习

华为每个月都有固定的学习日,不接待外客,也不安排其他工作,专门用来集体学习。在大多数组织中,都会比较注重个体的学习,或者是单个部门的学习。高管有很多学习机会,比如在商学院学习、参加总裁学习班之类的,单个部门学习则会通过讲师授课或去标杆企业学习等,但这种个人或单个团体的进步会更加拉大整体组织间的认知差距。越是这样,管理者往往会陷入误区,越会认为团队员工跟不上自己的思维,很难将所学变为团队共同的能力。而团队学习,不仅仅是学习知识,更是可以通过交流、研讨达成共识,共同成长。

6. 每个团队每周要刻意练习一项技能

这里说到的每周不是一个量词,而是一个形容词,因为有些技能即使你专注地练习一个月也不一定能掌握,团队不管是通过学习还是复盘,找到适用的方法后,就要刻意进行练习,因为刻意练习才能够为组织形成一个"学习场",让同事之间做到相互督促、相互学习与反馈,做彼此的镜子。

第六节　数字化管理

随着互联网、物联网、人工智能等新一代信息化技术的广泛应用,信息化和数字化成为时代的新方向。信息化和数字化突破了数据之间的边界,加快了数据的传播,降低了成本,提高了效率,并给人们提供了极大便利。企业告别传统方式、转型数字化是时代趋势,很多企业已经开始采用数字化管理。

一、数字化管理的概念

数字化管理是指利用计算机、通信、互联网、人工智能等技术,打造数据驱动、敏捷高效的管理体系,量化管理对象与管理行为,实现计划、组织、激励、沟通、控制和创新等职能的管理活动和方法。数字化管理的这一概念有两层基本含义:一是组织管理活动的实现是基于网络的,即组织的知识资源、信息资源和财富可以数字化;二是运用量化管理技术来解决组织的管理问题,即管理的可计算性。

数字化管理是以管理科学学派和决策理论学派的理论为基础，采纳这两个学派的决策模式、模型与方法，充分运用计算机、通信、互联网、大数据、云计算和人工智能等领域的各种最新技术来解决现实管理问题的方法和手段的总和。

借助数字化管理，企业可以加快内部业务流程、管理决策，也能够提高企业的数据质量。第一，企业通过信息化建设，部署业务信息系统来简化流程，提高效率；第二，企业可以把日常经营管理及流程运行中产生的数据规范存储在数据仓库中，这样不仅能够规范企业数据质量，还可以对不同数据进行分类分级，满足企业不同人员的需求；第三，企业分析人员可以把业务数据用图形化的方法制作成可视化报表，用于产出销售分析、生产分析、发展分析、成本利润分析等，为企业管理人员提供决策支持。

二、数字化管理的组织运行模式

基于网络的数字化管理企业内外运行模式是，在企业内通过企业内部网（Intranet）把各个部门联系起来，在企业外部通过互联网（Internet）与生产相关企业进行沟通交流（图 12-1、图 12-2）。这种运行模式在企业内部通过建立信息系统统一管理信息。各个部门根据自身权限在此获取、发布所有与生产运作相关的消息。这样可减少下级由于等待多级决策而浪费的时间和机会，同时，管理者也可以及时了解最新的企业信息，做出合理决策。

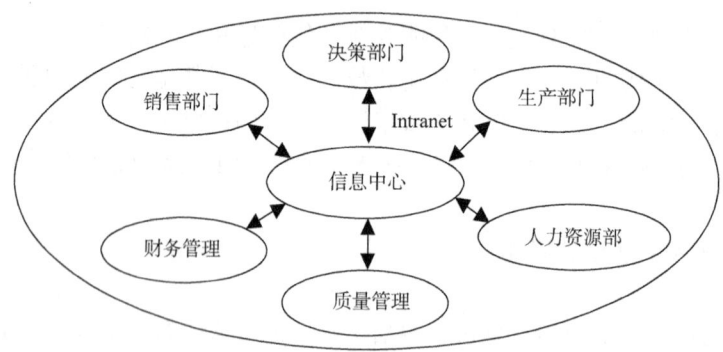

图 12-1　企业内组织运行模式

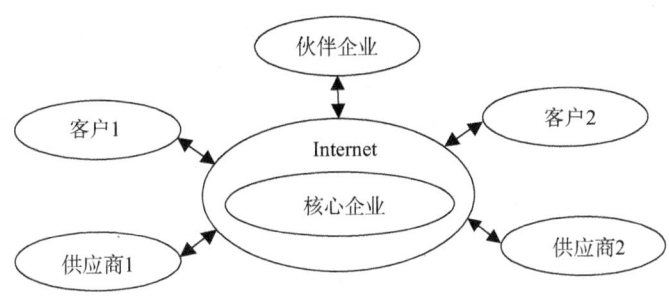

图 12-2　企业间组织运行模式

三、数字化管理的实施

数字化管理是企业数字化转型要面对的一个关键问题，数字化管理并不仅仅指应用先进的管理系统，更要用一种科学的、系统化的管理方式来管理企业。企业通过数字化框架，形成一整套高效流程和自动化数据信息流转，实现企业的数字化管理。可以让企业更快掌握全局数据，更准确开展决策分析，更快速地对市场需求作出反应。

（一）培养管理者数字化思维

随着数据技术的发展，企业面临的外部环境会更加复杂，需要处理的数据也会越来越多。传统的思维模式已经无法适应激烈的市场竞争，企业管理者需要培养数字化思维，用数据来快速决策、高效处理问题。

企业数字化管理的基础就是数据，数字化思维的核心是用数据思考、用数据来做管理。站在企业数字化管理的角度，数据思维能帮助企业广泛利用数据来探讨市场的最新趋势，发现企业内部的问题等。企业需要制定数据使用机制，通过对数据进行分析整理和推理，就能从已有的事实中获得生产、销售、运营等环节方面的改进方法，也就能避免决策过程中的直觉化和情绪化。

（二）建立有效的组织体系和信息架构

为了实现企业的数字化管理并取得成效，必须建立一个有效的组织体系。在这一体系中，一是要由负责数字化管理活动的领导人承担制定数字化管理活动的计划和战略，二是成立专门的小组完成与数字化管理活动有关的任务，三是建立支撑数字化管理的基础设施。另外，与数字化管理相适应的组织形式是扁平型结构，而不是传统的金字塔型结构。

数字化管理的目的就是为企业解决运营问题，所以数字化管理必须面向具体业务。企业有必要梳理企业的组织体系和业务流程，构建企业的信息架构，将关键的流程模块化，并将模块产生的信息数据化，从而推动企业根据外部市场的变化及时调整自身业务。

（三）加大对数字化管理的资金投入

企业数字化管理首先要重点加强数据库和信息库建设，一个庞大且精细化的数据库和信息库是实现数字化管理的关键依据；其次，数字化管理需要技术人才和管理人才的支撑，需要企业加大人才培训力度；最后，企业数字化管理需要精细化的内部控制，在内部控制资源以及制度建设方面投入更多的精力。任何一种管理活动都需要资金的支持，在企业数字化管理过程中需要投入大量资金和资源。

（四）开发支撑数字化管理的技术和软件

迅速发展的互联网技术、企业内部网技术、企业外部网技术、计算机软硬件技术、通信技术和人工智能技术是数字化管理的外部支撑条件，它们为管理信息的识别、获取、传输和利用提供强有力的工具。

企业的运营涉及生产、财务、法务、客户关系管理等多个方面的业务，在企业数字化管理中，就要根据这些业务相应地制定出一套企业所需要的应用软件集合，比如市场信息分析系统、财务和法务审批系统等。在设置这些系统的时候，需要关注业务流程本身的特点，要站在业务的角度去定制信息系统。

（五）创建企业数字文化

信息时代，企业数字化转型不仅是技术问题，更多的是文化转型和思想理论的创新。在数字化管理中，创建企业数字文化是管理者的要务，管理者是企业数字文化的第一推动力。企业数字文化是指驱使员工支持企业数字化战略、快速适应变革的企业文化，是在运用、创造数字技术与生产经营深度融合中逐步形成的数字理念、数字思维、数字素养、数字能力与行为、数字形式与方式的总和。

创建企业数字文化，可以构建数字化经营模式和生态系统，提高企业员工的数字素养和技能，推动企业实现质量变革、效率变革、动力变革，加快打造企业数字经济时代的核心竞争力。创建企业数字文化需要企业注重宣传教育，着眼基层、立足岗位、面向员工，深入开展数字文化的教育培训，帮助企业全体员工认知和认可数字文化，让数字文化建设推进企业数字化管理水平全面提升。

> **课间案例 6**
>
> 超市打工，也能"滴滴抢单"
>
> 　　这是步步高集团旗下超市梓园路店很平常的一天：早上6点半到8点半是店里的早高峰，蔬果区当天安排上班的正式员工数为2~3人，但要做好开店准备，至少要完成分拣、打包、整理排面、称重、打印价标、上货等多项工作。以前店长会担心高峰时段人手不够，而现在只需要在手机数字化管理的App里，提前发布用工需求（包括用工时间、所需工种以及不同工种对应的小时价）就可以灵活地调配人手。任务发布后，当日没有排班的正式员工或是小区周边事先通过了审批流程的临时工，都可以在手机App里抢单。
>
> 　　在用工发布界面上，大到爆品营销，小到削水果等各类任务都在等待抢单。人员接单后只要根据任务时间到门店扫码就可以开始工作，任务完成后由发布人员确认，生成对账单后便可发放工资。社区里跳广场舞的阿姨，前一天可能还是来买菜的客户，第二天或许就变身为超市称重的临时工。
>
> 　　这样一套利用"动态用工＋移动工具"形成的流程数字化闭环，大大缓解了生鲜早市的用工需求。而在低谷时段，非生鲜区还可以发布诸如核查保质期、异常库存盘点、价签核对、铺面整理等任务，实现智能化派工，错峰安排基础工作。数据显示，在步步高首批试点的区域内，这一动态用工方式成效显著：人效提升24%，减少正式员工360人，店均人力成本减少10万/月，人均工资增加840元/月。
>
> 　　动态用工施行顺利的背后，是步步高近年来将数字化转型与合伙机制紧密联动、相辅相成的探索与创新。合伙人机制从1.0版本开始起跑，到4.0版本的逐步优化完善，从局部试验到大区推开，每一步实践迭代的投入相对较小，见效快且显著，足见组织的活力、敏捷和柔性。
>
> 　　可以说，推行"合伙制"的管理模式创新，是企业在数字化转型中不可或缺的强大助力。如果企业沿用传统的组织、激励和考核等管理模式，企业产品和服务的数字化转型等一系列创新就很可能举步维艰。

> **阅读小故事**

鸵鸟理论

一个人在评价自己的能力和贡献的时候总觉得自己是鸵鸟,别人是鸡。若有一天他有幸看到真的鸵鸟的时候,他会说,噢,这只鸡比我大点!(张瑞敏)

当两只鸡一样大的时候,对方肯定觉得你比他小;当你已经是只火鸡,对方是只小鸡,你觉得自己大得不行了,小鸡会觉得咱俩一样大;只有当你是只鸵鸟的时候,小鸡才会承认你大。所以,千万不要把自己的力量估计得过高,你一定要站在对方的角度去思考。你想取得优势,你就要比别人有非常明显的优势才行。当我们还不是鸵鸟的时候,说话口气不要太大。

鸵鸟理论是提醒自己应有自知之明,提醒我们要从别人的角度考虑问题,虚心学习,取长补短,使自己不断得到提升。做大一个公司,的确是一件高度复杂和极具挑战性的事情。不过,正因为有挑战性,做起来也是非常带劲的。关键是,要时时刻刻学习。只有比别人有非常明显的优势时,你才具有竞争优势。

本章习题

一、单项选择题

1. 目标管理于 20 世纪 50 年代后期出现在　　　　　　　　　　（　　）
A. 美国　　　　B. 英国　　　　C. 德国　　　　D. 日本

2. "目标就是路标，确定目标如同识别北极星。"这句话主要说明了目标_____方面的作用。（　　）
A. 指明方向　　B. 提供标准　　C. 激励因素　　D. 管理基准

3. 首先提出目标管理概念的管理学家是　　　　　　　　　　　（　　）
A. 法约尔　　　　　　　　　B. 彼得·德鲁克
C. 西蒙　　　　　　　　　　D. 泰勒

4. 下列正确描述了目标与计划的区别的是　　　　　　　　　　（　　）
A. 目标是如何利用资源，计划是管理素质的标准
B. 目标是组织未来实现的状况，计划是如何运用资源及怎样行动以实现目标
C. 目标是实现计划的蓝本，计划是目标的一部分
D. 计划是实现目标的方案，目标是运用资源的方案

5. 目标管理的基本精神是以（　　）为中心。
A. 自我管理　　B. 全员管理　　C. 绩效管理　　D. 团队管理

6. 目标管理强调的是　　　　　　　　　　　　　　　　　　　（　　）
A. 方法论　　　　　　　　　B. 工作进度安排
C. 管理者和员工的活动　　　D. 以成果为目标的管理

7. 战略管理的奠基人是　　　　　　　　　　　　　　　　　　（　　）
A. 安索夫　　　　　　　　　B. 彼得·德鲁克
C. 杰克·韦尔奇　　　　　　D. 彼得·圣吉

8. 组织确定其使命，根据内外部环境设定组织的战略目标，依靠组织内部资源在实施过程中进行控制的动态管理过程称为　　　　　　　　（　　）
A. 计划管理　　B. 战略管理　　C. 目标管理　　D. 组织管理

9. 战略管理的基础与核心是　　　　　　　　　　　　　　　　（　　）
A. 战略设计　　B. 战略实施　　C. 战略评估　　D. 战略目标

10. 美国施乐公司的后勤仓储部门首创的管理方法是　　　　（　　）
A. 标杆管理法　　B. 零基预算法　　C. 滚动计划法　　D. 投入产出法

11. 核心是向业内或业外的最优秀的企业学习的管理方法是　　（　　）
A. 标杆管理法　　B. 零基预算法　　C. 滚动计划法　　D. 投入产出法

12. 标杆伙伴是不同行业但拥有相同或相似功能、流程的企业的是（　　）
A. 功能性标杆管理　　　　　　B. 通用性标杆管理
C. 竞争性标杆管理　　　　　　D. 内部标杆管理

13. 标杆伙伴是不同行业具有不同功能、流程的组织，即看起来是完全不同的组织的是　　　　　　　　　　　　　　　　　　　　（　　）
A. 功能性标杆管理　　　　　　B. 通用性标杆管理
C. 竞争性标杆管理　　　　　　D. 内部标杆管理

14. 标杆伙伴是组织内部其他单位或部门的是　　　　　　（　　）
A. 功能性标杆管理　　　　　　B. 通用性标杆管理
C. 竞争性标杆管理　　　　　　D. 内部标杆管理

15. 标杆伙伴是行业内部直接竞争对手的是　　　　　　　（　　）
A. 功能性标杆管理　　　　　　B. 通用性标杆管理
C. 竞争性标杆管理　　　　　　D. 内部标杆管理

16. 标杆伙伴是同行业非直接竞争对手的是　　　　　　　（　　）
A. 功能性标杆管理　　　　　　B. 通用性标杆管理
C. 竞争性标杆管理　　　　　　D. 非竞争性标杆管理

17. 末日管理的核心就是　　　　　　　　　　　　　　　（　　）
A. 目标管理　　B. 战略管理　　C. 质量管理　　D. 危机管理

18. "学习型组织"理论的代表人物是　　　　　　　　　　（　　）
A. 杰克·韦尔奇　B. 彼得·圣吉　C. 爱默生　　D. 斯隆

19. 学习型组织的关键特征是　　　　　　　　　　　　　（　　）
A. 团队学习　　B. 系统思考　　C. 自我超越　　D. 建立共同愿景

20. 企业数字化管理的基础是　　　　　　　　　　　　　（　　）
A. 学习　　　　B. 数据　　　　C. 技术　　　　D. 人才

二、多项选择题

1. 组织制定目标的原则主要有　　　　　　　　　　　（　　　）
   A. 目标明确化　　B. 目标富于挑战性
   C. 目标适时调整　D. 个人目标与组织目标一致　　E. 目标可以考核

2. 组织目标体系主要包括　　　　　　　　　　　　　（　　　）
   A. 战略目标　　　B. 绩效目标　　　C. 长期目标
   D. 短期目标　　　E. 中期目标

3. 目标管理的特点是　　　　　　　　　　　　　　　（　　　）
   A. 重视人的因素　B. 以自我管理为中心，强调自我评价
   C. 建立目标体系　D. 重视成果　　　E. 强调一切行为都是为了经济目标

4. 目标管理中，设置目标一般要求　　　　　　　　　（　　　）
   A. 目标的数量不宜太大
   B. 如有可能，也应明示所期望的质量和为实现目标的计划成本
   C. 能促使个人和职业上的成长和发展，对员工具有挑战性
   D. 能适时地向员工反馈目标完成情况
   E. 目标一旦确定就不能更改

5. 标杆管理的要素有　　　　　　　　　　　　　　　（　　　）
   A. 标杆管理实施者　　　　　B. 标杆管理设计者
   C. 标杆伙伴　　　D. 标杆管理项目　　E. 标杆管理方法

6. 危机的特点包括　　　　　　　　　　　　　　　　（　　　）
   A. 突发性　　　　B. 破坏性　　　　C. 不确定性
   D. 紧急性　　　　E. 舆论关注性

7. 危机管理的要素包括　　　　　　　　　　　　　　（　　　）
   A. 危机监测　　　B. 危机预警　　　C. 危机决策
   D. 危机处理　　　E. 危机转化

8. 学习型组织的创建过程是　　　　　　　　　　　　（　　　）
   A. 自我超越　　　B. 改善心智模式　　C. 建立共同愿景
   D. 团队学习　　　E. 系统思考

9. 学习型组织的学习是　　　　　　　　　　　　　　（　　　）
   A. 终身学习　　　B. 全员学习　　　C. 全过程学习
   D. 团队学习　　　E. 系统思考

10. 学习型组织的特点是 （　　　）
A. 学习型组织的基础是团结、协调及和谐
B. 学习型组织的核心是在组织内部建立完善的"自学习机制"
C. 学习型组织的精神是学习、思考和创新
D. 学习型组织的关键特征是系统思考
E. 组织学习的关键是团队学习

三、判断正误题

（　）1. 目标是指组织中期望未来要达到的一种理想状态，是个人、部门或组织整体付出了所选择的努力之后想得到的成果。

（　）2. 战略目标是抽象的、原则的，不便于直接实施，所以要把它具体化为长期目标、中期目标和短期目标，才能付诸实施。

（　）3. 实行目标管理，首先要建立一套完整的目标体系。

（　）4. 目标管理的目的是通过目标的激励来调动广大员工的积极性，从而保证实现总目标。

（　）5. 目标管理的一个目的是让上级给下属制定合适的目标，并帮助下级实现目标。

（　）6. 目标管理是一种只重视结果的管理方法。

（　）7. 企业的战略管理是以企业的全局为对象，根据企业总体发展的需要而制定的。

（　）8. 对一个企业来说，战略是为了实现企业的总目标对所要采取的行动方针和资源使用方向的一种总体规划。

（　）9. 差异化战略的优势有利于建立起行业壁垒，有利于企业采取灵活的定价策略，将竞争对手排挤出市场。

（　）10. 实施专一化战略可以建立起顾客对企业的忠诚，形成强有力的产业进入障碍，增强企业对供应商讨价还价的能力和削弱购买商讨价还价的能力。

（　）11. 差异化战略的核心是取得某种对特定顾客有价值的专一性服务，侧重于从企业内部建立竞争优势。

（　）12. 标杆管理本质是一种面向实践、面向过程的以方法为主的管理方式。

（　）13. 标杆管理的核心是向业内或业外的最优秀的企业学习，通过学习，企业重新思考和改进经营实践，创造自己的最佳实践，这

实际上是模仿创新的过程。

( ) 14. 危机管理也称为危机沟通管理,加强信息的披露与公众的沟通,争取公众的谅解与支持是危机管理的基本对策。

( ) 15. 在危机处理中,关键的是企业利益。

( ) 16. 防患于未然永远是危机管理最基本和最重要的要求。

( ) 17. 企业发生危机时,必须树立强烈的沟通意识,及时将事件发生的真相、处理进展传达给公众,以正视听,杜绝谣言、流言,稳定公众情绪,争取社会舆论的支持。

( ) 18. 学习型组织不存在单一的模型,它是关于组织的概念和雇员作用的一种态度或理念,是用一种新的思维方式对组织的思考。

( ) 19. 学习型组织的缔造不应是最终目的,重要的是通过迈向学习型组织的种种努力,引导一种不断创新、不断进步的新观念。

( ) 20. 在学习型组织中,团队是最基本的学习单位,组织的所有目标都是直接或间接地通过团队的努力来达到的。

( ) 21. 借助数字化管理,企业可以加快内部业务流程、管理决策,也能够提高企业的数据质量。

( ) 22. 企业数字化管理的基础就是数据,数字化思维的核心是用数据思考,用数据来做管理。

四、名词解释题

1. 目标管理
2. 战略管理
3. 标杆管理
4. 危机管理
5. 学习型组织
6. 成本领先战略
7. 差异化战略
8. 专一化战略
9. 数字化管理
10. 企业数字文化

五、简答题

1. 简述目标管理的优缺点。
2. 简述危机管理应遵循的原则。

3. 简述如何做好危机预防工作。
4. 简述目标管理的特点。
5. 简述战略管理的特点。
6. 简述学习型组织的特点。
7. 简述创建学习型组织的意义。
8. 简述学习型组织理论的主要内容。
9. 简述数字化管理的实施过程。

六、论述题

1. 论述目标管理的实施过程。
2. 论述标杆管理的实施步骤。
3. 危机管理有哪些有效对策？
4. 论述数字化管理与传统管理相比，主要的优势有哪些。
5. 论述学习型组织创建的步骤。
6. 结合本企业实际，论述创建学习型组织有何重要意义。

参考文献

[1] 陈继华.管理思想史:西方管理思想溯源及其历史演进[M].北京:企业管理出版社,2020.

[2] 雷恩,贝德安.管理思想史[M].6版.孙健敏,等译.北京:中国人民大学出版社,2012.

[3] 斯蒂芬·P.罗宾斯.管理学[M].13版.刘刚,程熙镕,梁晗,译.北京:中国人民大学出版社,2017.

[4]《管理学》编写组.管理学[M].北京:高等教育出版社,2019.

[5] 博恩·崔西.激励[M].林治勋,译.北京:机械工业出版社,2014.

[6] 周三多.管理学:原理与方法[M].7版.上海:复旦大学出版社,2018.

[7] 迈克尔·波特.竞争战略[M].陈小悦,译.北京:华夏出版社,1997.

[8] 周三多,陈传明,龙静.管理学原理[M].3版.南京:南京大学出版社,2020.

[9] 汤普森.战略管理[M].17版.蓝海林,黄嫚丽,译.北京:机械工业出版社,2011.

[10] 彼得·圣吉.第五项修炼:学习型组织的艺术与实务[M].2版.郭进隆,译.上海:上海三联书店,1998.

[11] 德鲁克.有效管理者[M].杨万春,冷守一,译.北京:中国财政经济出版社,1988.

[12] 戴维.战略管理[M].8版.李克宁,译.北京:经济科学出版社,2001.

[13] 龚俊恒.德鲁克管理思想大全集[M].北京:中国华侨出版社,2011.

[14] 杨文士.管理学原理[M].2版.北京:中国人民大学出版社,2004.

[15] 罗斯·杰伊.沟通七绝招[M].路文勇,译.北京:社会科学文献出版社,2003.

[16] 刘刚.危机管理[M].北京:中国人民大学出版社,2013.

[17] 李联五.标杆管理的原理流程与实践[M].北京:石油工业出版社,2011.

[18] 戴尔·卡耐基.卡耐基沟通的艺术与处世智慧[M].王红星,译.北京:中国华侨出版社,2012.

[19] 李华,胡奇英.预测与决策教程[M].北京:机械工业出版社,2012.

[20] 方振邦,鲍春雷.管理学原理[M].北京:中国人民大学出版社,2014.

学习笔记